PRÜFUNGSVORBEREITUNG AKTUELL

für

Florist/Floristin

Verlag EUROPA-LEHRMITTEL
Nourney, Vollmer GmbH & Co. KG
Düsselberger Straße 23
42781 Haan-Gruiten

EUROPA-Nr.: 66190

Arbeitskreisleitung:

Heike Damke-Holtz, Bremen

Autoren:

Heike Damke-Holtz, Bremen
Peter Döppel, Bremen
Andreas Faber, Bremen
Johannes Heidemann, Meppen
Christine Reinhardt, Tarmstedt
Stefan Sauthoff-Böttcher, Aurich

Lektorat:
Anke Horst

1. Auflage 2015

Druck 5 4 3 2 1

Alle Drucke derselben Auflage sind parallel einsetzbar, da bis auf die Veränderung von Druckfehlern unverändert.

ISBN 978-3-8085-6619-0

Alle Rechte vorbehalten.
Das Werk ist urheberrechtlich geschützt. Jede Verwertung außerhalb der gesetzlich geregelten Fälle muss vom Verlag schriftlich genehmigt werden.

© 2015 by Verlag Europa-Lehrmittel, Nourney, Vollmer GmbH & Co. KG, 42781 Haan-Gruiten
http://www.europa-lehrmittel.de

Umschlaggestaltung: braunwerbeagentur, Radevormwald
Satz und Gestaltung: Reemers Publishing Services GmbH, Krefeld
Druck: Triltsch GmbH, Ochsenfurt

Vorwort

„Prüfungsvorbereitung aktuell Florist/Floristin" ist ein umfassendes Buch zur *Vorbereitung auf die Abschlussprüfung* für das Berufsbild Florist/Floristin; es spricht auch alle wesentlichen Inhalte der *Zwischenprüfung* mit an.

Es orientiert sich am gültigen Berufsbild für die *Ausbildung zum Floristen/zur Floristin* und bereitet auf alle drei Prüfungsbereiche

- Wirtschafts- und Sozialkunde
- Warenwirtschaft
- Technologie

vor.

Die Prüfungsbereiche **Warenwirtschaft** und **Wirtschafts- und Sozialkunde** werden mithilfe geschlossener Fragen (Multiple Choice) und offener Fragen geprüft. Alle in der Prüfung vorkommenden Aufgabenformen werden geübt.

Der Prüfungsbereich **Technologie** wird handlungsorientiert mithilfe offener Fragen geprüft.

In der Einleitung zum Buch bekommen die Auszubildenden **begleitende Hinweise** zum Lernen.

Zur Selbstkontrolle sind am Schluss des Buches alle **Lösungen** (bei Rechenaufgaben mit Ansatz) übersichtlich aufgeführt. Auf jeder Aufgabenseite steht in der Fußzeile, auf welcher Seite die Lösungen zu finden sind.

Im Anhang gibt es einen ausführlichen Teil zum **Fachrechnen** mit Erläuterungen, Übungen und Lösungen. Zusätzlich folgen komplexe Prüfungsaufgaben mit ausführlichen Lösungen (z. B. Werkstoffliste und Skizze).

So ist „Prüfungsvorbereitung aktuell Florist/Floristin" ein *Begleiter* zur Wissenskontrolle und –vertiefung während der Ausbildung, ein *Helfer* fürs gezielte Lernen, ein *Trainer* für die Vorbereitung zur Prüfung und ein *Mentor* für die Prüfung selbst.

Verbesserungsvorschläge, Hinweise und Kritik nehmen Autoren und Verlag gern per E-Mail entgegen: lektorat@europa-lehrmittel.de

Wir wünschen allen Lesern viel Erfolg bei der Arbeit mit diesem Buch.

Im Winter 2014/2015   Autoren und Verlag

Inhaltsübersicht

Vorwort	III
1 Lernen – eine Einstimmung	1
1.1 Grundlagen des Lernens	1
1.2 Lernmethoden	3
1.3 Zusammenfassung und Tipps für die Prüfungsvorbereitung	5

Teil 1 – Wirtschafts- und Sozialkunde

1 Den Beruf Florist/Floristin kennenlernen	7
1.1 Start in die Berufsausbildung	7
1.2 Während der Berufsausbildung	8
1.3 Fort- und Weiterbildung	10
1.4 Organisationen, die Floristen im Beruf begleiten	12
1.5 Arbeitsschutz während der Berufsausübung	14
1.6 Betriebliche Mitbestimmung	19
2 Voraussetzung für eine Betriebsgründung erfüllen	24
2.1 Floristik-Fachgeschäfte in der Wirtschaft	24
2.2 Betriebs-/Unternehmensgründung	26
2.3 Grundlagen des Wirtschaftens	27
3 Geschäftsabläufe organisieren und durchführen	33
3.1 Rechtliche Rahmenbedingungen	33
3.2 Kaufverträge sind Rechtsgeschäfte	34
3.3 Wenn der Kaufvertrag erfüllt wird	37
3.4 Zahlungsverkehr	39
3.5 Störungen bei der Vertragserfüllung	41

Teil 2 – Warenwirtschaft

1 Waren einkaufen, annehmen, lagern und kalkulieren	45
1.1 Bedarfsermittlung und Warenbeschaffung	45
1.2 Warenannahme und Lagerung	46
1.3 Warenkalkulation und -auszeichnung	50
2 Waren präsentieren und Kunden verkaufsfördernd beraten	53
2.1 Warenpräsentation	53
2.2 Warensortiment	55
2.3 Marketing und Erfolgskontrolle	56
2.4 Erfolgreich beraten und verkaufen	58
2.5 Kundenreklamation und Umtausch	61
3 Kaufmännisch handeln und steuern	63
3.1 Kaufmännische Steuerung und Kontrolle	63
3.2 Steuern	67
3.3 Versicherungen und Vorsorge	70

3.4	Finanzierungen und Geldanlagen	73
3.5	Tarif und Entlohnung	76

Teil 3A – Pflanzenkunde

1 In die Pflanzenkunde einführen und Pflanzen als Lebewesen erkennen 79
    1.1 Botanische Namensgebung 79
    1.2 Botanische Zeichen und Abkürzungen 80
    1.3 Lebensdauer von Pflanzen 81
    1.4 Botanische Erkennungsmerkmale 84
    1.5 Zelle und Gewebe 90
    1.6 Stoffwechsel 91

Teil 3B – Pflanzenpflege

1 Pflanzenpflege beschreiben 95
    1.1 Pflege von Schnittblumen 95
    1.2 Pflege von Topfblumen 98
    1.3 Ernährung der Topfpflanzen 104
    1.4 Allgemeiner Pflanzenschutz 107
    1.5 Nichtparasitäre Pflanzenschäden 111
    1.6 Parasitäre Pflanzenschäden 113
    1.7 Pflanzenvermehrung 119
        1.7.1 Generative Pflanzenvermehrung 119
        1.7.2 Vegetative Vermehrung 120

Teil 3C – Pflanzenkenntnis

1 Pflanzenkenntnis erlangen 124
    1.1 Vegetationszonen 124
    1.2 Ökosysteme 127
    1.3 Naturschutz 128
    1.4 Pflanzen auflisten und zuordnen 129

Teil 3D – Gestaltungselemente

1 Persönlichkeitscharaktere und Geltungsbereiche der Pflanzen 143
    1.1 Persönlichkeitscharaktere 143
    1.2 Geltungsbereiche 143

2 Bewegungsformen 145

3 Gesetze der Beschränkung und der Rangordnung 147

4 Texturen/Oberflächenbeschaffenheiten 148

5 Ordnungsarten 149

6 Anordnungsarten 151

Inhaltsübersicht

7 Umrissgestaltungen	156
8 Proportionen	157
9 Gestaltungsarten	159
10 Farbenlehre	160
10.1 Licht	160
10.2 Farbbegriffe und Farbordnungen	161
10.3 Farbeigenschaften und ihre Kontraste	163
10.4 Farbe und ihre Beeinflussung	166
10.5 Farbharmonien	166
10.6 Harmonien aus einer Blütenfarbe ableiten	168
10.7 Farbkompositionen	169
10.8 Anmerkung	170
11 Stilkundliche Entwicklungen	172
11.1 Griechische Antike, 800 bis 30 v. Chr.	172
11.2 Römische Antike, 300 v. Chr. bis 300 n. Chr.	173
11.3 Romanik	174
11.4 Gotik	176
11.5 Renaissance	178
11.6 Barock und Rokoko	179
11.7 Klassizismus	181
11.8 Moderne	184

Teil 3E – Nonflorale Werkstoffe

1 Nonflorale Werkstoffe, deren Bestandteile und Herstellungsprozesse kennen, vermitteln und anwenden	186

Teil 3F – Florale Werkstoffe

1 Gebundene Werkstücke gestalten	189
2 Gesteckte Gefäßfüllungen fertigen	190
3 Pflanzungen anfertigen	192
4 Tischschmuck gestalten	194
5 Hochzeitsschmuck anfertigen	197
5.1 Brautsträuße	197
5.2 Floraler Körperschmuck	198
5.3 Floraler Autoschmuck	198
6 Trauerschmuck anfertigen	200
7 Raumschmuck gestalten	204

Inhaltsübersicht

Lösungen Teil 1

1 Den Beruf Florist/Floristin kennenlernen … 206
- 1.1 Start in die Berufsausbildung … 206
- 1.2 Während der Berufsausbildung … 206
- 1.3 Fort- und Weiterbildung … 207
- 1.4 Organisationen, die Floristen im Beruf begleiten … 208
- 1.5 Arbeitsschutz während der Berufsausübung … 209
- 1.6 Betriebliche Mitbestimmung … 211

2 Voraussetzung für eine Betriebsgründung erfüllen … 213
- 2.1 Floristik-Fachgeschäfte in der Wirtschaft … 213
- 2.2 Betriebs-/Unternehmensgründung … 213
- 2.3 Grundlagen des Wirtschaftens … 214

3 Geschäftsabläufe organisieren und durchführen … 216
- 3.1 Rechtliche Rahmenbedingungen … 216
- 3.2 Kaufverträge sind Rechtsgeschäfte … 216
- 3.3 Wenn der Kaufvertrag erfüllt wird … 217
- 3.4 Zahlungsverkehr … 217
- 3.5 Störungen bei der Vertragserfüllung … 218

Lösungen Teil 2

1 Waren einkaufen, annehmen, lagern und kalkulieren … 220
- 1.1 Bedarfsermittlung und Warenbeschaffung … 220
- 1.2 Warenannahme und Lagerung … 220
- 1.3 Warenkalkulation und -auszeichnung … 221

2 Waren präsentieren und Kunden verkaufsfördernd beraten … 223
- 2.1 Warenpräsentation … 223
- 2.2 Warensortiment … 223
- 2.3 Marketing und Erfolgskontrolle … 223
- 2.4 Erfolgreich beraten und verkaufen … 224
- 2.5 Kundenreklamation und Umtausch … 225

3 Kaufmännisch handeln und steuern … 226
- 3.1 Kaufmännische Steuerung und Kontrolle … 226
- 3.2 Steuern … 227
- 3.3 Versicherungen und Vorsorge … 228
- 3.4 Finanzierungen und Geldanlagen … 228
- 3.5 Tarif und Entlohnung … 230

Lösungen Teil 3A

1 In die Pflanzenkunde einführen … 231
- 1.1 Botanische Namensgebung … 231
- 1.2 Botanische Zeichen und Abkürzungen … 232
- 1.3 Lebensdauer von Pflanzen … 232
- 1.4 Botanische Erkennungsmerkmale … 234

Alle Rechte vorbehalten: Kopieren nur mit Genehmigung des Herausgebers

Inhaltsübersicht

1.5	Zelle und Gewebe	238
1.6	Stoffwechsel	239

Lösungen Teil 3B

1 Pflanzenpflege beschreiben 242
- 1.1 Pflege von Schnittblumen 242
- 1.2 Pflege von Topfblumen 244
- 1.3 Ernährung der Topfpflanzen 248
- 1.4 Allgemeiner Pflanzenschutz 250
- 1.5 Nichtparasitäre Pflanzenschäden 253
- 1.6 Parasitäre Pflanzenschäden 254
- 1.7 Pflanzenvermehrung 260
  - 1.7.1 Generative Pflanzenvermehrung 260
  - 1.7.2 Vegetative Pflanzenvermehrung 261

Lösungen Teil 3C

1 Pflanzenkenntnis erlangen 263
- 1.1 Vegetationszonen 263
- 1.2 Ökosysteme 265
- 1.3 Naturschutz 266
- 1.4 Pflanzen auflisten, Pflanzen zuordnen 266

Lösungen Teil 3D

1 Persönlichkeitscharaktere und Geltungsbereiche der Pflanzen 276
- 1.1 Persönlichkeitscharaktere 276
- 1.2 Geltungsbereiche 276

2 Bewegungsformen 278

3 Gesetze der Beschränkung und der Rangordnung 279

4 Texturen/Oberflächenbeschaffenheiten 279

5 Ordnungsarten 280

6 Anordnungsarten 281

7 Umrissgestaltungen 285

8 Proportionen 285

9 Gestaltungsarten 287

10 Farbenlehre 287
- 10.1 Licht 287
- 10.2 Farbbegriffe und Farbordnungen 289
- 10.3 Farbeigenschaften und ihre Kontraste 290
- 10.4 Farbe und ihre Beeinflussung 291

Inhaltsübersicht

10.5 Farbharmonien	292
10.6 Harmonien aus einer Blütenfarbe ableiten.	293
10.7 Farbkompositionen	294
11 Stilkundliche Entwicklungen	**294**
11.1 Griechische Antike, 800 bis 30 v. Chr.	294
11.2 Römische Antike, 300 v. Chr. bis 300 n. Chr.	295
11.3 Romanik	296
11.4 Gotik	298
11.5 Renaissance	299
11.6 Barock und Rokoko	300
11.7 Klassizismus	302
11.8 Moderne	304

Lösungen Teil 3E

1 Nonflorale Werkstoffe, deren Bestandteile und Herstellungsprozesse kennen, vermitteln und anwenden	**306**

Lösungen Teil 3F

1 Gebundene Werkstücke gestalten	**307**
2 Gesteckte Gefäßfüllungen anfertigen	**308**
3 Pflanzungen anfertigen	**310**
4 Tischschmuck gestalten	**313**
5 Hochzeitsschmuck anfertigen	**316**
5.1 Brautsträuße	316
5.2 Floraler Körperschmuck	317
5.3 Floraler Autoschmuck	318
6 Trauerschmuck anfertigen	**320**
7 Raumschmuck gestalten	**324**

Anhang

Fachrechnen

Fachrechnen	**329**
1 Zur Benutzung eines Taschenrechners	**329**
2 Dreisatz	**331**
2.1 Einfacher Dreisatz	332
2.2 Zusammengesetzter Dreisatz	334

Inhaltsübersicht

3 Prozent- und Zinsrechnung	335
3.1 Prozentrechnung	335
3.2 Zinsrechnung	336
4 Durchschnitt	338
5 Mischung	339
6 Verteilung	341
7 Betriebliches Rechnen, Kalkulation	342
8 Geometrie	344
8.1 Messen und Wiegen	344
8.2 Flächenberechnung	345
8.3 Körperberechnung	348
8.4 Mantel- und Oberflächenberechnung	350

Lösungen zum Fachrechnen ... 352

1 Zur Benutzung eines Taschenrechners	352
2 Dreisatz	352
2.1 Einfacher Dreisatz	352
2.2 Zusammengesetzter Dreisatz	352
3 Prozent- und Zinsrechnung	352
3.1 Prozentrechnung	352
3.2 Zinsrechnung	352
4 Durchschnitt	353
5 Mischung	353
6 Verteilung	353
7 Betriebliches Rechnen, Kalkulation	353

Komplexe Aufgaben

1 Kundenorientiertes Fachgespräch	354
2 Hochzeitsschmuck	355
3 Raumschmuck	358
4 Tischschmuck	361
5 Trauerschmuck	364

Bildquellenverzeichnis ... 367

1 Lernen – eine Einstimmung

1.1 Grundlagen des Lernens

„Ein Prüfungsbuch – Fragen und Antworten, aber wie kriege ich das alles in meinen Kopf?", werden Sie sich fragen. Vielleicht sind Ihre Erfahrungen mit Leistungskontrollen, Tests, Prüfungen und dem „Auswendiglernen" nicht die besten und nun soll es dieses Buch richten? Ja! Denn mit einigen Tipps und Kniffen können Sie Ihre kleinen „grauen Zellen" (die im Übrigen im lebendigen Zustand gar nicht grau sind) dazu bringen, das abrufbar zu speichern, was hier in diesem Buch zusammengefasst ist.

Das Gehirn:

Die Funktionen des Gehirns werden vom ersten Tag unseres Lebens über die Nervenbahnen gesteuert, die die Gehirnzellen auf vielfältige Art und Weise miteinander verbinden. Diese Verbindungen heißen Synapsen und entstehen aufgrund unserer Erfahrungen mit der Umwelt und den Umweltreizen, die im Gehirn verarbeitet werden. Die verschiedenen Reize werden miteinander in Zusammenhang gebracht und gespeichert – das nennt man LERNEN. So werden also mit jedem neuen, noch so kleinen Reiz neue Synapsen gebildet und die Struktur des Gehirns verändert.

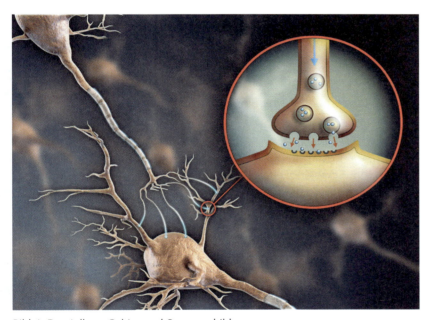

Bild 1 Darstellung Gehirn und Synapsenbildung

Körper, Geist und Gefühle:

Für das Lernen ist die Wechselwirkung zwischen Körper und Geist entscheidend. Jeder hat es schon einmal erlebt: Kündigt sich eine Erkältung an, kann man sich kaum konzentrieren und macht mehr Fehler. Das heißt, ein gesunder Körper, der ausgewogen ernährt und genügend Bewegung im Alltag hat, ist eine wichtige Voraussetzung dafür, dass Sie sich besser konzentrieren können, eine höhere Leistungsfähigkeit bekommen und weniger schnell müde werden.

Aber auch das Ergriffensein von positiven oder negativen Gefühlen beim Lernen beeinflusst, ob Sie sich später den erarbeiteten Lernstoff besser oder schlechter wieder in Erinnerung rufen können. Versuchen Sie vor dem Lernen negative Gefühle wie Ärger oder Angst abzubauen, damit Sie sich in entspannter Atmosphäre auf den Lernstoff konzentrieren können.

Biorhythmus:

Auch die Tageszeit, zu der Sie lernen, bestimmt den Erfolg Ihrer Anstrengung. Jeder Mensch hat über den Tag verteilt Leistungsspitzen und Leistungstäler, den sogenannten Biorhythmus. Es ist wichtig, dass Sie sich aufmerksam beobachten und erkennen, wo Ihre Leistungsspitzen liegen, um diese Zeit effektiv nutzen zu können und nicht zu Zeiten eines Leistungstiefs zu versuchen, sich die botanischen Namen „einzuhämmern".

1.1 Grundlagen des Lernens

Rund ein Viertel der Menschen sind genetisch geprägte „Frühaufsteher" oder „Langschläfer". Sollten Sie dazu gehören, versuchen Sie möglichst, Ihrer inneren Uhr angepasst zu lernen.

Die Leistungsfähigkeit wird gefördert und erhalten, wenn Sie sich feste Zeiten zum Lernen in Ihren Tagesablauf einplanen, Pausenzeiten einhalten und genügend Schlaf haben.

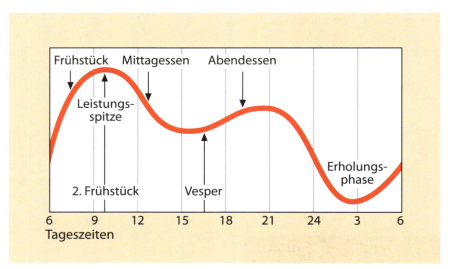

Bild 1 Beispiel Biorhythmus eines Morgenmenschen

Lerntypen:

Der Mensch nimmt die Umgebungsreize für das Lernen über seine Sinne auf. So unterscheidet man im Allgemeinen vier verschiedene Lerntypen:

- Visueller Lerntyp: Er begreift etwas Neues schnell, wenn es ihm gezeigt wird, wenn eine Zeichnung oder eine Anleitung mit Bildern zur Verfügung steht. Bei ihm läuft alles über das Auge und Erklärungen, beispielsweise am Telefon, bereiten ihm Schwierigkeiten. Er schreibt gerne mit. Er erinnert sich besonders an das, was er selbst gelesen oder gesehen hat. Dieser Lerntyp lässt sich leicht durch Unordnung am Arbeitsplatz ablenken.

  Lernhilfen: Bücher, Skizzen, Lernposter, Videos, Grafiken

- Auditiver Lerntyp: Er kann am schnellsten lernen, wenn er den zu lernenden Stoff hört, ohne dass er Bilder/Zeichnungen dazu benötigt. Auditive Lerntypen führen oft Selbstgespräche beim Lernen, sie lesen sich die Lerninhalte laut vor. Ihnen liegen mündliche Aufgaben.

  Lernhilfen: Lern-CDs, Gespräche, Vorträge, Musik, keine Nebengeräusche

- Kommunikativer Lerntyp: Er kann sich am besten etwas merken, wenn er über den Stoff mit anderen diskutieren kann. Im Wechselspiel von Fragen und Antworten prägen sich ihm die Informationen besonders gut ein. Sind Sie ein kommunikativer Lerntyp, erklären Sie anderen Ihr Gelerntes und lassen Sie sich Fragen stellen.

  Lernhilfen: Frage-Antwort-Spiele, Diskussionen, Lerngruppen

- Motorischer Lerntyp: Für ihn sind Experimente, das Selbst-Ausprobieren oder Bauen von Modellen besonders hilfreich. Er sollte möglichst oft Dinge nachbauen, Sachaufgaben berechnen, Distanzen ausmessen usw. Oft ist dieser Lerntyp beim Lernen in Bewegung, läuft z. B. im Zimmer herum.

  Lernhilfen: Nachmachen, Rollenspiele, Experimente, Modelle, Bewegung beim Lernen

Welcher Lerntyp sind Sie? Sie können das durch Selbstbeobachtung leicht herausfinden oder im Internet einen einfachen Test machen. Doch Vorsicht, die Lerntypen gibt es kaum in der reinen Form, die meisten Menschen sind Mischtypen. Je besser Sie sich jedoch zuordnen können, umso einfacher und effektiver können Sie lernen.

Allgemein lässt sich sagen: Je mehr Sinne am Lernen beteiligt sind, desto vielfältiger sind die Möglichkeiten des Erinnerns und Behaltens des Lernstoffes:

- nur Hören 20 %
- nur Sehen 30 %
- Sehen und Hören 50 %
- Sehen, Hören und Diskutieren 70 %
- Sehen, Hören, Diskutieren und selber Tun 90 %

Der Arbeitsplatz:

Fühlen Sie sich wohl an Ihrem Arbeitsplatz, ermüden Sie langsamer, sind aufmerksamer und können eine gute Leistung erbringen, also z. B. effektiver lernen. Es erleichtert das Lernen, wenn die ganze Umgebung signalisiert: „Jetzt wird gelernt". Ein geordneter Arbeitsplatz schafft auch Ordnung im Kopf.

- Sie sollten den Arbeitsbereich und den Freizeitbereich räumlich klar unterscheiden. Ist das nicht möglich, ist vielleicht das Lernen in einer Bibliothek eine Alternative.
- Schaffen Sie Ordnung: Gegenstände, die nichts mit dem Lernen zu tun haben, sollten Sie nicht ablenken können und somit aus dem Blickfeld verschwinden. Das ist besonders für den visuellen Lerntyp wichtig.
- Vor allem der auditive Lerntyp braucht ein ruhiges Umfeld zum Lernen, damit er alles genau verstehen kann und Gehörtes nicht vermischt wird.
- Belassen Sie auf dem Arbeitstisch nur die für die Arbeit wichtigen Gegenstände, wie verschiedene Stifte, Fachbücher, Wörterbücher, Schreibblock und Notizpapier. Auch eine Pinnwand mit entsprechenden Notizen in der Nähe ist sinnvoll.
- Ihr Arbeitsplatz sollte die richtige Arbeitshöhe (ca. 75 cm) haben, die Sitzhöhe so eingestellt sein, dass die Beine bei aufgestellten Füßen einen rechten Winkel bilden.
- Das Licht leuchtet von vorn oder von links (bei Rechtshändern) auf Ihre Arbeitsfläche.

1.2 Lernmethoden

Grundprinzipien der Leistungsverbesserung

- **Verstärkung:** Unser Gehirn lernt durch Erfolge und Misserfolge. Durch positive Rückmeldung werden wir darin verstärkt, diese Tätigkeit weiter auszuüben. Im täglichen Schulbetrieb erhalten Sie nur selten eine Rückmeldung, z. B. in Form einer Zensur. Das fördert Ihre Lernmotivation häufig nicht genug. Bei Erfolgen produziert das Gehirn das „Glückshormon" und bewirkt dadurch, dass Sie sich über den Erfolg freuen und motiviert sind, weiter zu lernen – dies nennt man Verstärkung. Lob, Anerkennung und Belohnung sind so der Motor unseres Handelns, auch beim Lernen. Dafür ist es wichtig, kleine Fortschritte beim Lernen auch selbst wahrzunehmen und sich dafür zu belohnen. Dies kann auf verschiedene Arten geschehen, z. B. durch eine besondere Freizeitaktivität (Kino, Essengehen, Konzert, Sport, Spaziergang usw.). Eine Belohnung muss konsequent, ehrlich und zeitnah erfolgen. Andernfalls wird der Zusammenhang zur erbrachten Leistung nicht deutlich und die Motivation bleibt aus.

- **„Der innere Schweinehund":** Jeder kennt es: Müssen unangenehme oder schwierige Arbeiten erledigt werden, schiebt man sie vor sich her und tut stattdessen Dinge, die leichter und angenehmer sind und scheinbar „dringender" erledigt werden müssen, z. B. Blumen gießen, Zeitung lesen, E-Mails abrufen, telefonieren. Der Arbeitsbeginn wird so immer wieder verschoben, um Stunden, Tage oder Monate ...
  Was tun?
    - Lerneinheiten in kleine überschaubare Mengen- und Zeiteinheiten einteilen.
    - Angenehme Anfangstätigkeiten finden. Das gelingt z. B. gut, wenn man die Arbeit am Vortag in einer angenehmen, leichten Aufgabe beendet.
    - Belohnung nach der Arbeit. Legen Sie die Belohnung vor dem Beginn fest, vielleicht auf einem Notizzettel an der Pinnwand, damit Sie ein schönes, angenehmes Ziel vor Augen haben und nicht die schwierige Lernaufgabe.
    - Disziplin. Natürlich gehört dazu eine gute Portion Selbstkontrolle, aber auch das kann man lernen.

- **Strukturierter Lernstoff**
  Die Lernportionen sollten so strukturiert sein, dass sie vom Gehirn optimal verarbeitet werden können. So gibt es in unserem Alltag oft eine „Siebener-Menge", wie die „7 auf einen Streich", die „7 Zwerge", „die sieben Geißlein" oder „7-Meilen-Stiefel". Forschungsergebnisse der Lernpsychologie

1.2 Lernmethoden

haben bestätigt, dass das Gehirn einen Umfang von 5 bis 7 Lerneinheiten leicht bearbeiten und speichern kann. Wie groß diese Einheiten sind, ob es 7 botanische Namen oder Definitionen der Farbbegriffe sind, ist abhängig vom Vorwissen des Lernenden.

Der Platz in der Lernportion: Anfang und Ende einer Lernreihe werden leichter gelernt als Mittelteile. Tipp: Müssen Sie also 15 botanische Namen lernen, teilen Sie sie in drei Gruppen ein, so werden Sie schon drei mal den ersten und letzten Namen leichter behalten – sechs botanische Namen. Der Rest der Namen kann dann neu eingeteilt werden und so merken Sie sich diese leichter.

Lernbremse „Ähnlichkeit": Je unterschiedlicher die Lerneinheiten sind, desto leichter lassen sie sich merken, da bei Ähnlichkeiten leicht Verwechslungen entstehen können. Ähnliche Inhalte, wie z. B. ähnlich klingende Gattungsnamen, sollten Sie *zeitlich* voneinander getrennt lernen und später die Unterschiede deutlich herausarbeiten.

Lernen von botanischen Namen

- Teilen Sie die zu lernenden Namen in Blöcke von 5–7 Namen ein (s. o.).
- Lernen Sie den ersten Block und stellen Sie sich die Pflanze dabei möglichst deutlich vor: Form der Blüten und Blätter, Größe, Farbe und vielleicht auch Geruch.
- Machen Sie dann etwas anderes, z. B. Wirtschaftslehre oder eine Mathematikaufgabe.
- Lernen Sie anschließend den nächsten Block und machen Sie wieder eine Pause.
- Mehr als 30 Namen am Tag zu lernen, ist erwiesenermaßen nicht sinnvoll.

Das Lernen mit dem 5-Fächer Karteikasten

Dieses Hilfsmittel ist für jedes Lerngebiet anwendbar. Den zu lernenden Inhalt zerlegen Sie in möglichst kleine sinnvolle Einheiten und schreiben Sie auf kleine Karteikarten: auf die Vorderseite die Frage oder den deutschen Pflanzennamen, auf der Rückseite die Antwort. Achten Sie dabei auf saubere und korrekte Schreibweise, damit Sie sich nichts Falsches einprägen.

- Neue Kärtchen werden in das erste Fach des Karteikastens gesteckt.
- Fach 1 wird jeden Tag durchgearbeitet.
- Ist die Antwort richtig, wandert die Karte in Fach 2.
- Ist die Antwort falsch, bleibt die Karte in Fach 1.
- Alle anderen Fächer werden erst bearbeitet, wenn sie fast voll sind.
- Die richtig beantworteten Karten wandern ein Fach weiter nach hinten, die falsch beantworteten in Fach 1 zurück

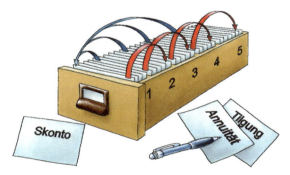

Bild 1 Arbeit mit dem Lernkarteikasten

„Eselsbrücken" bauen

Durch Reime oder kurze einprägsame Sätze, die in Beziehung zu Anfangsbuchstaben der zu merkenden Begriffe stehen, kann man sich Lerninhalte einfacher einprägen. Dies ist in allen Fachbereichen möglich, zum Beispiel:

- Mathematik: KLAPS: **Kla**mmer geht vor **P**unkt- und **S**trichrechnung Multiplikation und Division müssen immer vor Addition und Subtraktion ausgeführt werden. Eine Rechnung, die in Klammern eingeschlossen ist, muss zuerst ausgerechnet werden.
- Biologie: Nervenzellen auf der Netzhaut: Zapfen sind für das Farbsehen zuständig, Stäbchen für die Hell-Dunkel-Unterscheidung: Im Wort ZAP**F**EN finden Sie das **F** für **F**arbe. Damit können Sie nun die Aufgaben der Nervenzellen nicht mehr verwechseln.

„**L**iebe **Z**elle, **p**aar **D**ich **d**och":
Die erste meiotische Prophase wird in folgende Phasen unterteilt:
Leptotän, **Z**ytogän, **P**achytän, **D**iplotän, **D**iakinese.

Mit Fantasie und Kreativität können Sie Fremdwörter oder botanische Namen besser behalten.

Sprechen Sie die Worte vielleicht einmal deutsch aus oder vergleichen Sie die Pflanze mit einem Ihnen vertrauten Gegenstand oder Ähnliches. Damit stellen Sie ein einprägsames Bild her, das es Ihnen erleichtert, sich das ungewöhnliche Wort zu merken.

Das Mindmapping

Ein linearer Text, wie Sie ihn in Lehrbüchern und Unterrichtsskripten finden, ist nicht sehr gehirnfreundlich. Eine Mindmap dagegen ist ähnlich wie das Gehirn strukturiert und erleichtert so das Verarbeiten und Einprägen der wichtigen Inhalte. In der Mitte befindet sich das Thema und rundherum werden die Informationen eingefügt, die damit in Zusammenhang stehen.

Bild 1 Beispiel einer Mindmap mit dem Thema: Das Auge und seine Funktionsweise

- Zum Erarbeiten einer Mindmap legen Sie ein Blatt Papier *quer* vor sich hin.
- In die Mitte des Blattes schreiben Sie das Thema oder den zentralen Begriff, um den es geht (Beispiel aus der Abbildung).
- Rundherum schreiben Sie weitere untergeordnete Schlüsselbegriffe und verbinden diese mit dem zentralen Begriff. Auf jedem dieser Äste sollten nur max. zwei Begriffe stehen. Entscheiden Sie sich bewusst, welche Begriffe wirklich wichtig sind.
- An diese Begriffe hängen Sie weitere Äste, an welchen auch nicht mehr als zwei Begriffe stehen sollten.
- Das Verwenden von verschiedenen Farben oder auch Skizzen wird das spätere Erinnern an diese Mindmap erleichtern.

Vorteil einer Mindmap ist, dass Sie sich schon beim Erstellen der Mindmap intensiv mit dem Stoff auseinandersetzen, um wirklich wichtige Schlüsselworte herauszufinden und einzuordnen. Durch die bildhafte Darstellung gelingt es dem Gehirn besser, die Informationen zu speichern. Wenn Sie den Inhalt später abrufen, erscheint das Bild der Mindmap und Sie können anhand der bildhaften Vorstellung der Begriffe diese wieder abrufen.

1.3 Zusammenfassung und Tipps für die Prüfungsvorbereitung

Kontinuierliches Lernen über das Ausbildungsjahr

Die wichtigste Voraussetzung für erfolgreiches Lernen ist Ihre Einstellung zum Lernen. Oft blockiert man sich selbst, indem man denkt, dass Lernen schwer und schrecklich ist.

Deshalb beginnen Sie mit Ihrer Einstellung zum Lernen, indem Sie sich klar machen, wofür Sie lernen. Malen Sie sich das Ziel möglichst konkret und in allen Farben aus: die Note auf Ihrem Abschlusszeugnis, die Erleichterung, wenn Sie die mündliche Prüfung bestanden haben, die Gratulationen Ihrer Familie zur bestandenen Prüfung.

1.3 Zusammenfassung und Tipps für die Prüfungsvorbereitung

Motivieren Sie sich mit kleinen Belohnungen für Ihre Zwischenerfolge beim Lernen.

Gehen Sie spielerisch, offen und neugierig auf neue Themengebiete zu, „entdecken" Sie das neue Wissen.

Teilen Sie sich den Stoff des Buches in kleine Abschnitte ein und lernen Sie diese wie oben beschrieben. Wiederholen Sie sie z. B. in folgendem Rhythmus:

1. Wiederholung nach 15 Minuten
2. Wiederholung nach 2 Stunden
3. Wiederholung nach ca. 12 Stunden
4. Wiederholung nach 2 Tagen
5. Wiederholung nach einer Woche

Finden Sie selbst Ihren Rhythmus. Wichtig ist, dass Sie Ihren Lernstoff überhaupt wiederholen.

Tipps zur Prüfungsvorbereitung

1. Stellen Sie sich zum Lernen einen realistischen Zeitplan auf, damit ersparen Sie sich Stress kurz vor der Prüfung.
2. Arbeiten Sie an einem geordneten Arbeitsplatz, an dem Sie sich wohlfühlen und nicht abgelenkt werden.
3. Gönnen Sie sich auch zu Zeiten der Prüfungsvorbereitung genügend Schlaf, damit erhalten Sie Ihre Leistungsfähigkeit.
4. Idealerweise beenden Sie das Lernen am Abend vor der Prüfung, aber spätestens 90 Minuten vor der Prüfung. Versuchen Sie sich kurz vor der Prüfung noch etwas zu merken, kann dies Blockaden aufbauen und Sie erinnern sich nur noch an das kürzlich Gelesene.
5. Gehen Sie zuversichtlich in die Prüfung, Zweifel sind fehl am Platze, wenn Sie sich kontinuierlich vorbereitet haben.

1 Den Beruf Florist/Floristin kennenlernen

1.1 Start in die Berufsausbildung

Situation zu den Aufgaben 1–7

Anna Köhler (17 Jahre) hat sich um einen Ausbildungsplatz als Floristin bei der Linnea GmbH beworben. Nach dem positiv verlaufenen Einstellungsgespräch bereitet sich Anna auf ihre Ausbildung vor.

1. Welches sind die hauptsächlichen Aufgaben und Tätigkeiten von Floristen? Nennen Sie fünf Aufgabenbereiche.

   _____
   _____

2. Der Ausbildungsvertrag von Anna wird vorbereitet. Prüfen Sie, welche Vereinbarung so nicht im Vertrag stehen bleiben kann, weil sie **unzulässig** ist:

   ☐ Die Probezeit von Frau A. Köhler beträgt vier Monate.

   ☐ Frau A. Köhler muss im ersten Lehrjahr während der Arbeitszeit auf Kosten der Linnea GmbH einen Erste-Hilfe-Kurs bei den Johannitern absolvieren.

   ☐ Die Linnea GmbH verpflichtet sich, einen persönlich und fachlich geeigneten Ausbilder mit der Ausbildung von Frau A. Köhler zu beauftragen.

   ☐ Bei Kündigung der Ausbildung durch die Auszubildende innerhalb der Probezeit ist eine Vertragsstrafe in Höhe einer monatlichen Ausbildungsvergütung zu zahlen.

   ☐ Die Auszubildende A. Köhler verpflichtet sich, die ihr ausgehändigten Arbeitsmittel, insbesondere Werkzeuge, Werkstoffe und Maschinen, pfleglich zu behandeln und sie nur für die vorgesehenen Arbeiten im Betrieb einzusetzen.

3. Anna Köhler möchte zu Beginn der Ausbildung wissen, welche konkreten Inhalte ihr der Ausbildungsbetrieb in den drei Ausbildungsjahren vermittelt. Wo kann sie dazu Informationen erhalten?

   ☐ Im Berufsbildungsgesetz

   ☐ Im Ausbildungsrahmenplan

   ☐ Im Jugendschutzgesetz

   ☐ Im Rahmenlehrplan der Berufsschule

   ☐ Im Ausbildungsnachweis (Berichtsheft)

4. Welche persönlichen Voraussetzungen sollten Auszubildende wie Anna im Optimalfall schon vor der Ausbildung besitzen? Nennen Sie sechs wesentliche Eigenschaften.

   _____
   _____
   _____

5. Viele europäische Staaten schätzen das Duale System, das die berufliche Ausbildung in Deutschland kennzeichnet. Erläutern Sie, was man unter dem **Dualen System** versteht und nennen Sie die „Dualpartner".

   _____
   _____
   _____

Teil 1 – Wirtschafts- und Sozialkunde

Die betriebliche Ausbildung wird durch das **BBiG** geregelt. Wofür steht diese Abkürzung?

_____

6. Zählen Sie fünf verschiedene wichtige Inhalte auf, die im BBiG zu finden sind.

_____

_____

1.2 Während der Berufsausbildung

Situation zu den Aufgaben 1–5

Anna muss sich zu Beginn ihrer Ausbildung erst einmal im Betrieb und in der Schule zurechtfinden, dabei werden viele Fragen gestellt.

1. Welcher Schulabschluss ist die Mindestvoraussetzung, um die Ausbildung zum Floristen erfolgreich beginnen zu können?

   _____

2. Wie lange dauert die Ausbildung zum Floristen im Normalfall?

   _____

3. Für welche Personengruppen gilt eine verkürzte Ausbildungszeit oder kann die Ausbildungszeit verkürzt werden? Zählen Sie mindestens drei Möglichkeiten auf.

   _____

   _____

4. Warum ist das Führen eines Ausbildungsnachweises in Form eines Berichtsheftes für die Berufsausbildung wichtig und notwendig? Zählen Sie mindestens drei Argumente auf.

   _____

   _____

   _____

5. Auszubildende sind verpflichtet, einen Ausbildungsnachweis zu führen. Dieser muss regelmäßig vom Ausbilder auf formale und sachliche Richtigkeit überprüft werden. Welche Konsequenzen hat es für Auszubildende, wenn kein Ausbildungsnachweis vorliegt?

   _____

1 Den Beruf Florist/Floristin kennenlernen   1.2 Während der Berufsausbildung

Situation zu den Aufgaben 6 und 7

Die Linnea GmbH erhält neue Computer und eine neue Software in der Lohnbuchhaltung. Daher bekommt die Auszubildende Anna Köhler ihre Ausbildungsvergütung für den Monat Februar erst am 18. März bar ausgezahlt. Anna ist der Meinung, dass das zu spät sei. Die Buchhalterin der Linnea GmbH ist seit zwei Wochen krankgeschrieben und wird durch eine Aushilfe vertreten.

> **Berufsbildungsgesetz (BBiG), § 18; Bemessung und Fälligkeit der Vergütung**
>
> (1) Die Vergütung bemisst sich nach Monaten. Bei Berechnung der Vergütung für einzelne Tage wird der Monat zu 30 Tagen gerechnet.
>
> (2) Die Vergütung für den laufenden Kalendermonat ist spätestens am letzten Arbeitstag des Monats zu zahlen.

6. Welcher Sachverhalt zur Zahlung der Ausbildungsvergütung trifft zu?

   ☐ Die Ausbildungsvergütung für Februar muss spätestens am 1. Februar angewiesen werden.

   ☐ Die Ausbildungsvergütung für Februar muss spätestens am 1. Februar bei Anna auf dem Konto sein.

   ☐ Die Ausbildungsvergütung für Februar muss spätestens 14 Tage vor Monatsende bar bezahlt werden.

   ☐ Die Ausbildungsvergütung für Februar ist spätestens am letzten Arbeitstag im Januar zu zahlen.

   ☐ Die Ausbildungsvergütung für Februar ist spätestens am letzten Arbeitstag im Februar zu zahlen.

7. Die Krankenvertretung der Buchhalterin möchte Anna die Ausbildungsvergütung um zwei Tage kürzen, da der Monat Februar ja nur 28 Tage hat. Wie verhält sich die Krankenvertretung korrekt?

   _____

Situation zu den Aufgaben 8 und 9

Oliver Jansen hat die Prüfungsphase abgeschlossen und besteht den letzten Teil der Abschlussprüfung am Dienstag, den 17. Juli.

Oliver möchte schnell die Gesamtnote errechnen. Bei der Ermittlung der Gesamtnote werden schriftlicher und praktischer Teil zu je 50 % gewichtet. Oliver hat im schriftlichen Teil folgende Ergebnisse erzielt: Technologie: 83 Punkte, Warenwirtschaft: 76 Punkte, WiSo: 63 Punkte.

Im praktischen Teil der Abschlussprüfung erreicht Oliver 92 Punkte.

8. Mit welcher Gesamtpunktzahl und Gesamtnote wurde die Abschlussprüfung bestanden?

   _____

9. Am Abend des 17. Juli wird Oliver in einer kleinen Feier das Zeugnis ausgehändigt. Oliver hat bereits eine neue Arbeitsstelle, aber Marc Schmidt, Inhaber der Linnea GmbH, möchte, dass Oliver seinen Vertrag bis Monatsende erfüllt, weil er dringend eine Urlaubsvertretung braucht. Geben Sie das Datum des Tages an, an dem Oliver nach dem Berufsbildungsgesetz frühestens bei seinem neuen Arbeitgeber anfangen kann.

   _____

> **Berufsbildungsgesetz (BBiG), § 21 Beendigung des Ausbildungsverhältnisses**
>
> (1) Das Berufsausbildungsverhältnis endet mit dem Ablauf der Ausbildungszeit. Im Falle der Stufenausbildung endet es mit Ablauf der letzten Stufe.
>
> (2) Bestehen Auszubildende vor Ablauf der Ausbildungszeit die Abschlussprüfung, so endet das Berufsausbildungsverhältnis mit Bekanntgabe des Ergebnisses durch den Prüfungsausschuss.

Teil 1 – Wirtschafts- und Sozialkunde

Situation zu den Aufgaben 10–13

Bis zum Ende des Berufsausbildungsverhältnisses müssen im Ausbildungsverlauf Prüfungen vor einer zuständigen Stelle abgelegt werden.

10. Nennen Sie die beiden Prüfungen mit ungefährer Zeitangabe **und** entsprechende Prüfungsinhalte.

11. Wer nimmt die Prüfungen ab?

12. Wer schlägt die Mitglieder der Prüfungsausschüsse vor?

13. Wer beruft die Mitglieder in die Prüfungsausschüsse und wie lange dauert eine Berufungsperiode?

1.3 Fort- und Weiterbildung

Situation zu den Aufgaben 1 bis 3

Die Auszubildende Anna Köhler zeigt sich während ihrer Berufsausbildung sehr interessiert. Sophia Schmidt von der Linnea GmbH rät Anna, jede Gelegenheit zu nutzen, um sich floristisch fort- bzw. weiterzubilden.

1. Erläutern Sie die Begriffe **Fort- und Weiterbildung**.

2. Nach der Ausbildung gibt es viele **Weiterbildungsperspektiven** für Floristen. Zählen Sie fünf verschiedene Möglichkeiten auf, wie sich Anna beruflich fort- oder weiterbilden kann:

3. Welches ist eine **Fortbildungsmaßnahme** im Sinne des Berufsbildungsgesetzes?
   - ☐ Anna besucht die Messe IPM in Essen und sammelt Prospektmaterial verschiedener Keramikhersteller.
   - ☐ Anna nimmt an einem EDV-Kurs der IG BAU teil und erhält nach Abschluss des Kurses bei bestandener Prüfung ein Zertifikat.
   - ☐ Anna besucht ein privates Nachhilfestudio, um sich intensiv auf die Zwischenprüfung vorzubereiten.
   - ☐ Anna fährt mit ihren Kolleginnen zur Landesgartenschau und besucht dabei die Sonderausstellung „Floristen gestalten mit Blumen".
   - ☐ Anna besichtigt mit der Schulklasse eine Zierpflanzengärtnerei und nimmt erfolgreich an einem Info-Quiz teil.

1 Den Beruf Florist/Floristin kennenlernen
1.3 Fort- und Weiterbildung

Situation zu den Aufgaben 4–8

Kurz vor dem Ende seiner Florist-Ausbildung möchte sich Oliver Jansen, der einen Sek. I-Abschluss hat, über Schulen und Bildungsträger informieren, die geeignete Fortbildungsmaßnahmen durchführen.

4. Welche **Schulungsmodelle** stehen Oliver allgemein zur Verfügung? Zählen Sie drei Beispiele auf.

5. Nennen Sie fünf **Bildungsträger** bzw. Schulen und deren Standorte, die für Oliver geeignete **berufliche Fortbildungen** ermöglichen könnten.

6. Nennen Sie drei **Informationsquellen**, damit Oliver mehr über die Fortbildungsinhalte erfahren kann.

7. Eine **Umschulung** kann aus beruflichen Gründen sinnvoll sein. Beschreiben Sie drei Situationen, in denen eine Umschulungsmaßnahme für Arbeitnehmer die weitere erfolgreiche Teilnahme am Berufsleben erforderlich machen.

8. Durch verschiedene **Ausbildungsförderungsmaßnahmen** des Bundes können bestimmte Bildungsformen finanziell unterstützt werden. Zeigen Sie zwei Ausbildungsmaßnahmen auf, bei denen Oliver finanziell gefördert werden könnte.

Ausbildungsförderung

wird gemäß **§ 2 BAföG** geleistet für den Besuch von

— weiterführenden allgemeinbildenden Schulen (z.B. Haupt-, Real- und Gesamtschulen, Gymnasien) ab Klasse 10,
— Berufsfachschulen, deren Besuch eine abgeschlossene Berufsausbildung nicht voraussetzt, einschließlich der Klassen aller Formen der beruflichen Grundbildung (z. B. Berufsvorbereitungsjahr), ab Klasse 10,
— Fach- und Fachoberschulklassen, deren Besuch eine abgeschlossene Berufsausbildung nicht voraussetzt,
— Berufsfachschulklassen und Fachschulklassen, deren Besuch eine abgeschlossene Berufsausbildung nicht voraussetzt, sofern sie in einem zumindest zweijährigen Bildungsgang einen berufsqualifizierenden Abschluss vermitteln,
— Fach- und Fachoberschulklassen, deren Besuch eine abgeschlossene Berufsausbildung voraussetzt,
— Abendhauptschulen, Berufsaufbauschulen, Abendrealschulen, Abendgymnasien und Kollegs,
— Höheren Fachschulen und Akademien,
— Hochschulen.

Teil 1 – Wirtschafts- und Sozialkunde

Das Aufstiegsfortbildungsförderungsgesetz (AFBG) – das sog. „Meister-BAföG"

Das AFBG, das sog. „Meister-BAföG", unterstützt mit finanziellen Mitteln die berufliche Aufstiegsfortbildung von Handwerkern und anderen Fachkräften und erleichtert Existenzgründungen. Das Gesetz ist ein umfassendes Förderinstrument für die berufliche Aufstiegsfortbildung in allen Berufsbereichen und ein Kernelement der Qualifizierungsinitiative. Vorausgesetzt wird der Abschluss einer Erstausbildung nach dem Berufsbildungsgesetz oder der Handwerksordnung oder ein vergleichbarer Berufsabschluss.

1.4 Organisationen, die Floristen im Beruf begleiten

Situation zu den Aufgaben 1–8

Oliver Jansen aus dem dritten Lehrjahr hat für seine Auszubildenden-Kollegin Christine Stein seine Berufsschulunterlagen mit in den Betrieb gebracht, weil Christine demnächst eine Lernzielkontrolle über die „Berufsständischen Organisationen" schreibt.

1. Ordnen Sie den jeweiligen **Berufsständischen Organisationen** die Aufgaben und Funktionen zu, indem Sie hinter der jeweiligen Aufgabenbeschreibung die zutreffende Abkürzung eintragen:
   — Berufsgenossenschaft Handel und Warendistribution (BGHW),
   — Fachverband Deutscher Floristen (FDF),
   — Industriegewerkschaft Bauen, Agrar, Umwelt (IG BAU),
   — Industrie- und Handelskammer (IHK),
   — Zentralverband Gartenbau (ZVG).

   - Vertritt als Dachorganisation die Interessen des Berufsstandes gegenüber Bundesregierung, Parteien und Verbrauchern: _____
   - Übernimmt bei Arbeits- und Wegeunfällen anfallende Heilbehandlungskosten und Rehabilitationsmaßnahmen: _____
   - Gibt die Fachzeitschrift „florist" heraus und führt Berufswettkämpfe und Leistungsvergleiche (z. B. Goldene Rose) durch: _____
   - Sie ist die Arbeitgeberorganisation und führt für ihre Mitglieder Tarifverhandlungen durch: _____
   - Führt die Verzeichnisse der Berufsausbildungsverträge und überwacht die Berufsausbildung: _____

2. Welche weiteren Aufgaben übernimmt der **Fachverband Deutscher Floristen** (FDF)? Nennen Sie sechs Beispiele.

Bild 1 Logo des FDF

1 Den Beruf Florist/Floristin kennenlernen   **1.4 Organisationen, die Floristen im Beruf begleiten**

3. Erläutern Sie den Begriff **Tarifpartner** und nennen Sie die hierzu passenden Organisationen:

   _____
   _____
   _____

4. Wer gehört den **Industrie- und Handelskammern** an?

   IHK Deutsche Industrie- und Handelskammern

   Bild 1 Logo der Industrie- und Handelskammern

   _____

5. Nennen Sie vier Aufgaben, die Industrie- und Handelskammern übernehmen.

   _____
   _____

6. Nennen Sie drei Gewerkschaften, die zu den Mitgliedsgewerkschaften des Deutschen Gewerkschaftsbundes gehören.

   _____
   _____

7. Einzelhandelsgeschäfte unterliegen den Vorschriften der **Gewerbeaufsicht.** Welche Bereiche werden auf korrekte Handhabung überprüft? Nennen Sie fünf Beispiele.

   _____
   _____
   _____

8. Das Floristik-Fachgeschäft Linnea GmbH plant eine Verkaufsausstellung zum Thema Beet- und Balkonpflanzen. Der Sonntag soll als Familientag, von 10:00 bis 17:00 Uhr, mit vielen Aktionen locken. Frau Schmidt beauftragt Oliver Jansen, sich bei der Stadtverwaltung nach den formalen Anforderungen zu erkundigen.

   Formulieren Sie vier Fragen, die rechtzeitig vor der Ausstellung geklärt werden müssen.

   _____
   _____
   _____

Teil 1 – Wirtschafts- und Sozialkunde

1.5 Arbeitsschutz während der Berufsausübung

Situation zu den Aufgaben 1–7

Sophia Schmidt hat eine zweitägige Informationsveranstaltung des FDF zum Thema „Arbeitsschutz im Berufsalltag" besucht, da in ihrem Unternehmen personelle Umstrukturierungen vorgesehen sind. Am Ende der Veranstaltung mussten von den Veranstaltungsteilnehmern Fragen beantwortet werden, die Frau Schmidt nun ihren Auszubildenden zur Übung vorlegt.

1. Eine 18-Jährige mit Fachhochschulreife möchte gern eine Ausbildung als Floristin machen. Bringen Sie die notwendige Vorgehensweise in die richtige Reihenfolge. Beginnen Sie mit: „Terminabsprache und Erstinformation bei der **Berufsberatung** (Bundesagentur für Arbeit)"

    - Terminwahrnehmung zu einem Vorstellungsgespräch bei einem Ausbildungsbetrieb [ ]
    - Abschluss des Ausbildungsvertrages [ ]
    - Detaillierte Erkundigung über Ausbildungsberuf und -inhalte, über geeignete Ausbildungsbetriebe und die Perspektiven als Floristin im Internet, bei IHK und FDF [ ]
    - Zusammenstellung und Absenden der Bewerbungsunterlagen, insbesondere von Lebenslauf, Zeugniskopien und Passfoto [ ]
    - Terminabsprache und Erstinformation bei der Berufsberatung (Agentur für Arbeit) [ ]
    - Formulieren des Bewerbungsschreibens mit dem Hinweis, warum sie diesen Beruf erlernen möchte und sich dafür auch geeignet hält [ ]
    - Schriftliche Zusage des angeschriebenen Betriebes zu einem Vorstellungsgespräch [ ]

2. Schließen Arbeitnehmer (AN) und Arbeitgeber (AG) einen **Arbeitsvertrag** ab, gehen beide bestimmte Pflichten ein. Ordnen Sie die nachfolgenden **Pflichten** den jeweiligen Personen zu, indem Sie die zutreffende Abkürzung hinter der jeweiligen Beschreibung eintragen:

    Zeugniserstellungspflicht _____

    Arbeitspflicht _____

    Fürsorgepflicht _____

    Lohnzahlungspflicht _____

    Verschwiegenheitspflicht _____

    Handels- und Wettbewerbsverbot _____

3. Beim Personalchef sind mehrere Hinweise und Beschwerden über einzelne Mitarbeiter eingereicht worden. Welcher der nachfolgend beschriebenen Sachverhalte berechtigt zu einer **fristlosen Kündigung**?

    ☐ Von einem Mitarbeiter wird berichtet, dass er nach Beginn seiner Anstellung in die Gewerkschaft eingetreten ist.

    ☐ Von einer leitenden Fachkraft wird berichtet, dass sie sich bei einem Mitbewerber für einen gut bezahlten Posten beworben hat.

    ☐ Einzelne Mitarbeiter haben sich über einen Lagerarbeiter beschwert, der wiederholt längere Zeit krankgeschrieben war und nun eine Kur antritt.

    ☐ Eine Facharbeiterin berichtet, dass sie aus Eifersuchtsgründen tätlich von ihrem Exfreund, der im gleichen Betrieb angestellt ist, angegriffen wurde.

    ☐ Der Meister hat sich über seine Auszubildende beschwert, weil sie am Wochenende an einer Demonstration gegen die Fahrpreiserhöhung der Bus und Bahn GmbH teilgenommen hat.

4. Was zählt zur **Sorgfaltspflicht** von Arbeitnehmern gegenüber ihrem Arbeitgeber?

    ☐ Das Geschäftseigentum ist von Arbeitnehmern pfleglich zu behandeln.

    ☐ Die betrieblichen Arbeitsbedingungen sind von Arbeitnehmern regelmäßig mit anderen Betrieben zu vergleichen.

    ☐ Die Interessen der Belegschaft sind von Arbeitnehmern grundsätzlich zu wahren.
    ⇨ *weitere Antwortmöglichkeiten siehe nächste Seite*

1 Den Beruf Florist/Floristin kennenlernen — 1.5 Arbeitsschutz während der Berufsausübung

☐ Bei betrieblicher Notwendigkeit ist von Arbeitnehmern immer Mehrarbeit zu leisten.

☐ Bei betrieblichen Auseinandersetzungen dürfen keine Arbeitsgerichte bemüht werden.

5. Ein 16-jähriger Auszubildender befindet sich mit seinem Arbeitgeber im Streit darüber, ob er nach der Berufsschule noch zur Arbeit in den Betrieb kommen muss. Welches **Gesetz** gibt dazu Auskunft?

   ☐ Jugendarbeitsschutzgesetz

   ☐ Jugendschutzgesetz

   ☐ Tarifvertragsgesetz

   ☐ Urlaubsgesetz

   ☐ Arbeitszeitgesetz

6. Ordnen Sie die entsprechenden Gesetze bzw. Verträge den drei nachfolgenden Sachverhalten zu, die mithilfe dieser Gesetze bzw. Verträge geklärt werden können:

   Gesetze/Verträge
   a) Entgeltvertrag
   b) Jugendarbeitsschutzgesetz
   c) Ausbildungsvertrag
   d) Berufsbildungsgesetz
   e) Ausbildungsvertrag
   f) Betriebsverfassungsgesetz
   g) Arbeitszeitgesetz

   Sachverhalt
   Eine 17-jährige Auszubildende arbeitet am Montag bis 22:00 Uhr und soll am nächsten Tag wieder um 8:00 Uhr zur Arbeit erscheinen. [ ]
   Fünf Auszubildende wollen eine Jugend- und Auszubildendenvertretung gründen. [ ]
   Ein Auszubildender möchte seine Ausbildung verkürzen und die Abschlussprüfung vorzeitig ablegen. [ ]

7. Für welche der aufgeführten Personengruppen hat der Gesetzgeber über den allgemeinen Kündigungsschutz hinausgehende Regelungen getroffen, sodass hier ein **besonderer Kündigungsschutz** gilt?

   ☐ Für Elternzeitberechtigte und für geschiedene Mütter

   ☐ Für Schwerbehinderte und für Gewerkschaftsmitglieder

   ☐ Für Betriebsratsmitglieder und für Auszubildende nach der Probezeit

   ☐ Für Jugend- und Auszubildendenvertreter und für Aushilfen

   ☐ Für werdende Mütter und für Filialleiter bzw. Filialleiterin

Situation zu den Aufgaben 8–10

Eine Floristin, die für sechs Monate bei der Linnea GmbH befristet beschäftigt war, erhält fristgemäß zum Ablauf der sechs Monate von Herrn Marc Schmidt mündlich die Kündigung mitgeteilt. Da sie aus wirtschaftlichen Gründen weiterarbeiten möchte, wendet sie sich an einen Rechtsanwalt, weil sie im Internet vom Kündigungsschutzgesetz (KSchG) gelesen hat und sich dadurch eine Aufhebung der Kündigung verspricht.

8. Welche Auskunft wird der Rechtsanwalt der Floristin geben, wenn sie um Hilfe bezüglich ihrer **Kündigung** bittet?

   ☐ Die Kündigung ist unwirksam, weil es sich um eine sozial ungerechtfertigte Kündigung handelt, im Betrieb mehr als zehn Mitarbeiter beschäftigt sind und sie länger als fünf Monate beschäftigt war.

   ☐ Die Kündigung ist wirksam, weil es sich um eine außerordentliche Kündigung handelt, im Betrieb mehr als zehn Mitarbeiter beschäftigt sind und sie mindestens sechs Monate beschäftigt war.

   ☐ Die Kündigung ist unwirksam, weil es sich um eine nicht formgerechte Kündigung handelt und sie länger als fünf Monate beschäftigt war.

   ☐ Die Kündigung ist wirksam, weil es sich um ein befristetes Arbeitsverhältnis handelt und schon bei Vertragsabschluss der Zeitpunkt der Beendigung des Arbeitsverhältnisses (sechs Monate später) bekannt war.

   ☐ Die Kündigung ist unwirksam, weil zu dieser ordentlichen Kündigung eine schriftliche Begründung notwendig gewesen wäre und die Floristin mindestens sechs Monate beschäftigt war.

Teil 1 – Wirtschafts- und Sozialkunde

9. Welchen Schutz bietet das **Kündigungsschutzgesetz** unbefristeten Arbeitnehmern, die in Betrieben mit mehr als zehn Mitarbeitern länger als sechs Monate beschäftigt waren?

    ☐ Es schützt vor außerordentlichen Kündigungen.

    ☐ Es schützt vor ordentlichen Kündigungen.

    ☐ Es schützt vor sozial ungerechtfertigten Kündigungen.

    ☐ Es schützt vor Kündigungen während der Probezeit.

    ☐ Es schützt vor Änderungskündigungen.

10. Welches **Gericht** ist für Arbeitnehmer zuständig, die eine ordentliche Kündigung erhalten haben und nun gegen diese gerichtlich vorgehen wollen, weil sie die Kündigung als (sozial) ungerechtfertigt ansehen?

    ☐ Amtsgericht

    ☐ Landgericht

    ☐ Verwaltungsgericht

    ☐ Arbeitsgericht

    ☐ Sozialgericht

Situation zu den Aufgaben 11–13

Die 17-jährige Auszubildende Anna ist immer knapp bei Kasse und möchte sich am Wochenende in einem Café etwas dazu verdienen. Deshalb fragt sie ihre Ausbilderin Sophia Schmidt, ob sie nach der Arbeit oder am Wochenende noch ein paar Stunden arbeiten könnte. In ihrem Ausbildungsbetrieb hat sie montags Berufsschule (acht Unterrichtsstunden), von Dienstag bis Freitag arbeitet sie insgesamt täglich acht Stunden, zuzüglich der Pausen.

11. Wie muss sich Sophia Schmidt aufgrund des **Jugendarbeitsschutzgesetzes** entscheiden, wenn sie nicht gegen das Gesetz verstoßen möchte?

    ☐ Anna kann dieser Beschäftigung nachgehen, wenn sie dafür nicht zur Berufsschule geht.

    ☐ Anna kann dieser Beschäftigung nachgehen, wenn sie sich für die Nebentätigkeit jeweils Urlaub nimmt.

    ☐ Anna kann dieser Beschäftigung nachgehen, wenn sie statt am Wochenende am Montag nach der Schule im Café arbeitet.

    ☐ Anna kann dieser Beschäftigung nicht nachgehen, weil Jugendliche grundsätzlich nicht bei mehreren Arbeitgebern beschäftigt sein dürfen.

    ☐ Anna kann dieser Beschäftigung nicht nachgehen, weil die wöchentliche Arbeitszeit von 40 Stunden durch die Nebentätigkeit dann grundsätzlich überschritten wäre.

Jugendarbeitsschutzgesetz, § 4 Arbeitszeit

(1) Tägliche Arbeitszeit ist die Zeit vom Beginn bis zum Ende der täglichen Beschäftigung ohne die Ruhepausen (§ 11).

(4) Für die Berechnung der wöchentlichen Arbeitszeit ist als Woche die Zeit von Montag bis einschließlich Sonntag zugrunde zu legen. Die Arbeitszeit, die an einem Werktag infolge eines gesetzlichen Feiertags ausfällt, wird auf die wöchentliche Arbeitszeit angerechnet.

(5) Wird ein Kind oder ein Jugendlicher von mehreren Arbeitgebern beschäftigt, so werden die Arbeits- und Schichtzeiten sowie die Arbeitstage zusammengerechnet.

§ 8 Dauer der Arbeitszeit

(1) Jugendliche dürfen nicht mehr als acht Stunden täglich und nicht mehr als 40 Stunden wöchentlich beschäftigt werden.

(2a) Wenn an einzelnen Werktagen die Arbeitszeit auf weniger als acht Stunden verkürzt ist, können Jugendliche an den übrigen Werktagen derselben Woche achteinhalb Stunden beschäftigt werden.

1 Den Beruf Florist/Floristin kennenlernen — 1.5 Arbeitsschutz während der Berufsausübung

§ 11 Ruhepausen, Aufenthaltsräume

(1) Jugendlichen müssen im Voraus feststehende Ruhepausen von angemessener Dauer gewährt werden. Die Ruhepausen müssen mindestens betragen

1. 30 Minuten bei einer Arbeitszeit von mehr als viereinhalb bis zu sechs Stunden,

2. 60 Minuten bei einer Arbeitszeit von mehr als sechs Stunden.

Als Ruhepause gilt nur eine Arbeitsunterbrechung von mindestens 15 Minuten.

(2) Die Ruhepausen müssen in angemessener zeitlicher Lage gewährt werden, frühestens eine Stunde nach Beginn und spätestens eine Stunde vor Ende der Arbeitszeit. Länger als viereinhalb Stunden hintereinander dürfen Jugendliche nicht ohne Ruhepause beschäftigt werden.

12. Anna arbeitet nun mittwochs auf dem Wochenmarkt. Sie muss deshalb ab 6:00 Uhr morgens für das Einladen der Waren im Betrieb zur Verfügung stehen. Ermitteln Sie, wann Anna ihre erste Pause **spätestens** haben muss, wenn sie an diesem Tag insgesamt acht Stunden beschäftigt wird, und wie viel Minuten Pause Anna insgesamt zur Verfügung stehen.

_____

13. Um wie viel Minuten könnte die Arbeitszeit von Anna am Markttag verlängert werden, wenn sie am Vortag nur sechs Stunden arbeiten musste?

_____

Situation zu den Aufgaben 14–18

Dorothea Pohl hat ihrem Chef, Marc Schmidt von der Linnea GmbH, nun endlich mitgeteilt, dass sie im dritten Monat schwanger ist und Zwillinge erwartet. Sie fragt Herrn Schmidt, bis wann sie gesetzlich verpflichtet ist zu arbeiten und wann sie nach dem Mutterschutz wieder arbeiten müsste.

14. Welche Aussage von Herrn Schmidt entspricht den gesetzlichen Vorgaben?

☐ Werdende Mütter dürfen zwei Wochen vor der Entbindung und bei Mehrlingsgeburten bis zum Ablauf von zehn Wochen nach der Entbindung nicht beschäftigt werden.

☐ Werdende Mütter dürfen acht Wochen vor der Entbindung und bei Mehrlingsgeburten bis zum Ablauf von 12 Wochen nach der Entbindung nicht beschäftigt werden.

☐ Werdende Mütter dürfen vier Wochen vor der Entbindung und bei Mehrlingsgeburten bis zum Ablauf von acht Wochen nach der Entbindung nicht beschäftigt werden.

☐ Werdende Mütter dürfen sechs Wochen vor der Entbindung und bei Mehrlingsgeburten bis zum Ablauf von 12 Wochen nach der Entbindung nicht beschäftigt werden. Jedoch mit der Ausnahme, dass sie sich zur Arbeitsleistung ausdrücklich bereit erklären; die Erklärung kann jederzeit widerrufen werden.

☐ Werdende Mütter dürfen 12 Wochen vor der Entbindung und bei Mehrlingsgeburten bis zum Ablauf von acht Wochen nach der Entbindung nicht beschäftigt werden.

Mutterschutzgesetz, § 3 Beschäftigungsverbote für werdende Mütter

(2) Werdende Mütter dürfen in den letzten sechs Wochen vor der Entbindung nicht beschäftigt werden, es sei denn, dass sie sich zur Arbeitsleistung ausdrücklich bereit erklären; die Erklärung kann jederzeit widerrufen werden.

§ 5 Mitteilungspflicht, ärztliches Zeugnis

(1) Werdende Mütter sollen dem Arbeitgeber ihre Schwangerschaft und den mutmaßlichen Tag der Entbindung mitteilen, sobald ihnen ihr Zustand bekannt ist. Auf Verlangen des Arbeitgebers sollen sie das Zeugnis eines Arztes oder einer Hebamme vorlegen. Der Arbeitgeber hat die Aufsichtsbehörde unverzüglich von der Mitteilung der werdenden Mutter zu benachrichtigen. Er darf die Mitteilung der werdenden Mutter Dritten nicht unbefugt bekannt geben.

Teil 1 – Wirtschafts- und Sozialkunde

§ 6 Beschäftigungsverbote nach der Entbindung

(1) Mütter dürfen bis zum Ablauf von acht Wochen, bei Früh- und Mehrlingsgeburten bis zum Ablauf von zwölf Wochen nach der Entbindung nicht beschäftigt werden. Bei Frühgeburten und sonstigen vorzeitigen Entbindungen verlängern sich die Fristen nach Satz 1 zusätzlich um den Zeitraum der Schutzfrist nach § 3 Abs. 2, der nicht in Anspruch genommen werden konnte.

15. Was muss Marc Schmidt unverzüglich tun, wenn er sich an § 5 des **Mutterschutzgesetzes** halten möchte?
    - ☐ Er hat das ärztliche Attest zu unterschreiben und muss es zurücksenden.
    - ☐ Er muss die Gewerbeaufsichtsbehörde von der Schwangerschaft der Mitarbeiterin in Kenntnis setzen.
    - ☐ Er muss den genauen Tag der Entbindung bei der Aufsichtsbehörde angeben.
    - ☐ Er hat die anderen Mitarbeiter von der Schwangerschaft zu informieren.
    - ☐ Er muss die Kosten der ärztlichen Untersuchung tragen.

16. Frau Pohl hat von der Schwangerschaft seit der sechsten Woche Kenntnis. Welches **fehlerhafte Verhalten** ist ihr gegenüber ihrem Chef vorzuwerfen?

    _____

17. Welche gesetzliche Regelung zum **Mutterschutzgesetz** während der Schwangerschaft bzw. während des Mutterschutzes von Frau Pohl ist **nicht** zutreffend?
    - ☐ Während der Schutzfrist muss Herr Schmidt auf Antrag von Frau Pohl das Mutterschaftsgeld bezahlen.
    - ☐ Während der Schwangerschaft und während der Schutzfrist muss Herr Schmidt ein Sonderkündigungsrecht von Frau Pohl ohne Einhaltung einer Frist akzeptieren.
    - ☐ Während der Schutzfrist darf Herr Schmidt die Schwangere nicht mit Sonntags- oder Nachtarbeit beschäftigen.
    - ☐ Während der Schutzfrist darf Herr Schmidt den Urlaub nicht um die durch den Mutterschutz ausgefallenen Arbeitstage kürzen.
    - ☐ Während der Schutzfrist darf Herr Schmidt Frau Pohl nicht mit gesundheitsgefährdenden Arbeiten beschäftigen.

18. Wann müsste Frau Pohl nach der Entbindung spätestens wieder bei der Linnea GmbH anfangen zu arbeiten, wenn sie gemäß des **Elternzeitgesetzes** nach § 15 den vollen Anspruch auf Elternzeit für die Betreuung und Erziehung ihrer Zwillinge ausschöpfen möchte?

    _____

Bundeselterngeld- und Elternzeitgesetz, § 15 Anspruch auf Elternzeit

(2) Der Anspruch auf Elternzeit besteht bis zur Vollendung des dritten Lebensjahres eines Kindes. Die Zeit der Mutterschutzfrist nach § 6 Abs. 1 des Mutterschutzgesetzes wird auf die Begrenzung nach Satz 1 angerechnet.

Situation zu den Aufgaben 19 -20

Maximilian Petersen hat einen Totalschaden mit seinem Auto gehabt und möchte deshalb seinen Jahresurlaub vollständig dazu nutzen, um sich im Urlaub noch Geld zusätzlich zu verdienen.

19. Mit welcher rechtlichen Begründung muss sein Chef Herrn Petersen diesen Wunsch mit Hinweis auf das **Bundesurlaubsgesetz** abschlagen?
    - ☐ Arbeiten während des Urlaubs müssen vorher beim Finanzamt angemeldet werden.
    - ☐ Urlaubstätigkeiten sind nicht unfallversichert.
    - ☐ Arbeiten während des Urlaubs müssen erst von der Industrie- und Handelskammer genehmigt werden.
      ⇨ weitere Antwortmöglichkeiten siehe nächste Seite

1 Den Beruf Florist/Floristin kennenlernen — 1.6 Betriebliche Mitbestimmung

☐ Urlaubstätigkeiten sind abzulehnen, weil der Urlaub ausschließlich der Erholung dienen soll.

☐ Arbeiten während des Urlaubs sind nicht krankenversichert.

20. Wie viele **Urlaubstage** sind laut Bundesurlaubsgesetz Arbeitnehmern mindestens zu gewähren, wenn sie wenigstens sechs Monate ununterbrochen in einem Arbeitsverhältnis tätig waren?

_____

1.6 Betriebliche Mitbestimmung

Situation zu den Aufgaben 1–7

Weil in der Berufsschule im Fachunterricht gerade das Thema „Berufliche Mitbestimmung" bearbeitet wird, ist in der Linnea GmbH unter den drei Auszubildenden eine freundschaftliche Diskussion darüber ausgebrochen, was sich hinter den Begriffen Individual- oder Kollektivarbeitsrecht verbirgt. Oliver Jansen verdeutlicht die Unterschiede anhand einiger Prüfungsfragen, die er den beiden anderen Auszubildenden stellt.

1. Was wird allgemein als **Individualarbeitsrecht** oder Individualrecht bezeichnet?

    ☐ Das durch Vertrag geltende Recht zwischen einzelnen Arbeitgebern und dem jeweiligen Betriebsrat.

    ☐ Das durch Vertrag geltende Recht zwischen einzelnen Arbeitnehmern und seinem Arbeitgeber.

    ☐ Das durch Vertrag geltende Recht zwischen einzelnen Arbeitgebern und den ausschließlich in der Gewerkschaft organisierten Arbeitnehmern.

    ☐ Das durch Vertrag geltende Recht zwischen einzelnen Arbeitnehmern und dem jeweiligen Betriebsrat.

    ☐ Das durch Vertrag geltende Recht zwischen einzelnen Tarifvertragspartnern.

2. Im Floristik-Fachgeschäft können kollektive Arbeitsverträge auf unterschiedliche Weise abgeschlossen sein. Geben Sie zwei konkrete Beispiele des **Kollektivarbeitsrechts** an, wie diese Verträge zustande kommen könnten.

    _____

    _____

    _____

    _____

3. Welche Aussage über **Tarifverträge** ist richtig?

    ☐ Tarifverträge werden zwischen einzelnen Arbeitgebern und Betriebsräten geschlossen.

    ☐ Während der Laufzeit eines Tarifvertrages ist ein Arbeitskampf nur erlaubt, wenn 75 % der tariflich bezahlten Mitarbeiter diesem Arbeitskampf zustimmen.

    ☐ Tarifverträge sind für alle Arbeitgeber einer Branche (z. B. für Floristen) bindend, wenn die große Tarifkommission sie als „allgemeinverbindlich" erklärt hat.

    ☐ Tarifverträge sind nur für die Mitglieder der Tarifpartner (Arbeitgeberverband und Arbeitnehmerverband) rechtlich bindend.

    ☐ Inhalte der Tarifverträge orientieren sich an den Empfehlungen der jeweiligen Landesregierungen.

4. Was ist im **Entgelttarif** geregelt?

    ☐ Die Anzahl der Pausen

    ☐ Die Höhe der Ausbildungsvergütung

    ⇨ weitere Antwortmöglichkeiten siehe nächste Seite

Teil 1 – Wirtschafts- und Sozialkunde

☐ Die Anzahl der Urlaubstage

☐ Die Höhe der Lohnfortzahlung im Krankheitsfall

☐ Die Anzahl der wöchentlichen Arbeitsstunden

5. Welche Aussage über **Rahmen- bzw. Manteltarife** ist richtig?

   ☐ Die im Rahmentarif vereinbarten Regelungen können auf Antrag des jeweiligen Betriebes für zwei Monate aufgehoben werden.

   ☐ Die im Rahmentarif vereinbarten Regelungen gelten in den jeweiligen Betrieben nur, wenn der Betriebsrat ausdrücklich zugestimmt hat. Ist kein Betriebsrat vorhanden, werden die Regelungen angenommen, wenn das Votum der Mitarbeiter mindestens 75 % beträgt.

   ☐ Die im Rahmentarifvertrag vereinbarten Regelungen betreffen insbesondere die Arbeitszeit, Zuschläge, Urlaubsregelung und Kündigungsfristen.

   ☐ Die im Rahmentarif vereinbarten Regelungen betreffen insbesondere die Entgeltgruppen, die Entgelthöhe und die Ausbildungsvergütung.

   ☐ Die im Rahmentarif vereinbarten Regelungen gelten automatisch für die Laufzeit von einem Jahr, sofern sie nicht für allgemeinverbindlich erklärt werden.

6. Erklären Sie den Begriff **Aussperrung** infolge tariflicher Auseinandersetzungen.

   _____

   _____

7. Welche der nachfolgenden Erläuterung der **Friedenspflicht** im Tarifrecht ist korrekt?

   ☐ Nach Ablauf der Laufzeit des Tarifvertrages können Gewerkschaften streiken, die Pflicht nach Frieden zwischen Arbeitgeber und den Arbeitnehmern besteht dann nicht mehr.

   ☐ Während der Laufzeit des Tarifvertrages dürfen keine Kampfmaßnahmen gegen bestehende Tarifvereinbarungen durchgeführt werden.

   ☐ Vor Beginn der Laufzeit des Tarifvertrages besteht zwischen Arbeitgeberverband und Arbeitnehmerverband die Pflicht, friedlich Tarifverhandlungen zu führen.

   ☐ Nach Ablauf der Laufzeit des Tarifvertrages können Arbeitnehmerverbände die Arbeitnehmer aussperren und die herrschende Friedenspflicht beenden.

   ☐ Während der Laufzeit des Tarifvertrages dürfen Warnstreiks seitens der Gewerkschaften durchgeführt werden und somit die Friedenspflicht beendet werden.

Situation zu den Aufgaben 8–10

In der Tageszeitung liest Marc Schmidt: Die Tarifpartner IG BAU sowie die FDF-Landesverbände im Bereich Ostdeutschland haben nach einem zähen Verhandlungsmarathon einschließlich Streikmaßnahmen und mithilfe eines Schlichterspruchs den Vorschlag erhalten, dass die Löhne und Gehälter in ihrem Tarifverbund um 2,5 % steigen sollen.

8. Was wird die **IG BAU** nun als nächsten Schritt unternehmen, um festzustellen, ob die Mitglieder diesem Vorschlag zustimmen werden?

   ☐ Sie wird eine Urabstimmung unter allen in Ostdeutschland gewerkschaftlich organisierten Arbeitnehmern durchführen.

   ☐ Sie wird eine Urabstimmung unter den in Ostdeutschland gewerkschaftlich organisierten IG BAU-Mitgliedern durchführen.

   ☐ Sie wird eine Urabstimmung unter allen in Ostdeutschland organisierten Arbeitgebern durchführen.
   ⇨ weitere Antwortmöglichkeiten siehe nächste Seite

1 Den Beruf Florist/Floristin kennenlernen
1.6 Betriebliche Mitbestimmung

☐ Sie wird eine Urabstimmung unter den in ganz Deutschland gewerkschaftlich organisierten IG BAU-Mitgliedern durchführen.

☐ Sie wird eine Urabstimmung unter allen in Ostdeutschland organisierten FDF-Mitgliedern durchführen.

9. Mit welchem Ergebnis muss bei der **Urabstimmung** votiert werden, damit der Vorschlag des Schlichters seitens der Gewerkschaft angenommen werden kann?

_____

10. Unter welchen rechtlichen Voraussetzungen kommt es nach **Ende der Friedenspflicht** infolge einer Tarifauseinandersetzung überhaupt zur Entscheidung der Gewerkschaft, dass im gesamten Tarifgebiet oder bei einzelnen Unternehmen gestreikt werden soll?

_____

_____

Situation zu den Aufgaben 11–17

Anna (17 Jahre) soll für den Unterricht ermitteln, ob in ihrem Betrieb ein Betriebsrat bzw. eine Jugend- und Auszubildendenvertretung gewählt werden könnte.

Christine ermittelt alle beschäftigten Mitarbeiter, die seit mindestens sechs Monaten bei der Linnea GmbH arbeiten: Fünf volljährige Beschäftigte über 25 Jahren, zwei Beschäftigte unter 25 Jahren, eine Aushilfe (17), die drei Auszubildenden Christine (20), Oliver (24) und Anna (17).

Betriebsverfassungsgesetz, § 1 Errichtung von Betriebsräten

(1) In Betrieben mit in der Regel mindestens fünf ständigen wahlberechtigten Arbeitnehmern, von denen drei wählbar sind, werden Betriebsräte gewählt.

§ 7 Wahlberechtigung

Wahlberechtigt sind alle Arbeitnehmer des Betriebs, die das 18. Lebensjahr vollendet haben.

§ 9 Zahl der Betriebsratsmitglieder

Der Betriebsrat besteht in Betrieben mit i. d. R. ... 5 bis 20 wahlberechtigten Arbeitnehmern aus einer Person, ... ab 21 bis 50 wahlberechtigten Arbeitnehmern aus 3 Mitgliedern, ab 51 bis 100 wahlberechtigten Arbeitnehmern aus 5 Mitgliedern...

---

11. Ermitteln Sie anhand des **Betriebsverfassungsgesetzes**, wie viele Arbeitnehmer bei der Linnea GmbH wahlberechtigt sind, um möglicherweise einen Betriebsrat einzurichten.

_____

12. Welche Aussage zur möglichen Wahl eines Betriebsrates aufgrund der ermittelten Mitarbeiterzahlen ist für die Linnea GmbH zutreffend?

☐ Die Anzahl der Wahlberechtigten reicht nicht aus, um bei der Linnea GmbH einen Betriebsrat wählen zu können.

☐ Die Anzahl der Wahlberechtigten ist ausreichend, sodass **ein** Betriebsratsmitglied gewählt werden kann.

☐ Die Anzahl der wählbaren Mitglieder ist nicht ausreichend, sodass **kein** Betriebsratsmitglied gewählt werden kann.

☐ Die Anzahl der Wahlberechtigten ist ausreichend, sodass **drei** Betriebsratsmitglieder gewählt werden können.

☐ Die Anzahl der wählbaren Mitglieder ist ausreichend, sodass **fünf** Betriebsratsmitglieder gewählt werden können.

Teil 1 – Wirtschafts- und Sozialkunde

Betriebsverfassungsgesetz, Dritter Teil: Jugend- und Auszubildendenvertretung, § 60 Errichtung und Aufgabe

(1) In Betrieben mit in der Regel mindestens fünf Arbeitnehmern, die das 18. Lebensjahr noch nicht vollendet haben (jugendliche Arbeitnehmer) oder die zu ihrer Berufsausbildung beschäftigt sind und das 25. Lebensjahr noch nicht vollendet haben, werden Jugend- und Auszubildendenvertretungen gewählt.

(2) Die Jugend- und Auszubildendenvertretung nimmt nach Maßgabe der folgenden Vorschriften die besonderen Belange der in Absatz 1 genannten Arbeitnehmer wahr.

§ 61 Wahlberechtigung und Wählbarkeit

(1) Wahlberechtigt sind alle in § 60 Abs. 1 genannten Arbeitnehmer des Betriebs.

(2) Wählbar sind alle Arbeitnehmer des Betriebs, die das 25. Lebensjahr noch nicht vollendet haben; § 8 Abs. 1 Satz 3 findet Anwendung. Mitglieder des Betriebsrats können nicht zu Jugend- und Auszubildendenvertretern gewählt werden.

13. Welche Aussage über die **Jugend- und Auszubildendenvertretung** trifft nach dem Betriebsverfassungsgesetz für die Linnea GmbH zu?

    ☐ Eine Jugend- und Auszubildendenvertretung kann aufgrund von § 60 nicht bei der Linnea GmbH gewählt werden.

    ☐ Eine Jugend- und Auszubildendenvertretung kann aufgrund von § 60 nur bei der Linnea GmbH gewählt werden, wenn noch drei Mitarbeiter unter 18 Jahren beschäftigt wären.

    ☐ Eine Jugend- und Auszubildendenvertretung kann aufgrund von § 60 bei der Linnea GmbH gewählt werden, da die Mindestanzahl der entsprechenden Arbeitnehmer erreicht ist.

    ☐ Volljährige Auszubildende unter 25 Jahren sind aufgrund von § 60 und § 61 nicht für die Jugend- und Auszubildendenvertretung wahlberechtigt.

    ☐ Volljährige Auszubildende unter 25 Jahren können aufgrund von § 60 und § 61 nicht in die Jugend- und Auszubildendenvertretung gewählt werden.

14. Je nach Art der betrieblichen Belange hat der Betriebsrat z. B. bei wirtschaftlichen Angelegenheiten eine mitwirkende Funktion, bei personellen Belangen ein **eingeschränktes** und in sozialen Angelegenheiten ein **uneingeschränktes Mitbestimmungsrecht**.

    Ordnen Sie die folgenden betrieblichen Situationen den entsprechenden Rechten des Betriebsrates zu.

    Betriebliche Situation

    a) Der Betrieb möchte eine neue Floristin einstellen.

    b) Der Betrieb soll um eine Filiale erweitert werden.

    c) Die tägliche Arbeitszeit und die Pausenzeiten sollen neu geregelt werden.

    d) Der Betriebsleiter möchte sich privat einen neuen Pkw anschaffen.

    e) Die Auszubildende wird aufgrund einer Schnittverletzung zum Arzt geschickt.

    Rechte des Betriebsrates

    [   ] mitwirkende Funktion

    [   ] uneingeschränkte Mitbestimmung

    [   ] eingeschränkte Mitbestimmung

15. Formulieren Sie drei Arbeitsschwerpunkte, die einem möglichen **Betriebsrat** in einem Floristik-Fachgeschäft als Aufgabenbereiche übertragen werden können.

    _____

    _____

1 Den Beruf Florist/Floristin kennenlernen — 1.6 Betriebliche Mitbestimmung

16. Formulieren Sie drei **Arbeitsschwerpunkte**, die einer möglichen Jugend- und Auszubildendenvertretung in einem Floristik-Fachgeschäft als Aufgabenbereiche übertragen werden können.

   _____

   _____

17. Vor Beginn der Betriebsratsversammlung fragt die 17-jährige Auszubildende Anna, die **nicht** Mitglied in der Jugend- und Auszubildendenvertretung ist, ob sie an der Versammlung teilnehmen kann. Welche Antwort wäre im Sinne des Betriebsverfassungsgesetzes korrekt?

   ☐ Anna darf wie alle anderen Beschäftigten an der Sitzung teilnehmen.

   ☐ Anna darf an der Sitzung nicht teilnehmen, da sie noch nicht volljährig ist.

   ☐ Anna dürfte nur an der Sitzung teilnehmen, wenn man sie als Vertreterin der Jugend- und Auszubildendenvertretung entsenden würde.

   ☐ Anna darf als Auszubildende an der Sitzung teilnehmen.

   ☐ Anna darf an der Sitzung nicht teilnehmen, da sie noch keine 12 Monate beschäftigt ist.

Teil 1 – Wirtschafts- und Sozialkunde

2 Voraussetzung für eine Betriebsgründung erfüllen

2.1 Floristik-Fachgeschäfte in der Wirtschaft

Situation zu den Aufgaben 1–6

Wirtschaftsunternehmen und deren Beschäftigte werden in der Volkswirtschaft je nach Art ihrer Tätigkeit in verschiedene Wirtschaftssektoren eingeordnet. Dabei hat sich Deutschland im Laufe der letzten fünfzig Jahre von einer Industrie- hin zu einer Dienstleistungsgesellschaft entwickelt. Die Linnea GmbH ist Teil dieser Dienstleistungsgesellschaft.

1. Ordnen Sie die folgenden Wirtschaftszweige den entsprechenden Firmen zu, die in verschiedenen Sektoren tätig sind.

   Wirtschaftszweige   **Unternehmen**

   a) Großhandel

   b) Industrie   [   ] Floristik-Fachgeschäft Linnea GmbH

   c) Einzelhandel

   d) Handwerk   [   ] Forst-Baumschule Mayer GbR

   e) (Ur-)Produktion

   f) IT- Dienstleistungsbereich   [   ] Tischlerei Müller KG

   g) Baugewerbe

2. Erklären Sie anhand von Beispielen, welche Funktion die Unternehmen haben, die im **primären**, im **sekundären** bzw. im **tertiären Sektor** tätig sind.

   _____

   _____

   _____

3. Die Linnea GmbH erhält rechtzeitig für die Adventsbinderei einen größeren Posten Bindegrün von der Forst-Baumschule Mayer GbR. Auf welche **Unternehmensform** weist der Firmenname hin?

   ☐ Auf eine Gesellschaft beschränkter Rechtshaftung

   ☐ Auf eine offene Handelsgesellschaft

   ☐ Auf eine Gesellschaft des bürgerlichen Rechts

   ☐ Auf eine Aktiengesellschaft

   ☐ Auf eine Genossenschaft bürgerlichen Rechts

4. Welchen Vorteil hat die Unternehmensform der Linnea GmbH in Bezug auf die Haftung bei Verbindlichkeiten gegenüber der Mayer GbR?

   _____

5. Welche Funktion hat der **Einzelhandel** in der Wirtschaft grundsätzlich zu erfüllen?

   ☐ Warenverkauf an Wiederverkäufer und Finanzierung einzelner Handelsgeschäfte

   ☐ Wareneinkauf bei Produzenten und Warenverkauf an einzelne Exporthandelsfirmen

   ☐ Wareneinkauf bei einzelnen Produzenten und Warenverkauf an Wiederverkäufer

   ☐ Warenproduzent und Warenverkauf an einzelne Exporthandelsfirmen

   ☐ Wareneinkauf bei Produzenten und Verkauf von Waren/Dienstleistungen an Endverbraucher

2 Voraussetzung für eine Betriebsgründung erfüllen — 2.1 Floristik-Fachgeschäfte in der Wirtschaft

6. Die Linnea GmbH betreibt als Floristik-Fachgeschäft Handel mit Partnerunternehmen. Welcher der folgenden Handelspartner ist dem Wirtschaftszweig **Handwerk** zuzuordnen?

    ☐ Gartenbau Müller produziert und liefert der Linnea GmbH Cyclamen für den Verkauf.

    ☐ Schlosserei Hartmann liefert und montiert neue Rolltore für die Gewächshäuser.

    ☐ Kino-Center Bremen bestellt neue Hydrokultursysteme für das Foyer.

    ☐ Architekturbüro Hansen & Partner erstellt die Planung für den Betriebsumbau.

    ☐ Der Großmarkt Bremen beliefert die Linnea GmbH mit Schnittblumen.

Situation zu den Aufgaben 7–13

Marc Schmidt beschäftigt sich verstärkt mit der Wirtschaftlichkeit seines Betriebes. Er möchte zunächst die Kosten für den Wareneinkauf verringern und trifft sich mit anderen Betriebsinhabern aus der Region, um ein Unternehmen zu gründen, das Mitgliedern gemäß dem Solidaritätsprinzip die Möglichkeit bietet, Waren günstiger einzukaufen.

7. Welche Unternehmensform handelt dabei **nicht** nach dem ökonomischen Prinzip, einen angemessenen Gewinn zu erzielen?

    ☐ Eine Kommanditgesellschaft (KG)

    ☐ Eine Gesellschaft mit beschränkter Haftung (GmbH)

    ☐ Eine Offene Handelsgesellschaft

    ☐ Eine eingetragene Genossenschaft (eG)

    ☐ Eine Aktiengesellschaft (AG)

8. Marc Schmidt möchte die **Wirtschaftlichkeit** in seinem Betrieb ermitteln. Mit welcher Formel wird diese betriebswirtschaftliche Kennzahl korrekt dargestellt?

    ☐ (Gewinn · 100) / Umsatz

    ☐ (Ertrag · 100) / Aufwand

    ☐ (Gewinn · 100) / Aufwand

    ☐ (Ertrag · 100) / Kosten

    ☐ (Leistung · 100) / Kosten

9. Der Steuerberater der Linnea GmbH hat Marc Schmidt mitgeteilt, dass sich die **Liquidität** des Betriebes deutlich verbessert hat. Welche Situation hat dazu geführt?

    ☐ Zinszahlungen für laufende Kredite sind wegen fallender Zinsen geringer geworden.

    ☐ Löhne und Gehälter der Mitarbeiter sind gestiegen.

    ☐ Warenkosten für Schnittblumen und nonflorale Werkstoffe sind geringer geworden.

    ☐ Ausgaben für Fremdleistungskosten sind gestiegen.

    ☐ Gewinne durch den sich abschwächenden Umsatz sind geringer geworden.

10. Sophia Schmidt schlägt ihrem Mann vor, die **warenbezogenen Serviceleistungen** in ihrem Floristik-Fachgeschäft gegenüber Kunden zu verbessern. In welchem Fall wird dies erreicht?

    ☐ Kunden können im Betrieb durch einen WLAN-Hotspot kostenlos im Internet surfen.

    ☐ Kunden erhalten 20 % Rabatt auf Topfpflanzen und Keramikartikel.

    ☐ Kunden erhalten von den Mitarbeitern der Linnea GmbH Pflegehinweise zu den gekauften Topfpflanzen und Tipps für die Dekoration.

    ☐ Kunden können vor dem Betrieb auch nach dem Einkauf kostenfrei weiterparken.

    ☐ Kunden dürfen die Kundentoilette kostenfrei benutzen.

Teil 1 – Wirtschafts- und Sozialkunde

11. Zur Qualitätsverbesserung organisiert Sophia Schmidt die **Organisationsbereiche** neu. Ordnen Sie vier der nachfolgend beschriebenen Tätigkeiten den entsprechenden Funktionen bzw. Organisationsbereichen zu.

    Tätigkeiten

    a) Herr Petersen ist für die Buchhaltung, die EDV und den Schriftverkehr zuständig.

    b) Frau Pohl führt Anfragen durch, vergleicht Angebote und übernimmt die Bestellungen.

    c) Christine Stein ist verantwortlich für Warenannahme und Warenausgabe.

    d) Oliver Jansen und Sophia Schmidt sind für Kundenwünsche und Werbemaßnahmen zuständig.

    e) Marc Schmidt kümmert sich um das Rechnungswesen und plant Neuinvestitionen.

    Funktion bzw. Organisationsbereich

    [   ] Beschaffung

    [   ] Absatz

    [   ] Lager

    [   ] Verwaltung

12. Bei welcher Kapitalgesellschaft wird eine **Dividende** gezahlt?

    _____

13. Zählen Sie drei **Personenunternehmungen** und deren Abkürzungen auf.

    _____

2.2 Betriebs-/Unternehmensgründung

Situation zu den Aufgabe 1–6

Während der Frühstückspause unterhalten sich Christine und Frau Pohl über die Möglichkeit, sich später mal mit einem eigenen Floristik-Fachgeschäft selbstständig zu machen. „Ist es schwierig, einen eigenen Betrieb zu gründen?", möchte Christine wissen. Frau Pohl testet Christine mit ein paar themenbezogenen Fragen, bevor sie antwortet.

1. Nennen Sie fünf **Schlüsselqualifikationen**, die ein Florist im Zusammenhang mit einer Existenzgründung haben sollte.

   _____

   _____

2. Zählen sechs Schwerpunkte bzw. Aspekte auf, die bei der **Gründung eines Floristik-Fachgeschäftes** besondere Berücksichtigung finden sollten.

   _____

   _____

   _____

3. Welchen Aussagen (2) treffen für einen Floristen zu, der **Kaufmann im Sinne des HGB** (Handelsgesetzbuch) ist?

   ☐ Die Firma des Kaufmanns muss im Handelsregister eingetragen sein.

   ☐ Der Kaufmann darf die Firma nicht allein führen, sondern als Personengesellschaft

   ☐ Der Kaufmann ist zur ordnungsgemäßen Buchführung verpflichtet.

   ⇨ weitere Antwortmöglichkeiten siehe nächste Seite

2 Voraussetzung für eine Betriebsgründung erfüllen
2.3 Grundlagen des Wirtschaftens

☐ Der Kaufmann kann nicht unter seinem Namen verklagt werden.

☐ Die Firma ist beim Finanzamt anzumelden, nicht bei der Gewerbebehörde.

4. Ordnen Sie die vier Firmengrundsätze den nachfolgenden Bedingungen zu, die bei der Gründung eines Unternehmens berücksichtigt werden müssen.

Bedingungen

a) Aus dem Firmennamen muss eindeutig der Inhaber und die Unternehmensform hervorgehen.

b) Der Name der Firma soll eindeutig und wahr sein, irreführende Bezeichnungen sind nicht erlaubt.

c) Auch bei Änderung des Inhabers oder seines Namens kann der bestehende Name beibehalten werden.

d) Jeder Kaufmann ist verpflichtet, seine Firma sowie alle Änderungen ins Handelsregister eintragen zu lassen.

e) Jede Firma muss sich von allen anderen am Ort bereits bestehenden Firmen unterscheiden.

Firmengrundsatz

[ ] Firmenausschließlichkeit

[ ] Firmenbeständigkeit

[ ] Rechtsformzusatz

[ ] Firmenöffentlichkeit

5. Nach der Eintragung eines Unternehmens im Handelsregister wird diese im **Bundesanzeiger** und in der örtlichen Presse veröffentlicht. Welche der nachfolgenden Punkte sind **nicht** Gegenstand der Veröffentlichung (2 Punkte)?

☐ Firma bzw. Firmenbezeichnung

☐ Gegenstand der Unternehmung

☐ Haftungsverhältnisse

☐ Eigentumsverhältnisse des Inhabers

☐ Rechtsform

☐ Sitz der Unternehmung

6. Wozu ermächtigt **Prokura** laut HGB in einem Unternehmen?

___

___

2.3 Grundlagen des Wirtschaftens

Situation zu den Aufgaben 1–4

Der Mensch erlebt Bedürfnisse als ein subjektives Mangelempfinden mit dem Wunsch, diesen Mangel zu beseitigen. Materielle Bedürfnisse bestimmen das wirtschaftliche Handeln. Sie werden durch die Produktion und Bereitstellung von Gütern und Dienstleistungen befriedigt, so auch von der Linnea GmbH.

1. Ordnen Sie den nachfolgenden Erklärungen die drei **Bedürfnisarten** zu, die als ein subjektives Mangelempfinden den Wunsch des Menschen zur Mängelbeseitigung hervorrufen.

Erklärungen

a) Ihre Befriedigung erhöht den Lebensstandard und soll durch verstärkten Konsum das soziale Ansehen stärken.

b) Ihre Befriedigung ist notwendig zur Lebenserhaltung, z. B. das Bedürfnis nach Nahrung, Kleidung oder Wohnung.

⇨ weitere Antwortmöglichkeiten siehe nächste Seite

Bedürfnisarten

[ ] Kulturbedürfnis

[ ] Existenzbedürfnis

Teil 1 – Wirtschafts- und Sozialkunde

c) Ihre Befriedigung erfolgt in Gruppen oder in der Gemeinschaft z. B. bei Massenveranstaltungen.

d) Ihre Befriedigung ergibt sich durch den Konsum versch. Medien z. B. Printmedien, Kino, Theater usw.

[   ] Luxusbedürfnis

2. Vergleichen Sie die Begriffe **Bedürfnis und Bedarf**. Formulieren Sie zu beiden eine kurze Definition.

_____

_____

3. Überall dort, wo Angebot und Nachfrage zusammentreffen, entsteht ein Markt. Dabei haben Angebot und Nachfrage in einer **freien Marktwirtschaft** einen großen Einfluss auf den Preis. Welche Aussage ist hierzu zutreffend?

   ☐ Bei einem starken Angebot steigt der Preis

   ☐ Bei hoher Nachfrage sinkt der Preis

   ☐ Bei geringer Nachfrage steigt der Preis

   ☐ Bei einem geringen Angebot sinkt der Preis

   ☐ Bei einem starken Angebot sinkt der Preis

4. Sophia Schmidt beobachtet regelmäßig die Mitbewerbersituation und die Kundenströme in ihrem Stadtteil. Bezogen auf die Marktteilnehmer befindet sich die Linnea GmbH in einem **Angebotsoligopol**. Was ist damit gemeint?

   ☐ Es gibt in diesem Stadtteil relativ wenige Nachfrager und viele Anbieter

   ☐ Es gibt in diesem Stadtteil relativ viele Nachfrager und wenige Anbieter

   ☐ Es gibt in diesem Stadtteil relativ viele Nachfrager und nur einen Anbieter

   ☐ Es gibt in diesem Stadtteil relativ wenige Nachfrager und nur einen Anbieter

   ☐ Es gibt in diesem Stadtteil relativ viele Nachfrager und viele Anbieter

Situation zu den Aufgaben 5–10

Die Auszubildende Christine von der Linnea GmbH hat ein Referat in der Schule übernommen. Sie bearbeitet in WiSo das Thema „Grundlagen der Wirtschafts- und Konjunkturpolitik". Dazu muss sie verschiedene Texte lesen und erklären können.

„Besonderes Merkmal dieser Wirtschaftsordnung ist der freie Wettbewerb; um ein Gewinnstreben im Übermaß zu verhindern, sind vom Staat bestimmte Rahmenbedingungen festgelegt worden, die die wirtschaftlich Schwächeren schützen sollen"...

5. Welche **Wirtschaftsordnung** wird in diesem Text beschrieben?

   ☐ Die Zentralverwaltungswirtschaft

   ☐ Die sozialistische Planwirtschaft

   ☐ Die soziale Marktwirtschaft

   ☐ Die totale Marktwirtschaft

   ☐ Die sozialistische Marktwirtschaft

2 Voraussetzung für eine Betriebsgründung erfüllen — 2.3 Grundlagen des Wirtschaftens

6. Christine möchte die wesentlichen **Ziele der sozialen Marktwirtschaft** darstellen. Zählen Sie je drei sozial- und drei wirtschaftspolitische Ziele der sozialen Marktwirtschaft auf.

   _____

   _____

7. Christine fertigt zum Referat ein Plakat mit dem „**Magischen Viereck**" an und veranschaulicht dabei die Information, dass im Stabilitätsgesetz von 1967 die Hauptziele der staatlichen Wirtschaftspolitik festgelegt wurden. Im magischen Viereck sind diese Ziele durch geeignete Begriffe darzustellen. In welcher Reihe sind sie zutreffend formuliert?

   ☐ hoher Beschäftigungsstand – stabiles Preisniveau – politisches Gleichgewicht – angemessenes und stetiges Wirtschaftswachstum

   ☐ angemessenes und stetiges Wirtschaftswachstum – hoher Beschäftigungsstand – außenwirtschaftliches Gleichgewicht – Umweltschutz

   ☐ hoher Beschäftigungsstand – angemessenes und stetiges Wirtschaftswachstum – Umweltschutz – politisches Gleichgewicht

   ☐ hoher Beschäftigungsstand – angemessenes und stetiges Wirtschaftswachstum – außenwirtschaftliches Gleichgewicht – stabiles Preisniveau

   ☐ außenwirtschaftliches Gleichgewicht – Verteilungsgerechtigkeit – politisches Gleichgewicht – Umweltschutz

8. Neben den im Magischen Viereck beschriebenen Zielen verfolgt der Staat zwei weitere Schwerpunkte seines Handelns. Welche **zwei** Begriffe werden dabei dem sogenannten **Magischen Sechseck** zugesprochen?

   ☐ Lohngleichheit und sozialer Wohnungsbau

   ☐ Umweltschutz und Rentensicherheit

   ☐ Bankenverstaatlichung und Verteilungsgerechtigkeit

   ☐ Verteilungsgerechtigkeit und Umweltschutz

   ☐ Rentensicherheit und Verteilungsgerechtigkeit

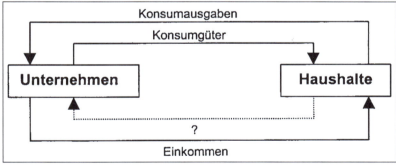

Bild 1 Vereinfachter Wirtschaftskreislauf

9. Um den Wirtschaftskreislauf zwischen Unternehmen und Haushalten vereinfacht darzustellen, zeichnet Christine die oben abgebildete Skizze auf Papier (Bild Nr. 1)

   Welcher Begriff muss durch das Fragezeichen ersetzt werden?

   ☐ Löhne und Gehälter

   ☐ Arbeitsleistungen

   ☐ Investitionen

   ☐ Wareneinsatz

   ☐ Umsatz

Teil 1 – Wirtschafts- und Sozialkunde

10. In welchem Fall ist für die Mitarbeiter der Linnea GmbH mehr Geld zum Sparen oder für den Konsum verfügbar?

    ☐ Die Inflationsrate ist gegenüber dem Vorjahr um 2 % gesunken.

    ☐ Das Volkseinkommen ist um 2 % gesunken.

    ☐ Das Realeinkommen ist um 2 % gestiegen.

    ☐ Der Leitzins ist um 2 % gesunken.

    ☐ Das Nominaleinkommen ist um 2 % gestiegen, die Inflationsrate beträgt 4 %.

Situation zu den Aufgaben 11–21

Auf Grundlage des Stabilitätsgesetzes können Bund, Länder und Gemeinden in die Wirtschaft- und Konjunkturpolitik eingreifen. Dadurch wird das wirtschaftliche Handeln der Linnea GmbH beeinflusst.

11. In welcher Reihe sind zwei Maßnahmen richtig beschrieben, die der Staat zur Belebung einer stagnierenden **privaten Nachfrage** tun kann?

    ☐ Kürzung staatlicher Subventionen – Senkung der Einkommenssteuer

    ☐ Senkung der Einkommenssteuer – Erhöhung des Kindergeldes

    ☐ Erhöhung des Mehrwertsteuerbetrages – Senkung des Kindergeldes

    ☐ Erhöhung der Einkommenssteuer – Erhöhung staatlicher Subventionen

    ☐ Erhöhung der Kilometerpauschale – Erhöhung des Mehrwertsteuerbetrages

12. Welches Ereignis trifft für die Aufschwungphase in einem **Konjunkturzyklus** zu?

    ☐ Die Investitionen nehmen zu.

    ☐ Die Rezession steigt an.

    ☐ Die Arbeitslosigkeit erhöht sich.

    ☐ Die Kurzarbeitsphase der Industriebetriebe nimmt zu.

    ☐ Die Investitionen nehmen ab.

13. Bekämpfung der Arbeitslosigkeit ist eine der zentralen Aufgaben staatlicher Wirtschaftspolitik. Ordnen Sie die **Arten der Arbeitslosigkeit** drei der geschilderten Maßnahmen zu:

Maßnahmen	Art der Arbeitslosigkeit
a) In der Bremer Werft kommt es durch langanhaltende Auftragsrückgänge im Schiffsbau zu Entlassungen, um Produktionskapazitäten abzubauen.	[ ] saisonale Arbeitslosigkeit
b) Nach der bestandenen Prüfung kann Oliver Jansen nicht übernommen werden, dadurch wird er arbeitslos.	
c) Der im Garten- und Landschaftsbau beschäftigte Heinz Hahn wird regelmäßig in den Wintermonaten entlassen.	[ ] strukturelle Arbeitslosigkeit
d) Dorothea Pohl geht aufgrund ihrer Schwangerschaft in den Mutterschutz, sie möchte ein Jahr pausieren.	[ ] konjunkturelle Arbeitslosigkeit
e) Da die gesamtwirtschaftliche Nachfrage in der Baubranche stark eingebrochen ist, muss Bauunternehmer Frank Hansen einzelne Entlassungen bei den Mitarbeitern aussprechen.	

2 Voraussetzung für eine Betriebsgründung erfüllen — 2.3 Grundlagen des Wirtschaftens

14. Die unten abgebildete Darstellung verdeutlicht die einzelnen **Konjunkturphasen**. Wie wird die Phase bezeichnet, die hier durch ein „?" ersetzt wurde?

    ☐ Expansion

    ☐ Rezession

    ☐ Depression

    ☐ Investition

    ☐ Subvention

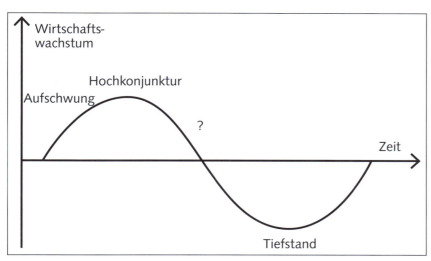

Bild 1 Konjunkturphasen

15. Ordnen Sie die nachfolgenden Messgrößen den vier im **Magischen Viereck** festgelegten Zielen aus dem Stabilitätsgesetz zu.

    Messgröße
    a) Arbeitsproduktivität
    b) Inflationsrate
    c) Vergleich der Im- und Exporte
    d) Arbeitslosenquote
    e) Eigenkapitalquote
    f) Bruttoinlandsprodukt

    Ziele aus dem Stabilitätsgesetz
    [ ] angemessenes Wirtschaftswachstum
    [ ] hoher Beschäftigungsstand
    [ ] stabiles Preisniveau
    [ ] außenwirtschaftliches Gleichgewicht

16. Erklären Sie, wie sich in den nächsten Jahrzehnten der **demografische Wandel** auf das Verhältnis von Sozialversicherungspflichtigen zu Rentnern auswirkt.

    _____

    _____

17. Während einer Wirtschaftskrise kann es eine sinnvolle Maßnahmen sein, die wöchentliche Arbeitszeit in Unternehmen für eine bestimmte Zeit zu verkürzen, statt den Arbeitskräften zu kündigen. Wie kann der Staat die daraus resultierenden Lohneinbußen direkt abmildern?

    ☐ Durch Erhöhung des Kindergeldes

    ☐ Durch Gewährung von Hartz IV

    ☐ Durch Minderung des Spitzensteuersatzes

    ☐ Durch die Zahlung von Kurzarbeitergeld

    ☐ Durch Senkung der Mineralölsteuer

Teil 1 – Wirtschafts- und Sozialkunde

18. Stabiler Geldwert bedeutet größere Planungssicherheit für Unternehmen und Betriebe. Wie beeinflusst die Europäische Zentralbank (EZB) die **Einhaltung der Geldwertstabilität** in Europa?

    ☐ Sie unterstützt Staaten durch zinslose Kredite aus dem Europäischen Rettungsschirm.

    ☐ Sie legt die Wechselkurse mit europäischen Partnern fest.

    ☐ Sie bietet europäischen Bürgern günstigere Darlehen an.

    ☐ Sie legt regelmäßig den Leitzins fest.

    ☐ Sie bietet außereuropäischen Partnerbanken günstige Anleihen an.

19. Erklären Sie den Begriff **Subvention**.

    _____

    _____

20. Mit der **Globalisierung** eng verbunden ist die steigende ökonomische Bedeutung des Außenhandels und die Veränderung der Warenströme und der Warenproduktion.

    Welche der nachfolgenden Aussagen beschreibt die Folgen der Globalisierung **nicht** korrekt?

    ☐ Durch den Prozess der Globalisierung werden politisch gesetzte Handelsschranken zwischen Staaten immer mehr abgebaut.

    ☐ Durch den Prozess der Globalisierung werden Kommunikationstechnologien weltweit angewendet und fördern den Handel.

    ☐ Der Prozess der Globalisierung erhöht den Wettbewerbsdruck zwischen Unternehmen und hat dadurch auch Auswirkungen auf die Sicherheit der Arbeitsplätze in Deutschland.

    ☐ Durch den Prozess der Globalisierung werden Kostenvorteile für Produkte transparenter und der Handel nimmt weltweit zu.

    ☐ Durch den Prozess der Globalisierung sinken die Lohnkosten produzierender Unternehmen im Inland, das führt zu einer verstärkten Verlagerung von Produktionsstätten ins Ausland.

21. Im Frühjahr waren in der Bundesrepublik Deutschland 2.750.000 arbeitslos. Die Arbeitslosenquote betrug damit 6,4 %. Berechnen Sie, wie viele Personen theoretisch erwerbstätig gewesen wären, wenn die Arbeitslosenquote 0 % betragen würde, wenn also alle gearbeitet hätten.

    _____

    _____

3 Geschäftsabläufe organisieren und durchführen

3.1 Rechtliche Rahmenbedingungen

Situation zu den Aufgaben 1–6

In einem Gespräch unter den beiden Auszubildenden der Linnea GmbH wird Anna (17) von ihrer Freundin Christine (20) gefragt, ob sie schon den Roller bei der Bike AG bestellt habe. Anna verneint die Frage, aber sie hat sich ein Vorführmodell ausgesucht. Die Frage von Christine ist der Beginn einer Diskussion über Rechts- und Geschäftsfähigkeit.

1. Anna war es bisher nicht möglich, den gewünschten neuen Motorroller zu kaufen. Mit welchen **beiden** Erklärungen könnte dieser Umstand zutreffend begründet sein?

   ☐ Die Rechtsfähigkeit von Anna beginnt erst mit Vollendung des 18. Lebensjahres, solange muss auf den Roller noch gewartet werden.

   ☐ Die volle Geschäftsfähigkeit von Anna beginnt erst mit Vollendung des 18. Lebensjahres, das Rechtsgeschäft eines Rollerkaufs wäre schwebend unwirksam.

   ☐ Solange Anna noch nicht volljährig ist, kann sie keinerlei Verträge abschließen.

   ☐ Anna ist mit 17 Jahren beschränkt rechtsfähig, allerdings darf sie Rechtsgeschäfte tätigen, die sie von ihrem Taschengeld oder angesparten Lohn bezahlen kann.

   ☐ Aufgrund der beschränkten Geschäftsfähigkeit ist der Kauf nur mit Zustimmung des gesetzlichen Vertreters möglich.

   ☐ Anna ist voll geschäftsfähig, weil sie jetzt ihr eigenes Geld verdient, aber der Händler verlangt Ratenzahlung, die die Eltern ablehnen.

2. Die Bike AG verkauft den von Anna favorisierten Motorroller drei Tage später an einen Rechtsanwalt, der diesen Roller für seine Tochter (16 Jahre) ausgesucht hat. Welche **zwei** Aussagen zum Thema **Rechtsfähigkeit** sind in diesem Zusammenhang zutreffend?

   ☐ Bei der Bike AG handelt es sich um eine juristische Person des privaten Rechts.

   ☐ Die Tochter des Rechtsanwalts ist keine natürliche Person.

   ☐ Der Rechtanwalt ist eine juristische Person des öffentlichen Rechts.

   ☐ Die Bike AG ist eine juristische Person des öffentlichen Rechts.

   ☐ Der Rechtanwalt ist eine juristische Person des privaten Rechts.

   ☐ Bei der Bike AG handelt es sich um eine natürliche Person des öffentlichen Rechts.

   ☐ Der Rechtanwalt ist eine natürliche Person.

3. Welche **beiden** Rechtsgeschäfte kann eine beschränkt geschäftsfähige Person eigenständig tätigen, die auch ohne Zustimmung des gesetzlichen Vertreters rechtswirksam sind?

   ☐ Wenn ein Ratenvertrag über ein Produkt abgeschlossen wird, das man mit Eigenmitteln (mit dem Taschengeld oder dem selbst verdienten Lohn) bezahlen kann.

   ☐ Wenn man ein Produkt geschenkt bekommt, das nur Vorteile für den Geschenkten nach sich zieht.

   ☐ Wenn ein Kreditvertrag abgeschlossen wird, der die Höhe des vierfachen Lohnes nicht überschreitet.

   ☐ Wenn man seinen Ausbildungsvertrag kündigt und eigenständig einen neuen abschließt

   ☐ Wenn man einen Teil des Lohnes für ein Fachzeitschriftenabonnement einsetzt.

4. Wodurch erlangen **juristische Personen des privaten Rechts** ihre Rechtsfähigkeit?

   _____

Teil 1 – Wirtschafts- und Sozialkunde

5. Erklären Sie den Unterschied zwischen **Eigentum und Besitz**?

   _____

   _____

6. Was bezwecken Händler, die **Gütesiegel** zu ihren Produkten abbilden?

   _____

   _____

3.2 Kaufverträge sind Rechtsgeschäfte

Situation zu den Aufgaben 1–4

Für Anna, Christine und Oliver, Auszubildende der Linnea GmbH, gibt es einmal pro Woche eine spezielle Schulung im Bereich Verkauf. Die drei sollen diesmal den sicheren Umgang mit Kunden bei der „Erfüllung von Rechtsgeschäften" kennen lernen, wie es Sophia Schmidt gern umschreibt. Die Ausbilderin legt den Dreien ein paar knifflige Fragen vor.

1. Rechtsgeschäfte kommen durch Willenserklärungen zustande. In welchem Fall handelt es sich um ein **einseitiges Rechtsgeschäft**, das **empfangsbedürftig** ist, damit es rechtsgültig werden kann?

   ☐ Sophia Schmidt kündigt einer Aushilfe schriftlich durch einen Brief mit persönlicher Zustellung.

   ☐ Eine Kundin legt schweigend das abgezählte Geld für eine Topfpflanze hin, Anna kassiert und händigt die verpackte Blume aus.

   ☐ Die verstorbene Großmutter von Christine vererbt ihr gegen ihren Willen kostbaren Schmuck.

   ☐ Marc Schmidt schickt einem Kunden ein schriftliches Angebot über Brautschmuck, das Hochzeitspaar bestellt den Brautschmuck per SMS.

   ☐ Oliver nennt einer Kundin einen falschen Preis für ein Gefäß, an der Kasse verweigert Frau Pohl dieser Kundin den Verkauf mit dem Hinweis auf den Irrtum und nennt den richtigen Preis.

2. Viele Verträge, die bei der Linnea GmbH abgewickelt werden, sind formfrei rechtsgültig, nur wenige Rechtsgeschäfte unterliegen einer bestimmten Form. Ordnen Sie drei Fällen die notwendigen Formvorschriften zu, wenn das Rechtsgeschäft nach Abschluss gültig sein soll.

Fälle	Formvorschrift
a) Frau Pohl bereitet für die Mitarbeiter die Auszahlung der Trinkgelder des letzten Quartals vor.	
b) Maximilian Petersen bereitet für eine Kundin ein detailliertes Angebot für eine Hochzeit vor.	[ ] Notarielle Beurkundung
c) Marc Schmidt bereitet den Verkauf eines kleineren Grundstücks an einen Interessenten vor.	[ ] elektronische Form
d) Die Nord-Bank bereitet für Sophia Schmidt die Unterlagen für den gewünschten Kredit vor.	[ ] schriftliche Form
e) Marc Schmidt bereitet die Steuererklärung vor, die er per ELSTER über das Internet abwickelt.	

3 Geschäftsabläufe organisieren und durchführen — 3.2 Kaufverträge sind Rechtsgeschäfte

3. Geben Sie drei Beispiele an, bei denen Willenserklärungen oder Rechtsgeschäfte **von Anfang an nichtig** sind.

   _____

   _____

4. Ein ursprünglich gültiges Rechtsgeschäft kann **durch Anfechtung** die Gültigkeit verlieren und **rückwirkend nichtig** werden. In welchem der nachfolgenden Fälle ist der Grund der Anfechtbarkeit zutreffend geschildert?

   ☐ Ein Kunde möchte einen bei der Linnea GmbH bestellten Brautstrauß stornieren, weil der berechnete Preis ihm zu hoch erscheint.

   ☐ Marc Schmidt möchte den vor zwei Monaten gekauften Vorführwagen zurückgeben, weil der Verkäufer ihm verschwiegen hat, dass das Fahrzeug bereits einen Unfall hatte.

   ☐ Die Eltern von Anna Köhler (17) möchten den Motorroller, den sich Anna bestellt und nun ausgeliefert bekommen hat, zurückgeben, weil sie beim Kauf nicht gefragt wurden.

   ☐ Dorothea Pohl möchte den Bußgeldbescheid nicht bezahlen, weil sie beim Überfahren der roten Ampel von der Sonne geblendet wurde.

   ☐ Die Mutter des 7-jährigen Klaus möchte von Oliver Jansen das Geld wiederhaben, das Klaus für den Kauf eines Zitronenbäumchens bezahlt hat, um der Mutter ein Geschenk zu machen

Situation zu den Aufgaben 5–12

Die Linnea GmbH hat den Auftrag erhalten, eine Ausstellung im Afrika-Museum floral zu begleiten. Frau Schmidt richtet eine schriftliche Anfrage an die Bremer Keramik KG, weil sie für die Ausstellung ein paar außergewöhnliche Keramikartikel und Gefäße benötigt.

5. Welche Bedeutung hat die **Anfrage** in Bezug auf den möglichen Kaufabschluss?

   ☐ Bei einer schriftlichen Anfrage sind die Artikel, für die sich die Linnea GmbH interessiert, umgehend von der Bremer Keramik KG zu liefern.

   ☐ Infolge der schriftlichen Anfrage ist die Bremer Keramik KG verpflichtet, ein angemessenes Angebot an die Linnea GmbH abzugeben.

   ☐ Mit Erhalt der schriftlichen Anfrage erhält die Bremer Keramik KG die Sicherheit, dass die Linnea GmbH einen Kaufvertrag mit der Bremer Keramik KG abwickelt.

   ☐ Durch die schriftliche Anfrage wird die Linnea zu nichts verpflichtet, da Anfragen unverbindlich sind.

   ☐ Mit der Versendung der schriftlichen Anfrage sichert sich die Linnea GmbH eine kostenfreie Versendung und Anlieferung der Waren zu.

6. Die Bremer Keramik KG bietet Frau Schmidt zusätzlich ein paar Unikate an mit dem Hinweis **Lieferung vorbehalten**. Welche Bedeutung hat dieser Hinweis?

   ☐ Die Bremer Keramik KG behält sich vor, wann sie die Unikate an die Linnea GmbH liefert.

   ☐ Die Bremer Keramik KG signalisiert mit diesem Hinweis, dass sie Unikate ausschließlich an die Linnea GmbH liefern möchte, um die Geschäftsbeziehungen zu verbessern.

   ☐ Die Bremer Keramik KG sichert sich ab, falls sie nicht liefern kann; sie ist dadurch nicht an das Angebot gebunden und behält sich eine Lieferung vor.

   ☐ Die Linnea GmbH behält sich vor, den Liefertermin der Unikate selbst zu bestimmen.

   ☐ Der Linnea GmbH ist es vorbehalten, den Auftrag spätestens bei der Lieferungsankündigung der Bremer Keramik KG stornieren zu können.

Teil 1 – Wirtschafts- und Sozialkunde

7. Sophia Schmidt sucht im Internet spezielle Amphoren, die gut in das Gestaltungskonzept der Ausstellung passen. Sie telefoniert mit dem Verkaufsleiter der Mosbach GmbH, der ihr den Preis und die Lieferungsbedingungen am Telefon bekannt gibt. Wie lange hat Sophia bei gesetzlicher Bindungsfrist Zeit, um auf das attraktive Angebot einzugehen.

   ☐ Das Angebot der Mosbach GmbH ist solange gültig, bis Frau Schmidt und der Verkaufsleiter wieder miteinander telefonieren.

   ☐ Das Angebot der Mosbach GmbH ist nur gültig, wenn Frau Schmidt eine schriftliche Bestätigung verfasst und der Mosbach GmbH zusendet.

   ☐ Das Angebot der Mosbach GmbH ist grundsätzlich für eine Woche gültig.

   ☐ Das Angebot der Mosbach GmbH ist nicht bindend, da telefonische Absprachen nicht verbindlich sind.

   ☐ Das Angebot der Mosbach GmbH ist nur solange bindend, bis Frau Schmidt oder der Verkaufsleiter das Telefonat beendet hat.

8. Bei der Bremer Keramik KG werden 20 Kartons einer Keramikserie bestellt, der Listenpreis beträgt 22,50 Euro je Karton. Aufgrund der guten Geschäftsbeziehungen erhält die Linnea GmbH 15 % Mengenrabatt und 2 % Skonto. Wie hoch ist der Gesamtpreis, wenn die Rechnung sofort nach Warenlieferung einschließlich 19 % Mehrwertsteuer bezahlt wird?

9. Sophia Schmidt hat weitere Anbieter der gesuchten Amphoren angeschrieben und für die Anfang April (15. Kalenderwoche) beginnende Ausstellung jetzt drei verschiedene schriftliche Angebote erhalten. Wie hoch ist der Bezugspreis (einschl. 19 % MwSt.) beim günstigsten Anbieter, wenn insgesamt 10 Amphoren benötigt werden und die Ware sofort bezahlt wird?

Anbieter	Preis lt. Angebot (Nettopreis)	Lieferungs- und Zahlungsbedingungen	Lieferzeit
Mosbach GmbH	19,50 € pro Stück	Lieferkostenpauschale 29,95 €, Zahlung 30 Tage netto	in der 12. KW (Kalenderwoche)
Haberland OHG	Karton mit fünf Stück 100,- €	Lieferung frei Haus, bei sofortiger Zahlung 2 % Skonto	14 Tage nach Bestellungseingang
Keramik-Huber KG	Palette mit 10 Stück 169,- €	Mindestabnahme 1 Palette, Kostenanteil 50,- €/Palette, Zahlung mit 3 % Skonto	in der 16. KW, wenn sofort bestellt wird

10. Beim Vergleich der Zahlungsbedingungen gewähren Anbieter häufig **Skonto**. Weshalb wird dieser Preisnachlass gewährt?

11. Im Rahmen der Ausstellung werden verschiedene Pflanzen für die Südafrika-Halle benötigt. Sophia Schmidt bittet Frau Pohl, sich um den Einkauf verschiedener Proteen zu kümmern, um diese Pflanzen pünktlich zu Ausstellungsbeginn einsetzen zu können. Bringen Sie die Arbeitsschritte bis zum Ausstellungsbeginn in die richtige Reihenfolge, indem Sie die Ziffern 1 bis 7 in die Klammern eintragen.

   - Frau Pohl überwacht und kontrolliert die Lieferung der bestellten Waren. [ ]
   - Frau Pohl vergleicht die Angebote nach Preis, Lieferungs- und Zahlungsbedingungen. [ ]
   - Frau Pohl veranlasst den Transport der gelieferten Pflanzen an das Museum. [ ]
   - Frau Pohl berät mit Frau Schmidt, wie hoch der Bedarf sein soll. [ ]
   - Frau Pohl sucht die Bezugsquellen im Internet heraus. [ ]
     ⇨ weitere Antwortmöglichkeiten siehe nächste Seite

3 Geschäftsabläufe organisieren und durchführen
3.3 Wenn der Kaufvertrag erfüllt wird

- Frau Pohl wählt das beste Angebot aus und bestellt. [ ]
- Frau Pohl holt verschiedene Angebote ein, indem sie Anfragen an die Anbieter sendet. [ ]

12. Welche Vorteile ergeben sich aus der Tatsache, dass bei vielen Verträgen die **Allgemeinen Geschäftsbedingungen** (AGB) Vertragsbestandteil sind?

_____

_____

3.3 Wenn der Kaufvertrag erfüllt wird

Situation zu den Aufgaben 1–8

Das Mitarbeiter-Team der Linnea GmbH bereiten zwei Werbewochen für ihr Floristik-Fachgeschäft vor mit dem Thema: „Herbstzeit bringt Farbe und Früchte in ihr Leben". Dazu werden verschiedene florale und non-florale Werkstoffe benötigt, deren Bedarf das Team gemeinsam ermittelt und nach und nach beim Floristen-Großhandel Flory KG bestellen möchte.

1. Mit der Flory KG aus Oldenburg wird die Lieferung verschiedenster Grünsorten und Fruchtstände vereinbart; in den AGB der Flory KG ist der Hinweis zu lesen: **Erfüllungsort** und **Gerichtsstand** ist für beide Teile Oldenburg. Welche **beiden** Bedeutungen lassen sich diesem Hinweis zuordnen?

    ☐ Der Hinweis zum Erfüllungsort bedeutet, dass die Flory KG die Warenlieferung von Oldenburg nach Bremen zur Linnea GmbH zu veranlassen hat.

    ☐ Der Hinweis zum Gerichtsstand bedeutet, dass bei gerichtlichen Auseinandersetzungen wegen der Erfüllung des Vertrages das Gericht in Oldenburg zuständig ist.

    ☐ Der Hinweis zum Erfüllungsort bedeutet, dass die Linnea GmbH die Warenlieferung bei der Flory KG in Oldenburg abholen muss, weil dort der Erfüllungsort ist.

    ☐ Der Hinweis zum Gerichtsstand bedeutet, dass eine Spedition aus Bremen den Warentransport übernimmt und bei Reklamationen das Gericht im Wohnort des Bestellers zuständig ist.

    ☐ Der Hinweis zum Erfüllungsort bedeutet, dass der Kaufvertrag über eine Warenlieferung in Oldenburg ausgefüllt wird, d. h. dort treffen sich beide Vertragspartner zur Vertragsunterzeichnung.

2. Die Flory KG vereinbart mit der Linnea GmbH eine Lieferung unter **Eigentumsvorbehalt**. Welche **beiden** Bedeutungen hat diese Vertragsklausel?

    ☐ Mit dieser Vertragsklausel behält sich die Flory KG vor, die vollständige Bezahlung der Warenlieferung durch Lastschriftverfahren einzuleiten.

    ☐ Mit dieser Vertragsklausel behält sich die Flory KG vor, die Ware erst nach vollständiger Bezahlung frei zu geben.

    ☐ Mit dieser Vertragsklausel bleibt die Flory KG bis zu vollständigen Bezahlung Eigentümer der Ware.

    ☐ Mit dieser Vertragsklausel erwirbt sich die Linnea GmbH das Recht, das Eigentum an der Ware zu verschaffen.

    ☐ Mit dieser Vertragsklausel wird die Linnea GmbH bei der Übergabe der Ware lediglich Besitzer der Ware, bis die Ware vollständig bezahlt wird.

3. Bei den **Lieferungs- und Zahlungsbedingungen** der Flory GmbH ist in den AGB der Hinweis **unfrei** zu lesen. Welche Bedeutung hat dieser Hinweis?

    ☐ Die Verpackungskosten übernimmt der Käufer; dafür darf er frei entscheiden, wohin die Ware geliefert wird.

    ☐ Die Versandkosten übernimmt der Verkäufer; dafür kann er frei entscheiden, wann er die Ware liefert.
    ⇨ weitere Antwortmöglichkeiten siehe nächste Seite

Teil 1 – Wirtschafts- und Sozialkunde

☐ Die Verpackungskosten teilen sich Käufer und Verkäufer. Die Versandkosten bis zum Firmensitz des Käufers trägt die Flory KG.

☐ Die Versandkosten bis zum Firmensitz des Käufers trägt die Linnea GmbH, die Flory KG stellt die Ware in Oldenburg zur Abholung bereit.

☐ Die Verpackungskosten bis zum Firmensitz des Käufers trägt die Linnea GmbH, der Transport ist unfrei und wird von der Flory KG übernommen.

4. Sophia Schmidt hat ihrem Team beim Einkauf bei der Flory KG ein **Einkaufslimit** gesetzt. Welche Bedeutung hat das für das Team?

   ☐ Die Bestellung der Ware ist zeitlich limitiert, d. h. es müssen die zeitlichen Vorgaben beachtet werden.

   ☐ Die Bestellung der Ware ist vom Betrag her limitiert, d. h. es gibt ein begrenztes Budget.

   ☐ Die Bestellung der Ware muss eine bestimmte Mengengrenze überschreiten, d. h. ein Limit überschreiten, damit der Kundenrabatt zur Anrechnung kommen kann.

   ☐ Die Bestellung der Ware ist von der Auswahl her limitiert, d. h. es dürfen nicht zu viele verschiedene Werkstoffe durcheinander bestellt werden.

   ☐ Die Bestellung der Ware ist von der Farbe her limitiert, d. h. es dürfen nur die von Frau Schmidt vorgegebenen Farben bei der Bestellung berücksichtigt werden.

5. Die für die Werbewochen benötigten Werkstoffe werden bei der Flory KG nach Kaufart und der Bestimmung der Lieferzeit differenziert bestellt. Ordnen Sie die nebenstehenden Werkstoffbeispiele den drei zutreffenden Kaufarten zu.

   Werkstoffbeispiel

   a) 100 herbstliche Geschenkkartensets werden mit einem Rückgaberecht innerhalb einer bestimmten Frist bestellt.

   b) Fünf herbstlich gearbeitete Kränze werden probehalber (ohne Rückgaberecht) bestellt.

   c) 20 Rollen einer neuen herbstlichen Papierkollektion, die im Internet als Muster zu sehen sind, werden bestellt.

   d) Ein Container mit Früchten und Zapfen wird bestellt, die Lieferung bleibt bei der Flory KG, bis die Linnea GmbH diese Warenlieferung tatsächlich benötigt.

   e) Die Lieferung einer Kollektion neuer Bänder wird zu einem festen Termin vereinbart.

   Kaufart

   [ ] Kauf auf Abruf

   [ ] Kauf auf Probe

   [ ] Kauf nach Probe

6. Die Pflanzenrechnung der Flory KG beträgt 1 840 € zuzüglich 7 % Mehrwertsteuer. Die Waren werden bei der Flora KG abgeholt, sodass keine weiteren Kosten entstehen. Da die Rechnung sofort bezahlt wird, werden noch 2 % Skonto gewährt und 10 % Kundenbonus.

   Welchen Betrag muss Frau Schmidt tatsächlich an die Flory KG bezahlen?

7. In welchem Zusammenhang wird bei einem Kaufvertrag von einem **Kommissionskauf** gesprochen?

3 Geschäftsabläufe organisieren und durchführen — 3.4 Zahlungsverkehr

3.4 Zahlungsverkehr

Situation zu den Aufg. 1–11

Sophia Schmidt bietet ihren Auszubildenden wieder eine Schulung am Nachmittag an. Diesmal wird das Thema Zahlungsverkehr behandelt, da nun mittlerweile alle drei im Verkauf tätig sind und den Umgang mit den unterschiedlichen Zahlungsformen kennen müssen.

1. Welchen Vorteil hat der **bargeldlose Zahlungsverkehr** allgemein für die Linnea GmbH?

   ☐ Durch bargeldlose Zahlungen können Kunden günstigere Einkaufspreise erhalten.

   ☐ Durch bargeldlose Zahlungen kann die Linnea GmbH mehr Umsatz machen.

   ☐ Durch bargeldlose Zahlungen können Lieferanten 2 % Skonto abziehen.

   ☐ Durch bargeldlose Zahlungen ist die Bargeldmenge in der Kasse geringer, Falschgeldzahlungen werden vermieden.

   ☐ Durch bargeldlose Zahlungen kann die Linnea GmbH die Zahlung falscher Beträge vermeiden.

2. Die Kundin Verena Koch kauft bei der Linnea GmbH Kübelpflanzen (drei Zitronenbäume zu je 40,00 €); da sie die Pflanzen steuerlich absetzen kann, bittet sie um eine **Quittung**. Bereiten Sie die Quittung mit heutigem Datum für Frau Pohl vor. Berechnen Sie den Netto- und den Mehrwertsteuerbetrag. Lassen Sie das Unterschriftenfeld unausgefüllt, damit Frau Pohl unterschreiben und abstempeln kann.

Quittung

384/14
Nr.

Netto _____ Euro
+ _____ % MwSt. _____ Euro
Gesamt _____ Euro

Gesamtbetrag Euro in Worten _____ Cent wie oben

von _____

für _____

Bremen
dankend erhalten   Ort   Datum
Linnea GmbH
Steuernummer: 34/03245/302

Buchungsvermerke   Stempel/Unterschrift des Empfängers

---

3. Nach § 33 der **Umsatzsteuer-Durchführungsverordnung** müssen beim Ausfüllen von Rechnungen oder Quittungen, die 150 € nicht überschreiten, nur Mindestanforderungen beachtet werden. Welche **beiden** Angaben sind laut § 33 nicht notwendig?

   ☐ Der Mehrwertsteuersatz

   ☐ Die Steuernummer

   ☐ Der Mehrwertsteuerbetrag

   ☐ Der Name der Kundin

   ☐ Der Name und die Adresse der Linnea GmbH

Umsatzsteuer-Durchführungsverordnung, § 33 Rechnungen über Kleinbeträge

Eine Rechnung, deren Gesamtbetrag 150 Euro nicht übersteigt, muss mindestens folgende Angaben enthalten:

— den vollständigen Namen und die vollständige Anschrift des leistenden Unternehmers
— das Ausstellungsdatum
— die Menge und die Art der gelieferten Gegenstände oder den Umfang und die Art der sonstigen Leistung,
— das Entgelt und den darauf entfallenden Steuerbetrag für die Lieferung oder sonstige Leistung in einer Summe sowie den anzuwendenden Steuersatz …

Teil 1 – Wirtschafts- und Sozialkunde

4. Warum ist auf der Quittung der ermäßigte Mehrwertsteuersatz einzutragen?

   _____

5. Frau Koch möchte die Pflanzen bargeldlos mit ihrer ec-Karte (girocard) zahlen, weil sie das unten abgebildete Logo gesehen hat. Wie erhält die Linnea GmbH das Geld von Frau Koch?

   ☐ Der Betrag wird per Lastschrift vom Konto der Kundin abgebucht.

   ☐ Der Betrag wird per Überweisung auf das Konto der Linnea GmbH übertragen.

   ☐ Der Betrag wird über eine Kreditkartengesellschaft auf das Konto der Linnea GmbH gebucht.

   ☐ Der Betrag wird mit dem Kartenlesegerät der Linnea GmbH per Geldkarte abgebucht.

   ☐ Der Betrag wird nach Eingabe der PIN von Konto der Kundin abgebucht.

6. Im Büro der Linnea GmbH sind einige Überweisungen durchzuführen. Oliver hilft Frau Schmidt in der Buchhaltung, die Überweisungsträger auszufüllen. In der zweiten und achten Zeile stößt er auf den Begriff IBAN.

   Was verbirgt sich hinter dem Begriff **IBAN**?

   _____

   _____

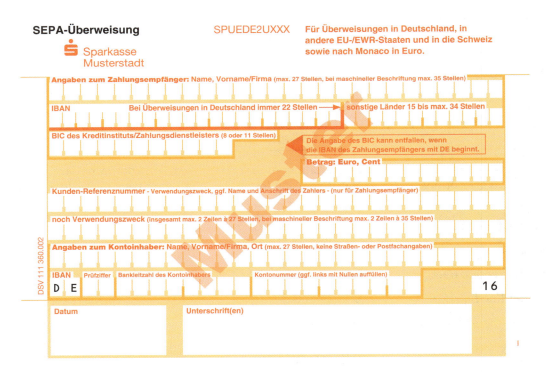

7. Die untere IBAN-Zeile beginnt nicht mit Ziffern, sondern mit den Buchstaben DE. Welche Bedeutung haben die beiden ersten Buchstaben bei **SEPA-Überweisungen**?

   _____

3 Geschäftsabläufe organisieren und durchführen   3.5 Störungen bei der Vertragserfüllung

8. Oliver muss eine Überweisung an den Floristen-Großhandel Flory KG vorbereiten. Aufgrund eines Skontoabzugs von 3 % trägt er als Betrag 824,50 € ein. Wie hoch war der ursprüngliche Rechnungsbetrag?

9. Marc Schmidt möchte ein Kreditkartenterminal im Kassenbereich einrichten, damit Kunden ab sofort auch mit **Kreditkarte** bezahlen können. Welche **beiden** Vorteile ergeben sich, wenn Kunden ihren Rechnungsbetrag mit einer Kreditkarte bezahlen?

   ☐ Die Bezahlung mit Kreditkarte ist für den Kunden i. d. R. kostenlos und bequem.

   ☐ Die Bezahlung mit Kreditkarte ist für die Linnea GmbH kostenfrei, aber unbequem.

   ☐ Die Abbuchung des Betrages vom Girokonto erfolgt beim Kunden erst nach einigen Tagen oder Wochen.

   ☐ Der Kunde muss einen geringen Prozentsatz des Rechnungsbetrages an die Kreditkartengesellschaft abtreten.

   ☐ Die Bezahlung mit Kreditkarte ist für die Linnea GmbH unsicher, weil Kunden den bezahlten Betrag später rückbuchen können.

10. Erklären Sie den Begriff **halbbare Zahlungen**.

11. Oliver Jansen bestellt viele Waren im Internet, weil er aufgrund der Arbeitszeit nur selten in die Stadt zum Einkaufen kommt. Dabei bevorzugt er häufig die Zahlungsform **Nachnahme**.

    Nennen Sie zwei Vorteile, die diese Versand- und Zahlungsform für den Kunden hat.

    Nennen Sie zwei Vorteile, die diese Versand- und Zahlungsform für den Versender hat.

    Nennen Sie zwei Nachteile, die diese Versand- und Zahlungsform für den Kunden hat.

3.5 Störungen bei der Vertragserfüllung

Letzte Woche sind vermehrt Kunden bei der Linnea GmbH vorbei gekommen, die vorher gekaufte Keramikartikel aufgrund eines versteckten Mangels reklamiert haben. „Wie verhalte ich mich denn richtig gegenüber Kunden, wenn eine Ware Mängel hat?", fragt Anna ihre Chefin.

Situation zu den Aufgaben 1–9

„Was mache ich, wenn eine Ware in Ordnung ist und trotzdem reklamiert wird?", fragt Christine. Frau Schmidt stellt zur Klärung einige Fragen an beide.

1. Wenn ein Florist seinen Vertrag nicht ordnungsgemäß erfüllt, liegt eine Schlechtleistung vor. Bei welchem Sachmangel handelt es sich um einen versteckten Qualitätsmangel?

   ☐ Es werden statt fünf bestellter Tischgestecke nur vier beim Kunden ausgeliefert.

   ☐ Es werden bei der bestellten Saaldekoration statt weißer Rosen nur rote Rosen verarbeitet.

Teil 1 – Wirtschafts- und Sozialkunde

☐ Es werden an einen Kunden fünf Hydrogefäße verkauft, bei denen zwei Gefäße aufgrund eines Glasurfehlers durchnässen.

☐ Es werden drei Beutel gelber Triumph-Tulpen verkauft, die leider später rosa blühen.

☐ Es wird ein Kranz mit Schleife verkauft, auf dem ein Name falsch geschrieben ist.

2. Bei der Linnea GmbH wurde letzten Monat eine Sonderaktion durchgeführt, bei der bepflanzte Körbe zu Sonderpreisen verkauft wurden. Gestern reklamierte eine Kundin, dass ihr beim Umsetzen der Griff abgerissen sei und verlangt gegen Vorlage des Kassenbons den Umtausch des Gefäßes. Welches Verhalten ist aufgrund der Rechtslage richtig?

    ☐ Der Umtausch ist abzulehnen, da Sonderaktionen vom Umtausch ausgeschlossen sind.

    ☐ Der Umtausch ist abzulehnen, da die Reklamation nur während der Aktionszeit möglich ist.

    ☐ Dem Umtauschwunsch der Kundin ist stattzugeben, wenn die Kundin den Mehrpreis des Gefäßes noch zuzahlt, also auf den Sonderrabatt verzichtet.

    ☐ Der Umtausch ist abzulehnen, da laut Aufdruck auf dem Kassenzettel ein Umtausch – auch bei Sachmängeln – nur innerhalb von 14 Tagen möglich ist.

    ☐ Dem Umtauschwunsch der Kundin ist stattzugeben, da das Gefäß bei einem Sachmangel aufgrund der Gewährleistungspflicht zurückgenommen werden muss.

3. Im Warenlager beobachtet Anna bei einem Posten Keramik, der vor acht Monaten eingelagert wurde, deutliche Farbaufhellungen an der Glasur. Dieser **versteckte Mangel** wird daraufhin unverzüglich gerügt. Wie wird der Lieferer die Mängelrüge begründen?

    ☐ Ein Warenumtausch kann nicht erfolgen, da die Prüfungspflicht nicht eingehalten wurde.

    ☐ Ein Warenumtausch kann nicht erfolgen, da die gesetzliche Gewährleistungspflicht von sechs Monaten überschritten wurde.

    ☐ Ein Warenumtausch erfolgt umgehend, die gesetzliche Gewährleistungspflicht wurde nicht überschritten.

    ☐ Ein Warenumtausch kann nicht erfolgen, Farbänderungen bei Glasuren sind natürlich.

    ☐ Ein Warenumtausch erfolgt nur, wenn sich Lieferer und Kunde die Mehrkosten teilen.

4. Ein Kunde kann bei einer mangelhaften Lieferung seine Rechte in zwei Schritten geltend machen. Im ersten Schritt kann er gemäß § 439 BGB die **Nacherfüllung**, also die Beseitigung des Mangels, verlangen. Erläutern Sie, in welcher Form die Nacherfüllung erfolgen kann.

   _____

   _____

5. Sind Nachbesserung oder Ersatzlieferung bei einer mangelhaften Lieferung gescheitert, kann der Kunde auf **Wandlung des Vertrages** bestehen. Was ist damit gemeint?

   _____

   _____

6. Sie bestellen bei einem süddeutschen Großhändler 50 Zitronenbäumchen zu je 19 €, 40 Bäumchen Kumquat (Zwergorangen) zu 17,50 € und 30 Orangenbäume zu 29,– € (alles Nettopreise).

    Mit welchem Rechnungsbetrag kalkulieren Sie, wenn der Großhändler neben den 7 % Mehrwertsteuer noch pauschal 50 € für den Transport berechnet?

3 Geschäftsabläufe organisieren und durchführen — 3.5 Störungen bei der Vertragserfüllung

7. Nach Erhalt der Ware entdecken Sie mehrere Mängel an der Warenlieferung, sodass Ihnen der Großhändler nach der schriftlichen Mängelrüge preislich entgegenkommt. Er bietet Ihnen nun die Warenlieferung frei Haus an, außerdem gewährt er pro Pflanze 20 % Rabatt und 2 % Skonto. Um wie viel Euro ist nun die Warenlieferung günstiger geworden, wenn Sie wegen der frühzeitigen Zahlung auch noch 2 % Skonto abziehen können?

8. Bei einer Versteigerung werden von Frau Schmidt bei einer Auktion verschiedene Partien günstiger Keramikgefäße mit leichten Schmunzelfehlern erworben.

   Serie Bremen: 40 Gefäße zu je 7,80 €
   Serie Köln: 25 Gefäße zu je 5,50 €
   Serie Erfurt: 56 Gefäße zu je 6,20 €.

   Berechnen Sie den durchschnittlichen (gewogenen) Auktionspreis in Euro für **ein** Gefäß.

9. Erläutern Sie den Unterschied zwischen **Gewährleistung** und **Garantie**.

Situation zu den Aufgaben 10–14

Bei der Linnea GmbH kommt es häufig zu Störungen bei der Lieferung von Waren oder bei der Bezahlung von Rechnungen, weil sich Kunden oder Lieferer bei der Erfüllung des Kaufvertrages nicht an die Vertragsvereinbarungen halten. Marc Schmidt bespricht mit Oliver, welche Rechte und Pflichten die Linnea GmbH in solchen Fällen hat.

10. Im Floristik-Fachgeschäft sind **Kaufvertragsstörungen** abhängig von der jeweiligen betrieblichen Situation. Ordnen Sie die drei zutreffenden Verzugsarten entsprechenden Situationen zu.

    Situationen:

    a) Die Horst KG liefert aufgrund eines Lagerhallenbrands die zugesagten Topfpflanzen zwei Wochen verspätet aus.

    b) Die Brand OHG begleicht eine Rechnung an die Linnea GmbH aufgrund eines Versehens erst zwei Monate später.

    c) Ein Kunde gibt eine Pflanzschale in Auftrag; bei der Auslieferung teilt er dem Fahrer mit, dass er „nichts bestellt" hat.

    d) Oliver nimmt eine Keramiklieferung von der Mosbach GmbH nicht an, als sie geliefert wird, weil mehrere Teile kaputt sind.

    e) Die Flory KG bestätigt der Linnea GmbH eine Faxbestellung, die Warenlieferung trifft aber am fest zugesagten Tag nicht ein.

    Verzugsart

    [ ] Annahmeverzug

    [ ] Lieferungsverzug

    [ ] Zahlungsverzug

Teil 1 – Wirtschafts- und Sozialkunde

11. Die Linnea GmbH erhält den Auftrag, für die Jubiläumsfeier eines Vorstandes der Bremer Werft AG eine Saaldekoration floristisch zu gestalten. Als Frau Schmidt mit ihrem Team am Vortag der Jubiläumsfeier die Dekoration erstellen will, wird dem Team aufgrund eines Betriebsstreiks der Saalzugang verwehrt. Welches Recht kann die Linnea GmbH aufgrund dieses Annahmeverzugs **nicht** in Anspruch nehmen?

    ☐ Sie kann die Dekorationsware in Verwahrung nehmen und auf Abnahme klagen.

    ☐ Sie kann sich von der Leistungspflicht befreien und die Ware anderweitig verkaufen.

    ☐ Sie kann die Ware als Selbsthilfeverkauf veräußern und etwaige Mehrkosten von der Bremer Werft AG verlangen.

    ☐ Sie kann sich mithilfe der Polizei Zugang zu den Räumen verschaffen, um die Saaldekoration fristgemäß erstellen zu können.

    ☐ Sie kann die Bremer Werft AG auf Schadenersatz wegen Nichterfüllung verklagen, wenn ihr Ware und der Arbeitsaufwand nicht angemessen vergütet werden.

12. Erläutern Sie den Unterschied zwischen einem **außergerichtlichen und einem gerichtlichen Mahnverfahren**.

    _____

    _____

    _____

13. Für einen säumigen Kunden der Linnea GmbH wird ein **gerichtliches Mahnverfahren** eingeleitet. Durch welche Formulierungen (**2 Angaben**) sind die Vorteile eines gerichtlichen Mahnverfahrens zutreffend beschrieben?

    ☐ Die Linnea GmbH kann nach relativ kurzer Zeit einen Vollstreckungstitel erhalten, wenn dem Mahnbescheid nicht widersprochen wird.

    ☐ Der Gläubiger kann nach Erhalt des Mahnbescheides das Zwangsvollstreckungsverfahren durch seinen Widerspruch beenden.

    ☐ Durch das automatisierte Verfahren und durch die speziellen Formulare ist ein Rechtsanwalt notwendig, der das Verfahren durchgängig begleiten muss.

    ☐ Nach erfolgreicher Zwangsvollstreckung kann der Schuldner dann in eine sogenannte Erzwingungshaft eingewiesen werden.

    ☐ Die Gerichtskosten des Mahnverfahrens sind erheblich günstiger als bei einer Zivilklage.

14. Durch eine Unachtsamkeit ist im Büro der Linnea GmbH eine Rechnung an einen Kunden vom 4. Januar des letzten Jahres über ein geliefertes Pflanzgefäß nicht abgeschickt worden, weil sie hinter den Schreibtisch gerutscht war. Wann **verjährt der Anspruch** gegenüber dem Kunden?

    ☐ Der Anspruch ist bereits am 31. Dezember des letzten Jahres verjährt.

    ☐ Der Anspruch verjährt am 4. Januar des nächsten Jahres.

    ☐ Der Anspruch verjährt am 31. Dezember des nächsten Jahres.

    ☐ Der Anspruch verjährt genau nach drei Jahren, also am 4. Januar des übernächsten Jahres.

    ☐ Der Anspruch verjährt nach drei Jahren zum Jahresende, also am 31. Dezember des übernächsten Jahres.

1 Waren einkaufen, annehmen, lagern und kalkulieren

1.1 Bedarfsermittlung und Warenbeschaffung

Situation zu den Aufgaben 1–9

Die Linnea GmbH möchte neue Infomappen erstellen, in denen Kunden bei einer Beratung anhand von Fotos Kränze, Schalenbepflanzungen und Grabschmuck aussuchen können. Frau Schmidt und Maximilian Petersen sind dabei auf der Suche nach interessanten Keramikschalen, Vasen, Accessoires, Dekomaterial und geeigneten Werkstoffen.

1. Um Keramikartikel und Werkstoffe für die Infomappen zu finden, benötigen Herr Petersen und Frau Schmidt **Informationen und Bezugsquellen**. Auf welche Weise können sich die beiden die notwendigen Informationen beschaffen? Zählen Sie fünf Quellen auf.

2. Frau Schmidt hat sich aus dem Internet verschiedene Bezugsquellen herausgesucht. Sie stellt eine **Anfrage** an diese Anbieter. Was bezweckt man mit einer Anfrage und welche **rechtliche Wirkung** hat diese allgemein?

3. Frau Schmidt hat für die Beschaffung der Waren ein **Einkaufslimit** vorgegeben. Wie verstehen Sie den Begriff?
   - ☐ Es gibt ein zeitlich begrenztes Limit für die Beschaffungsdauer.
   - ☐ Es gibt eine limitierte Menge an Artikeln, die gekauft werden sollen.
   - ☐ Der Einkaufsradius der zu kaufenden Waren ist limitiert.
   - ☐ Es gibt einen Höchstbetrag für den Einkauf der Waren.
   - ☐ Außer Frau Schmidt darf niemand Waren einkaufen oder bei der Warenlieferung annehmen.

4. Maximilian Petersen achtet beim Einkauf der Waren auf den **Listenpreis** und den **Bareinkaufspreis**. Wie ergibt sich der Bareinkaufspreis aus dem Listenpreis?

5. Für die Infomappe sollen in den nächsten Wochen verschiedene Trauerkränze gefertigt und dann fotografiert werden. Die Linnea GmbH hat zurzeit einen Tagesbedarf von B = 15 Römern, dabei wird eine Lieferzeit von T = 5 Tagen und ein Mindestbestand von M = 40 Stück angenommen. Maximilian erinnert sich an die Formel MB = (B · T) + M.

   Wie hoch ist dann der **Meldebestand** (MB)?

Teil 2 – Warenwirtschaft

6. Maximilian Petersen telefoniert mit der Mosbach GmbH, die ihm am Telefon ein interessantes Angebot über 25 speziell glasierte Gefäße unterbreitet. Wie lange ist die Mosbach GmbH an dieses **Angebot** gesetzlich gebunden?

    ☐ Das Angebot ist ohne Einschränkung gültig.

    ☐ Das Angebot gilt maximal drei Tage (Postweg eines Briefes).

    ☐ Das Angebot gilt bis zum Ende des Telefonats.

    ☐ Das Angebot hat keine rechtliche Wirkung, solange es nicht schriftlich verfasst ist.

    ☐ Das Angebot gilt bis zum Widerruf der Mosbach GmbH.

7. Maximilian bittet die Mosbach GmbH zusätzlich um ein schriftliches Fax-Angebot, damit er das seiner Chefin zeigen kann. Der Stückpreis der glasierten Gefäße beträgt laut Liste 30 €. Als treuer Kunde erhält die Linnea GmbH einen Kundenrabatt von 10 % und 2 % Skonto. Transportkosten werden pauschal mit 50 € veranschlagt. Was müsste für die 25 Gefäße unter Berücksichtigung von Rabatt, Skonto und Transportkosten gezahlt werden?

8. Auch Anna soll bei der Linnea GmbH in den kommenden Wochen schwerpunktmäßig im Funktionsbereich **Einkauf** tätig werden. Welche der folgenden Aufgaben erwartet sie dann?

    ☐ Sie muss sich um die Kassenabrechnung kümmern.

    ☐ Sie ist bei der Bezugsquellenermittlung behilflich.

    ☐ Sie arbeitet bei der Warenauszeichnung mit.

    ☐ Sie hilft bei der Kundenauslieferung der gefertigten Werkstücke.

    ☐ Sie darf bei der Gestaltung der Werbeanzeigen mithelfen.

9. Sophia Schmidt spricht im Gespräch mit Maximilian immer vom sogenannten **Einstandspreis**. Was ist der Einstandspreis und wie wird er ermittelt?

1.2 Warenannahme und Lagerung

Situation zu den Aufgaben 1–16

Da in der Linnea GmbH immer viel Wert auf eine ordnungsgemäße Lagerhaltung und einen EDV-unterstützten Warenverkehr gelegt wird, hat Frau Pohl die Aufgabe übernommen, die beiden Auszubildenden Anna und Christine in die Grundzüge der Warenwirtschaft und Lagerhaltung einzuweisen.

1. Die Linnea GmbH erhält eine umfangreiche Lieferung von der Mosbach GmbH, die laut Lieferschein in elf Kartons verpackt ist und die der Zusteller von seinem Lkw ablädt. Was muss Christine, die diese Lieferung annimmt, im Beisein des Zustellers kontrollieren?

    ☐ Den Absender, das Absendedatum und die Anzahl der Keramikteile in einem Karton.

    ☐ Die Warenbegleitpapiere, sämtliche Keramikteile und die Personalien des Zustellers.

    ☐ Die Empfängeranschrift auf dem Lieferschein, die Anzahl der gelieferten Kartons und die Unversehrtheit der Verpackungen.

    ☐ Speditionsanschrift, die auf der Rechnung vermerkten Keramikteile und Rechnungsnummer.

    ☐ Rechnungsbetrag, die Anzahl der Kartons und die Qualität der Keramikartikel.

1 Waren einkaufen, annehmen, lagern und kalkulieren 1.2 Warenannahme und Lagerung

2. Beim Nachzählen der Pakete stellt Christine fest, dass ein Paket fehlt. Wie verhält sie sich gegenüber dem Zusteller richtig, wenn der nun weiterfahren möchte?

   ☐ Sie vermerkt auf dem Lieferschein den Empfang von zehn Paketen unter Vorbehalt, unterschreibt und lässt den Zusteller weiterfahren.

   ☐ Sie nimmt die Lieferung nicht an und bittet den Zusteller, dass er die Pakete wieder mitnimmt.

   ☐ Sie begleitet den Zusteller ins Büro, damit er per Telefon nach dem Paket suchen kann.

   ☐ Sie lässt den Zusteller im Auto warten und bemüht sich telefonisch um eine Klärung des Sachverhalts mit der Mosbach GmbH.

   ☐ Sie bittet den Zusteller, dass er gemeinsam mit Christine die Kartons auspackt, um die gesamte Warenlieferung durchzählen zu können.

3. **Warenbegleitpapiere** beinhalten Informationen, die die Prüfung der gelieferten Ware erleichtern sollen. Nennen Sie fünf Angaben, die in Warenbegleitpapieren zu finden sind.

   _____

4. Wie wird der in Aufgabe 1 von Christine entdeckte **Mangel** bezeichnet?

   ☐ Qualitätsmangel

   ☐ Mangel in der Art

   ☐ Quantitätsmangel

   ☐ Beschaffenheitsmangel

   ☐ Montagemangel

5. Beim Auspacken der einzelnen Kartons entdeckt Christine die Rechnung der gesamten Warenlieferung, die sie Frau Pohl zur Bearbeitung gibt. Bringen Sie die Arbeitsschritte, die Frau Pohl nun in Bezug auf die **Warenannahme** machen muss, in die richtige Reihenfolge. Beginnen Sie mit: „Schriftlich auf das fehlende Paket beim Lieferer hinweisen".

   - In der EDV des Wareneingangssystems den Erhalt der 10 Pakete vermerken. [ ]
   - Rechnungsbetrag überprüfen und Rechnung zur Zahlung anweisen. [ ]
   - Nach Erhalt des restlichen Paketes die Rechnung mit dem Vermerk
   - auf Richtigkeit abzeichnen. [ ]
   - Bezahlte Rechnung mit dem Vermerk „bezahlt" abheften. [ ]
   - Die von Christine erhaltene Rechnung mit Eingangsstempel versehen
   - und das Fehlen des Paketes vermerken. [ ]
   - Schriftlich auf das fehlende Paket beim Lieferer hinweisen [ ]
   - Den Erhalt des restlichen Paketes in das Wareneingangssystem eingeben. [ ]

6. Der Gesamtrechnungsbetrag der Warenlieferung beträgt 3 470 € (Bruttobetrag). Aufgrund der Unannehmlichkeiten gewährt die Firma Mosbach 10 % Kundenrabatt und 2 % Skonto. Welchen Betrag muss Frau Pohl überweisen, wenn sie Rabatt **und** Skonto abziehen darf?

7. Bei der Eingabe der Keramikartikel in das Wareneingangssystem gibt Frau Pohl statt der erhaltenen 36 Keramikschalen Marke „Anke" aus Versehen 56 Schalen als Liefermenge ein. Wie wirkt sich dieser **Eingabefehler** aus?

   ☐ Der Meldebestand liegt dadurch unter dem Mindestbestand.

   ☐ Der Höchstbestand kann dadurch nicht mehr erreicht werden.
   ⇨ weitere Antwortmöglichkeiten siehe nächste Seite

Teil 2 – Warenwirtschaft

☐ Der Mindestbestand wird dadurch unterschritten.

☐ Der Meldebestand wird dadurch später erreicht.

☐ Der Istbestand ist dadurch geringer geworden.

8. Frau Pohl fragt Christine beim Thema Lagerhaltung, was sie tun würde, wenn sich bei einigen Artikeln eine zu **niedrige Umschlagshäufigkeit** einstellt. Welche **beiden** Antworten erklären den Begriff „niedrige Umschlagshäufigkeit" zutreffend?

   ☐ Diese Artikel müssen als Trendartikel in größeren Mengen eingekauft werden.

   ☐ Diese Artikel müssen als Sonderangebote verkaufsfördernd präsentiert werden.

   ☐ Diese Artikel tragen erheblich zum gestiegenen Umsatz der Linnea GmbH bei und müssen im Preis angehoben werden.

   ☐ Diese Artikel werden gern auch als Ladenhüter bezeichnet, weil sie von Kunden nur selten gekauft werden.

   ☐ Diese Artikel sind als Saisonartikel auf Vorrat einzukaufen, um die Rabatte auszunutzen.

9. Aufgrund der neuen betrieblichen Kennzahlen hat Frau Pohl die Mitteilung erhalten, dass die **Lagerkosten** bei der Linnea GmbH gestiegen sind. Sie fragt Anna und Christine, welche **beiden** Ursachen dafür infrage kommen können.

   ☐ Die Lagerdauer vieler Artikel ist länger geworden.

   ☐ Die Lagerumschlagshäufigkeit ist größer geworden.

   ☐ Die Lagerzinsen sind im Vergleich zum letzten Jahr gefallen.

   ☐ Der Lagerzinssatz ist durch den größeren Lagerbestand angestiegen.

   ☐ Die Umschlaghäufigkeit hat enorm zugenommen.

10. Im Lager der Linnea GmbH hat Frau Pohl das nebenstehende Verbotszeichen angebracht. Welche Bedeutung hat das Zeichen gemäß der Sicherheitskennung am Arbeitsplatz?

    _____

    _____

11. Frau Pohl möchte wegen der schwächer werdenden Nachfrage den **Lagerbestand** für Hydrokultursysteme verringern. Wie ist die Entscheidung betriebswirtschaftlich zu begründen?

    ☐ Sie möchte die Umschlagsgeschwindigkeit für Hydrogefäße drosseln.

    ☐ Sie kann dadurch die Lagerumschlagshäufigkeit ankurbeln.

    ☐ Sie kann dadurch höhere Mengenrabatte beim Lieferer erzielen.

    ☐ Sie möchte damit den Umsatz an Hydrogefäßen steigern.

    ☐ Sie kann dadurch die Zinsen für gebundenes Kapital senken.

12. Was versteht man unter der **Lagerdauer**, wie wird sie aus der **Lagerumschlagshäufigkeit** ermittelt?

    _____

    _____

    _____

1 Waren einkaufen, annehmen, lagern und kalkulieren
1.2 Warenannahme und Lagerung

13. Im Zusammenhang mit der Lagerhaltung lassen sich verschiedene Funktionen ableiten, die das Floristik-Fachgeschäft übernimmt, z. B. die **Funktion der Zeitüberbrückung**. Wie ist der Begriff zutreffend erklärt?

    ☐ Das Suchen und Finden von gelagerten Waren und Werkstoffen im Lager nimmt Floristen zeitlich längere Zeit in Anspruch. Deshalb soll ein EDV-unterstütztes Lagerhaltungssystem die Zeit der Suche überbrücken.

    ☐ Das Bedienen von Kunden erfolgt nicht immer sofort, Kunden sollen dann durch entsprechende Dekorationen im Fachgeschäft Zeit leicht überbrücken können.

    ☐ Bis die Waren und Werkstoffe das Lager des Floristen erreichen, vergeht meist durch den Warentransport ein größerer Zeitraum, diese Zeitüberbrückung wird auch als Meldebestand bezeichnet.

    ☐ Ein Florist übernimmt durch das Bestellen und Lagern von Waren und Werkstoffen die Funktion der Zeitüberbrückung, damit durch die Vorratshaltung der Bedarf von Kunden jederzeit gedeckt werden kann.

    ☐ Die floristischen Werkstoffe werden häufig bereits längere Zeit vor der Verwendung bestellt, aber nicht geliefert, z. B. im Sommer Kerzen und Weihnachtsartikel. Erfolgt die Lieferung der Ware dann erst wesentlich später, bezeichnet man diesen Umstand als Zeitüberbrückung.

14. Floristische Waren, Werkstoffe und Pflanzen müssen fach- und sachgerecht gelagert werden, damit sie ihre Qualität nicht einbüßen bzw. nicht gegen Gesetze verstoßen wird.

    Frau Pohl stellt einige Waren und Werkstoffe auf den Arbeitstisch, die Christine und Anna jetzt kurz vor der Adventszeit sachgerecht lagern sollen. Wie bzw. wo müssen die beiden die Waren, Werkstoffe und Pflanzen sachgerecht lagern bzw. aufbewahren?

Waren, Werkstoffe bzw. Pflanzen	Lagerort
a) Kalthauspflanzen zur Überwinterung	[ ] Arbeitsraum oder Binderaum
b) Warmhauspflanzen zum Verkauf	[ ] Folienhaus (kühl, frostfrei)
c) Kerzen, Stoffe und Keramik	[ ] beheiztes Verkaufsgewächshaus
d) Pflanzenschutzmittel und Dünger	[ ] Kühlraum (erhöhte Luftfeuchtigkeit)
e) Schnittblumen und Bindegrün	[ ] Trockenraum (staubfrei, dunkel, kühl)
f) verpackte Zwiebeln und Knollenpflanzen	[ ] verschlossene Verkaufsvitrine
g) Bänder, Steckmasse, Draht, Verpackungsmaterial	[ ] Kellerraum (dunkel, kühl, frostfrei)

15. Welche Regelung gibt das Pflanzenschutzgesetz für die **Lagerung, den Zugang und den Verkauf von Pflanzenschutzmitteln** vor?

    _____
    _____
    _____
    _____

16. Welche Bedeutung bzw. welches Gefährlichkeitsmerkmal hat das unten abgebildete Piktogramm aus der **Gefahrstoffverordnung**?

    ☐ Hochentzündlich
    ☐ Akute Toxizität
    ☐ Besondere Gesundheitsgefahren
    ☐ Achtung Gefahr
    ☐ Umweltgefährlich

Teil 2 – Warenwirtschaft

1.3 Warenkalkulation und -auszeichnung

Situation zu den Aufgaben 1–11

Oliver Jansen darf zusammen mit Sophia Schmidt bei der Linnea GmbH die Preise kalkulieren und auszeichnen. Da er sich langsam auf die Abschlussprüfung vorbereitet, muss er zur Übung immer wieder von Frau Schmidt gestellte Fragen beantworten.

1. Voraussetzung für eine korrekte **Warenkalkulation** ist die Kenntnis des Bezugspreises und der Geschäfts- bzw. Gemeinkosten. Welches Beispiel gehört **nicht** zu den Gemeinkosten?

    ☐ Gewinn

    ☐ Lohnkosten

    ☐ Steuern und Versicherungen

    ☐ Miet- oder Pachtkosten

    ☐ Energiekosten

2. Der Bezugspreis eines Lorbeer-Stämmchens (*Laurus nobilis*) beträgt 19,50 €, der Nettoverkaufspreis beträgt 38,50 €. Ermitteln Sie Rohgewinn, Kalkulationszuschlag, Handelsspanne und Bruttoverkaufspreis.

3. Die Linnea GmbH kalkuliert ihre Waren mit einem vorher ermittelten **Kalkulationsfaktor**. Wie wird er berechnet, wenn die Kosten für den Wareneinsatz und die Verkaufserlöse (jeweils für ein Geschäftsjahr) bekannt sind?

    _____

4. Wie unterscheiden sich eine reine **Warenkalkulation** (z. B. bei einer Topfpflanze) und eine **Mischkalkulation** (z. B. bei einem Brautstrauß) voneinander?

    _____

    _____

    _____

5. Nicht immer sind die mit dem Kalkulationsfaktor ermittelten Warenpreise gegenüber Kunden realistisch. Wie lässt sich dieser Umstand schlüssig begründen?

    ☐ Der kalkulierte Gewinn ist in der Kalkulation noch nicht berücksichtigt.

    ☐ Die Preise bestimmter Waren (z. B. Topfpflanzen) werden vom Erzeuger festgelegt.

    ☐ Der unternehmerische Gewinn ist zu hoch, sodass die Preise gesenkt werden müssen.

    ☐ Der Lieferer hat kurzfristig die Preise erhöht.

    ☐ Mitbewerber bieten die gleiche oder ähnliche Ware günstiger an.

1 Waren einkaufen, annehmen, lagern und kalkulieren 1.3 Warenkalkulation und -auszeichnung

6. Die Werkstoffkosten für einen rund gebundenen Strauß berechnet Oliver mit 11,50 €; für Gemeinkosten (allgemeine Geschäftskosten) hat Sophia Schmidt einen Zuschlag von 68 % ermittelt, der kalkulatorische Gewinnaufschlag beträgt bei Sträußen 10 %.

   Wie hoch sind Selbstkostenpreis, Barverkaufspreis und Bruttoverkaufspreis bei einem Mehrwertsteuersatz von 7 %?

7. Der Landesverband der Bremischen Reeder feiert 75-jähriges Jubiläum. Die Linnea GmbH hat zusammen mit zwei anderen Floristik-Fachgeschäften (Blumen Mayer und die Florist-Werkstatt Janßen) den Auftrag erhalten, die Saal- und Tischdekoration zu gestalten.

   Die reinen Materialkosten betragen 6 500 €. Es wird eine Gesamtrechnung über 13 800 € an den Landesverband gestellt. Der Erlös wird auf die drei Unternehmen gemäß ihrer geleisteten Stunden aufgeteilt:

   Linnea GmbH : 56 Arbeitsstunden (Ah); Blumen Mayer: 47 (Ah); Florist-Werkstatt: 43 (Ah). Welchen Erlösanteil erhält die Linnea GmbH?

8. Warum ist für die Linnea GmbH nach Ende der durchgeführten Saaldekoration eine Nachkalkulation sinnvoll?

   ☐ Nur dann kann die Linnea GmbH die tatsächlichen Kosten zur Grundlage nehmen und eine Kostenunterdeckung (oder Kostenüberdeckung) feststellen.

   ☐ Nur dann können die tatsächlichen Handlungskosten ermittelt werden.

   ☐ Nur dann kann die Rentabilität der Linnea GmbH sichergestellt werden.

   ☐ Nur dann kann die Produktivität der Linnea GmbH verbessert werden.

   ☐ Nur dann kann die Wirtschaftlichkeit der geleisteten Arbeitsstunden richtig eingeschätzt werden.

9. Ein **Warenwirtschaftssystem** bietet einem Floristik-Fachgeschäft wie z. B. der Linnea GmbH viele Vorteile. Zählen Sie vier Aufgabenbereiche auf, die sich mit einem EDV-gestützten Warenwirtschaftssystem leichter bearbeiten lassen.

Teil 2 – Warenwirtschaft

10. Bei der Warenauszeichnung ermahnt Frau Schmidt ihren Auszubildenden Oliver, unbedingt Preisangabengesetz und Preisangabenverordnung zu beachten. Welche Maßnahme ist mit diesem Gesetz bzw. der Verordnung **nicht** zu vereinbaren?

    ☐ Die Preise für fertige Sträuße werden von Oliver als Bruttopreise ausgezeichnet.

    ☐ Die Waren im Schaufenster werden mit Nettopreisen ausgezeichnet.

    ☐ Die Topfblumen im Gewächshaus werden ohne Preise ausgezeichnet.

    ☐ Die Preise für Dienstleistungen und Versandkosten werden zusätzlich angegeben.

    ☐ Aktionsware mit verschiedenen Topfblumen auf einem Aktionstisch wird nur mit einem gemeinsamen Bruttopreis versehen.

11. Oliver hat in der Schule gelernt, dass man bei der Preisauszeichnung und bei Werbemaßnahmen das **Gesetz gegen den unlauteren Wettbewerb (UWG)** beachten muss. Nun soll Oliver bei der Preiskalkulation und bei Werbeaktionen etwas „knackige Werbebotschaften" formulieren, wie es Marc Schmidt formulierte.

    Mit welcher Aktion würde Oliver **nicht** gegen das Gesetz verstoßen?

    > **Gesetz gegen den unlauteren Wettbewerb (UWG), § 4:**
    >
    > ...
    >
    > 6. die Teilnahme von Verbrauchern an einem Preisausschreiben oder Gewinnspiel von dem Erwerb einer Ware oder der Inanspruchnahme einer Dienstleistung abhängig macht, es sei denn, das Preisausschreiben oder Gewinnspiel ist naturgemäß mit der Ware oder der Dienstleistung verbunden;
    >
    > 7. die Kennzeichen, Waren, Dienstleistungen, Tätigkeiten oder persönlichen oder geschäftlichen Verhältnisse eines Mitbewerbers herabsetzt oder verunglimpft;
    >
    > 8. über die Waren, Dienstleistungen oder das Unternehmen eines Mitbewerbers oder über den Unternehmer oder ein Mitglied der Unternehmensleitung Tatsachen behauptet oder verbreitet, die geeignet sind, den Betrieb des Unternehmens oder den Kredit des Unternehmers zu schädigen, sofern die Tatsachen nicht erweislich wahr sind; ...

    ☐ Oliver bietet Kunden ein kostenloses Gewinnspiel an, bei dem diese einen Rasenmäher gewinnen können, wenn die Kunden vorher einen bepflanzten Balkonkasten erwerben.

    ☐ Oliver textet für eine Zeitungsanzeige: „Unsere Schnittblumen sind stets frisch, darauf können Sie sich ja bei anderen Fachgeschäften der Stadt nicht immer verlassen."

    ☐ Oliver hängt vor dem Eingang ein Hinweisschild aus mit dem Text: „Hier werden Sie von unserer Floristmeisterin oder ausschließlich von Fachkräften bedient, das sind sie ja woanders nicht immer so gewohnt!"

    ☐ Oliver schreibt ein Infoplakat mit dem Text: „Hier erhalten Sie zu jedem bepflanzten Balkonkasten, den Sie bei uns erwerben, kostenlos eine kompetente und ausführliche Beratung zur Pflege und Gestaltung!"

    ☐ Oliver bedruckt Preisschilder zusätzlich mit dem Hinweis: „Bei uns sind die Waren stets günstiger als bei der Konkurrenz, weil wir unsere hart kalkulierten Einkaufspreise immer an Sie weitergeben."

2 Waren präsentieren und Kunden verkaufsfördernd beraten

2.1 Warenpräsentation

Situation zu den Aufgaben 1–8

Die Linnea GmbH plant im nächsten Monat eine Ausstellung zum Thema: „Mediterrane Kultur und Pflanzenwelt – holen Sie sich den Urlaub nach Hause". Alle Mitarbeiter werden dazu in einer mehrstündigen Schulung von Sophia Schmidt beraten, wie Waren verkaufsfördernd präsentiert werden können.

1. Frau Pohl und Oliver Jansen erhalten die Aufgabe, die Schaufenster der Linnea GmbH themenbezogen umzugestalten. Aus welchem Grund sind Schaufenster wichtige **Werbemedien** für die Linnea GmbH?

    ☐ Die themenbezogene Schaufensterdekoration animiert Kunden verstärkt zu Impulskäufen.

    ☐ Schaufensterdekorationen bieten Kunden detaillierte Einblicke in die Sortimentsbreite eines Floristik-Fachgeschäftes.

    ☐ Die Qualität der verarbeiteten Werkstoffe kommt besonders in Schaufensterdekorationen gut zur Geltung.

    ☐ Mit einer hochwertigen Schaufensterdekoration kann Kunden verdeutlicht werden, wie liquide ein Floristik-Fachgeschäft wirtschaftet.

    ☐ Die Präsentation von Sonderangeboten im Schaufenster wirkt sich besonders verkaufsfördernd aus und gibt Einblicke in die Sortimentstiefe.

2. Eine zeitgemäße Dekoration der Schaufenster ist für ein Floristik-Fachgeschäft von besonderer Wichtigkeit. Zählen Sie fünf Vorteile einer guten **Schaufensterdekoration** auf.

    _____

    _____

    _____

3. Die thematische Umgestaltung eines Teils der Geschäftsräume hat das Ziel, mehr Raum für **verkaufsfördernde** Präsentationen zu schaffen. Welches Präsentationsbeispiel in Bezug auf das Thema „Mediterrane Kultur und Pflanzenwelt – holen Sie sich den Urlaub nach Hause" ist hier besonders geeignet und wirkt sich verkaufsfördernd aus?

    ☐ Oliver stellt terrakotta-farbene Vasen in einem verschlossenen Bauernschrank aus.

    ☐ Anna legt Lose im Kassenbereich aus, mit denen man einen Kinogutschein gewinnen kann.

    ☐ Christine stellt Strelitzien in schlanke Gefäße und verteilt diese an verschiedenen Orten.

    ☐ Mediterran gearbeitete Tischgestecke werden zusammen mit entsprechenden Accessoires und Infobüchern auf einem Bauerntisch platziert.

    ☐ Verschiedene im Preis reduzierte Trockensträuße werden eng an eng in einem alten Koffer präsentiert und mit einem Hinweisschild „Sonderangebote" versehen.

4. Christine soll sich um geeignete **Warenträger** für die Präsentation der Werkstücke und Waren kümmern. Zählen Sie fünf verschiedene Arten von Warenträgern auf.

    _____

    _____

Teil 2 – Warenwirtschaft

5. Beim Einsortieren der Waren muss Christine auch die oberen Regale bestücken. Dazu holt sie sich eine Stehleiter. Dabei bemerkt sie, dass der eine Fuß der Leiter leicht verbogen und weggeknickt ist. Wie verhält sie sich richtig im Sinne der **Unfallverhütungsvorschriften**?

   ☐ Sie schreibt ihrer Ausbilderin eine SMS, da diese umgehend die Berufsgenossenschaft informieren muss.

   ☐ Sie bittet die Auszubildende Anna, die Leiter festzuhalten, und steigt vorsichtig auf die Stufen.

   ☐ Sie informiert Marc Schmidt, markiert an der Leiter die Information „defekt" und nimmt eine andere Leiter zu Hand.

   ☐ Sie versieht den Leiterfuß mit einer festen Schiene aus Draht und Holz, bevor sie auf die Leiter steigt.

   ☐ Sie macht ein Foto von der defekten Leiter und sendet das Foto an Herrn Petersen, da dieser Sicherheitsbeauftragter der Linnea GmbH ist.

6. Christine muss Regalbretter mit den Maßen 80 cm · 40 cm austauschen lassen. Insgesamt acht Bretter werden beim Tischler angefertigt, der dafür einschließlich einer zweifachen Holzbehandlung 22 € pro m² (Nettopreis) berechnet. Wie hoch fällt die Rechnung für die acht Regalbretter (einschließlich 19 % MwSt.) aus?

7. Die **Wegeführung im Ladenbereich** soll für die Ausstellung neu gestaltet werden. Wie wird erreicht, dass der Kunde die Wegeführung positiv annimmt? Geben Sie fünf Aspekte an, wie längere Wege durch den Laden interessant gestaltet werden können.

8. Auch bei der **Warenpräsentation** müssen Vorgaben vom Gesetzgeber beachtet werden. In welchem der nachfolgenden Fälle handelt es sich um eine gesetzlich vorgeschriebene Maßnahme?

   ☐ Die im Ladenbereich bei der Warenpräsentation verwendeten Leuchtmittel müssen vom TÜV abgenommen werden.

   ☐ Die im Ladenbereich präsentierten Waren müssen alle mit Bruttoverkaufspreisen ausgeschildert sein.

   ☐ Die im Ladenbereich bei der Warenpräsentation verwendeten Funktions- und Aktionsflächen müssen aufgrund der Unfallverhütungsvorschriften von der Berufsgenossenschaft abgenommen werden.

   ☐ Die Beleuchtungsstärke der direkt angestrahlten Waren darf den Wert 10 000 Lux nicht überschreiten.

   ☐ Die Arbeitstische müssen der Ergonomie-DIN-Richtlinie entsprechen.

2 Waren präsentieren und Kunden verkaufsfördernd beraten — 2.2 Warensortiment

2.2 Warensortiment

Situation zu den Aufgaben 1–4

Die von der Linnea GmbH für den nächsten Monat geplante Ausstellung zum Thema „Mediterrane Kultur und Pflanzenwelt – holen Sie sich den Urlaub nach Hause" hat Einfluss auf das Warensortiment und den Wareneinkauf.

1. Marc Schmidt hat nach einem Gespräch mit seinem Floristenteam entschieden, dass es bei der Linnea GmbH eine Sortimentserweiterung geben soll. Welche Maßnahme entspricht einer angemessenen **Sortimentserweiterung**?

   ☐ Marc Schmidt lässt den Kassenbereich vergrößern, damit der Verkauf und das Verpacken schneller abgewickelt werden können.

   ☐ Marc Schmidt erweitert die Parkplatzfläche im vorderen Grundstücksbereich, damit Waren leichter be- und entladen werden können.

   ☐ Marc Schmidt richtet eine Leseecke ein und bietet künftig auch Fachzeitschriften und themenbezogene Fachbücher für Hobbyfloristen und -gärtner an.

   ☐ Marc Schmidt lässt die Bestellmengen des vorhandenen Topfpflanzensortiments erhöhen, damit die üppige Blütenpracht die Kunden zu mehr Impulskäufen anregt.

   ☐ Marc Schmidt lässt das Verkaufsgewächshaus erweitern, um die Ausstellungsfläche zu vergrößern.

2. Für die Ausstellung wird ein Teil des Lagers umgeräumt. Welche betrieblichen Arbeiten stellen für den Bewegungsapparat und die Wirbelsäule besondere Gefahren dar, sodass Marc Schmidt gegebenenfalls auch Anweisungen zur Vermeidung erteilen muss?

   ☐ Das Streichen der Bretter für die neuen Regale ohne Spritzpistole und Abklebefolie.

   ☐ Das Hantieren und der Umgang mit chemischen Pflanzenschutzmitteln ohne Schutzkleidung.

   ☐ Das Anheben und Transportieren der großen Terrakotta-Pflanzkübel ohne maschinelle oder mechanische Hilfe.

   ☐ Das Verrücken und Benutzen von Stehleitern ohne fremde Leiterabsicherung durch eine zweite Person.

   ☐ Das Bedienen der Schleifendruckmaschine ohne Handschuhe und ohne Schutzweste.

3. Welchen Einfluss hat der **Standort eines Floristik-Fachgeschäftes** auf die Sortimentsgestaltung? Erläutern Sie vier Aspekte.

   _____

   _____

   _____

4. Oliver Jansen hat anhand eines Umsatzprotokolls herausgefunden, dass letzten Sommer der Umsatz für den Sortimentsbereich „Schnittblumen" im Monat August 9 400 € betrug und im September durch das Stadtfest auf 20 500 € angestiegen ist. Berechnen Sie den prozentualen Anstieg des Schnittblumenverbrauchs.

Teil 2 – Warenwirtschaft

2.3 Marketing und Erfolgskontrolle

Situation zu den Aufgaben 1–10

Nach dem Ausstellungsende und einer Teilrenovierung der Geschäftsräume sollen der Bekanntheitsgrad der Linnea GmbH mit Werbemaßnahmen gesteigert und die Marketingaktivitäten erhöht werden.

1. Marc Schmidt möchte mit Public-Relations-Maßnahmen die **Öffentlichkeitsarbeit** ankurbeln. Für welche Werbeaktion wird sich Marc Schmidt entscheiden, um das Ansehen des Floristik-Fachgeschäftes in der Öffentlichkeit zu steigern?

   ☐ Die Linnea GmbH bietet Waren unter dem Motto an: „25 Tage erhalten Sie 25 % auf unser gesamtes Sortiment".

   ☐ Die Linnea GmbH schaltet eine Anzeige in der Fachzeitschrift „Beraten und Verkaufen", außerdem erhalten alle Mitarbeiter neue T-Shirts mit dem Firmenlogo.

   ☐ Die Linnea GmbH verschenkt an alle Kunden im Laden Warenproben und bietet am Samstagnachmittag immer gebackene Waffeln, Kaffee und Tee an.

   ☐ Die Linnea GmbH versendet eine Pressemitteilung an die örtliche Presse zur Renovierung der Geschäftsräume und stiftet für das Stadtteilfest zehn bunt gestaltete Hanging-Baskets.

   ☐ In der Fußgängerzone wird während des Hafenfestes ein Verkaufsstand der Linnea GmbH eingerichtet, wo Werkstücke mit maritimen Accessoires verkauft werden.

2. Die Linnea GmbH arbeitet mit einem **EDV-unterstützten Warenwirtschaftssystem**. Um den Erfolg der durchgeführten Ausstellung besser bewerten zu können, soll das System dazu genutzt werden. Wie kann Marc Schmidt dies erreichen?

   ☐ Er muss alle Bestellungen der Kunden der letzten drei Monate mit dem Vorjahr vergleichen.

   ☐ Er muss die Umsätze der Waren, die extra für diese Ausstellung gefertigt und angeboten wurden, vom Kassensystem separat ermitteln lassen.

   ☐ Er muss das Inventar durch die EDV zählen lassen.

   ☐ Er muss eine Bilanz von den letzten drei Monaten erstellen lassen.

   ☐ Er muss sich die Postleitzahlen der Wohnorte der Kunden, die im letzten Monat bei der Linnea GmbH gekauft haben, vom Kassensystem ausdrucken lassen.

3. Marc Schmidt möchte sich mit speziellen Angeboten und Aktionen von Mitbewerbern abheben und hat sich verschiedene Werbeslogans ausgedacht. Bei welchem Slogan handelt es sich um eine **Verkaufsförderungsmaßnahme**?

   ☐ Linnea GmbH – hier können Sie sich in Ruhe in unserer Leseecke über Pflanzen informieren.

   ☐ Linnea GmbH – hier wird Ihnen bei allen Problemen geholfen.

   ☐ Linnea GmbH – wir bepflanzen Ihre Balkonkübel, wenn Sie sich Beet- und Balkonpflanzen aus unserem großen Pflanzensortiment ausgesucht haben.

   ☐ Linnea GmbH – wir haben in der Fußgängerzone für Sie zehn Hanging Baskets gespendet.

   ☐ Linnea GmbH – hier können Sie die neuesten Trends der Pflanzenwelt wahrnehmen.

4. Die Linnea GmbH will mit zwei anderen gärtnerischen Betrieben aus dem Stadtteil kostenneutral die Begrünung der Außenanlagen und des Innenhofes im Krankenhaus Oststadt erneuern. Wie nennt man diese Art der Image-Werbung?

   ☐ Kombinationswerbung ☐ Corporate Identity-Maßnahme

   ☐ gekoppelte Werbeaktion ☐ Direktwerbemaßnahme

   ☐ Public-Relations-Maßnahme

2 Waren präsentieren und Kunden verkaufsfördernd beraten — 2.3 Marketing und Erfolgskontrolle

5. Marc Schmidt möchte das **Corporate Design** der Linnea GmbH verändern. Erklären Sie, was man unter dem Begriff versteht und mit welchen **vier Maßnahmen** Herr Schmidt eine Veränderung herbeirufen kann.

6. Unterscheiden Sie die Begriffe **Direktwerbung** und **Streuwerbung** und nennen Sie je zwei Beispiele.

7. Marc Schmidt möchte zusammen mit einer PR-Agentur eine umfassende **Firmenanalyse** erstellen lassen, um die Stellung seines Unternehmens am Markt und den IST-Zustand systematisch erfassen zu können. Welche Informationen sollten mit einer Firmenanalyse erfasst werden? Zählen Sie vier Aspekte auf.

8. Mithilfe der Firmenanalyse möchte Marc Schmidt ein **Marketingkonzept** entwickeln, das Ziele für die kommenden Jahre definiert, die mit konkreten Maßnahmen erreicht werden sollen. Nennen Sie je drei **quantitative** und **qualitative** Ziele.

Teil 2 – Warenwirtschaft

9. Frau Schmidt möchte vor der beginnenden Adventszeit mit einer speziellen **Werbung** den Verkauf von Weihnachtsschmuck ankurbeln und die Zielgruppe der Mitarbeiter in Banken, Versicherungen und Rechtsanwaltskanzleien ansprechen. Wie kann Frau Schmidt diese Personengruppen **direkt** erreichen?

   ☐ Durch Telefon-Direktmarketing, d. h. die Mitarbeiter an der Rezeption dieser Unternehmen werden direkt angerufen.

   ☐ Durch Plakate im Umfeld der entsprechenden Unternehmen, auf die man direkt zuläuft.

   ☐ Durch die Verteilung von Werbeprospekten, die in die privaten Briefkästen der Wohnblocks im Stadtrandbereich gesteckt werden.

   ☐ Durch Werbebriefe an die Mitarbeiter der jeweiligen Unternehmen.

   ☐ Durch Kinowerbung im Kino-Center, das sich neben einem großen Versicherungsgebäude befindet.

10. Marc Schmidt möchte aus **PR-Gründen** den Einzelhandel vor Ort unterstützen und gleichzeitig etwas für Umweltschutz und Ökologie leisten. In welchem Fall gelingt das?

    ☐ Er kauft extra angefertigte Arbeitstische aus Bio-Holz bei einer ostfriesischen Tischler-Werkstatt.

    ☐ Er wechselt den Gasanbieter und meldet sich bei der „Friesland Energie" aus Friesland an.

    ☐ Er kauft einen neuen Lieferwagen beim „Autohaus Günther" in Bremen, der mehr Zuladung hat.

    ☐ Er beauftragt seinen gegenüberliegenden Nachbarn, die „Sanitär Krause GmbH", für den Betrieb neue Brennwertkessel einzubauen, die 20 % weniger Erdgas verbrauchen.

    ☐ Er kauft beim Großhandel „Bürobedarf Becker", der sich im gleichen Stadtteil befindet, für das Büro und das Kassensystem nur noch recyceltes Papier.

2.4 Erfolgreich beraten und verkaufen

Situation zu den Aufgaben 1–12

Im Sommer machen mehrere Mitarbeiter Urlaub, sodass Oliver schwerpunktmäßig im Verkauf tätig ist, zusammen mit Maximilian Petersen und Dorothea Pohl. Herr Petersen hat die Ausbilderrolle übernommen und beobachtet Oliver, ob er alles richtig macht.

1. Oliver bedient einen Kunden, der zwar stark an einer Ware interessiert ist, aber offensichtlich versucht, den Verkaufspreis runter zu handeln. Mit welcher Aussage sollte Oliver den **Kunden weiterberaten**?

   ☐ Rabatte sind laut Rabattgesetz im Floristik-Fachgeschäft nicht vorgesehen, ich kann Ihnen aber 3 % Skonto anbieten.

   ☐ Handeln darf ich nur mit Stammkunden. Aber wenn Sie drei Teile nehmen, gibt's das günstigste geschenkt.

   ☐ Die Preisangaben-VO sieht vor, dass Festpreise nicht runtergehandelt werden dürfen.

   ☐ Unsere Preise sind für diese Ware schon äußerst knapp kalkuliert, deshalb kann ich Ihnen keinen Rabatt einräumen.

   ☐ Wenn Sie mit mir handeln wollen, hole ich besser meinen Chef.

2. Oliver berät eine Kundin ausführlich über verschiedene Sommerblumen-Bepflanzungen, die im Gewächshaus ausgestellt sind. Leider ist die Kundin unsicher und kann sich nicht entscheiden. Mit welcher Aktion bringt Oliver das **Verkaufsgespräch** erfolgreich zuende?

   ☐ Oliver wendet sich an Herrn Petersen und bittet ihn, das Gespräch fortzusetzen, da dieser die Kundin persönlich kennt.

   ☐ Oliver fasst noch einmal die pflegerischen und gestalterischen Vorzüge der infrage kommenden Pflanzen zusammen, um der Kundin den Kaufentschluss zu erleichtern.

   ☐ Oliver geht noch einmal mit der Kundin durch das Verkaufsgewächshaus und lässt sich dann entschuldigen, da schon andere Kunden warten.
   ⇨ weitere Antwortmöglichkeiten siehe nächste Seite

2 Waren präsentieren und Kunden verkaufsfördernd beraten — 2.4 Erfolgreich beraten und verkaufen

☐ Oliver nennt besonders viele botanische Namen der Pflanzen, um die Kundin mit seiner Fachkompetenz zu beeindrucken und sie zum Kaufabschluss zu animieren.

☐ Oliver empfiehlt der Kundin, sich erst im Internet zu informieren, um dann am Nachmittag noch einmal mit konkreten Vorstellungen zurückzukommen.

3. Ein Kunde zeigt sich sehr interessiert an einem Wandelröschen-Bäumchen *(Lantana camara)*, das Oliver gerade in ein passendes Gefäß eingestellt hat. Mit welcher Frage sollte Oliver **den ersten Kontakt zum Kunden** herstellen?

    ☐ „Das sieht doch so ganz gut aus, oder?"

    ☐ „So ein Arrangement passt durch die verschiedenen Blütenfarben nahezu auf jede Terrasse und zu jedem Anlass."

    ☐ „Diese Pflanze ist ziemlich empfindlich gegen Wind und Nässe, da müssen Sie aufpassen."

    ☐ „Kommen Sie zurecht, oder soll ich meinen Kollegen vorbei schicken?"

    ☐ „Diese Kübelpflanzenart habe ich heute bereits mehrfach verkauft, die anderen Kunden können sich nicht getäuscht haben."

4. Mit der richtigen **Körpersprache** sollte jede Kommunikation mit Kunden beginnen. Durch welche Art und Weise wirkt Oliver bei einem Verkaufsgespräch positiv auf das Verhalten gegenüber den Kunden ein?

    ☐ Oliver sollte den Kunden nicht durch zu intensiven Blickkontakt beim Verkaufsgespräch verunsichern, daher betrachtet er nur die Verkaufsware.

    ☐ Oliver teilt dem Kunden mit scheuem Blickkontakt mit, dass er noch Auszubildender sei und er sich freue, endlich mal ein längeres Kundengespräch führen zu können.

    ☐ Olivers Verkaufsargumente werden durch eine freundliche Körpersprache sowie entsprechende Gestik bzw. Mimik begleitet. Das Gespräch wird durch ein Lächeln eröffnet.

    ☐ Olivers Verkaufsargumente werden ganz sachlich, mit gesetzter Stimme und mit zurückhaltender Gestik und Mimik unterbreitet, um Kunden nicht durch überflüssige Freundlichkeit abzulenken.

    ☐ Oliver beobachtet den Kunden, spricht ihn aber nicht an, sondern wartet, bis der Kunde ihm eine Frage stellt. Dadurch fühlt sich der Kunde nicht eingeengt in seiner Entscheidung,

5. Eine Kundin bezahlt nach dem Verkaufsgespräch der Kassiererin Frau Pohl mit zwei 100 €-Scheinen einen Trauerkranz, zwei Grabsträuße und ein größeres Sarggesteck für insgesamt 174,80 €. Bringen Sie die unten beschriebenen **Arbeitsschritte des Kassiervorgangs** in die richtige Reihenfolge.

    - Frau Pohl klemmt die Geldscheine außen an der Kasse fest und öffnet die Kasse. [ ]
    - Der Gesamtbetrag erscheint in der Kasse und wird der Kundin deutlich genannt. [ ]
    - Frau Pohl nennt den Wechselbetrag und zählt es der Kundin laut vor. [ ]
    - Frau Pohl schließt die Kasse und bedankt sich bei der Kundin. [ ]
    - Die beiden Geldscheine der Kundin werden in die Kasse gelegt. [ ]
    - Die beiden Geldscheine werden in Empfang genommen und auf Echtheit überprüft. [ ]
    - Frau Pohl tippt die Einzelbeträge in die Kasse. [ ]

6. Maximilian Petersen möchte den Service bei der Linnea GmbH verbessern. In welchem Fall handelt es sich um eine **warenbezogene Serviceleistung**?

    ☐ Wenn die Linnea GmbH keine Gebühren bei der Bezahlung mit Kreditkarte erhebt.

    ☐ Wenn die Linnea GmbH zu jeder verkauften Topf- oder Kübelpflanze eine Pflegekarte mit praktischen Pflegetipps dazu packt.

    ☐ Wenn Kunden nach dem Einkauf noch zwei Stunden freies Parken gewährt wird.

    ☐ Wenn die Linnea GmbH für die Betreuung der Kinder eine Kindergärtnerin engagiert.

    ☐ Wenn am Tag der offenen Tür für Kunden der Linnea GmbH ein Fahrservice eingerichtet wird.

Teil 2 – Warenwirtschaft

7. Viele Artikel der Linnea GmbH sind mit einem **GTIN-Strichcode** versehen. Welche Bedeutung hat dieser beim Kassiervorgang?

   4 001923 910023

   _____
   _____
   _____

8. Frau Pohl hängt gemeinsam mit Oliver während der Geschäftszeit über dem Packtisch im Verkaufsraum Hinweisschilder mit Sonderrabatten in 3 m Höhe auf. Dazu nutzt sie eine Stehleiter und möchte die **Unfallverhütungsvorschriften** beachten. Wie verhält sie sich richtig?
   - ☐ Sie bittet Oliver, die Leiter abzusichern und gleichzeitig die Kunden zu beobachten.
   - ☐ Sie holt sich ein Absperrband, mit dem sie großräumig den Packtisch absichert.
   - ☐ Sie schreibt auf ein Schild: „Vorsicht, Deckenarbeiten; Aufenthalt auf eigene Gefahr".
   - ☐ Sie schließt für einen Moment den Laden ab und lässt die Kunden durch den Hintereingang.
   - ☐ Sie holt die Antirutschmatte aus dem Vorratslager, damit die Leiter sicher stehen kann.

9. Am Samstag herrscht trotz Urlaubszeit Kundenandrang bei der Linnea GmbH, da es viele Sonderangebote gibt. Wie darf sich Oliver auf keinen Fall verhalten, wenn er die wartenden Kunden **nicht** verärgern will?
   - ☐ Er begrüßt jeden neu ankommenden Kunden mit einem freundlichen „Guten Tag!".
   - ☐ Er verabschiedet jeden Kunden nach dem Kauf mit einem freundlichen Gruß und wünscht jedem ein schönes Wochenende.
   - ☐ Er führt zwischendurch mit seinen Auszubildenden-Kolleginnen ein informatives Gespräch, weil noch nicht klar ist, wie der Abend gestaltet werden soll.
   - ☐ Er bedient jeden Kunden ruhig zuende und fragt unschlüssige Kunden, die noch nicht an der Reihe sind, ob sie sich noch Weilchen umschauen möchten.
   - ☐ Er hilft älteren Kunden bei schweren Tüten und Waren, damit sie den Ausgang ohne Behinderung nutzen können.

10. „Das äußere Erscheinungsbild verkauft mit", diese Aussage bezieht sich auf das gepflegte Äußere von Floristen und ist eine Voraussetzung für erfolgreiches Verkaufen. Geben Sie fünf Punkte an, durch welche Maßnahmen das **äußere Erscheinungsbild** positiv beeinflusst werden können.

    _____
    _____
    _____
    _____

2 Waren präsentieren und Kunden verkaufsfördernd beraten — 2.5 Kundenreklamation und Umtausch

11. Nennen Sie fünf verschiedene Maßnahmen, um **Kunden zu binden**.

12. Formulieren Sie vier verschiedene offene Fragen, mit denen Sie in einem Verkaufsgespräch **Informationen von Kunden** bekommen möchten.

2.5 Kundenreklamation und Umtausch

Situation zu den Aufgaben 1–8

Anna möchte von ihren beiden Auszubildenden-Kollegen noch eine Menge lernen. Deshalb beobachtet sie, wie Oliver und Christine mit Kundenreklamationen umgehen. Allerdings ist ihr noch nicht ganz klar, was Kulanz und Gewährleistung voneinander unterscheidet. Oliver versucht es mit einigen Übungsaufgaben.

1. Zum kundenfreundlichen Verkaufskonzept der Linnea GmbH gehört eine großzügige **Kulanzregelung**. Wie müsste Anna gegenüber einem Kunden reagieren, der gerade einen Blumenstrauß gekauft hatte, aber unmittelbar vor dem Geschäft auf der Straße hingefallen ist, sodass auch der Strauß in Mitleidenschaft geraten ist?

    ☐ Sie schreibt dem Kunden die Telefonnummer der Betriebshaftpflichtversicherung auf.

    ☐ Sie tröstet den Kunden und bietet ihm eine Tasse Kaffee sowie ein Pflaster an.

    ☐ Sie nimmt ihm den beschädigten Strauß ab und bindet ihm mit den unbeschädigten Werkstoffen und frischer Papiermanschette einen neuen Strauß.

    ☐ Sie bietet dem Kunden einen Stuhl an, ruft ein Taxi und legt neues Einpackpapier um den beschädigten Strauß.

    ☐ Sie teilt dem Kunden mit, dass er beim nächsten Kauf einen Sonderpreis erhält.

2. Im Laufe eines Arbeitstages haben Christine und Oliver mit verschiedenen Kundenreklamationen zu tun. Bei welcher Situation ist ein **Gewährleistungsanspruch** gerechtfertigt, sodass dem Kundenwunsch entsprochen werden muss?

    ☐ Eine Kundin hatte telefonisch einen Kranz bestellt und möchte nun den Kranz nicht mehr bezahlen, weil ihr das Schleifenband nicht gefällt.

    ☐ Ein Kunde hat gestern einen Strauß Rosen gekauft und bringt den Strauß heute zurück, weil zwei Rosenköpfe abgebrochen sind. Er möchte nun eine Topfpflanze.

    ☐ Eine Kundin hatte am Vormittag eine *Phalaenopsis* gekauft und bringt sie mit dem Wunsch zurück, dass sie das Geld wieder haben möchte, denn im Supermarkt gibt es ähnliche Pflanzen zum halben Preis mit Übertopf.

    ⇨ weitere Antwortmöglichkeiten siehe nächste Seite

Teil 2 – Warenwirtschaft

☐ Ein Kunde hatte Oliver beauftragt, ihm einen passenden Übertopf zur Anthurie auszusuchen. Nun tropft das Wasser aus einem Glasurriss. Der Kunde möchte ein anderes Gefäß.

☐ Eine Kundin hatte vor einer Stunde eine üppige Blumenampel gekauft. Nun kommt sie wieder, weil ihr der aus Keramik gefertigte, schwere Übertopf aus der Hand gerutscht ist und auf dem Boden zerbrochen ist. Sie möchte einen Übertopf aus Kunststoff.

3. Erklären Sie den Begriff **Kulanz**.

   _____

   _____

4. Christine telefoniert mit einer **unzufriedenen Kundin**, die die gerade gelieferte Pflanzschale (Lieferung frei Haus) wegen einer leichten Beschädigung zurückgeben möchte. In welchen **beiden** Fällen muss die Linnea GmbH für den Schaden tatsächlich haften?

   ☐ Ein Aushilfsfahrer der Linnea GmbH hat die Schale vor dem Haus der Kundin beim Abladen am Fahrzeug angeschlagen.

   ☐ Ein Taxifahrer, der die Schale zusammen mit der Kundin nach Hause gebracht hat, war unachtsam beim Einstellen der Schale in das Taxi.

   ☐ Die Schale war bereits bei der Lieferung und der späteren Einlagerung ins Lager der Linnea GmbH mangelhaft, aber da der Preisaufdruck an dieser Stelle war, wurde der Mangel nicht bemerkt.

   ☐ Der Kunde hatte die Schale aus den Händen des Aushilfsfahrers entgegengenommen und sie unbemerkt noch vor Betreten der Wohnung an der Haustür angeschlagen.

   ☐ Der Kunde hatte die Schale am Packtisch einem Nachbarn zum Transport mitgegeben. Als dieser die Schale im Hause des Kunden abgab, bemerkten beide den Mangel.

5. Wie lange haben Kunden auf mangelhafte Ware Gewährleistungsanspruch?

   _____

6. Christine bestellt etwas im Internet und fragt sich, ob sie die Waren später auch zurückgeben kann. Oliver erklärt Christine, dass es sich bei einem Internetkauf um einen **Fernabsatzvertrag** handelt. Mit folgender Frage möchte er ihr Fachwissen aus der Berufsschule testen: „Was ist ein Fernabsatzvertrag und welche gesetzliche Regelung bezüglich des Widerrufs ist dort verankert?" Was antworten Sie ihm?

   _____

   _____

   _____

7. Anna weiß nicht genau, wie verärgerte Kunden bedient werden, die eine Ware unberechtigt reklamieren. Bringen Sie die folgenden Verhaltensmuster in die richtige Reihenfolge, die sich auch Anna zu eigen machen sollte.

   • Lösung auf Kulanz abwägen und mit dem Kunden einen Kompromiss finden. [ ]
   • Freundliche Begrüßung des verärgerten Kunden, der den Laden stürmisch betritt. [ ]
   • Kunden am Ende freundlich verabschieden und ihm mitteilen, dass es richtig war, dass er sich mit der Reklamation noch einmal vertrauensvoll an uns gewandt hat. [ ]
   • Verständnis zeigen und sich beim Kunden für die Unannehmlichkeiten entschuldigen; anschließend sachlich begründen, warum die Reklamation unbegründet ist. [ ]
   • Genauere Nachfrage, um den Grund der Kundenverärgerung herauszubekommen. [ ]
   • Kunden aufmerksam zuhören und ausreden lassen; warten, bis sich der Ärger legt. [ ]

3 Kaufmännisch handeln und steuern

3.1 Kaufmännische Steuerung und Kontrolle

Situation zu den Aufgaben 1–6

Die Linnea GmbH steht zum Ende des Geschäftsjahres kurz vor der Inventur. Marc Schmidt bereitet das Floristenteam auf dieses Ereignis vor. Anna fragt ihren Ausbilder, wozu man eine Inventur macht. „Wir sind zur Erstellung eines Inventars verpflichtet, diese liefert die Daten für eine Bilanz", begründet Marc Schmidt Annas Frage. Anna versteht gar nichts.

1. Der Steuerberater der Linnea GmbH hat empfohlen, die Inventur gemäß des § 241 HGB durchzuführen. Welches **Inventurverfahren** beschreibt § 241 HGB?

   > **Handelsgesetzbuch (HGB), § 241**
   >
   > Inventurvereinfachungsverfahren
   >
   > (1) Bei der Aufstellung des Inventars darf der Bestand der Vermögensgegenstände nach Art, Menge und Wert auch mthilfe anerkannter mathematisch-statistischer Methoden auf Grund von Stichproben ermittelt werden. Das Verfahren muss den Grundsätzen ordnungsmäßiger Buchführung entsprechen. Der Aussagewert des auf diese Weise aufgestellten Inventars muss dem Aussagewert eines auf Grund einer körperlichen Bestandsaufnahme aufgestellten Inventars gleichkommen.
   >
   > (2) Bei der Aufstellung des Inventars für den Schluss eines Geschäftsjahrs bedarf es einer körperlichen Bestandsaufnahme der Vermögensgegenstände für diesen Zeitpunkt nicht, soweit durch Anwendung eines den Grundsätzen ordnungsmäßiger Buchführung entsprechenden anderen Verfahrens gesichert ist, dass der Bestand der Vermögensgegenstände nach Art, Menge und Wert auch ohne die körperliche Bestandsaufnahme für diesen Zeitpunkt festgestellt werden kann.

   ☐ Die Inventur wird als vereinfachte körperliche Bestandsaufnahme durchgeführt, sodass nur im Lager die Waren gezählt werden.

   ☐ Alle Waren und Artikel der Linnea sind gemäß § 241 HGB einmal jährlich als Teil der ordnungsgemäßen Buchführung zu zählen.

   ☐ Die Inventur kann anstatt einer körperlichen Bestandsaufnahme durch eine Stichprobe erfolgen.

   ☐ Alle Waren und Artikel sind vor der Buchführung nach einer mathematisch-statistischen Methode zu schätzen.

   ☐ Das Verfahren muss nicht den Grundsätzen einer ordnungsmäßigen Buchführung entsprechen, sondern erfolgt nach mathematischen Berechnungen.

2. Wie unterscheiden sich **Inventur und Inventar** voneinander?

   _____

   _____

   _____

3. Aus dem Inventar entnehmen Sie die folgenden Zahlen:
   Anlagevermögen 608 840,- €, Umlaufvermögen 25 244,- €, Eigenkapital 492 527,- €.

   Wie hoch ist die **Summe der Verbindlichkeiten** in € ?

Teil 2 – Warenwirtschaft

4. Oliver betrachtet einen Auszug aus der untenstehenden EDV-Liste, die für die Inventur angefertigt wurde. Aufgrund eines Softwareproblems fehlen Angaben. Wie lauten die beiden Inventurdifferenzen in €, die Oliver nun per Hand ausrechnen muss?

Artikel-Nr.	Bezeichnung des Artikels	Bezugspreis	Sollbestand	Istbestand	Inventurdifferenz	
			Stück	Stück	Stück	in €
34536	Schalen, klein	3,95	56	34		
34537	Schalen, groß	4,95	23	18		

Bild 1 Auszug aus der Inventurliste

5. Christine, die Oliver bei der Inventur hilft, wundert sich über die durch die EDV ausgewiesene Differenz zwischen **Soll- und Ist-Bestand**. Welche **beiden** Gründe können dazu geführt haben?

   ☐ Der Meldebestand wurde durch das Wareneingangssystem zu spät vorgegeben, sodass ein zu hoher Sollbestand ausgewiesen wurde.

   ☐ Es hat mindestens einen Diebstahl im Lager gegeben, sodass die EDV die Warenentnahme nicht erfassen konnte.

   ☐ Oliver hat bei der Einlagerung der Waren aus Versehen weniger Schalen in das Wareneingangssystem eingegeben, als tatsächlich eingelagert wurden.

   ☐ Ein Mitarbeiter bzw. eine Mitarbeiterin hat Schalen aus dem Lager entnommen und vergessen, diese Entnahme in der EDV einzugeben.

   ☐ Es wurden im vergangenen Jahr zu viele Schalen verkauft.

6. Beim Zählen der verschiedenen Keramik-Artikel bemerkt Oliver, dass einzelne Schalen nicht mehr neuwertig aussehen. Sie wurden laut EDV vor über zweieinhalb Jahren geliefert. Welche Maßnahme ist für Oliver nun aus **betriebswirtschaftlicher** Sicht sinnvoll?

   ☐ Oliver nimmt die Schalen aus dem Regal, lässt sie sich aufgrund des Mangels von der Linnea GmbH schenken und verkauft sie privat weiter.

   ☐ Oliver sendet die Schalen zurück an den Lieferer, reklamiert die Mängel und bittet um Umtausch der Ware.

   ☐ Oliver nimmt die Schalen aus dem Lager und bietet die Ware nach Rücksprache mit Frau Schmidt „zum Schmunzelpreis" als Sonderware an.

   ☐ Oliver lässt die Schalen im Lager und wartet, bis sich der Mangel verstärkt hat, um dann besser reklamieren zu können.

   ☐ Oliver zerschlägt die Schalen und entsorgt die Scherben, damit Kunden nicht mitbekommen, mit welcher mangelhaften Ware die Linnea GmbH handelt.

3 Kaufmännisch handeln und steuern — 3.1 Kaufmännische Steuerung und Kontrolle

Situation zu den Aufgaben 7-15

Christine geht mit Oliver zusammen Prüfungsfragen zum Thema Kosten- und Leistungsrechnung durch. Oliver wird klar, dass er einzelne Themen noch üben muss.

7. Neben der **Bilanz** muss die Linnea GmbH eine **Gewinn- und Verlustrechnung** (GuV) erstellen. Im letzten Jahr hatte der Steuerberater der Linnea GmbH in der GuV einen Jahresüberschuss von 50 000 € ermittelt.

   Was würde sich in der GuV ändern, wenn sich in diesem Jahr bei gleichen Aufwendungen die Umsatzerlöse um 25 000 € verringern würden?

   ☐ Der Jahresüberschuss würde um 25 000 € ansteigen.

   ☐ Die Linnea GmbH würde keinen Jahresüberschuss mehr ausweisen können.

   ☐ Der Jahresüberschuss würde sich halbieren.

   ☐ Die Verluste der Linnea GmbH würden sich in etwa halbieren.

   ☐ Der Jahresüberschuss würde auf 75 000 € ansteigen.

8. Wie unterscheiden sich **Einzelkosten** von **Gemeinkosten**?

   _____

   _____

   _____

   _____

9. Grundlage für Bilanz bzw. Gewinn- und Verlustrechnung ist die Ermittlung der Kosten, die jährlich bei der Linnea GmbH anfallen. Ordnen Sie die Kostenarten **Fixe Kosten** bzw. **Variable Kosten** den einzelnen Beispielen zu.

Kostenart	Beispiele
a) Fixe Kosten	[ ] die Leasingraten für den Fuhrpark sind fällig.
b) Variable Kosten	[ ] die Transportkosten für Kundenaufträge werden abgerechnet.
	[ ] die Aushilfslöhne werden überwiesen.
	[ ] die Rechnung über Zeitungsinserate im Quartal ist abgebucht.
	[ ] die monatlichen Hypothekenzinsen wurden bezahlt.

10. Oliver fährt monatlich einmal zur Horst KG, um dort Solitärpflanzen zu kaufen. Für den Aufenthalt sowie für Hin- und Rückfahrt sind vier Stunden einzukalkulieren, hinzu kommen noch die Kosten für die Kfz-Nutzung und den Kraftstoff. Wie müsste der Steuerberater diese **Kosten** zuordnen?

    ☐ Diese Kosten werden den Einzelkosten zugeordnet.

    ☐ Diese Kosten werden den Bezugskosten zugeordnet.

    ☐ Diese Kosten werden den allgemeinen Geschäftskosten zugeordnet.

    ☐ Diese Kosten werden als fixe Kosten bezeichnet.

    ☐ Diese Kosten werden als Direktkosten bezeichnet.

Teil 2 – Warenwirtschaft

11. Warum werden bestimmte Wirtschaftsgüter „abgeschrieben"? Wie müsste Oliver das **Prinzip der Abschreibung** anhand eines betrieblich genutzten Lieferwagens zutreffend erklären?

12. Christine fragt Oliver nach dem **Gesetz der Massenproduktion**. „Hat das nicht mit den Stückkosten zu tun?" antwortet Oliver. Wie lautet es im Detail?

13. Zur Übung soll Oliver eine vereinfachte **Bilanz** bewerten. Wie hoch (in %) ist die Eigenkapitalquote im Bezug zur Bilanzsumme?

Aktiv		Bilanz	Passiv
Anlagevermögen	610 000 €	Eigenkapital	320 000 €
Umlaufvermögen	220 000 €	Fremdkapital	510 000 €

14. Geben Sie fünf Beispiele von **allgemeinen Geschäftskosten** der Linnea GmbH an.

15. Die Linnea GmbH hat die Möglichkeit, ein anderes Floristik-Fachgeschäft durch Kauf zu übernehmen. Marc Schmidt sieht sich die betrieblichen Kennzahlen an. Aus der GuV für das vergangene Jahr ermittelt er einen Wareneinsatz von 446 789 € und einen Rohgewinn von 323 475 €. Wie lassen sich aus diesen Zahlen **Kalkulationsaufschlag** und **Kalkulationsfaktor** für Waren berechnen?

3.2 Steuern

Das Pausengespräch unter den Mitarbeitern der Linnea GmbH dreht sich um die Lohnnebenkosten und Steuern. Christine hat auf ihrer Lohnabrechnung festgestellt, dass sie Sozialversicherungsbeiträge zahlen muss, genauso wie Frau Pohl oder Herr Petersen. Allerdings zahlen die beiden ausgelernten Floristen im Gegensatz zu den Auszubildenden auch Steuern.

Situation zu den Aufgaben 1–8

„Ich finde das total kompliziert, wie das mit dem Brutto- und Nettolohn und den Steuern geregelt ist.", gibt Anna etwas kleinlaut zu. Herr Petersen stellt den Azubis zur Klärung ein paar Fragen.

1. Oliver bekommt von seiner Ausbildungsvergütung nach Lohnabzügen 535 € netto ausbezahlt. Wie lässt sich der Abzug von seinem **Bruttolohn** zutreffend erklären?

   ☐ Der Abzug der Sozialversicherungsbeiträge richtet sich nach Olivers Lohnsteuerklasse.

   ☐ Abzüge werden bei Auszubildenden nicht von der Lohnhöhe berechnet, sondern werden pauschal abgezogen.

   ☐ Der Nettolohn kommt durch den Abzug von Krankenversicherung, Kirchensteuer, Solidaritätszuschlag und Unfallversicherungsbeitrag zustande.

   ☐ Der Abzug der Sozialversicherungsbeiträge richtet sich nach der Bruttolohnhöhe, Steuern muss Oliver aufgrund seines geringen Lohnes noch nicht bezahlen.

   ☐ Der Abzug der Sozialversicherungsbeiträge und der Steuerhöhe richtet sich nach dem Nettolohn, Steuern muss Oliver aufgrund seines geringen Alters noch nicht bezahlen.

2. Anna sieht anhand ihrer Lohnabrechnung, dass sie die **Steuerklasse I** hat. Wonach richtet sich die Zugehörigkeit zu einer bestimmten Steuerklasse?

   ☐ Sie richtet sich nach der Lohnhöhe.

   ☐ Sie richtet sich nach dem Alter.

   ☐ Sie richtet sich nach dem Ausbildungsjahr.

   ☐ Sie richtet sich nach dem Familienstand.

   ☐ Sie richtet sich nach dem Steuerbetrag, der zu zahlen ist.

3. Der Unternehmer hat gegenüber dem Finanzamt bei der Umsatzsteuerabrechnung eine sogenannte **Zahllast**. Was ist darunter zu verstehen?

   ☐ Es ist die Summe, die der Unternehmer dem Finanzamt schuldet.

   ☐ Es ist der Differenzbetrag, den der Unternehmer nach der Verrechnung der gezahlten und der eingenommenen Umsatzsteuer tatsächlich an das Finanzamt abführen muss.

   ☐ Es ist der Zahlungsbetrag, den das Finanzamt an den Unternehmer zurückzahlen muss.

   ☐ Es ist der Betrag, den Unternehmer für ihre Mitarbeiter an das Finanzamt zahlen müssen.

   ☐ Es die Differenz, die sich aus der eingenommenen Umsatzsteuer und der bezahlten Umsatzsteuer ergibt und den das Finanzamt an das Unternehmen zu zahlen hat.

4. Die von der Linnea GmbH oder anderen Unternehmen erhobenen **indirekten Steuern** werden an das Finanzamt abgeführt. Welche der folgenden Steuerarten sind indirekte Steuern?

   ☐ Die Lohnsteuer

   ☐ Die Umsatzsteuer

   ☐ Die Versicherungssteuer

   ☐ Die Gewerbesteuer

   ☐ Die Kraftfahrzeugsteuer

   ☐ Die Mineralölsteuer

Teil 2 – Warenwirtschaft

5. Die Linnea GmbH hat eine Lieferung verschiedener Bonsai-Pflanzen für 540,- € zuzüglich Mehrwertsteuer erhalten. Die Pflanzen werden für 1 270,- € zuzüglich Mehrwertsteuer verkauft. Ermitteln Sie die **Zahllast**, die für diesen Bonsai-Verkauf an das Finanzamt abgeführt werden muss.

6. Auf dem Kassenzettel der Linnea GmbH für einen Kunden entdeckt Anna zwei verschiedene **Umsatzsteuersätze**. Welche **beiden** Aussagen sind in diesem Zusammenhang zutreffend?

    ☐ Der ermäßigte Steuersatz im Floristik-Fachgeschäft gilt unter anderem für Schnittblumen, Beet- und Balkonpflanzen sowie für Topfpflanzen, aber nicht für alle Waren des Fachgeschäfts.

    ☐ Der allgemeine Steuersatz beträgt 7 %, er wird beispielsweise bei Kerzen oder Keramikartikeln erhoben.

    ☐ Der ermäßigte Steuersatz im Floristik-Fachgeschäft beträgt pauschal 10,7 % für gärtnerische Produkte.

    ☐ Der allgemeine Steuersatz beträgt zurzeit 19 %; er wird unter anderem für floristische Dienstleistungen erhoben.

    ☐ Der ermäßigte Steuersatz im Floristik-Fachgeschäft gilt für alle verkauften Waren, für Dienstleistungen wird der allgemeine Steuersatz erhoben.

7. Die Linnea GmbH muss – wie jede Unternehmung – für ihre Leistungen eine detaillierte Rechnung ausstellen. Welche Angabe muss beim zweiseitigen Handelskauf bei einem Betrag von unter 150,- € **nicht** zwingend auf der Rechnung stehen?

    ☐ Die Art, der Zeitpunkt und der Umfang der durchgeführten Leistung.

    ☐ Eine fortlaufende Rechnungsnummer.

    ☐ Die Steuer- oder Umsatzsteueridentifikationsnummer.

    ☐ Die gesonderte Angabe des Steuerbetrages.

    ☐ Die Anschrift und der Name des leistenden Unternehmens.

8. Bei welcher Steuer wird der zu entrichtende Steuerbetrag durch sogenannte **Hebesätze** ermittelt?

Situation zu den Aufgaben 9–14

Frau Pohl, die im kompletten vergangenen Jahr bei der Linnea GmbH beschäftigt war, möchte endlich ihre Einkommensteuererklärung fürs Finanzamt fertigmachen. In einem Gespräch mit Marc Schmidt erhält sie einige Tipps, wie sie den Antrag an das Finanzamt ausfüllen muss, damit sie einen Teil der gezahlten Lohnsteuer wiederbekommen kann.

9. In der Anlage N muss Frau Pohl – genau wie ihr Ehegatte - die Einkünfte aus nichtselbstständiger Arbeit und die Lohnnebenkosten eintragen. Welche **beiden** Aussagen sind hierzu zutreffend?

    ☐ In der entsprechenden Zeile der Anlage N müssen als Einkünfte nichtselbständiger Arbeit alle Zinseinnahmen und sonstige Kapitalerträge eingetragen werden.

    ☐ In der Zeile Solidaritätszuschlag ist der Betrag einzusetzen, der Frau Pohl im vergangenen Jahr insgesamt an Beiträgen zum Solidaritätszuschlag vom Lohn abgezogen wurde.

    ☐ In der Zeile Kirchensteuer des Arbeitnehmers trägt Frau Pohl den Betrag ein, den der Arbeitgeber als Anteil zur Kirchensteuer abgeführt hat.
    ⇨ weitere Antwortmöglichkeiten siehe nächste Seite

3 Kaufmännisch handeln und steuern 3.2 Steuern

☐ Der gesamte Bruttoarbeitslohn, den Frau Pohl im letzten Jahr von der Linnea GmbH erhalten hat, wird auf einer Jahresbescheinigung ausgewiesen; diesen Bruttoarbeitslohn muss Frau Pohl in der Anlage N eintragen.

☐ In der Zeile Lohnsteuer sind Lohnsteuerklasse und der Lohnsteuerrückzahlungsbetrag einzutragen.

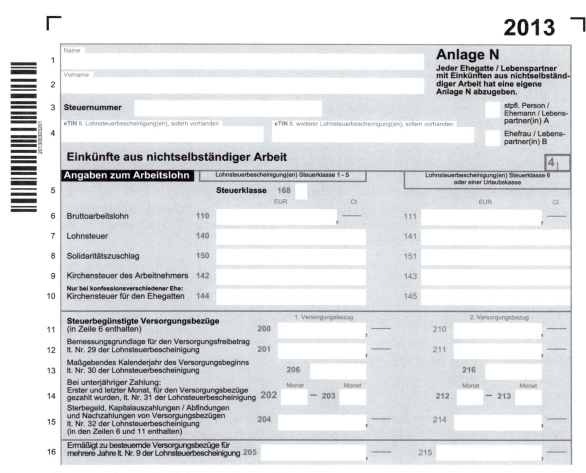

Bild 1 Ausschnitt aus Anlage N der Einkommenssteuererklärung

10. Wonach richtet sich die **Höhe des Kirchensteuerbetrages**, der Frau Pohl monatlich von ihrem Lohn abgezogen wird? (2 Angaben)

   ☐ Die Bemessungsgrundlage der Kirchensteuer richtet sich nach dem monatlichen Bruttolohn bzw. Bruttoentgelt (8 oder 9 %).

   ☐ Die Bemessungsgrundlage der Kirchensteuer richtet sich nach dem Solidaritätszuschlag.

   ☐ Die Bemessungsgrundlage der Kirchensteuer ist abhängig vom Bundesland.

   ☐ Die Bemessungsgrundlage der Kirchensteuer richtet sich nach dem Lohnsteuerbetrag (8 % oder 9 %).

   ☐ Die Bemessungsgrundlage der Kirchensteuer richtet nach dem Nettoentgelt.

11. Frau Pohl muss in der Anlage N auch ihre **Lohnsteuerklasse** angeben. Welche **beiden** Aussagen sind zutreffend, wenn Frau Pohl verheiratet ist?

   ☐ Frau Pohl hat die Steuerklasse I, wenn ihr Ehegatte in der Steuerklasse IV ist.

   ☐ Frau Pohl hat die Steuerklasse II, wenn ihr Ehegatte in der Steuerklasse III ist.

   ☐ Frau Pohl hat die Steuerklasse IV, wenn ihr Ehegatte in der Steuerklasse III ist.

   ☐ Frau Pohl hat die Steuerklasse V, wenn ihr Ehegatte in der Steuerklasse III ist.

   ☐ Frau Pohl hat die Steuerklasse IV, wenn ihr Ehegatte auch in der Steuerklasse IV ist.

Teil 2 – Warenwirtschaft

12. Frau Pohl hat den Hinweis bekommen, dass sie Aufwendungen als **Werbungskosten** steuerlich geltend machen kann. Welche der **beiden** nachfolgenden Aufwendungen sind Werbungskosten?

    ☐ Die täglichen Fahrtkosten zur Arbeitsstelle

    ☐ Die Steuerberatungskosten

    ☐ Spenden

    ☐ Berufskleidung

    ☐ Beiträge zur Unfall- und Haftpflichtversicherung

13. Was bedeutet es, wenn sich Frau Pohl einen **Freibetrag** bei ihrem zuständigen Finanzamt eintragen lässt?

    _____

    _____

14. Mit der **Entfernungspauschale** (0,30 €/ Entfernungskilometer), auch als Pendlerpauschale bezeichnet, kann Frau Pohl Aufwendungen für Fahrten zwischen Wohnung und Linnea GmbH geltend machen. Welchen Betrag trägt sie in der Steuererklärung ein, wenn sie an 250 Tagen genau 20 km bis zur Arbeitsstätte hin und natürlich auch 20 km zurück fahren musste?

3.3 Versicherungen und Vorsorge

Situation zu den Aufgaben 1–11

Anna hat Pech gehabt. Auf dem Fußweg ist sie durch Glatteis zu Fall gekommen, nun ist ihr linker Arm in Gips. „War das ein Arbeitsunfall oder bist du privat in der Stadt gewesen?", fragt Frau Schmidt. „Ist das denn so wichtig?", entgegnet ihr Anna. „Bin ich denn nicht vom Betrieb aus unfallversichert?" Frau Schmidt klärt Anna anhand einiger Fragen über die verschiedenen Versicherungen auf.

1. Wonach richtet sich die Höhe der Beiträge der **Unfallversicherung**?

   _____

   _____

2. In welchen **beiden** Fällen ist eine Mitarbeiterin eines Unternehmens unfallversichert, wenn sie sich bei Glatteis einen Arm bricht und längere Zeit arbeitsunfähig wird?

   ☐ Wenn sie nach Feierabend von der Arbeit noch mal kurz in die Stadt geht, bevor es nach Hause geht.

   ☐ Wenn sie am Morgen von zu Hause kommt und auf dem Weg zur Arbeit auf dem Fußweg unglücklich stürzt.

   ☐ Wenn sie nach Feierabend mit einem Kollegen auf dem Moped mitfährt, weil der Kollege sie nach Hause bringen wollte, und das Zweirad auf dem direkten Weg zur Wohnung in einen Unfall verwickelt wird.

   ☐ Wenn sie am Morgen vor der Arbeit erst zum Einkaufen geht, danach bei der Sparkasse vorbeischaut, um Wechselgeld für die Linnea GmbH mitzubringen und dort dann vor dem Eingangsbereich zu Fall kommt.

   ☐ Wenn sie nach Feierabend mit einem Kollegen auf dem Moped mitfährt, weil sie noch zwei Bundesligakarten kaufen muss und das Zweirad auf dem Weg dorthin in einen Unfall verwickelt wird.

3 Kaufmännisch handeln und steuern
3.3 Versicherungen und Vorsorge

3. Das **System der sozialen Sicherung** lässt sich in Deutschland auf einige grundlegende Gestaltungsprinzipien zurückführen. Welches Prinzip gehört **nicht** dazu?

   ☐ Das Solidaritätsprinzip

   ☐ Das Fürsorgeprinzip

   ☐ Das Versorgungsprinzip

   ☐ Das Belohnungsprinzip

   ☐ Das Versicherungsprinzip

4. Anna findet auf ihrer Lohnabrechnung genau aufgeführt, welche Abzüge sie hat. Für welche **Sozialversicherung** zahlt sie keinen Beitrag?

   ☐ Für die gesetzliche Pflegeversicherung

   ☐ Für die gesetzliche Krankenversicherung

   ☐ Für die gesetzliche Unfallversicherung

   ☐ Für die gesetzliche Rentenversicherung

   ☐ Für die gesetzliche Arbeitslosenversicherung

5. Grundlage der Finanzierung der gesetzlichen Rentenversicherung ist der sogenannte **Generationenvertrag**. Welche Antwort von Frau Schmidt erklärt dieses **Finanzierungsprinzip** zutreffend?

   ☐ Seit Generationen werden die Rentenbeiträge eingesammelt, angespart und dann nach 40 bis 45 Jahren bzw. nach Erreichen des Rentenalters als Rente ausgezahlt, einschließlich der Zinsen und Prämien.

   ☐ Die Rentenbeiträge werden seit der Rentenreform an den Staat abgeführt, die Renten werden daher ausschließlich vom Staat direkt an die Rentner ausgezahlt.

   ☐ Die Rentenhöhe wird durch den Generationenvertrag bestimmt, d. h. es wird jährlich vertraglich durch die Bundesregierung festgelegt, was die Rentner an Rente verdienen.

   ☐ Die Renten werden aus der Rentenkasse bezahlt, die durch die jetzt tätigen Arbeitnehmer aufgefüllt werden, indem sie ihre Rentenversicherungsbeiträge in die Rentenkasse einzahlen und so die Rente der älteren Generation finanzieren.

   ☐ Um die sogenannte Mindestrente zu erhalten, müssen Beitragszahler mindestens eine Generation lang tätig gewesen sein (also mind. 30 Jahre) und Beiträge abgeführt haben. Ansonsten erhalten sie Unterstützung nach Hartz IV.

6. Anna fragt Frau Schmidt, ob sie das in der Schule richtig verstanden habe, dass nicht alle Arbeitnehmer Beiträge zu Arbeitslosen- oder Rentenversicherung zahlen müssten. Welche **beiden** Personengruppen sind **nicht** krankenversicherungspflichtig?

   ☐ Auszubildende mit einer Ausbildungsvergütung von nicht mehr als 450 €.

   ☐ Einzelunternehmer

   ☐ Angestellte mit einem Nettoentgelt unter 1 000 €.

   ☐ Beamte ohne Verdienstgrenze.

   ☐ Arbeiter, wenn das monatliche Bruttoentgelt unterhalb der Beitragsbemessungsgrenze liegt.

7. Wie ist der Begriff **Beitragsbemessungsgrenze** richtig erklärt?

   ☐ Sie stellt die Einkommensobergrenze dar, die maximal zur Berechnung der Sozialversicherungsbeiträge angesetzt wird.

   ☐ Sie stellt die maximale Grenze dar, die ein Versicherungsunternehmen als Beitrag für Versicherungsleistungen erheben kann.

   ⇨ weitere Antwortmöglichkeiten siehe nächste Seite

Teil 2 – Warenwirtschaft

☐ Damit ist die prozentuale Höchstgrenze gemeint, die man Arbeitnehmern für Sozialversicherungsbeiträge abziehen kann.

☐ Damit ist die prozentuale Höchstgrenze gemeint, die man Arbeitgebern für Sozialversicherungsbeiträge abziehen kann.

☐ Sie stellt den Höchstbetrag in Euro dar, den Versicherer gegenüber Versicherten bei Inanspruchnahme von Versicherungsleistungen als Eigenanteil abziehen können.

8. Anna hat bei einem Kunden aus Unachtsamkeit den Autoschmuck unsachgemäß befestigt, sodass nun ein leichter Schaden an der Motorhaube entstanden ist. Welche **Versicherung** übernimmt den Schaden?

    ☐ Die Unfallversicherung von Anna

    ☐ Die Betriebshaftpflicht der Linnea GmbH

    ☐ Die Haftpflichtversicherung von Annas Eltern

    ☐ Die Unfallversicherung des Kunden

    ☐ Die Auto-Haftpflichtversicherung des Kunden

9. Beim Erstellen einer Saaldekoration stürzt Christine von einer Leiter und bleibt benommen am Boden liegen. Sie klagt über Schmerzen am Kniegelenk. Frau Pohl betätigt den Notruf, dabei stellt die Person am Telefon verschiedene Fragen, von denen **zwei nicht** wirklich bedeutsam sind. Welche sind das?

    ☐ Wer ist die meldende Person?

    ☐ Wie viele Personen sind verletzt?

    ☐ Wie groß und wie alt ist die verletzte Person?

    ☐ Wo ist der Unfall geschehen?

    ☐ Was geschah im Detail, wie ist es zum Unfall gekommen?

    ☐ Welche Ausmaße hat der Saal, der dekoriert wird?

    ☐ Wann ist der Unfall passiert?

10. Als das Floristenteam nach der Durchführung der Dekoration wieder im Betrieb ist, bittet Sophia Schmidt Frau Pohl, unverzüglich eine **Unfallmeldung** zu schreiben. An wen muss Frau Pohl die Unfallmeldung adressieren?

    ☐ An die Krankenkasse von Christine

    ☐ An die Berufsschule von Christine

    ☐ An die Gewerbeaufsicht

    ☐ An die Berufsgenossenschaft

    ☐ An die Industrie- und Handelskammer

11. Was bedeutet es, wenn die Linnea GmbH bei einer Sachversicherung **unterversichert** ist?

    _____

    _____

    _____

3.4 Finanzierungen und Geldanlagen

Situation zu den Aufgaben 1–9

Marc Schmidt liest in der Zeitung, dass die Europäische Zentralbank (EZB) den Leitzins schon wieder angepasst hat. „Für Unternehmen, die investieren wollen und Kredite benötigen, ist das schon sehr interessant, aber für die vielen Sparer in Deutschland ist das natürlich eine Katastrophe."
Christine und Anna schauen sich etwas verdutzt an. „Wir sind durch VWL doch auch Sparer, ist das dann für uns auch eine Katastrophe?" Herr Schmidt erklärt den beiden die Einzelheiten der verschiedenen Spar- und Finanzierungsformen.

1. Zur Einführung in das Thema Sparen verwendet Marc Schmidt die Begriffe **Zwecksparen** und **Vorsorgesparen**. Wie unterscheiden sich beide Sparformen?

2. Bei Geldanlagen wird zwischen den beiden Sparformen **Konten- und Wertpapiersparen** unterschieden. Welche der folgenden Sparformen gehört zu den Kontensparformen?
   - ☐ Das Sparen mit einem Bausparvertrag
   - ☐ Das Sparen mit einem Sparbuch
   - ☐ Das Sparen mit Aktienfonds
   - ☐ Das Sparen mit Wertpapieren
   - ☐ Das Riester-Sparen

3. Welche Sparformen sind bereits für die Auszubildenden Christine und Anna sinnvoll, da sie durch die **staatliche Förderung** eine höhere Rendite erwarten lassen als andere Sparformen (ohne staatliche Förderung)?

4. Wie wird die Sparform bezeichnet, bei der Christine auf Antrag und bei entsprechenden Voraussetzungen eine **Arbeitnehmersparzulage** erhält?

5. Für die Gewährung der Arbeitnehmersparzulage gelten sogenannte **Einkommensgrenzen** und eine **Bindungsfrist**. Was bedeutet das für Christine?

Teil 2 – Warenwirtschaft

6. Warum sollte Anna keine größeren Geldbeträge auf ihrem **Sparbuch** lassen? Welche Begründung ist zutreffend?

    ☐ Die Kosten für die Geldauszahlung sind hoch.

    ☐ Die Zinsen für diese Geldanlageform sind besonders niedrig.

    ☐ Die Kosten für das benötigte Depot sind hoch.

    ☐ Die Kündigungsfristen für die Geldauszahlung sind besonders lang.

    ☐ Die schnelle Verfügbarkeit der Geldanlage ist nicht gewährleistet.

7. Die Europäische Zentralbank (EZB) senkt zum wiederholten Male den **Leitzins**. Welche **beiden** Auswirkungen hat dies auf das Zinsniveau der Privatkonten und auf die Kreditfinanzierung von Unternehmen?

    ☐ Durch die Leitzinssenkung werden sich die Sparzinsen erhöhen.

    ☐ Durch die Leitzinssenkung werden sich die Kreditkosten von Unternehmen verringern, weil die Banken Kredite zu günstigeren Konditionen anbieten können.

    ☐ Durch die Leitzinssenkung werden sich die Kreditkosten von Unternehmen erhöhen, weil die Banken Kredite zu schlechteren Konditionen anbieten müssen.

    ☐ Durch die Leitzinssenkung werden sich die Sparzinsen aller Sparkonten verringern.

    ☐ Durch die Leitzinssenkung werden sich die Sparzinsen von Privatkonten nicht verändern, weil es Privatsparer nicht betrifft.

8. In der Berufsschule werden die Vor- und Nachteile einer privaten Rentenversicherung gegenübergestellt. Als Hausaufgabe soll Christine noch einmal die Besonderheiten der **Riester-Rente** zusammenfassen. Welche **beiden Punkte** sind zutreffend?

    ☐ Die Rendite dieser Sparform ist bei Zuteilung garantiert, wenn der Vertrag nicht vorzeitig gekündigt wird.

    ☐ Die Sparform wird durch den Arbeitgeber mit einem Förderbeitrag unterstützt, wenn eine bestimmte Sparform (Fondssparen) gewählt wird.

    ☐ Die Spareinlage und der Förderbeitrag sind bei Zuteilung garantiert, wenn der Vertrag nicht vorzeitig gekündigt wird.

    ☐ Sparer erhalten neben der Grundförderung auch pro Kind einen festen zusätzlichen Zulagenbonus, sofern 4 % des vorjährigen Bruttoeinkommens als Jahressparbeitrag aufgewendet werden.

    ☐ Auszubildende können aufgrund ihrer geringen Ausbildungsvergütung noch keinen Riester-Sparvertrag abschließen und keine Förderung erhalten.

9. Nennen Sie die drei wesentlichen **Anlageziele** des Sparens (**Magisches Dreieck**).

    _____

Situation zu den Aufgaben 10–18

Die Linnea GmbH benötigt Fremdkapital, weil Neuinvestitionen durch verschiedene Umbaumaßnahmen und ein neues Firmenfahrzeug geplant sind. Auch Dorothea Pohl ist auf der Suche nach einem günstigen Privatdarlehen; Frau Pohl möchte sich neue Möbel anschaffen.

10. Marc Schmidt hat für das Geschäftskonto einen **Kontokorrentkredit** von 10 000 € einrichten lassen. Welche **beiden Vorteile** verspricht sich Marc Schmidt davon?

    ☐ Dadurch kann sich die Linnea GmbH mit der Rückzahlung aller Kredite bis zu einem Jahr Zeit lassen.

    ☐ Dadurch müssen keine Zinsen an das Kreditinstitut gezahlt werden, wenn der Kredit tatsächlich gebraucht wird.

    ☐ Dadurch müssen bei einem kurzfristigen Kapitalbedarf keine weiteren Verträge vor der Auszahlung abgeschlossen werden, das Geld kann einfach vom Konto abgehoben werden.

    ⇨ weitere Antwortmöglichkeiten siehe nächste Seite

3 Kaufmännisch handeln und steuern — 3.4 Finanzierungen und Geldanlagen

☐ Dadurch kann ein Kapitalbedarf bis zum 10fachen des Dispositionskredits gewährt werden, also bis zu 100 000 €, wenn ein zusätzlicher Kontokorrentvertrag abgeschlossen wird.

☐ Dadurch müssen nur dann Zinsen gezahlt werden, wenn der Kredit tatsächlich in Anspruch genommen wird.

11. Für eine Umbaumaßnahme muss Marc Schmidt bei seiner Bank ein **Festdarlehen** von insgesamt 18 000 € zu einem Zinssatz von 6,9 % aufnehmen. Wie viel muss Herr Schmidt nach genau 19 Monaten für Tilgung und Zins an das Geldinstitut zurückzahlen?

12. Frau Pohl benötigt privat ein Darlehen, weil sie sich neue Möbel anschaffen möchte. Beim Vergleich verschiedener Angebote wird ihr von ihrer Hausbank ein Darlehen mit einem günstigem **Nominalzins**, aber vergleichsweise ungünstigem **effektiven Jahreszins** angeboten. Warum ist nur der effektive Jahreszins bei Darlehen aussagekräftig?

13. Frau Pohl hat mit ihrer Hausbank vereinbart, dass sie einen größeren **Dispositionskredit** in Anspruch nehmen kann. Welche **beiden** besonderen Merkmale eines Dispositionskredits (Dispo) sind nachfolgend zutreffend beschrieben?

    ☐ Ein Dispo hat immer einen günstigeren Zinssatz als ein Festdarlehen.

    ☐ Ein Dispo wird in festen Raten zurückgezahlt, die bei Inanspruchnahme des Kredits festgelegt werden.

    ☐ Die Laufzeit eines Dispo ist variabel und kann von Frau Pohl eigenständig verlängert werden.

    ☐ Die Tilgung ist vergleichbar mit einem Annuitätendarlehen, sodass die Kosten gering bleiben.

    ☐ Ein Dispo kann immer ohne weitere Formalitäten in Anspruch genommen werden.

14. Bei der Kreditvergabe wird vorher die **Bonität** von Frau Pohl anhand von **SCHUFA**-Daten überprüft. Erläutern Sie die beiden Begriffe Bonität und SCHUFA.

15. Die **Tilgungsform** hat großen Einfluss auf die Gesamtkosten eines Darlehens. Marc Schmidt benötigt 100 000 € für eine Neuinvestition und vergleicht Tilgungs-, Fest- und Annuitätendarlehen mit einer längeren Laufzeit hinsichtlich der Kosten und der betrieblichen Möglichkeiten. Welche **beiden** Lösungen sind zutreffend formuliert?

    ☐ Tilgungsdarlehen haben den Vorteil, dass die Tilgungsraten immer gleich bleiben und dadurch die Zinskosten jährlich sinken.

    ☐ Festdarlehen haben den Nachteil, dass die Kreditrate (bestehend aus Zinsen + Tilgung) in den ersten Jahren sehr hoch ist und dann erst langsam sinkt.

    ⇨ weitere Antwortmöglichkeiten siehe nächste Seite

Teil 2 – Warenwirtschaft

- ☐ Annuitätendarlehen weisen einen monatlich oder jährlich gleichbleibenden Kapitaldienst aus Zinsen + Tilgung auf, dieses wird als Annuität bezeichnet.

- ☐ Tilgungsdarlehen haben den Nachteil, dass zu Beginn der Kreditlaufzeit der Kapitaldienst gering ist und dann langsam zunimmt.

- ☐ Festdarlehen haben den Vorteil, dass die Kreditrate (bestehend aus Zinsen + Tilgung) immer fest ist, also gleichbleibend ist.

16. Marc Schmidt hat ein **Festdarlehen** abgeschlossen, das eine Laufzeit von fünf Jahren hat. Die Konditionen werden folgendermaßen festgelegt: Kapital 100 000 €; Zinssatz 6 %; Zahlung der Zinsen monatlich, keine Zusatzkosten. Wie hoch sind die monatlichen Zinszahlungen und mit welcher Gesamtzinsbelastung muss Herr Schmidt rechnen?

17. Sophia fragt ihren Mann Marc, ob nicht ein **Tilgungsdarlehen** mit gleichen Konditionen (wie in Aufgabe 16) günstiger wäre. Was antwortet Marc Schmidt seiner Frau, wenn er die Gesamtkosten beider Darlehensformen verglichen hat?

18. Marc Schmidt informiert sich über Anschaffung eines Pkw durch **Firmen-Leasing**. Welche drei Vorteile hat diese Finanzierungsform für die Linnea GmbH?

3.5 Tarif und Entlohnung

Situation zu den Aufgaben 1–10

Oliver hat nach Abschluss seiner Ausbildung bei der Linnea GmbH die Möglichkeit, im Betrieb weiter zu arbeiten. „Ich würde ja gern mal wissen, wie viel Lohn ich dann bekomme", fragt er Marc Schmidt. „Wir werden hier alle nach Tarif bezahlt, aber es wird zwischen deinem und meinem Entgelt Unterschiede geben", entgegnet ihm Frau Pohl. Oliver versteht nicht ganz. Frau Pohl und Marc Schmidt werden ihm das anhand einiger Fragen ein bisschen genauer erklären müssen.

1. Entlohnung, Arbeitszeit und Urlaubsanspruch von Mitarbeitern der Linnea GmbH richten sich „**nach Tarif**". Welche Bedeutung hat das für die Linnea GmbH und die Mitarbeiter (zwei Angaben)?

   - ☐ Durch den neuen Bundesrahmentarif, der vom FDF und der IG BAU ausgehandelt wurde, sind flexiblere Arbeitszeiten für Mitarbeiter möglich, sodass Arbeitsspitzen besser abgefedert werden können.

   - ☐ Durch den neuen Entgelttarif wird nun endlich in allen Bundesländern gleiche Qualifizierung mit gleichem Entgelt bezahlt.

   - ☐ Durch den neuen Bundesrahmentarif sind die Zuschläge für Überstunden, Nachtarbeit oder Sonn- und Feiertagsarbeit einheitlich geregelt.

   - ☐ Durch den neuen Entgelttarif wird die Qualifikation und Tätigkeit von Floristen in verschiedenen Entgeltgruppen berücksichtigt.
     ⇨ weitere Antwortmöglichkeiten siehe nächste Seite

3 Kaufmännisch handeln und steuern — 3.5 Tarif und Entlohnung

☐ Durch den neuen Bundesrahmentarif ist die Urlaubsdauer für Floristen vereinheitlicht worden, sodass nun alle einen gleich hohen Urlaubsanspruch haben.

2. In Entgeltgruppe 4 beträgt der Bruttolohn 2 044 €. Im Tarifvertrag wird eine Erhöhung zum 1. Mai auf 2 089 € festgeschrieben. Um wie viel Prozent ist das Entgelt erhöht worden?

3. Wie hoch ist, bezogen auf den Ecklohn (bzw. das Eckentgelt), der **Lohn für Berufseinsteiger** im ersten Jahr nach Entgelttarif?

4. Nach einer Zeitungsmeldung plant die Koalitionsregierung eine mögliche Senkung der **gesetzlichen Rentenversicherungsbeiträge**. Marc Schmidt überlegt, ob bzw. wie sich diese Senkung auf die gesamten Personalkosten der Linnea GmbH auswirken würde.

   ☐ Eine Senkung der Rentenversicherungbeiträge wirkt sich nur auf den Nettolohn der Mitarbeiter aus, nicht aber auf die Personalkosten.

   ☐ Eine Senkung der Rentenversicherungbeiträge wirkt sich negativ auf die Personalkosten aus, weil die Linnea GmbH dann höhere Abgaben an die Rentenversicherung zahlen muss.

   ☐ Eine Senkung der Rentenversicherungbeiträge wirkt sich positiv auf die Personalkosten aus, weil dann geringere Abgaben an die Rentenversicherung zu zahlen sind.

   ☐ Eine Senkung der Rentenversicherungbeiträge wirkt sich nicht auf die Personalkosten aus, weil die Linnea GmbH gar keine Abgaben an die Rentenversicherung zahlen muss.

   ☐ Eine Senkung der Rentenversicherungbeiträge wirkt sich negativ auf die Personalkosten aus, weil die Linnea GmbH dann Überstundenzahlungen an ihre Mitarbeiter mit einem höheren prozentualen Rentenversicherungsanteil ausgleichen muss.

5. Bei der Entlohnung von Arbeitnehmern hat der Staat eine Reihe von Gesetzen und Regelungen geschaffen, die insbesondere **soziale Aspekte** berücksichtigen sollen. Welche **beiden Maßnahmen** wirken sich positiv auf die Nettolohnberechnung von ledigen Arbeitnehmerinnen aus, die als nichtselbständige Erwerbstätige mit ihrem Pkw zur Arbeit fahren und Kinder versorgen müssen?

   ☐ Die Zahlung von Mutterschafts- oder Elterngeld

   ☐ Das Ehegatten-Splitting

   ☐ Der Kinderfreibetrag

   ☐ Die Entfernungspauschale für die Wege zwischen Wohnung und Arbeitsstätte

   ☐ Der Altersentlastungsbetrag

6. Die tarifliche **Urlaubsdauer** ist für die Bundesländer im Bundesrahmentarif festgelegt. Welche **beiden** Regelungen sind **nicht** zutreffend?

   ☐ In jedem zweiten Kalenderjahr ist auf Antrag Bildungsurlaub in bestimmten Bildungseinrichtungen bis zu zwei Wochen möglich.

   ☐ Die Urlaubsregelungen im Tarifbereich Ost sind nun endlich an den Tarifbereich West angeglichen worden.

   ☐ Die gewährte Urlaubsdauer steigert sich mit zunehmender Betriebszugehörigkeit, wenn Arbeitnehmer mindestens zwei Jahre in einem Betrieb beschäftigt waren.

   ☐ Die gewährte Urlaubsdauer ist unabhängig vom Alter der Beschäftigten.

   ☐ Der tarifliche Urlaub kann auf Antrag ausgezahlt und dann in bezahlte Arbeitstage umgewandelt werden.

Teil 2 – Warenwirtschaft

7. Welche Aussage zum **Leistungslohn** ist zutreffend?

   ☐ Ist eine Bezahlung unabhängig von der Leistung; ein Leistungslohn entlohnt nach der Zeit.

   ☐ Ist eine Bezeichnung für eine Umsatz- oder Gewinnbeteiligung, den der Arbeitnehmer aufgrund einer besonderen Leistung erhält.

   ☐ Ist eine Art Prämien- oder Akkordlohn, die der Arbeitgeber zusätzlich zahlt, wenn der Arbeitnehmer für bestimmte Leistungen oder herausragenden Umsatz Zuschläge erhält.

   ☐ Ist die normale Entlohnung des Arbeitnehmers, die unabhängig von der Zeit nur aufgrund der erbrachten Leistung am Monatsende ausgezahlt wird.

   ☐ Ist eine Entlohnung, die als Urlaubsgeld für eine bestimmte erbrachte Leistung zusätzlich zum Urlaubs-Entgelt erbracht wird.

8. Statistiken zeigen, wie sich die **Kaufkraft der Lohnminute** für Waren und Dienstleistungen in den letzten sechs Jahrzehnten entwickelt hat. Erläutern Sie den Begriff.

   _____

   _____

   _____

9. Oliver hat aus dem Internet ermittelt, dass das Eckentgelt 1 690 € beträgt (ab Mai 2014 für die Tarifgruppe A 3). Berufseinsteiger im ersten Jahr beginnen mit **95 % des Eckentgeltes**.

   Bei der Berechnung des Nettolohns, das hat Oliver aus dem Berufsschulunterricht behalten, muss er für Sozialversicherungsbeiträge insgesamt 20,425 % (vom Bruttoentgelt) abziehen.

   Aus einem Brutto-Netto-Lohnrechner hat er ermittelt, dass er 118,33 € Lohnsteuer bezahlen muss. Hinzu kommen 9 % Kirchensteuer und 5,5 % Solidaritätszuschlag (berechnet vom Lohnsteuerbetrag).

   Mit welchem **Nettoauszahlungsbetrag** kann Oliver im ersten Jahr rechnen?

   Monatliches Bruttoentgelt: _____ €

   Abzüge Sozialversicherungen: _____ €

   Abzüge Lohnsteuer: _____ €

   Abzüge Solidaritätszuschlag: _____ €

   Abzüge Kirchensteuer: _____ €

   monatliches Nettoentgelt: _____ €

10. Der **Nettoauszahlungsbetrag** kann sich für Oliver verändern, ohne dass das Bruttoentgelt sich verändern muss. Welche **beiden** Umstände erhöhen sein Nettoentgelt bei gleichbleibendem Bruttoentgelt?

    ☐ Oliver hat geheiratet und wechselt in die Lohnsteuerklasse III.

    ☐ Oliver wechselt die Krankenkasse.

    ☐ Oliver lässt von seinem Arbeitgeber regelmäßig vermögenswirksame Leistungen auf ein Bausparkonto überweisen und bekommt von seinem Arbeitgeber einen Zuschuss.

    ☐ Oliver ist aus der Kirche ausgetreten und zahlt keine Kirchensteuer mehr.

    ☐ Oliver hat die Beitragsbemessungsgrenze erreicht und zahlt keine Rentenversicherungsbeträge mehr.

1 In die Pflanzenkunde einführen und Pflanzen als Lebewesen erkennen

1.1 Botanische Namensgebung

1. Der Schwede Carl von Linné (1707 bis 1778) gilt als „Erfinder" der botanischen Schreibweise. Worin besteht sein Verdienst?

2. Formulieren Sie – vereinfacht – je eine Schreibregel zur Schreibweise von Gattung, Artbezeichnung, Sorte und Familie.

3. Warum kann es sinnvoll sein, Pflanzen mit der vollständigen botanischen Bezeichnung zu benennen? Geben Sie drei Begründungen.

4. Oft weisen Artbezeichnungen auf den Lebensraum bzw. den Standort von Pflanzen hin. Übersetzen Sie die folgenden Artbezeichnungen und geben Sie zu jeder Artbezeichnung ein Pflanzenbeispiel an mit der vollständigen deutschen und botanischen Bezeichnung: *alpinum – sylvestris – montana*.

5. Artbezeichnungen geben Hinweise auf Blütenfarben, Blattfärbungen oder die Farbe von Früchten. Finden Sie mindestens vier verschiedene Bezeichnungen für Rottöne.

6. Finden Sie zur Farbbezeichnung „Rot" vier Pflanzenbeispiele, in der diese Farbe in der Artbezeichnung vorkommt. Schreiben Sie die Beispiele mit der vollständigen deutschen und botanischen Bezeichnung.

7. Übersetzen Sie die folgenden Farbbezeichnungen und ergänzen Sie dazu je ein Pflanzenbeispiel mit der vollständigen deutschen und botanischen Bezeichnung: *luteus – viridis – glauca – caeruleus*.

Teil 3A – Pflanzenkunde

8. Übersetzen Sie bei den folgenden Pflanzen die jeweils fettgedruckten Bezeichnungen: *Abies **alba** – Buxus **sempervirens** – Allium **giganteum** – Eranthis **hyemalis** – Crocus **vernus** – **Camellia** japonica*.

1.2 Botanische Zeichen und Abkürzungen

1. In Pflanzenbüchern, Katalogen oder auf Pflanzenetiketten finden sich immer wieder botanische Zeichen und Abkürzungen. Nennen Sie drei Gründe für die Verwendung solcher Zeichen.

2. Nennen Sie zu diesen Zeichen die entsprechende Bedeutung:

♃	Ⓝ	↯	🏠K	⊙	△

   Bild 1 Botanische Zeichen

3. Skizzieren und benennen Sie die entsprechenden Zeichen für: die Wachstumsform holziger Pflanzen (Strauch), zum Schnitt geeignet, geschützte Pflanzen und Pflanzen mit Fruchtschmuck.

4. Es geht um *Hedera helix*. Skizzieren Sie zu dieser Pflanze mindestens acht passende botanische Zeichen.

5. Auf dem Bildetikett einer Staude sind sehr häufig die Standorte als Zeichen angegeben. Suchen Sie mit der vollständigen deutschen und botanischen Bezeichnung drei Stauden, die dieses Zeichen tragen: O.

6. Auf dem Etikett einer Pflanze findet der Florist oder der Kunde die folgenden Zeichen:

   ✂ ◐ ⚭ ♄ 20-80 V-VI 〰 e

   Ordnen Sie diesen Zeichen **eine** der folgenden Pflanzen zu:
   Convallaria majalis – Helleborus niger – Gaultheria shallon – Taxus baccata – Ilex aquifolium

1 In die Pflanzenkunde einführen und Pflanzen als Lebewesen erkennen   1.3 Lebensdauer von Pflanzen

7. Der Florist verwendet oder verkauft Pflanzen mit diesem Zeichen: ♄

   Nennen Sie mit der vollständigen deutschen und botanischen Schreibweise vier Pflanzen, die dieses Zeichen tragen.

   _____

   _____

8. Übersetzen Sie dieses Zeichen: ✗

   _____

9. Schreiben Sie mit der vollständigen deutschen und botanischen Bezeichnung sechs giftige Pflanzen oder giftige Teile von Pflanzen, die auch in der floristischen Gestaltung verwendet werden.

   _____

   _____

   _____

   _____

10. Das Zeichen **D** kann bei Kunden zur Kaufentscheidung beitragen. Nennen Sie die Bedeutung und schreiben Sie mit der vollständigen botanischen Bezeichnung vier dazu passende Pflanzen.

    _____

    _____

1.3 Lebensdauer von Pflanzen

1. Nennen Sie drei Merkmale von annuellen Pflanzen.

   _____

   _____

2. Schreiben Sie mit der vollständigen botanischen Bezeichnung vier annuelle Pflanzen, die als Balkonkastenbepflanzung für die Südseite geeignet sind.

   _____

   _____

   _____

3. Bienne Pflanzen wachsen im ersten Jahr vegetativ und blühen und fruchten im zweiten Jahr (generatives Wachstum). Nennen Sie mit der vollständigen botanischen Bezeichnung vier passende Pflanzenbeispiele.

   _____

   _____

   _____

Teil 3A – Pflanzenkunde

4. Nennen Sie drei Merkmale von perennen Pflanzen.

5. Wodurch unterscheiden sich Zwiebeln und Knollen? Nennen Sie je zwei Merkmale.

6. Sie verkaufen im Floristik-Fachgeschäft auch Zwiebelblumen. Nennen Sie zwei Merkmale zum Erkennen von Qualität bei Zwiebeln von Zwiebelpflanzen.

7. Der Kunde erkundigt sich über die Pflanzzeit von Zwiebeln und die Pflanztiefe. Welche Hinweise geben Sie Ihrem Kunden?

8. Schreiben Sie mit der Gattungsbezeichnung beispielhaft fünf Zwiebelpflanzen für die Herbstpflanzung und fünf für die Frühjahrspflanzung.

9. Ihr Kunde fragt beim Kauf von Zwiebelblumen nach Tipps und Hinweisen zur Pflege und zum Umgang mit Zwiebel- und Knollenpflanzen. Geben Sie ihm drei.

10. Schreiben Sie mit der vollständigen botanischen Schreibweise drei gelb blühende Stauden, die als Schnittblumen im Floristik-Fachgeschäft vorkommen.

11. Schreiben Sie mit der vollständigen botanischen Schreibweise drei rot blühende Stauden, die als Schnittblumen im Floristik-Fachgeschäft vorkommen.

1 In die Pflanzenkunde einführen und Pflanzen als Lebewesen erkennen   1.3 Lebensdauer von Pflanzen

12. Schreiben Sie mit der vollständigen botanischen Schreibweise vier Stauden, die als Frühblüher (II bis IV) eine Zwiebel haben.

13. Schreiben Sie mit der vollständigen botanischen Schreibweise vier Stauden, die eine Knolle bzw. eine Zwiebelknolle haben.

14. Schreiben Sie mit der vollständigen botanischen Schreibweise vier Pflanzen mit Rhizomen, die im Floristik-Fachgeschäft in der Gestaltung eingesetzt werden.

15. Dieses Symbol ♄ gilt für Sträucher. Nennen Sie drei Merkmale von Sträuchern.

16. In der Straußbinderei oder in der Dekoration spielen Sträucher eine große Rolle, in Abhängigkeit von der Jahreszeit. Schreiben Sie mit der vollständigen deutschen und botanischen Bezeichnung vier Sträucher, die blühend verwendet werden.

17. Dieses Symbol ♄ steht für Bäume. Nennen Sie drei Merkmale von Bäumen.

18. Schreiben Sie mit der vollständigen deutschen und botanischen Bezeichnung vier Bäume, die typischerweise in der Kranzbinderei Verwendung finden.

Teil 3A – Pflanzenkunde

1.4 Botanische Erkennungsmerkmale

1. Skizzieren und beschriften Sie den charakteristischen Aufbau einer Blütenpflanze. Verwenden Sie zur Beschriftung folgende Begriffe: Wurzel, Hauptwurzel, Seitenwurzel, Spross, Wurzelhals, Keimblätter, Nodium, Internodium, Laubblatt, Blüte.

   Zeichnung

2. Nennen Sie drei Grundaufgaben von Wurzeln.

3. Nennen Sie Unterscheidungsmerkmale von Wurzeln bei monokotylen und dikotylen Pflanzen.

4. Skizzieren und beschriften Sie ein monokotyles und ein dikotyles Wurzelsystem.

   Zeichnung | Zeichnung

5. Schreiben Sie mit der vollständigen deutschen und botanischen Bezeichnung drei monokotyle Pflanzen, die auch floristisch verwendet werden.

1 In die Pflanzenkunde einführen und Pflanzen als Lebewesen erkennen – Botanische Erkennungsmerkmale

6. Schreiben Sie mit der vollständigen deutschen und botanischen Bezeichnung vier für eine Balkonkasten-Pflanzung (sonniger Standort) verwendete dikotyle Pflanzen.

   _____
   _____

7. Welche Bedeutung haben Wurzelhaare für die Wasserversorgung und Ernährung einer Pflanze?

   _____
   _____

8. Viele Wurzeln haben sich ihrer Umgebung angepasst durch Metamorphosen, wie z. B. Luftwurzeln im tropischen Klimabereich. Nennen Sie Aufgaben von Luftwurzeln einer Pflanze.

   _____
   _____

9. Schreiben Sie mit der vollständigen deutschen und botanischen Bezeichnung zwei auch floristisch verwendete Pflanzen mit Luftwurzeln.

   _____

10. Was sind Haftwurzeln?

    _____

11. Nennen Sie mit der vollständigen botanischen Bezeichnung zwei Pflanzen mit Haftwurzeln.

    _____

12. Welche Aufgaben haben Wurzelknollen?

    _____

13. Warum bezeichnet der Florist eine Mistel als Halbschmarotzer?

    _____
    _____

14. Schreiben Sie mit der vollständigen botanischen Bezeichnung den Namen der Mistel, und nennen Sie Möglichkeiten zur Verwendung in der Floristik.

    _____
    _____

15. Nennen Sie drei Grundformen des Sprosses mit je zwei Merkmalen.

    _____

Teil 3A – Pflanzenkunde

16. Schreiben Sie mit der vollständigen botanischen Bezeichnung vier auch floristisch verwendete Pflanzen mit einem Schaft.

17. Der Halm ist charakteristisch für Pflanzen der Familie Poaceae. Schreiben Sie mit der vollständigen botanischen Bezeichnung vier dazu passende Pflanzen.

18. Der Rosettenwuchs ist Kennzeichen für viele (z. B. sukkulente) Pflanzen. Nennen Sie zwei grundlegende Merkmale von Rosettenpflanzen.

19. Erklären Sie einem Kunden den Fachbegriff Sukkulenz.

20. Schreiben Sie mit der vollständigen deutschen und botanischen Bezeichnung sechs sukkulente Pflanzen, die als Topfpflanzen im Floristik-Fachgeschäft verkauft werden.

21. Sprosssukkulenz (auch Stammsukkulenz) ist z. B. typisch für Kakteen. Nennen Sie drei Merkmale dieser Art von Sukkulenz.

22. Schreiben Sie mit der vollständigen deutschen und botanischen Bezeichnung vier Kakteen, die als Topfpflanzen im Floristik-Fachgeschäft verkauft werden.

1 In die Pflanzenkunde einführen und Pflanzen als Lebewesen erkennen Botanische Erkennungsmerkmale

23. Skizzieren Sie einen Längsschnitt durch eine Zwiebel und beschriften Sie diesen.

    Zeichnung

24. Welche Aufgaben haben unterirdische Sprossmetamorphosen? Nennen Sie zwei.
    _____
    _____

25. Schreiben Sie mit der vollständigen botanischen Bezeichnung sechs Pflanzen mit einer Zwiebel.
    _____
    _____
    _____
    _____

26. Eine Sprossknolle ist fleischig verdickt. Nennen Sie mit der vollständigen botanischen Bezeichnung drei floristisch verwendete Pflanzen mit Knollen.
    _____
    _____

27. Nennen Sie zwei charakteristische Merkmale eines Rhizoms.
    _____
    _____

28. Schreiben Sie mit der vollständigen deutschen und botanischen Bezeichnung drei Pflanzen, die ein Rhizom haben. Diese Pflanzen verwenden Sie auch floristisch.
    _____
    _____

29. Welche Bedeutung hat die Terminalknospe für das Wachstum einer Pflanze?
    _____
    _____

Teil 3A – Pflanzenkunde

30. Erklären Sie nach einer Recherche die Reaktion einer Pflanze nach dem Entfernen der Terminalknospe.

31. Nennen Sie drei Aufgaben von Blättern einer Pflanze.

32. Der Kunde hat bei *Alchemilla mollis* an den Blattspitzen Wassertropfen beobachtet. Nennen Sie den Fachbegriff für diese Erscheinung, und erklären Sie diesen Vorgang.

33. Die Form von Blättern kann sehr verschieden sein. Schreiben Sie mit der vollständigen deutschen und botanischen Bezeichnung vier Pflanzen mit ungeteiltem Blatt, das in der gestalterischen Anwendung als „sammelnde" Bewegungsform vorkommt.

34. Schreiben Sie mit der vollständigen deutschen und botanischen Bezeichnung zwei Pflanzen mit geteilten Blättern für die Straußbinderei.

35. Welche Aufgabe haben bei einigen Pflanzen Hochblätter? Erklären Sie.

36. Schreiben Sie mit der vollständigen deutschen und botanischen Bezeichnung vier floristisch verwendete Pflanzen mit einem Hochblatt (Brakteen oder Spatha).

37. Nennen Sie je zwei Erkennungsmerkmale monokotyler und dikotyler Pflanzen anhand der Blätter.

1 In die Pflanzenkunde einführen und Pflanzen als Lebewesen erkennen – Botanische Erkennungsmerkmale

38. Nennen Sie vier Pflanzen mit typisch radiären Blütenformen mit der vollständigen botanischen Bezeichnung.

39. Wodurch unterscheiden sich einhäusige und zweihäusige Blüten?

40. Welchen Hinweis muss der Florist einem Kunden beim Kauf von zweihäusigen Pflanzen geben?

41. Schreiben Sie mit der vollständigen deutschen und botanischen Bezeichnung vier floristisch verwendete zweihäusige Pflanzen.

42. Blütenstände sind typische Erkennungsmerkmale von Pflanzen. Recherchieren Sie die Blütenstände für folgende Pflanzen: Haselnuss, Rhododendron, Sonnenblume, Riesenlauch, Rittersporn, Nerine, Einblatt, Mähnengerste.

43. Für die Familie Asteraceae ist der Blütenstand „Körbchen" ein wesentliches Erkennungsmerkmal. Schreiben Sie mit der vollständigen deutschen und botanischen Bezeichnung vier Pflanzenbeispiele aus der Familie Asteraceae.

44. Schreiben Sie mit der vollständigen deutschen und botanischen Bezeichnung zwei floristisch genutzte Pflanzen mit einer Beere.

45. Der Einsatz von Früchten in der floristischen Gestaltung stößt manchmal an Grenzen. Finden Sie drei Argumente, die gegen die Verwendung von Früchten in Werkstücken sprechen könnten.

46. Zur Weihnachts- und Adventszeit setzt der Florist Früchte in der Brauchtumsbinderei ein. Schreiben Sie mit der vollständigen deutschen und botanischen Bezeichnung drei Früchte. Nennen Sie dazu die entsprechende Fruchtform.

1.5 Zelle und Gewebe

1. Ergänzen Sie stichwortartig die Aufgaben von Zellwand, Zellkern, Zellplasma, Vakuole, Zellsaft und Plastiden.

2. Finden Sie Unterschiede zwischen einer jungen Zelle und einer Dauerzelle.

3. Nennen Sie drei Formen von Plastiden.

4. Ordnen Sie entsprechend den Chloroplasten und den Chromoplasten beispielhaft Farben mit Farbstoffen zu.

5. Nach dem Kauf einer blau blühenden Garten-Hortensie (*Hydrangea macrophylla*) hat die Kundin diese in den Garten gepflanzt und beobachtet nun, dass die Hortensie allmählich rötliche Blüten ausbildet. Geben Sie der Kundin dafür eine Erklärung.

6. Erklären Sie den Fachbegriff Panaschierung.

1 In die Pflanzenkunde einführen und Pflanzen als Lebewesen erkennen — 1.6 Stoffwechsel

7. Schreiben Sie mit der vollständigen botanischen Bezeichnung vier Topfpflanzen mit panaschierten Blättern.

8. Schreiben Sie mit der vollständigen botanischen Bezeichnung drei Gehölze mit panaschierten Blättern.

9. Nennen Sie drei Dauergewebe und ergänzen Sie dazu die entsprechende Aufgabe in der Pflanze.

10. Für viele Pflanzen hat die Epidermis die wichtige Aufgabe, das Blatt zu schützen. Nennen Sie zwei Einrichtungen einer Epidermis, damit diese Schutzfunktion auch wirksam werden kann.

11. Die besondere Ausprägung der Epidermis einer Pflanze hat zur Folge, dass sie beim Kunden auch extreme Standorte einnehmen kann. Recherchieren Sie mit der vollständigen botanischen Bezeichnung drei Pflanzen, die aufgrund einer deutlichen weißen Behaarung auch an sonnigen Standorten zurechtkommen.

1.6 Stoffwechsel

1. Nennen Sie drei Aufgaben von Wasser für das Leben der Pflanze.

2. Beschreiben Sie den Weg des Wassers vom Boden in die Pflanze.

3. Erklären Sie die Fachbegriffe Osmose, Exosmose und Turgor.

Teil 3A – Pflanzenkunde

4. Erläutern Sie die Bedeutung der Osmose für den Wasserhaushalt und die Ernährung der Pflanze.

5. Begründen Sie die Aussage zur Pflege von Topfpflanzen: „Niemals auf den trockenen Ballen düngen."

6. Nennen Sie vier Kräfte, die den Wassertransport in der Pflanze bewirken.

7. Warum werden Pflanzen, z. B. Gehölze und Kübelpflanzen, vor der Ruhezeit oder danach geschnitten?

8. Warum funktioniert der Wassertransport im Leitgewebe der Pflanze?

9. Erklären Sie die Fachbegriffe Transpiration und Guttation.

10. Wie (drei Tipps) kann der Florist die Transpiration bei Schnittblumen vermindern?

11. Nennen Sie drei Möglichkeiten, die Transpiration von Topfpflanzen zu vermindern.

1 In die Pflanzenkunde einführen und Pflanzen als Lebewesen erkennen — 1.6 Stoffwechsel

12. Der Standort einer Pflanze hat Einfluss auf das Wasserangebot. Wie schränken Pflanzen den Wasserverbrauch ein? Ergänzen Sie jeweils mit dem Gattungsnamen ein Pflanzenbeispiel.

    _____
    _____
    _____

13. Erklären Sie die Bedeutung der Fotosynthese.

    _____
    _____

14. Welche Voraussetzungen müssen vorhanden sein, damit die Fotosynthese ablaufen kann?

    _____
    _____
    _____

15. Wie kann der Florist oder auch der Kunde Vorgänge der Fotosynthese beeinflussen?

    _____
    _____
    _____

16. Durch die Atmung gewinnt die Pflanze die Energie für den Stoffwechsel. Die Atmung geschieht Tag und Nacht. Welche Möglichkeiten hat der Florist, diese Atmung zu verringern?

    _____
    _____
    _____

17. Nennen Sie drei mögliche Ernährungsformen bei (heterotrophen) Pflanzen.

    _____

18. Erklären Sie die Lebensweise von Pflanzen, die als Parasiten leben.

    _____
    _____
    _____

19. Nennen Sie Beispiele für floristisch bedeutsame Vollschmarotzer.

    _____

20. Zu den besonderen Ernährungsformen gehören auch die Karnivoren. Warum sind viele Pflanzen dieser Gruppe mit Fallen ausgestattet?

    _____
    _____
    _____

Teil 3A – Pflanzenkunde

21. Beschreiben Sie beispielhaft drei verschiedene Fallentypen als Metamorphose von Blättern (Fangblätter).

22. Schreiben Sie mit der vollständigen deutschen und botanischen Bezeichnung drei Karnivoren, die auch im Floristik-Fachgeschäft verkauft werden.

23. Ein Kunde erwirbt eine Karnivoren-Pflanze. Geben Sie Ihm Hinweise zur Pflege.

24. Beschreiben Sie Auswirkungen des Fototropismus bei Topfpflanzen.

25. Nastien lösen durch äußere Reize Pflanzenbewegungen aus. Unterscheiden Sie Fotonastie und Thermonastie.

1 Pflanzenpflege beschreiben

1.1 Pflege von Schnittblumen

1. Mit der Ernte von Schnittblumen beginnt der „Wettlauf" um die längste Haltbarkeit. Nennen Sie beispielhaft drei Bedingungen, die u. a. Voraussetzung sind für eine längere Haltbarkeit von Schnittblumen.

2. Welche Maßnahmen kann der Florist ergreifen, damit die Wasserversorgung für die Schnittblumen erhalten bleibt? Nennen Sie zwei.

3. Erklären Sie den Fachbegriff Konditionieren.

4. Für das Überleben von Schnittblumen ist die Versorgung mit Wasser entscheidend. Formulieren Sie dazu drei Merksätze.

5. Nennen Sie zwei Merkmale zur Wasserqualität, die Einfluss haben auf die Haltbarkeit von Schnittblumen.

6. Die Wassertemperatur für Schnittblumen wird oft überbewertet. Formulieren Sie zwei Merksätze für die Temperatur von Vasenwasser im Floristik-Fachgeschäft.

Teil 3B – Pflanzenpflege

7. „Die unteren Blätter von Schnittblumen werden entfernt." Nennen Sie Vorteile und Nachteile dieser Aussage.

8. Durch Maßnahmen zur Hygiene kann die Haltbarkeit von Schnittblumen im Floristik-Fachgeschäft verlängert werden. Nennen Sie drei solcher Maßnahmen.

9. Zu einem Strauß gehört Schnittgrün. Schreiben Sie vier Beispiele für Schnittgrün mit dem Handelsnamen oder dem deutschen Namen und die vollständige botanische Bezeichnung.

10. Schnittgrün welkt oder vertrocknet bei zu wenig Feuchtigkeit bzw. Luftfeuchtigkeit. Nennen Sie mindestens zwei Möglichkeiten, diesen Prozess zu verlangsamen oder zu verhindern.

11. Die fair produzierte Schnittblume erkennt der Florist an bestimmten Zeichen (Labels), wie beispielsweise FLP oder FFP. Nennen Sie vier Maßnahmen, zu denen sich die zertifizierten Betriebe verpflichtet haben.

12. Formulieren Sie drei Merksätze für das Versorgen und Anschneiden von Schnittblumen.

13. Erklären Sie die Maßnahme Einritzen oder Einschneiden bei Schnittblumen.

1 Pflanzenpflege beschreiben

1.1 Pflege von Schnittblumen

14. Erläutern Sie die Maßnahmen Anbrennen (oder Heißwasserbehandlung) zum Frischhalten von Schnittblumen.

15. Warum werden bestimmte Schnittblumen vor der weiteren Verarbeitung zum Ausschleimen separat gestellt?

16. Bewerten Sie kritisch die Methode des Anschneidens durch Anklopfen.

17. Nennen Sie die Bestandteile von Blumenfrischhaltemittel und ordnen Sie dementsprechend die Aufgaben zu.

18. Wenn Schnittblumen trocken transportiert worden sind oder sichtbar welken, haben sie einen Teil ihres Wassers verloren. Die Leitungsbahnen müssen wieder aufgefüllt werden: Der Fachbegriff heißt Rehydrierung. Geben Sie einem Kunden Hinweise, wie er mit welken Blumen umgehen soll.

19. Die Schnittreife beschreibt das optimale Entwicklungsstadium von Schnittblumen, das eine lange Haltbarkeit erwarten lässt. Dieser bestmögliche Zustand ist jedoch von Art zu Art sehr verschieden. Schreiben Sie mit der deutschen und vollständigen botanischen Bezeichnung:

19.1 Vier Schnittblumen, die voll/fast voll erblüht angeboten werden;

19.2 Vier Schnittblumen, die geerntet werden, wenn sich die ersten Blüten zu öffnen beginnen;

19.3 Vier Schnittblumen, die in mehr oder weniger knospigem Zustand geerntet werden;

19.4 Drei Pflanzen für Schnittgrün, die nur ausgereift und fest geerntet werden.

Teil 3B – Pflanzenpflege

20. Orchideen als Schnittblumen halten bis zu vier Wochen bei richtiger Pflege. Geben Sie Ihrem Kunden entsprechend vier Tipps.

1.2 Pflege von Topfblumen

1. Nennen Sie die Wachstumsfaktoren.

2. Wasser kann in unterschiedlicher Wasserhärte vorliegen. Welche Wasserhärte ist für die Mehrheit der Topfpflanzen verträglich?

3. Der Kunde fragt: Wie kann ich hartes Wasser von z. B. >21° dH enthärten? Erklären Sie.

4. Eine häufig gestellte Frage von Kunden ist immer die nach der Wassermenge beim Gießen. Von welchen Bedingungen hängt der Wasserbedarf einer Pflanze ab?

5. Schreiben Sie mit der deutschen und vollständigen botanischen Bezeichnung vier Topfpflanzen, die nur wenig Wasser benötigen.

6. Schreiben Sie mit der vollständigen botanischen Bezeichnung vier Topfpflanzen, die regelmäßig „viel" Wasser benötigen.

7. Die Luftfeuchtigkeit hat Bedeutung im Rahmen des prophylaktischen Pflanzenschutzes. Wie hoch soll für die Mehrheit der Topfpflanzen die Luftfeuchtigkeit sein?

1 Pflanzenpflege beschreiben

1.2 Pflege von Topfblumen

8. Geben Sie dem Kunden einen Hinweis, für bestimmte Topfpflanzen auf der Fensterbank oder in einem Raum eine höhere Luftfeuchtigkeit zu erreichen.

9. Nennen Sie drei Aufgaben von Licht für das Pflanzenwachstum.

10. Wie viel Lux benötigen viele Zimmerpflanzen im **Minimum** zum Wachsen?

11. Wie viel Lux benötigen viele Zimmerpflanzen im Durchschnitt als **Optimum**?

12. Schreiben Sie mit der deutschen und vollständigen botanischen Schreibweise vier Zimmerpflanzen, die mit weniger Licht auskommen.

13. Schreiben Sie mit der deutschen und vollständigen botanischen Bezeichnung drei Zimmerpflanzen, die viel Licht benötigen.

14. Nennen Sie die Zusammensetzung der Luft in Volumenprozent (aufgerundet).

15. Welche Ursachen kann schlechte Luft in einem Raum haben, sodass Pflanzen hier zu einer Verbesserung führen können? Nennen Sie drei mögliche Ursachen-Beispiele.

16. Die NASA hat viele Versuche gestartet, um herauszufinden, welche Pflanzen die Luft in einem Raum verbessern. Schreiben Sie mit der deutschen und vollständigen botanischen Bezeichnung vier Topfpflanzen, die die Zimmerluft verbessern können.

Teil 3B – Pflanzenpflege

17. Welchen Einfluss haben Wärme oder Kälte auf das Pflanzenwachstum? Formulieren Sie drei Merksätze.

18. Erklären Sie im Zusammenhang mit der Temperatur folgende Fachbegriffe: Ruhezeit, Treiberei, Barbarazweige.

19. Formulieren Sie fünf Merkmale, die ein Substrat (Blumenerde) zum Umtopfen von Zimmerpflanzen besitzen muss.

20. Die Umtopferde mischt der Florist meistens nicht selber. Hier kann er dann auf Industrieerden zurückgreifen. Unterscheiden Sie Einheitserde und TKS.

21. Woran erkennt der Kunde/Florist, wann eine Topfpflanze umgetopft werden muss?

22. Wann ist der günstigste Zeitpunkt zum Umtopfen von Zimmerpflanzen?

23. Ein Kunde entscheidet sich zum Umtopfen für einen Kunststofftopf, der Florist favorisiert einen Tontopf. Stellen Sie entsprechende Vorteile und Nachteile dar.

1 Pflanzenpflege beschreiben 1.2 Pflege von Topfblumen

24. Beschreiben Sie in vier Schritten den Ablauf des Umtopfens.

25. Was ist Hydrokultur?

26. Nennen Sie einem Kunden drei Vorteile von Pflanzen in Hydrokultur.

27. Nennen Sie die Bestandteile (Bausteine) für den Aufbau einer Hydrokultur und ergänzen Sie deren Aufgabe für das System.

28. Schreiben Sie mit der vollständigen botanischen Bezeichnung vier „typische" Hydropflanzen.

29. Warum finden sich in einem Sortiment von Hydropflanzen kaum Blütenpflanzen? Erklären Sie.

30. Nennen Sie zwei grundsätzliche Möglichkeiten der Düngung von Hydropflanzen und geben Sie dazu Vorteile/Nachteile an.

Teil 3B – Pflanzenpflege

31. Geben Sie Ihrem Kunden drei Hinweise zur Pflege von Pflanzen in Hydrokultur.

32. Zum Nachdenken: Warum werden Hydropflanzen nicht in weichem Wasser oder in destilliertem Wasser kultiviert?

33. Es geht um die Familie Orchidaceae. Benennen Sie mit der deutschen und vollständigen botanischen Bezeichnung vier Orchideen aus den Tropen.

34. Die Gattung *Phalaenopsis* umfasst eine große Anzahl von Sorten. Wegen dieser „bunten" Vielfalt ist sie eine beliebte Topfpflanze. Geben Sie einem Kunden Hinweise für die Behandlung des Blütenstieles nach dem Verblühen.

35. Orchideen werden mittlerweile als normale Zimmerpflanzen betrachtet. Formulieren Sie für den Kunden Tipps und Hinweise zum Temperaturanspruch, Standort, Wasseranspruch und zur Düngung tropischer Orchideen.

36. Auf einer Düngerflasche steht folgende Zahlenkombination: 12-12-17. Beurteilen Sie die Verwendung dieses Düngers zur Düngung von Orchideen.

37. Geben Sie einem Kunden Tipps und Hinweise für das Umtopfen von *Phalaenopsis*.

1 Pflanzenpflege beschreiben   1.2 Pflege von Topfblumen

38. Kakteen aus dem Floristik-Fachgeschäft sind mehrheitlich wie normale Topfpflanzen auf der Fensterbank des Kunden zu behandeln. Geben Sie Ihrem Kunden vier Hinweise und Tipps zur Pflege von Kakteen (außer Blattkakteen).

39. Geben Sie Ihrem Kunden Pflegehinweise für Blattkakteen.

40. Der Kunde hat im Floristik-Fachgeschäft eine *Adenium obesum* gekauft. Geben Sie dem Kunden stellvertretend auch für andere Sukkulente Hinweise und Tipps zur Pflege und Überwinterung.

41. Nennen Sie mit der deutschen und vollständigen botanischen Bezeichnung vier Topfpflanzen aus der Familie Araceae.

42. Geben Sie einem Kunden Tipps und Hinweise zur Pflege der meisten Pflanzen aus der Familie Araceae (Hier gibt es Ausnahmen.).

43. In der Werbung finden Sie die „Zimmerpflanze des Monats". Ein Beispiel für den Monat September kann *Zamioculcas* sein. Erläutern Sie Ihrem Kunden die entsprechenden Pflegemaßnahmen.

Teil 3B – Pflanzenpflege

44. Recherchieren Sie ein anderes Beispiel für die Topfpflanze des Monats Juli. Die Kunden freuen sich nach dem Urlaub über die pflanzliche Erinnerung zu Hause, wenn es z. B. eine Palme ist. Erläutern Sie Ihrem Kunden z. B. die Pflege von *Phoenix canariensis*.

45. Die Familie Gesneriaceae hat viele Familienmitglieder, die z. T. ganzjährig im Floristik-Fachgeschäft angeboten werden. Schreiben Sie mit der deutschen und vollständigen botanischen Bezeichnung vier Beispiele.

46. Karnivoren haben im Deutschen die falsche Bezeichnung „Fleisch fressende Pflanzen". Nennen Sie drei Pflanzenbeispiele mit der deutschen und vollständigen botanischen Bezeichnung.

47. Die Venusfliegenfalle wird im Floristik-Fachgeschäft häufig angeboten. Oft ist der Kunde mit der Pflege dieser Pflanze überfordert. Geben Sie Ihrem Kunden vier Hinweise zur Pflege von *Dionaea muscipula*.

1.3 Ernährung der Topfpflanzen

1. Erklären Sie die Unterschiede zwischen Hauptnährelementen und Spurennährelementen.

2. Nennen Sie neun Hauptnährelemente mit deutschem Namen und chemischem Symbol.

3. Nennen Sie mit deutschem Namen und dem chemischen Symbol Spurennährelemente, die jede Pflanze benötigt, notwendig sind für bestimmte Pflanzen oder die z. T. toxisch sind für Pflanzen.

1 Pflanzenpflege beschreiben — 1.3 Ernährung der Topfpflanzen

4. Beschreiben Sie jeweils zwei Aufgaben der Hauptnährelemente N, P und K.

5. Nennen Sie jeweils zwei Mangelsymptome der Pflanze bei Fehlen von N, P und K.

6. Unterscheiden Sie jeweils zwei Mangelsymptome von Eisen und Magnesium.

7. Wodurch unterscheiden sich Chlorose und Nekrose?

8. Welche Bedeutung hat Kalzium für die Pflanze? Erklären Sie.

9. Was zeigt der pH-Wert an?

10. Welcher pH-Wert ist für die Mehrheit der Topfpflanzen verträglich?

11. Nennen Sie drei Aufgaben (Bedeutung) des pH-Wertes für das Leben von Pflanzen.

12. Schreiben Sie mit der deutschen und vollständigen botanischen Bezeichnung zwei Topflanzen, die einen sauren pH-Wert benötigen.

Teil 3B – Pflanzenpflege

13. Erklären Sie was passiert, wenn Pflanzen einen niedrigen pH-Wert benötigen, aber stets mit hartem Wasser gegossen werden.

14. Welche Bedeutung hat Schwefel für den Stoffwechsel der Pflanze?

15. Nennen Sie die Hauptaufgaben von C, O und H.

16. Formulieren Sie das „Gesetz vom Minimum" (Justus von Liebig, 1855).

17. Welche Bedeutung hat das „Gesetz vom Minimum" für die Pflege von Zimmerpflanzen? Erklären Sie dieses am Beispiel vom Wachstumsfaktor Licht.

18. Erklären Sie den Unterschied zwischen anorganischen (mineralischen) und organischen Düngern.

19. Welche Vorteile/Nachteile haben anorganische Dünger für die Düngung von Zimmerpflanzen?

20. Welche Vorteile/Nachteile haben organische Dünger für die Düngung von Zimmerpflanzen?

1 Pflanzenpflege beschreiben — 1.4 Allgemeiner Pflanzenschutz

21. Welche Vorteile hat die Verwendung von Flüssigdünger für den Kunden?

22. Oftmals steht auf der Düngerflasche der Zusatz: für Grünpflanzen oder für blühende Pflanzen; dieses kann der Kunde schnell für Werbung halten. Welche Bedeutung hat aber dieser Zusatz?

23. Nennen Sie Spezialdünger für bestimmte Pflanzengruppen.

1.4 Allgemeiner Pflanzenschutz

1. Welche Bedeutung haben Pflanzenschutzmaßnahmen im Floristik-Fachgeschäft? Geben Sie drei Begründungen.

2. Recherchieren Sie in der Fachliteratur und im Internet mindestens vier Gesetze oder Verordnungen als verbindliche Grundlage für den Einsatz von Pflanzenschutzmitteln (Beispiele).

3. Die Bienenschutzverordnung regelt durch den Buchstaben B in Kombination mit einer Zahl von 1 bis 4 die Anwendung von Insektiziden. Was bedeutet die Kombination B 4?

4. Nennen Sie mindestens zwei amtliche Stellen, die den richtigen Einsatz, die Lagerung und den Verkauf von Pflanzenschutzmitteln im Floristik-Fachgeschäft überwachen.

5. Wie erhält ein Florist die Berechtigung (Sachkundenachweis), dass er im Floristik-Fachgeschäft Pflanzenschutzmittel verkaufen darf?

6. Welches Amt ist zuständig für die Zulassung von Pflanzenschutzmitteln?

Teil 3B – Pflanzenpflege

7. Recherchieren Sie drei weitere beteiligte „Stellen" bei der Zulassung von Pflanzenschutzmitteln.

   _____

   _____

8. Für welchen Zeitraum wird in Deutschland ein Pflanzenschutzmittel zugelassen?

   _____

9. Woran erkennt der Florist, dass er ein Pflanzenschutzmittel im Floristik-Fachgeschäft verkaufen darf? Nennen Sie zwei Merkmale.

   _____

10. Skizzieren und beschriften Sie das aktuell gültige Zulassungszeichen.

Zeichnung

11. Was geschieht, wenn das Floristik-Fachgeschäft Pflanzenschutzmittel ohne gültiges Zulassungszeichen oder mit einem Anwendungsverbot verkauft? Recherchieren Sie.

    _____

12. Pflanzenschutzmittel werden aktuell nach GHS gekennzeichnet. Übersetzen Sie diese Abkürzung.

    _____

    _____

13. Die Kennzeichnung von Pflanzenschutzmitteln erfolgt in Zukunft grundsätzlich nur nach GHS. Stellen Sie vier aktuell gültige Gefahrenpiktogramme dar.

Zeichnung	Zeichnung	Zeichnung	Zeichnung

108 | Lösungen zu diesen Aufgaben siehe Seite 250 ff.

1 Pflanzenpflege beschreiben — 1.4 Allgemeiner Pflanzenschutz

14. Risikosätze geben einen ersten Hinweis auf Risiken, die von einem Pflanzenschutzmittel ausgehen können. Formulieren Sie nach Recherche mindestens vier Beispiele solcher Risikosätze (nach GHS: Hazard Statements: H-Sätze).

15. Natürlich stehen den Risikosätzen auch Sicherheitssätze gegenüber (nach GHS: Precautionary Statements: P-Sätze). Formulieren Sie mindestens vier solcher Sicherheitssätze, die der Florist auf Pflanzenschutzmitteln findet.

16. Formulieren Sie drei Merksätze für den Verkauf von Pflanzenschutzmitteln im Floristik-Fachgeschäft.

17. Die Anwendung von Pflanzenschutzmitteln ist der letzte Schritt zur Lösung eines Schädlingsproblems; wichtig ist die Vorbeugung. Nennen Sie beispielhaft vier prophylaktische Pflanzenschutzmaßnahmen.

18. Beschreiben Sie die Wirkungsweise von Pflanzenschutzstäbchen.

19. Was bedeutet im Pflanzenschutz der Fachbegriff Indikation? Geben Sie eine Erklärung.

20. Welche Bedeutung hat die Gebrauchsanleitung eines Pflanzenschutzmittels für den Anwender?

21. In Ihrem Floristik-Fachgeschäft haben Sie bei den Sommerblumen eine Pflanzenschutzmaßnahme durchgeführt. Wie wird die Verpackung des Pflanzenschutzmittels entsorgt?

22. Wann greift der Florist zu kurativen Pflanzenschutzmaßnahmen?

Teil 3B – Pflanzenpflege

23. Nennen Sie drei grundsätzlich mögliche kurative Maßnahmen.

24. Geben Sie eine Definition für den Fachbegriff „Wartezeit" bei Pflanzenschutzmitteln.

25. Was legt die Höchstmengenverordnung fest?

26. Schreiben Sie Mittelgruppen von Pflanzenschutzmitteln auf und ergänzen Sie entsprechend, gegen welchen Schädling u. a. diese Mittel wirken.

27. Die Wirkung von Pflanzenschutzmitteln kann als Fraß-, Atem- und Kontaktgift erfolgen. Viele Pflanzenschutzmittel sind jedoch systemisch wirkende Mittel. Was bedeutet das?

28. Im Pflanzenschutzgesetz findet der Florist den Fachbegriff „Integrierter Pflanzenschutz". Erklären Sie, was dieser Begriff bedeutet.

29. Der Kunde beschreibt ein Schadbild, das auf Blattlausbefall hindeutet. Beschreiben Sie eine Reihenfolge verschiedener Maßnahmen, die den Vorgaben zum Integrierten Pflanzenschutz folgen.

30. Vor dem Floristik-Fachgeschäft wächst Unkraut aus den Fugen der gepflasterten Parkplatzfläche. Da Sie sachkundig sind, werden Sie beauftragt, hier zu handeln. Welche Maßnahmen zur Entfernung des Unkrautes ergreifen Sie?

1 Pflanzenpflege beschreiben — 1.5 Nichtparasitäre Pflanzenschäden

31. Ihr Floristik-Fachgeschäft kultiviert noch einige Gehölze und Stauden zum Schneiden. Um den Unkrautbewuchs einzudämmen, wenden Sie ein Herbizid an. Steht diese Maßnahme in Einklang mit gesetzlichen Bestimmungen? Begründen Sie.

32. Beschreiben Sie Ihr Verhalten bei Unfällen mit Pflanzenschutzmitteln.

1.5 Nichtparasitäre Pflanzenschäden

1. Was sind nichtparasitäre Pflanzenschäden? Geben Sie eine Erklärung.

2. Nennen Sie zwei Mangelsymptome bei Topfpflanzen, wenn der Wachstumsfaktor Licht fehlt.

3. Wenn der Wachstumsfaktor Temperatur zu hoch ist für die Topfpflanzen, kommt es zu typischen Schadsymptomen. Nennen Sie drei.

4. Niedrige bis frostige Temperaturen sind für viele Topfpflanzen oder Kübelpflanzen schädlich. Nennen Sie drei Merkmale von Schäden.

5. Immergrüne Kübelpflanzen, die als frosthart gelten und deshalb im Winter draußen überwintern, zeigen oftmals Frosttrocknis. Erklären Sie die Ursache.

Teil 3B – Pflanzenpflege

6. Wenn der Wachstumsfaktor Wasser fehlt, kann mit einer Wassergabe schnell reagiert werden. Woran ist Wassermangel zu erkennen?

7. Nennen Sie mögliche Ursachen für immer wieder auftretenden Wassermangel bei Topfpflanzen.

8. Schreiben Sie mit der vollständigen botanischen Bezeichnung zwei Topfpflanzen, die schnell auf Wassermangel reagieren.

9. Eine große Anzahl von Pflanzen muss der Kunde oder der Florist vor Zugluft schützen. Nennen Sie zwei Wachstumsstörungen, die durch Zugluft hervorgerufen werden.

10. Welche Konsequenzen hat für Topfpflanzen ein Überschuss an Nährstoffen? Erklären Sie.

11. Finden Sie in der Fachliteratur oder im Internet zu den folgenden Aussagen jeweils die entsprechenden – fehlenden – Wachstumsfaktoren: braune Blattspitzen; panaschierte Blätter vergrünen; Blütenknospen werden abgeworfen.

12. Diese Aussagen beschreiben nichtparasitäre Pflanzenschäden. Ordnen Sie die Wachstumsfaktoren den Aussagen zu den nichtparasitären Schäden zu. Schreiben Sie hinter die Aussagen eine passende Ziffer von 1 bis 7.

Wachstumsfaktor	Nichtparasitärer Schaden
1 zu wenig Licht	Primeln haben gelbe Blätter und werfen diese ab
2 zu viel Licht	Anthurien zeigen gelbe Blattspitzen
3 zu wenig Wasser	Dieffenbachien verlieren untere vergilbte und braune Blätter
4 zu viel Wasser	Drachenbaum rollt Blätter ein und lässt diese fallen
5 normal	
6 zu niedrige Temperatur	
7 zu hohe Temperatur	

1 Pflanzenpflege beschreiben
1.6 Parasitäre Pflanzenschäden

1. Was sind parasitäre Pflanzenschäden? Geben Sie eine Erklärung.

2. Viren verursachen Virosen. Normalerweise werden diese Virosen schon während der Kultur erkannt. Stellen Sie zwei solcher Schadsymptome zusammen, um dann andere Symptome davon unterscheiden zu können.

3. Erklären Sie, warum der Kunde oder auch der Florist, Schädlinge, wie z. B. Blattläuse und Mottenschildläuse, auch im Zusammenhang mit Virosen bekämpfen muss.

4. Was sind Bakterien? Nennen Sie drei Kennzeichen.

5. Eine direkte Bekämpfung von Bakterien kommt für Kunden und im Floristik-Fachgeschäft nicht vor. Nennen Sie aber zwei Beispiele für prophylaktische Maßnahmen.

6. Was sind phytopathogene Pilze? Geben Sie eine Erklärung.

7. Nennen Sie zwei Merkmale von Pilzen.

8. Erklären Sie die folgenden Fachbegriffe im Zusammenhang mit dem Leben von Pilzen: Hyphen, Myzel, Sporen, Haustorien.

9. Nennen Sie vorbeugende Möglichkeiten, um eine Infektion durch Pilze zu vermindern.

10. Nennen Sie drei Erkennungsmerkmale für Echten Mehltau.

Teil 3B – Pflanzenpflege

11. Nennen Sie eine Ursache für Echten Mehltau.

12. Benennen Sie mit der vollständigen botanischen Bezeichnung drei Topfpflanzen, die typischerweise durch Echten Mehltau infiziert werden können.

13. Nennen Sie Möglichkeiten zur Bekämpfung des Echten Mehltau.

14. Nennen Sie drei Schadsymptome, die typisch sind für den Falschen Mehltau.

15. Nennen Sie Möglichkeiten zur Bekämpfung des Falschen Mehltaus.

16. Recherchieren Sie drei Pflanzen mit der vollständigen botanischen Bezeichnung, die besonders von Falschem Mehltau befallen werden können.

17. Beschreiben Sie mit drei Merkmalen das allgemeine Schadbild für Rostpilze.

18. Nennen Sie die Ursache für die Entstehung von Rostpilzen.

19. Nennen Sie Möglichkeiten zur Bekämpfung von Rostpilzen.

20. Schreiben Sie mit der vollständigen botanischen Bezeichnung drei Pflanzen, an denen Rostpilze häufiger vorkommen.

1 Pflanzenpflege beschreiben — 1.6 Parasitäre Pflanzenschäden

21. Nennen Sie Ursachen, warum Grauschimmel (*Botrytis cinerea*) Pflanzen befällt.

22. Nennen Sie drei prophylaktische Maßnahmen zur Verhinderung von Grauschimmel.

23. Nennen Sie kurative Maßnahmen zur Bekämpfung von Grauschimmel.

24. Schreiben Sie mit der vollständigen botanischen Bezeichnung zwei Pflanzen, die relativ schnell und leicht von *Botrytis* befallen werden.

25. Skizzieren und beschriften Sie den äußeren Bau von Milben und Insekten.

Zeichnung

26. Unterscheiden sie unvollständige und vollständige Metamorphosen bei Insekten.

27. Blattläuse als Schädlinge an Pflanzen sind leicht an den verursachten Schäden zu erkennen. Nennen Sie drei typische Schadsymptome bei Blattlausbefall.

Teil 3B – Pflanzenpflege

28. Nennen Sie prophylaktische und kurative Maßnahmen zur Bekämpfung von Blattläusen.

29. Bestimmte Topfpflanzen neigen eher dazu als andere, von Blattläusen befallen zu werden. Schreiben Sie aus Ihrer Erfahrung mit der vollständigen botanischen Bezeichnung drei solche Pflanzen.

30. Nennen sie drei Schadsymptome von Pflanzen, verursacht durch Schildläuse.

31. Schreiben sie mit der vollständigen botanischen Bezeichnung zwei Topfpflanzen, die besonders unter einem Befall mit Schildläusen leiden können.

32. Beschreiben Sie Möglichkeiten der Bekämpfung von Schildläusen (Deckelschildlaus) an Topfpflanzen.

33. Nennen Sie drei Merkmale zum Erkennen des Schadbildes von Schmierläusen (parallel verwendeter Name: Wollläuse).

34. Wie kann der Kunde an seinen Kakteen ein Schadbild durch Schmierläuse bekämpfen? Geben Sie ihm dazu Tipps und Hinweise.

35. Schreiben Sie mit der vollständigen botanischen Bezeichnung beispielhaft vier Pflanzen, die häufig von Schmierläusen befallen werden.

1 Pflanzenpflege beschreiben

1.6 Parasitäre Pflanzenschäden

36. Kunden und Floristen kennen die Mottenschildlaus besser als „Weiße Fliege". Beschreiben Sie mit drei Merkmalen die Schadsymptome.

37. Hohe Temperaturen und trockene Luft (warm und trocken) fördern die Vermehrung der Mottenschildlaus. Formulieren Sie Möglichkeiten zur Bekämpfung.

38. Der Gefurchte Dickmaulrüssler kann beim Einräumen von Kübelpflanzen durchaus mit in das Winterquartier gebracht werden. Kennzeichnen Sie das Schadbild durch den Käfer.

39. Der Kunde hat seine Kübelpflanzen in den Wintergarten gebracht und stellt bald den typischen Buchtenfraß des Gefurchten Dickmaulrüsslers fest. Geben Sie dem Kunden einen Hinweis zur Bekämpfung.

40. Vor allem hartlaubige Pflanzen werden von Dickmaulrüsslern befressen. Schreiben Sie mit der vollständigen botanischen Bezeichnung drei Pflanzen in Kübeln/in Gefäßen, die vom Dickmaulrüssler „gerne" befallen werden.

41. Thripse sind ca. 1 bis 2 mm große Schädlinge. Beschreiben Sie mit drei Merkmalen ein typisches Schadbild.

42. Was kann der Kunde/der Florist gegen Thripse tun? Nennen Sie zwei Möglichkeiten der Bekämpfung.

43. Beim nächsten Gießen fliegen viele schwarze Insekten von der Topfpflanze hoch. Um welchen Schädling handelt es sich dabei?

44. Nennen Sie mögliche Ursachen für das Auftreten von Trauermücken (3 bis 5 mm).

Teil 3B – Pflanzenpflege

45. Welche Maßnahmen sind für den Kunden beim Auftreten von Trauermücken zu ergreifen?

46. Milben als Pflanzenschädlinge kennen Kunden und Floristen vor allem als „Rote Spinne" (0,1 bis 0,7 mm groß). Kennzeichnen Sie mit vier Merkmalen das typische Schadbild durch Spinnmilben.

47. Geben Sie dem Kunden Hinweise und Ratschläge zur Bekämpfung von Spinnmilben.

48. Eine Reihe von Topfpflanzen neigen dazu, von Spinnmilben geradezu angezogen zu werden. Schreiben Sie mit der vollständigen botanischen Bezeichnung zwei solcher Pflanzen.

49. Wie kann der Kunde Schnecken bekämpfen? Geben Sie einen Hinweis.

50. Immer wieder gibt es den Hinweis, Nützlinge im Floristik-Fachgeschäft oder beim Kunden einzusetzen. Geben Sie einem Kunden Tipps, auf welchem Weg er an solche Nützlinge gelangen kann.

51. Welche Nützlinge wirken gegen welche Schädlinge? Geben Sie beispielhaft eine kurze Übersicht.

52. Erläutern Sie die Vorteile des Einsatzes von Nützlingen beim Kunden oder auch bei Problemen im Floristik-Fachgeschäft.

53. Gegen saugende Schädlinge an Zierpflanzen auf der Fensterbank oder in Wintergärten werden Combistäbchen eingesetzt. Erklären Sie Ihrem Kunden, was es damit auf sich hat.

54. Stellen Sie Ihrem Kunden die Vorteile solcher Combistäbchen dar.

1.7 Pflanzenvermehrung

1.7.1 Generative Pflanzenvermehrung

1. Was bedeutet generative Pflanzenvermehrung?

2. Nennen Sie zwei Vorteile der generativen Vermehrung von Pflanzen.

3. Nennen Sie zwei Nachteile der generativen Vermehrung von Pflanzen.

4. Der Kunde hat ein Tütchen mit Kakteensamen erworben. Welches Substrat muss er zur Aussaat verwenden? Nennen Sie drei Merkmale einer solchen Aussaaterde.

5. Nennen Sie drei Bedingungen, damit die Keimung nach dem Aussäen erfolgreich verläuft.

6. Schreiben Sie mit der vollständigen deutschen und botanischen Schreibweise vier einjährige Schnittblumen, die durch Aussaat vermehrt werden (können).

7. Schreiben Sie mit der vollständigen deutschen und botanischen Bezeichnung fünf auch floristisch verwendete Bäume, die ausgesät werden.

Teil 3B – Pflanzenpflege

8. Ihr Floristik-Fachgeschäft möchte für eine Osterdekoration sogenannte Osterwiesen verwenden. Sie säen selber aus. Schreiben Sie mit der deutschen und der vollständigen botanischen Bezeichnung drei dafür geeignete Pflanzen.

9. Ihr Betriebsleiter beauftragt Sie mit der Durchführung der Aussaat für die Osterwiese. Das Osterfest ist am 12. April d. J. Beschreiben Sie den Ablauf (auch den zeitlichen) einer solchen Aussaat mit Kresse.

1.7.2 Vegetative Vermehrung

1. Was bedeutet vegetative Vermehrung?

2. Nennen Sie beispielhaft vier vegetative Vermehrungsmethoden, bei denen die Wurzelbildung an der Mutterpflanze erfolgt.

3. Nennen Sie beispielhaft drei vegetative Vermehrungsmethoden, bei denen die Wurzelbildung getrennt von der Mutterpflanze erfolgt.

4. Nennen Sie drei Vorteile einer vegetativen Vermehrung.

5. Nennen Sie mit der vollständigen botanischen Bezeichnung vier Pflanzen, die durch Brutzwiebeln vermehrt werden.

6. Ein Kunde möchte seine *Billbergia nutans* vermehren. Deshalb fragt er im Floristik-Fachgeschäft nach der Methode und dem Ablauf dieser Vermehrung.

1 Pflanzenpflege beschreiben

1.7 Pflanzenvermehrung

7. Schreiben Sie mit der vollständigen botanischen Bezeichnung drei Topfpflanzen, die durch Kindel vermehrt werden können.

8. Die Vermehrung durch Ausläufer führt für den Kunden schnell zum Erfolg/zu neuen Pflanzen. Schreiben Sie mit der deutschen und der vollständigen botanischen Schreibweise drei Pflanzen, die durch Ausläufer vermehrt werden können.

9. Stellen Sie in vier Schritten die Vermehrung von Pflanzen durch Abmoosen dar.

10. Schreiben Sie mit der vollständigen botanischen Bezeichnung drei Pflanzenbeispiele zur Vermehrung durch Abmoosen.

11. Warum wird die Methode „Abmoosen" zur Vermehrung von Pflanzen angewendet?

12. Charakterisieren Sie mit drei Merkmalen einen Sprosssteckling. (Kunden verwenden hier oftmals die falsche Bezeichnung „Ableger".)

13. Schreiben Sie mit der vollständigen botanischen Bezeichnung drei Pflanzen aus dem Floristik-Fachgeschäft, die durch Sprossstecklinge vermehrt werden können.

14. Recherchieren Sie in Fachliteratur und Internet vier auch floristisch genutzte immergrüne Gehölze, die durch Stecklinge vermehrt werden. Schreiben Sie diese Beispiele mit der vollständigen botanischen Bezeichnung.

Teil 3B – Pflanzenpflege

15. Blühgehölze (Ziersträucher) werden heute mehrheitlich durch Stecklinge vermehrt. Schreiben Sie mit der deutschen und vollständigen botanischen Schreibweise vier durch Stecklinge vermehrte und floristisch verwendete Ziergehölze.

16. Topfpflanzen lassen sich oft durch Blattstecklinge vermehren. Geben Sie zu dieser Methode mit der vollständigen botanischen Bezeichnung vier Pflanzenbeispiele an.

17. Ein einfacher Weg der Vermehrung ist die Teilung von Pflanzen, z. B. bei Stauden und Gräsern. Schreiben Sie mit der vollständigen botanischen Bezeichnung drei Stauden, die auch durch Teilung (sonst auch: Steckling) vermehrt werden können.

18. Ein Kunde kauft einen Container mit einer Edelrose und interessiert sich für die Vermehrung dieser Pflanzen. Recherchieren Sie die Vermehrungsmethode und den Zeitpunkt der Vermehrung.

19. Suchen Sie in der Fachliteratur und im Internet vier Pflanzen, die durch Okulation vermehrt werden. Schreiben Sie diese Beispiele mit der deutschen und der vollständigen botanischen Bezeichnung.

20. Geben Sie Ihrem Kunden Tipps und Hinweise zur Pflanzung von Rosen.

21. Geben Sie Ihrem Kunden einige Tipps und Hinweise zur Pflege von Rosen.

1 Pflanzenpflege beschreiben — 1.7 Pflanzenvermehrung

22. Bei der Vermehrungsmethode Kopulation werden Unterlage und Edelreis lang angeschnitten, aufeinander gesetzt, mit Veredlungsband verbunden und mit Baumwachs verstrichen. Recherchieren Sie drei Beispiele von Pflanzen mit der vollständigen botanischen Bezeichnung, die so veredelt werden.

23. Begründen Sie, warum einige Pflanzen durch Stecklinge, andere wiederum durch Veredeln vermehrt werden.

Teil 3C – Pflanzenkenntnis

1 Pflanzenkenntnis erlangen

1.1 Vegetationszonen

1. Im Floristik-Fachgeschäft finden Sie Topfpflanzen und Schnittblumen verschiedener Herkunft. Warum muss der Florist die Heimat von Pflanzen kennen?

2. Ordnen Sie der tropischen, der subtropischen und der gemäßigten Klimazone jeweils Länder oder Landschaften zu, die als typisch anzusehen sind, weil sie in diesen Zonen liegen.

3. Nennen Sie drei Klimamerkmale, die in den Tropen (tropischer Regenwald) ein reiches Pflanzenwachstum bewirken.

4. Viele wichtige Pflanzen des tropischen Regenwaldes bilden Lianen, die so schnell gute Lichtverhältnisse erreichen. Erklären Sie diesen Fachbegriff.

5. Ordnen Sie der tropischen Vegetationszone mit der vollständigen deutschen und botanischen Bezeichnung sechs Topfpflanzen zu.

6. Tropische Trockenwälder bilden den Übergang zu den Dornbuschsavannen. Recherchieren Sie drei typische Merkmale dieses Klimas oder dieser Vegetation.

1 Pflanzenkenntnis erlangen — 1.1 Vegetationszonen

7. Nennen Sie mit der vollständigen deutschen und botanischen Bezeichnung zwei typische Pflanzen der Savannen, die im Floristik-Fachgeschäft Topfpflanzen sind.

8. Geben Sie einem Kunden drei Hinweise zur Pflege von Savannen-Pflanzen auf der Fensterbank.

9. Wüsten und Halbwüsten sind gekennzeichnet durch Trockenheit. Halbwüsten sind Übergangsbereiche zwischen Dornwäldern/Dornsteppen und Wüsten. Nennen Sie drei Klimamerkmale solcher Halbwüsten.

10. Viele Pflanzen der Halbwüsten sind bei uns normale Zimmerpflanzen. Schreiben Sie mit der vollständigen deutschen und botanischen Bezeichnung vier Pflanzen.

11. Nennen Sie drei typische klimatische Merkmale des mediterranen Klimas.

12. Nennen Sie vier Länder/Landstriche, in denen diese mediterranen Klimaverhältnisse zu finden sind.

13. Pflanzen aus dem mediterranen Klima Südafrikas sind in unseren „kalten" Breiten natürlich Kübelpflanzen. Schreiben Sie mit der vollständigen botanischen Bezeichnung drei Pflanzen aus dieser Region.

14. Geben Sie Ihrem Kunden für den Sommer und für den Winter Tipps und Hinweise zur Pflege mediterraner Pflanzen.

Teil 3C – Pflanzenkenntnis

15. Im mediterranen Klima Südafrikas haben auch viele Zwiebel- und Knollenpflanzen ihre Heimat. Ergänzen Sie zu den Abbildungen den deutschen Namen und die vollständige botanische Bezeichnung.

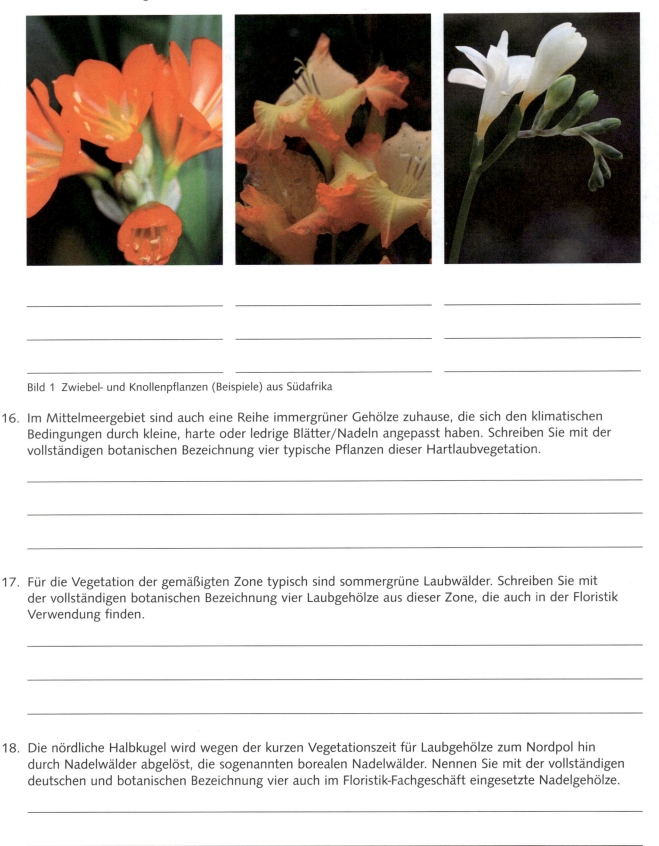

Bild 1 Zwiebel- und Knollenpflanzen (Beispiele) aus Südafrika

16. Im Mittelmeergebiet sind auch eine Reihe immergrüner Gehölze zuhause, die sich den klimatischen Bedingungen durch kleine, harte oder ledrige Blätter/Nadeln angepasst haben. Schreiben Sie mit der vollständigen botanischen Bezeichnung vier typische Pflanzen dieser Hartlaubvegetation.

17. Für die Vegetation der gemäßigten Zone typisch sind sommergrüne Laubwälder. Schreiben Sie mit der vollständigen botanischen Bezeichnung vier Laubgehölze aus dieser Zone, die auch in der Floristik Verwendung finden.

18. Die nördliche Halbkugel wird wegen der kurzen Vegetationszeit für Laubgehölze zum Nordpol hin durch Nadelwälder abgelöst, die sogenannten borealen Nadelwälder. Nennen Sie mit der vollständigen deutschen und botanischen Bezeichnung vier auch im Floristik-Fachgeschäft eingesetzte Nadelgehölze.

1 Pflanzenkenntnis erlangen   1.2 Ökosysteme

19. Im späten Winter und im Frühjahr blühen unter den noch unbelaubten Gehölzen eine Reihe auch floristisch genutzter Pflanzen. Bestimmen Sie die jeweils abgebildete Pflanze, und ergänzen Sie die vollständige deutsche und botanische Bezeichnung.

Bild 1 Frühblüher (Beispiele) der gemäßigten Zone

20. Aus der arktischen Region verarbeitet der Florist die Rentierflechte, die im Handel „Islandmoos" heißt. Schreiben Sie die vollständige botanische Bezeichnung.

21. Was geschieht vor dem Verarbeiten von „Islandmoos"? Erklären Sie.

1.2 Ökosysteme

1. Für viele Menschen in Europa ist der Wald ein bekanntes Ökosystem. Nennen Sie beispielhaft vier Aufgaben, die dieses Ökosystem „Wald" erfüllt.

2. In europäischen Wäldern stellt die Krautschicht eine typische Pflanzengesellschaft dar. Schreiben Sie vier Pflanzenbeispiele aus der Krautschicht eines Laubwaldes mit der vollständigen botanischen Bezeichnung; diese Pflanzen gehören aber nicht zur Familie Poaceae.

Teil 3C – Pflanzenkenntnis

3. Formulieren Sie gestalterische Überlegungen zur Gestaltung eines Pflanzgefäßes mit Pflanzen der Pflanzengesellschaft Wald.

4. Kennzeichnen Sie mit drei Merkmalen den Lebensraum Moor (hier: Hochmoor).

5. Eine große Anzahl von Pflanzen aus dem Moor gehört zur Familie Ericaceae. Nennen Sie mit der vollständigen botanischen Bezeichnung vier Pflanzen dieser Familie, die floristisch verwendet werden, z. B. zur Bepflanzung von Gefäßen oder in der Straußbinderei.

6. Torf, vor allem Weißtorf, heutzutage aber auch Schwarztorf, findet in Pflanzsubstraten Verwendung. Nennen Sie drei positive Eigenschaften von Weißtorf.

7. Nennen Sie mit der vollständigen botanischen Bezeichnung zwei für den Lebensraum Heide typische Pflanzen.

8. Für eine Hallenschau (IV bis VII) zum Thema „Lebensbereich Bach und See" werden passend Pflanzen des Uferbereiches präsentiert. Schreiben Sie mit der vollständigen deutschen und botanischen Bezeichnung drei passende Wasserpflanzen.

1.3 Naturschutz

1. Nennen Sie mindestens vier national oder auch international gültige Gesetze und Verordnungen zum Schutz von Natur.

1 Pflanzenkenntnis erlangen — 1.4 Pflanzen auflisten und zuordnen

2. Am 01.07.1975 trat das CITES-Übereinkommen in Kraft (WA). Recherchieren Sie eine Übersetzung für die Abkürzung CITES.

3. Welche Bedeutung haben CITES-Papiere für das Floristik-Fachgeschäft?

4. Schreiben Sie mit der vollständigen deutschen und botanischen Bezeichnung drei in der Natur geschützte Pflanzen, die für die floristische Verwendung aus gärtnerischer Produktion stammen.

5. Schreiben Sie vier Pflanzenbeispiele mit der vollständigen botanischen Bezeichnung, die auf der Roten Liste (z. B. Bundesrepublik) verzeichnet sind und eigentlich floristisch verwendet werden könnten.

6. Überlegen Sie, recherchieren Sie im Internet und nehmen Sie Fachliteratur zur Hilfe für die Frage: Welche Bedeutung haben Rote Listen?

1.4 Pflanzen auflisten und zuordnen

1. Schreiben Sie mit der vollständigen botanischen Bezeichnung zwei Laubgehölze mit roten Früchten, die auch in der Floristik verwendet werden.

2. Viele Früchte werden in der herbstlichen Dekoration verwendet. Schreiben Sie dazu vier typische Früchte mit der vollständigen botanischen Bezeichnung.

3. Schreiben Sie mit der vollständigen deutschen und botanischen Bezeichnung zwei Pflanzen, deren Früchte dieses botanische Zeichen ☠ tragen und deshalb in der floristischen Gestaltung wenig verwendet werden sollen.

Teil 3C – Pflanzenkenntnis

4. Benennen Sie entsprechend die Abbildungen mit der vollständigen botanischen Bezeichnung:

_____   _____   _____   _____

_____   _____   _____   _____

Bild 1 Frucht tragende Gehölze (Beispiele)

5. Viele Pflanzen der Familie Bromeliaceae leben im tropischen Regenwald als Epiphyten. Erklären Sie an drei Merkmalen die Lebensweise einer epiphytisch lebenden Pflanze.

_____

_____

6. Schreiben Sie mit der vollständigen deutschen und botanischen Bezeichnung vier epiphytisch lebende Pflanzen aus der Familie Bromeliaceae, die als Topfpflanzen verkauft werden.

_____

_____

7. Geben Sie einem Kunden Hinweise und Tipps zur Pflege von Bromelien als Topfpflanzen. Berücksichtigen Sie dabei vor allem den Standort, die Wassergaben, die Temperatur und den Düngeranspruch.

_____

_____

_____

8. Immer wieder finden sich Hinweise auf die Gestaltung eines Epiphytenstammes. Recherchieren Sie und erklären, was dieser Fachbegriff beinhaltet.

_____

_____

9. Denken Sie an den natürlichen Standort von Bromelien. Formulieren Sie nun zwei Tipps und Hinweise zur Gestaltung eines solchen Epiphytenstammes.

_____

_____

1 Pflanzenkenntnis erlangen
1.4 Pflanzen auflisten und zuordnen

10. Die Bromelien werden in ein Pflanzgefäß mit einer Länge von 85 cm, einer Breite von 42 cm und einer Höhe von 35 cm gepflanzt. Wie viel Liter Pflanzsubstrat werden benötigt, wenn ein Gießrand von 2 cm Höhe bleibt?

11. Schreiben Sie mit der vollständigen botanischen Bezeichnung vier immergrüne Laub-gehölze, deren Blätter Verwendung finden in einem Blattkranz.

12. Schreiben Sie mit der vollständigen botanischen Bezeichnung vier immergrüne Laubgehölze, die in einem Gesteck zur Verdichtung der Basis und zum Abdecken der Steckhilfsmittel eingesetzt werden.

13. Auch zwei- bis mehrfarbige Laubgehölze finden in der Binderei verstärkt Verwendung. Schreiben Sie mit der vollständigen botanischen Bezeichnung mindestens drei Pflanzen und geben Sie die vorherrschende Farbe an.

14. Nennen Sie drei Pflanzen mit interessanter Bewegung oder mit Korkleisten mit der vollständigen botanischen Bezeichnung für Gattung, Art und/oder Sorte.

15. Schreiben Sie mit der vollständigen deutschen und botanischen Bezeichnung (Gattung, Art und/oder Sorte) acht immergrüne Nadelgehölze für die Adventsbinderei.

16. Bei gewickelten Adventskränzen ist es z. T. wegen der Stärke der Zweige wichtig, dass der Kunde die „großen" Schnittstellen des Kranzgrüns nicht sieht. Wie kann der Florist diese sichtbaren Schnittstellen verhindern?

Teil 3C – Pflanzenkenntnis

17. Benennen Sie entsprechend die Abbildungen von Zapfen mit der vollständigen deutschen und botanischen Bezeichnung.

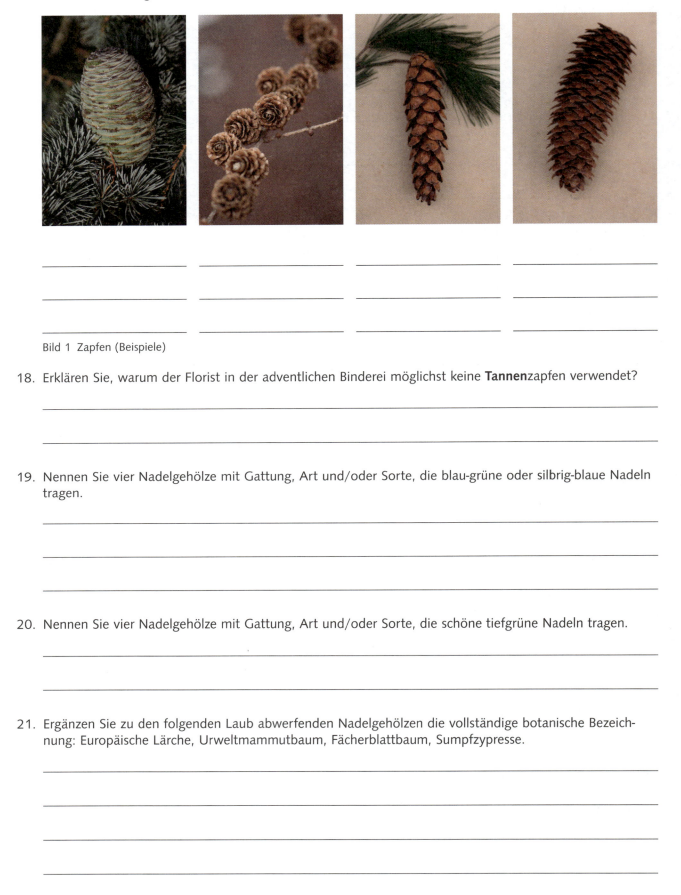

Bild 1 Zapfen (Beispiele)

18. Erklären Sie, warum der Florist in der adventlichen Binderei möglichst keine **Tannen**zapfen verwendet?

19. Nennen Sie vier Nadelgehölze mit Gattung, Art und/oder Sorte, die blau-grüne oder silbrig-blaue Nadeln tragen.

20. Nennen Sie vier Nadelgehölze mit Gattung, Art und/oder Sorte, die schöne tiefgrüne Nadeln tragen.

21. Ergänzen Sie zu den folgenden Laub abwerfenden Nadelgehölzen die vollständige botanische Bezeichnung: Europäische Lärche, Urweltmammutbaum, Fächerblattbaum, Sumpfzypresse.

1 Pflanzenkenntnis erlangen

1.4 Pflanzen auflisten und zuordnen

22. Der Florist kultiviert selbst noch einige Schnittgehölze. Er bekämpft Unkraut mit einem Herbizid. Die Fläche ist 2,20 m breit und 13 m lang. Die Anweisung besagt, dass 25 ml für 1 a verwendet werden. Wie viel ml dieses Herbizids werden eingesetzt?

23. Schreiben Sie mit der vollständigen botanischen Bezeichnung drei einjährige Gräser, die floristisch für die Straußbinderei verwendet werden.

24. Nennen Sie mit der vollständigen deutschen und botanischen Bezeichnung vier Schnittblumen, die zum Trocknen als Trockenblumen geeignet sind.

25. Schreiben Sie zu schon genannten Pflanzen zur Trocknung vier Pflanzen aus der Familie Asteraceae, die beliebte Pflanzen für die Trockenbinderei sind.

26. Schreiben Sie mit der vollständigen deutschen und botanischen Bezeichnung sechs einjährige Schnittblumen und geben Sie entsprechend die Blütezeit an.

27. Schreiben Sie mit der vollständigen botanischen Bezeichnung vier mit Rottönen blühende Schnittstauden ohne Zwiebel oder Knolle.

28. Viele Stauden haben eine Zwiebel oder eine Knolle. Schreiben Sie mit der vollständigen botanischen Bezeichnung drei Topfpflanzen, die eine Zwiebel oder Knolle haben.

Teil 3C – Pflanzenkenntnis

29. Aus der Familie Amaryllidaceae ist der Ritterstern eine Schnittblume, aber vor allem auch ein beliebte Topfpflanze. Geben Sie Ihren Kunden Hinweise zum Aufsetzen einer Ritterstern-Zwiebel.

30. Nun hat die frisch aufgesetzte Amaryllis den „Roten Brenner". Was erklären Sie dazu Ihrem Kunden?

31. Staudig wachsende Gräser geben manchem Werkstück aus getrockneten Pflanzen den „richtigen Pfiff". Schreiben Sie mit der entsprechenden deutschen und botanischen Bezeichnung vier geeignete Gräser.

32. Ein Kunde möchte Strohblumen, Immortellen, Statice und andere Schnittblumen aus seinem Garten trocknen. Geben Sie diesem Kunden drei Hinweise über die Vorgehensweise zur Trocknung solcher Pflanzen.

33. Farne auf der Fensterbank sind wegen der vielen unterschiedlichen Grüntöne interessant für den Kunden. Schreiben Sie mit der deutschen und botanischen Bezeichnung vier Farne als Topfpflanzen.

1 Pflanzenkenntnis erlangen
1.4 Pflanzen auflisten und zuordnen

34. Beim Kunden sind also Farne beliebte Grünpflanzen. Geben Sie Ihrem Kunden vier Hinweise zur Pflege am Beispiel von *Adiantum raddianum*.

35. Nennen Sie mit der vollständigen botanischen Bezeichnung drei Farne für die Verwendung als Beiwerk.

36. Formulieren Sie drei Hinweise und Tipps für den Umgang mit Farnen als Schnittgrün.

37. Schreiben Sie mit der vollständigen deutschen und botanischen Bezeichnung vier Palmen für den Wohnbereich, den Wintergarten oder für die Verwendung als Kübelpflanze.

38. Geben Sie Ihrem Kunden beim Kauf einer *Howea forsteriana* fünf Pflegehinweise.

39. Schreiben Sie mit der deutschen und botanischen Bezeichnung vier blühende Ziergehölze für floristische Gestaltungen und ergänzen Sie entsprechend die Blütenfarbe.

40. Stellen Sie zwei Möglichkeiten/Methoden dar, blühende Ziergehölze als Schnittgehölze eine längere Zeit „haltbar" zu machen.

Teil 3C – Pflanzenkenntnis

41. Schreiben Sie mit dem vollständigen deutschen und botanischen Namen vier Zwiebel- oder Knollenpflanzen für die Treiberei.

42. Schreiben Sie mit der vollständigen deutschen und botanischen Bezeichnung drei mehrjährige Pflanzen ohne Zwiebel oder Knolle für die Treiberei.

43. Schreiben Sie mit dem vollständigen deutschen und botanischen Namen vier Blühgehölze, die für die Treiberei verwendet werden.

44. Nennen Sie Verwendungsmöglichkeiten für vorgetriebene Gehölze.

45. Kübelpflanzen waren typisch für die Zeit der Renaissance und vor allem des Barock. Nennen Sie drei europaweit bekannte Orangerien zur Aufnahme von Kübelpflanzen im Winter.

46. Kübelpflanzen sind also ein „Überbleibsel" aus alter Zeit, in der diese exotischen Pflanzen aus warmen Ländern nach Deutschland gekommen sind. Schreiben Sie mit der vollständigen deutschen und botanischen Bezeichnung vier Kübelpflanzen, die Sträucher oder Bäume sind.

47. Schreiben Sie mit dem vollständigen botanischen Namen zwei Kübelpflanzen, die Stauden sind.

48. Verfassen Sie für die Beratung Ihrer Kunden zur Überwinterung von Kübelpflanzen einen kurzen Text, der allgemeine Tipps und Hinweise enthält.

1 Pflanzenkenntnis erlangen — 1.4 Pflanzen auflisten und zuordnen

49. Es ist schon eine typische Kundenfrage: „Wie kann ich am besten mein Margeritenstämmchen (*Argyranthemum frutescens*) überwintern?" Geben Sie Ihrem Kunden die entsprechenden Hinweise.

50. „Wie überwintere ich meinen Oleander (*Nerium oleander*)?" Geben Sie auf diese Frage Ihres Kunden eine fundierte Antwort.

51. Schreiben Sie mit der vollständigen botanischen Bezeichnung fünf blühende Topfpflanzen, die fast ganzjährig im Floristik-Fachgeschäft angeboten werden.

52. Rotblühende Topfpflanzen bilden einen spannenden Kontrast zum Grün der Blätter. Schreiben Sie mit der vollständigen deutschen und botanischen Bezeichnung drei Pflanzenbeispiele.

53. Viele Topfpflanzen sind Sträucher oder Bäume. In der Natur blühen diese Topf-pflanzen erst im Alter, aber auf der Fensterbank selten oder gar nicht. Schreiben Sie mit der deutschen und botanischen Bezeichnung vier solcher Grünpflanzen.

54. Schreiben Sie mit der vollständigen botanischen Bezeichnung drei Grünpflanzen, die in einer Pflanzung als sammelnde/lagernde Bewegungsform eingesetzt werden.

Teil 3C – Pflanzenkenntnis

55. Grünpflanzen werden auch als Ampelpflanzen gehandelt. Schreiben Sie mit der vollständigen deutschen und botanischen Bezeichnung drei Pflanzenbeispiele.

56. Schreiben Sie mit der vollständigen botanischen Bezeichnung vier Schnittblumen, die auch gleichzeitig als Topfpflanzen im Floristik-Fachgeschäft zu finden sind.

57. Schreiben Sie mit der vollständigen botanischen Bezeichnung drei sukkulente Topfpflanzen. Ergänzen Sie entsprechend die Familie.

58. Einige sukkulente Topfpflanzen wachsen am natürlichen Standort zu Bäumen heran. Schreiben Sie mit der vollständigen botanischen Schreibweise drei solcher Pflanzen und ergänzen Sie entsprechend die Familie.

59. Nennen Sie beispielhaft zwei Merkmale zur Unterscheidung von Kakteen und sukkulenten Pflanzen (ohne Blattkakteen).

60. Schreiben Sie mit der vollständigen deutschen und botanischen Bezeichnung vier Kakteen (ohne Blattkakteen), die mittlerweile typische Topfpflanzen geworden sind.

1 Pflanzenkenntnis erlangen   1.4 Pflanzen auflisten und zuordnen

61. Bestimmen Sie die abgebildeten Kakteen mit der deutschen Bezeichnung und ergänzen Sie den vollständigen botanischen Namen.

_____   _____   _____   _____

_____   _____   _____   _____

_____   _____   _____   _____

Bild 1 Kakteen (Beispiele) für die Fensterbank

62. Formulieren Sie vier Merksätze zur Pflege von Kakteen (ohne Blattkakteen). Beachten Sie vor allem den Wasseranspruch, die Standort- und Temperaturverhältnisse sowie den Düngeranspruch.

_____

_____

_____

_____

63. Schreiben Sie mit der vollständigen botanischen Bezeichnung drei Blattkakteen.

_____

_____

64. Nach dem Urlaub in den Bergen hat der Kunde noch die interessante Pflanzenwelt vor Augen und will diese in einem Steingarten nachgestalten. Schreiben Sie mit der deutschen und vollständigen botanischen Bezeichnung vier passende Pflanzen.

_____

_____

_____

65. Schreiben Sie mit der vollständigen botanischen Bezeichnung vier Zwiebelpflanzen, die im März/April blühen. Ergänzen Sie die Hauptblütenfarben.

_____

_____

Teil 3C – Pflanzenkenntnis

66. Schreiben Sie mit der vollständigen botanischen Bezeichnung vier Zwiebel- und Knollenpflanzen, die im Juni/Juli ihre Blütezeit haben.

67. Schreiben Sie mit der vollständigen botanischen Bezeichnung drei zweijährige Pflanzen und ergänzen Sie die Blütezeit.

68. Für den sehr sonnigen Balkon bestellt der Kunde einen Balkonkasten mit Kräutern, die er auch in der Küche verwenden kann. Schreiben Sie mit der vollständigen botanischen Bezeichnung zwei geeignete Pflanzen.

69. Schreiben Sie mit der vollständigen deutschen und botanischen Bezeichnung zwei einjährige Kräuter, die im Topf zur Bereicherung des Kräuterangebotes verkauft werden.

70. Die Gärtner des Kreisverbandes laden zu einem festlichen Empfang. Der größte Teil der anwesenden Betriebe stammt aus dem Gemüsebau und dem Obstbau. Verwenden Sie deshalb in der floristischen Gestaltung Pflanzen aus diesem Bereich. Schreiben Sie mit der vollständigen botanischen Bezeichnung vier floristisch nutzbare Gemüse oder Obst.

71. Der Kunde bepflanzt ein in der Sonne liegendes Beet mit Sommerblumen nur in Blautönen. Schreiben Sie drei passende Pflanzen mit der deutschen und vollständigen botanischen Schreibweise.

72. Ein weiterer Kunde bestellt „einen Balkonkasten in Gelb für die Südseite". Schreiben Sie dazu passend drei Balkonpflanzen mit der vollständigen botanischen Bezeichnung.

73. Stellen Sie einen Strauß zusammen mit heimischen, nicht geschützten Wildpflanzen. Schreiben Sie beispielshaft zwei geeignete Pflanzen mit der vollständigen botanischen Bezeichnung.

1 Pflanzenkenntnis erlangen   1.4 Pflanzen auflisten und zuordnen

74. Kletterpflanzen lassen sich blühend, mit herbstlichem Fruchtschmuck und auch während der Vegetationszeit als Ranke oder abfließende Bewegung verwenden. Schreiben Sie mit vollständigem deutschen und botanischen Namen vier solcher Kletterpflanzen.

    _____

    _____

    _____

75. Benennen Sie die abgebildeten Rankpflanzen/Kletterpflanzen mit der deutschen und der vollständigen botanischen Bezeichnung.

Bild 1 Rankpflanzen/Kletterpflanzen (Beispiele)

76. Schreiben Sie mit der vollständigen deutschen und botanischen Bezeichnung vier Annuelle aus der Familie Asteraceae, die auch floristisch genutzt werden.

    _____

    _____

77. Für die Familie Asteraceae ist ein typisches Merkmal z. B. der Blütenstand. Nennen Sie drei typische Merkmale zum Erkennen von Pflanzen dieser Familie.

    _____

    _____

78. Suchen Sie drei Pflanzenbeispiele zur Familie Hyacinthaceae und schreiben Sie diese vollständig mit der botanischen Bezeichnung.

    _____

    _____

Teil 3C – Pflanzenkenntnis

79. Viele Pflanzen der Familie Ranunculaceae sind mehr oder weniger giftig. Dieses Wissen kann gegenüber Kunden durchaus von Vorteil sein. Finden Sie sechs Pflanzenbeispiele aus dieser Familie und schreiben Sie diese mit dem vollen botanischen Namen.

_____

80. Schreiben Sie mit der vollständigen deutschen und botanischen Bezeichnung fünf Pflanzen der Familie Rosaceae, die in der Straußbinderei verarbeitet werden.

_____

1 Persönlichkeitscharaktere und Geltungsbereiche der Pflanzen

1.1 Persönlichkeitscharaktere

1. Pflanzen sind Individuen, jede Einzelne hat ihr persönliches Erscheinungsbild (Habitus).
   Wodurch wird der Persönlichkeitscharakter von Pflanzen geprägt? Nennen Sie vier Merkmale.
   _____
   _____
   _____

1.2 Geltungsbereiche

1. Pflanzen sind drei wesentlichen Geltungsbereichen zugeordnet. Nennen Sie diese.
   _____
   _____

2. Beschreiben Sie die Pflanzengruppe großer Geltung.
   _____
   _____

3. Den Pflanzen hoher Geltung sind zwei Geltungsformen zugeordnet.
   Nennen Sie diese mit jeweils zwei Pflanzenbeispielen (deutsche und botanische Bezeichnung).
   _____
   _____

4. Beschreiben Sie die Pflanzengruppe mittlerer Geltung.
   _____
   _____

5. Den Pflanzen mittlerer Geltung sind zwei Geltungsformen zugeordnet.
   Nennen Sie diese mit jeweils einem Pflanzenbeispiel (deutsche und botanische Bezeichnung).
   _____
   _____
   _____

6. Beschreiben Sie die Pflanzengruppe geringer Geltung.
   _____
   _____

Teil 3D – Gestaltungselemente

7. Den Pflanzen geringer Geltung sind zwei Geltungsformen zugeordnet.
   Nennen Sie diese mit jeweils zwei Pflanzenbeispielen (deutsche und botanische Bezeichnung).
   _____
   _____

8. Um welche Pflanze handelt es sich auf diesem Foto? Beschreiben Sie ihren Persönlichkeitscharakter.
   _____
   _____

9. Um welche Pflanze handelt es sich auf diesem Foto? Beschreiben Sie ihren Persönlichkeitscharakter.
   _____
   _____

10. Um welche Pflanze handelt es sich auf diesem Foto? Beschreiben Sie ihren Persönlichkeitscharakter.
    _____
    _____

11. Nennen Sie zu jeder Geltungsform zwei weitere Pflanzenbeispiele (deutsche und botanische Bezeichnung).
    _____
    _____

2 Bewegungsformen

1. In welcher Verbindung können Grundformen zu pflanzlichen Bewegungsformen stehen?

2. Nennen Sie drei Pflanzenbeispiele, von deren Umrissform sich eine Grundform ableiten lässt.

3. Unterscheiden Sie konstruktive von freien Formen. Nennen Sie jeweils zwei Merkmale.

4. Es wird zwischen aktiven und passiven Bewegungsformen unterschieden. Beschreiben Sie die aktiven Bewegungsformen.

5. Charakterisieren Sie die passiven Bewegungsformen.

6. Welche Bedeutung hat die Berücksichtigung der natürlichen Bewegungsformen aus gestalterischer Sicht?

7. Nennen Sie acht aktive Bewegungsformen mit jeweils einem Pflanzenbeispiel.

Teil 3D – Gestaltungselemente

8. Skizzieren und beschreiben Sie die aktiven Bewegungsformen.

   Zeichnung

   _____
   _____
   _____
   _____

9. Nennen Sie drei passive Bewegungsformen mit jeweils einem Pflanzenbeispiel.

   _____
   _____
   _____
   _____

10. Skizzieren und beschreiben Sie drei passive Bewegungsformen.

    Zeichnung

    _____
    _____
    _____

3 Gesetze der Beschränkung und der Rangordnung

1. Beschreiben Sie anhand von drei wesentlichen Beispielen das Gesetz der Beschränkung.

2. Definieren Sie anhand von Beispielen das Gesetz der Rangordnung.

4 Texturen/Oberflächenbeschaffenheiten

Die Oberflächenbeschaffenheit von Pflanzen oder Pflanzenteilen, z. B. der Blätter oder Blüten, werden auch „Textur" genannt.

1. Was verbirgt sich hinter dem Begriff **Texturen**?

2. Nennen Sie mindestens sechs Texturen mit jeweils einem Pflanzenbeispiel mit deutscher und botanischer Bezeichnung.

3. Erarbeiten Sie drei weitere Texturen mit entsprechenden Pflanzenbeispielen.

4. Warum ist es für den Gestalter wichtig, Texturen und deren unterschiedliche Wirkung zu kennen und beschreiben zu können?

5 Ordnungsarten

1. Nennen Sie die Ordnungsarten.
   _____

2. Nennen Sie fünf wesentliche Merkmale der Symmetrie.
   _____
   _____

3. Nennen Sie fünf wesentliche Merkmale der Asymmetrie.
   _____
   _____

4. Durch welche Maßnahme können Sie die Wirkung der Ordnungsarten steigern oder mindern?
   _____
   _____
   _____

5. Beschreiben Sie die gestalterische Auswirkung folgender Maßnahmen:

   Sie gestalten ein symmetrisches Werkstück ausschließlich mit asymmetrischen Pflanzenteilen:
   _____
   _____

   Sie gestalten ein asymmetrisches Werkstück ausschließlich mit symmetrischen Pflanzenteilen:
   _____
   _____

6. Skizzieren Sie eine symmetrische Gruppierung. Beschriften Sie die typischen Merkmale der Symmetrie.

   Zeichnung

Teil 3D – Gestaltungselemente

7. Skizzieren Sie eine asymmetrische Gruppierung. Beschriften Sie die typischen Merkmale der Asymmetrie.

Zeichnung

8. Finden Sie zu jeder Ordnungsart zwei aussagekräftige Pflanzenbeispiele.

9. Welche Bedeutung hat der Waagepunkt in beiden Ordnungsarten?

Bild 1 Werkstück mit symmetrischem Umriss

6 Anordnungsarten

1. Erläutern Sie den Begriff Anordnungsarten.

   _____

   _____

Bild 1 Florist vor der Entscheidung für die richtige Anordnungsart

2. Nennen Sie mindestens sechs Anordnungsarten.

   _____

   _____

3. Beschreiben Sie die Anordnungsart **ein Wachstumspunkt**, auch Wuchspunkt genannt.

   _____

   _____

4. Wann entscheidet sich der Gestalter für mehrere Wachstumspunkte?

   _____

   _____

Bild 2 Wald, paralleles Erscheinungsbild „Beispiel Natur"

Teil 3D – Gestaltungselemente

5. Erklären Sie den Begriff **Bewegungsmittelpunkt**.

   _____
   _____
   _____

6. Beschreiben Sie die **parallele Anordnungsart**.

   _____
   _____
   _____

7. **Zuwendungen als Anordnungsprinzip**. Beschreiben Sie diese Aussage.

   _____
   _____

8. **Überschneidungen als Prinzip der Anordnung**. Erklären Sie die gestalterische Vorgehensweise anhand dieses Werkstückes:

   _____
   _____

9. Das Anordnen von Werkstoffen in Reihen ist eine Möglichkeit, die Gestalter nutzen können. Nennen Sie zwei Arten von **Reihungen**.

   _____
   _____

6 Anordnungsarten 1.2 Geltungsbereiche

10. Beschreiben und zeichnen Sie eine **stetige Reihung**, ordnen Sie einen geeigneten Einsatz in der Floristik zu.

_____

_____

_____

Zeichnung

11. Beschreiben und zeichnen Sie eine **rhythmische Reihung** und nennen Sie einen geeigneten Einsatz in der Floristik.

_____

_____

_____

_____

Zeichnung

12. Staffelungen sind als **abgestufte Reihungen** zu verstehen. Welche Arten von Staffelungen kennen Sie?

_____

_____

_____

_____

Teil 3D – Gestaltungselemente

13. Skizzieren und beschreiben Sie eine **einfache Staffelung**.

   Zeichnung

   _____
   _____
   _____
   _____

14. Skizzieren und beschreiben Sie die **gesteigerte Staffelung**.

   Zeichnung

   _____
   _____
   _____
   _____

6 Anordnungsarten

1.2 Geltungsbereiche

15. Erklären Sie den Begriff **Streuung** und nennen und skizzieren Sie zwei Möglichkeiten.

_____
_____
_____
_____
_____
_____

Zeichnung

16. Nennen Sie zwei Möglichkeiten der Anwendung von Streuungen in der Floristik.

_____
_____
_____
_____
_____

Teil 3D – Gestaltungselemente

7 Umrissgestaltungen

Die Natur präsentiert vielfältige Blatt- und Blütenumrisse. Das hat einen wesentlichen Einfluss auf die Ausstrahlung der Pflanzen. Diese Merkmale lassen sich auf florale Werkstücke übertragen.

1. Welche **Umrissgestaltungen** kennen Sie?

   _____
   _____
   _____
   _____
   _____

2. Skizzieren Sie jeweils einen kleinen Ausschnitt am Beispiel eines Kranzkörpers.

   Zeichnung

3. Beschreiben Sie die Wirkung der beiden Umrissformen und ordnen Sie die favorisierte Ordnungsart zu.

   _____
   _____
   _____
   _____
   _____

8 Proportionen

1. **Proportionen** werden als harmonisch oder disharmonisch empfunden.
   Worauf beziehen sich Proportionen?
   _____
   _____

2. Die richtige Proportion kann anhand des Goldenen Schnittes errechnet werden.
   Beschreiben Sie den **Goldenen Schnitt**.
   _____
   _____
   _____
   _____

3. Zeichnen Sie ein Efeublatt in ein Pentagramm und beschreiben Sie die Streckenabschnitte:

Zeichnung

4. Beispielrechnung zum Goldenen Schnitt:
   Teilen Sie eine Strecke C von 8 Teilen durch 1,6 und das Ergebnis wieder durch 1,6, dadurch erhalten Sie 3 im gleichen Verhältnis zueinander stehende Strecken:
   8 : 1,6 = ... : 1,6 = ...
   Gesamtstrecke gleich c, Major gleich b, Minor gleich a
   Das Proportionsverhältnis lautet:
   _____

5. Sie möchten einen Türkranz im Proportionsverhältnis 1:1,6:1 anfertigen.
   Der Außendurchmesser darf 50 cm betragen.
   Wie breit ist der Kranzkörper?
   _____

   Wie groß ist die Kranzöffnung?
   _____

Teil 3D – Gestaltungselemente

Wie hoch darf der Kranzkörper sein, wenn Sie ein ¾ Reifen-Profil erzielen möchten?

Rechnung:

6. Die Rechenbeispiele sind sichere Hilfestellungen zur Ermittlung einer „guten" Proportion. Der Zollstock soll allerdings möglichst nur bei konstruktiven Formen Einsatz finden, z. B. bei Dekorationshockern.

   Begründen Sie diese Aussage.

   _____

   _____

   _____

   _____

7. Nennen Sie jeweils drei Beispiele für:

   Werkstoffe für den **überproportionalen** Einsatz:

   _____

   _____

   _____

   Werkstoffe für den **unterproportionalen** Einsatz:

   _____

   _____

   _____

9 Gestaltungsarten

1. Am Anfang der Planung für ein florales Werkstück steht die Entscheidung für die, dem Anlass entsprechende, Gestaltungsart.

   Nennen Sie drei klassische Gestaltungsarten.

   _____

   _____

   _____

2. Beschreiben und skizzieren Sie die drei Gestaltungsarten.

   _____

   _____

   _____

Skizze 1:	Skizze 2:	Skizze 3:

3. Ordnen Sie den Gestaltungsarten entsprechende Anlässe zu:

   Gestaltungsart: _____

   Gestaltungsart: _____

   Gestaltungsart: _____

4. Erläutern Sie folgende Aussage:

   „Konsequenz in der Beachtung und Umsetzung aller Gestaltungselemente, ist die Voraussetzung für ein gelungenes und fachgerechtes Werkstück."

   _____

   _____

   _____

   _____

Teil 3D – Gestaltungselemente

10 Farbenlehre

10.1 Licht

1. Erläutern Sie den Zusammenhang zwischen Licht und Farbe. Wie können die Farben des weißen Lichts sichtbar gemacht werden?

   _____
   _____

2. Was wird unter unter dem Begriff **Spektralfarben** verstanden? Benennen Sie diese in der Reihenfolge ihrer Erscheinung.

   _____
   _____

3. Erläutern Sie den Begriff **Lichtspektrum**.

   _____
   _____

4. Was geschieht mit einem Sonnenstrahl, der auf ein grünes Blatt fällt?

   _____
   _____

5. Wann erscheint ein Gegenstand Weiß, Schwarz bzw. Grau?

   _____
   _____

6. Benennen Sie die Bestandteile des menschlichen Auges anhand folgender Grafik:

7. Beschreiben Sie die Funktion der Bestandteile des Auges, insbesondere die der Netzhaut.

   _____
   _____

10 Farbenlehre — 10.2 Farbbegriffe und Farbordnungen

8. Worin unterscheiden sich das Licht der Sonne, einer Glühbirne und einer Neonröhre und welche Auswirkungen hat das auf die Farbwahrnehmung?

9. In der Farbenlehre unterscheidet man die additive und die subtraktive Farbmischung. Bei der additiven Mischung werden Lichtstrahlen von drei Strahlern jeweils durch ein rotes, ein blaues und ein grünes Farbfilter auf eine weiße Fläche projiziert. Welche Farbe ergibt sich, wo

    a) rotes und blaues Licht aufeinandertreffen?

    b) rotes und grünes Licht aufeinandertreffen?

    c) blaues und grünes Licht aufeinandertreffen?

    d) alle drei Lichtfarben aufeinandertreffen?

    e) Werden die Mischfarben heller oder dunkler als die Ausgangsfarben?

10. In der subtraktiven Farbmischung werden sogenannte Körperfarben (z. B. Farbpigmente aus dem Tuschkasten) gemischt. Ausgangsfarben sind hier Gelb, Magenta und Cyan.

    Welche Farbe entsteht beim Mischen von
    a) Cyan und Gelb?
    b) Gelb und Magenta
    c) Cyan und Magenta?
    d) allen drei Ausgangsfarben?

    e) Werden die Mischfarben heller oder dunkler als die Ausgangsfarben?

10.2 Farbbegriffe und Farbordnungen

1. Welches sind die Grundfarben nach der Farbtheorie von Johannes Itten?

Teil 3D – Gestaltungselemente

2. Benennen Sie die zwölf Farben aus dem Farbkreis.

3. Welche Bezeichnungen sind auch geläufig für Gelbgrün, Gelborange, Rotorange, Rotviolett, Blaugrün?

4. Farben haben die drei Eigenschaften Farbton, Helligkeit und Sättigung. Aus diesem Grund stellt der Farbkreis nur die reinen Farben dar. Welche weiteren zwei Eigenschaften können in einem **Farbstern** dargestellt werden?

5. Für die Darstellung aller drei Farbeigenschaften benötigt man ein dreidimensionales System (z. B. eine Kugel oder einen Doppelkegel). Wo befinden sich in der Farbkugel von Philipp Otto Runge?

   a) die reinen Farben   b) die aufgehellten Farben   c) die abgedunkelten Farben
   d) Schwarz   e) weiß   f) die Grauleiter   g) die getrübten Farben.

6. Was ist eine Farbskala? Erläutern Sie den Begriff.

7. Was ist eine Grauleiter? Erklären Sie den Begriff.

10 Farbenlehre

10.3 Farbeigenschaften und ihre Kontraste

8. Welches sind die drei „Urfarben" in der Farbentheorie von Harald Küppers und in welchen Organen im menschlichen Auge haben sie ihre Entsprechung?

9. Wieso können durch drei Zapfen alle anderen Farberscheinungen erzeugt werden?

10.3 Farbeigenschaften und ihre Kontraste

1. Welches sind objektive Farbeigenschaften und warum werden sie als **objektiv** bezeichnet?

2. Welches sind subjektive Farbeigenschaften und warum bezeichnet man sie als **subjektiv**?

3. Wie werden subjektive Farbkontraste auch bezeichnet?

4. Erklären Sie den Begriff **Farbtonkontrast**. Mit welchen Farben tritt er am deutlichsten in Erscheinung?

5. Wie kann man die Wirkung des Farbtonkontrastes beschreiben?

6. Erläutern Sie den Begriff der **Farbhelligkeit**.

7. Erklären Sie den Begriff **Helligkeitskontrast**. Nennen Sie zwei Beispiele.

Teil 3D – Gestaltungselemente

8. Welche Wirkung hat ein Helligkeitskontrast auf das Empfinden des Betrachters?

9. Erläutern Sie den Begriff der **Farbreinheit**.

10. Was versteht der Florist als **Reinheitskontrast**? Erläutern Sie den Begriff anhand folgender Abbildung:

11. Welche Wirkung geht von einem Reinheitskontrast aus?

12. Erklären Sie den Begriff **Mengenkontrast**.

13. Erläutern Sie den Unterschied zwischen Flächengröße und Wirkungsmenge (mit Beispiel).

14. Welche Wirkung erzielt ein Werkstück, in dem die verschiedenen Farben in scheinbar gleichen Mengen vorhanden sind?

15. Welches ist die wichtigste Regel bei der Anwendung des **Mengenkontrastes**?

10 Farbenlehre — 10.3 Farbeigenschaften und ihre Kontraste

16. Erklären Sie, was unter einem **Farbakzent** verstanden wird.

17. Interpretieren sie den Begriff **Farbaktivität** und geben Sie Beispiele für einen Aktivitätskontrast.

18. Erläutern Sie den Begriff der **Farbtemperatur** anhand von Beispielen und einer Einordnung auf dem zwölfteiligen Farbkreis.

19. Wie können wir uns die Temperaturwirkung der Farben in der Warenpräsentation unter Berücksichtigung der Jahreszeiten zunutze machen?

20. Was verstehen Sie unter einem Temperaturkontrast und welche Regel ist hier besonders wichtig, damit eine eindeutige Temperaturwirkung zum Ausdruck kommt?

21. Erläutern Sie den Gewichtskontrast. Mit welchem anderen Kontrast steht der Gewichtskontrast in engem Zusammenhang?

22. Welche Eigenschaften außer Gewicht und Helligkeit empfindet man beim Gewichtskontrast noch?

Teil 3D – Gestaltungselemente

10.4 Farbe und ihre Beeinflussung

1. Welchen Einfluss hat die Lichtmenge des Tageslichts auf die Farberscheinung? Nennen Sie Beispiele.

2. Welchen Einfluss hat die Lichtquelle (z. B. Sonnenlicht, Glühlampenlicht) auf die Farberscheinung?

3. Wie beeinflussen sich Farben **a)** innerhalb einer Komposition und **b)** gegenüber einem hellen bzw. dunklen Hintergrund durch den Simultankontrast gegenseitig in Bezug auf die Helligkeit?

10.5 Farbharmonien

1. Was sind **Harmonien großer Kontraste**?

2. Erklären sie einen Komplementärkontrast anhand folgender Abbildung und nennen Sie zwei weitere Beispiele.

3. In einem Komplementärkontrast zeigen die Farben große Unterschiede im Farbton. Aber auch andere Kontraste kommen hier zum Tragen. Nennen Sie zwei Beispiele.

4. Erläutern Sie den Begriff **Dreiklang** und stellen Sie dar, wie er auf dem zwölfteiligen Farbkreis gebildet werden kann.

10 Farbenlehre — 10.5 Farbharmonien

5. Erläutern Sie zunächst den Begriff **Vierklang.** Welche zwei ähnlichen Beziehungsfiguren stellen im Farbkreis einen Vierklang dar?

   _____
   _____
   _____

6. Erläutern Sie den Begriff **Harmonie kleiner Kontraste** anhand folgender Abbildung:

   _____
   _____
   _____
   _____
   _____

7. Definieren Sie die **Harmonie der Nachbarfarben**.

   _____
   _____

8. Wie interpretieren Sie den Begriff **Harmonie des Gleichklangs** anhand folgender Abbildung? Welche Wirkung wird erzielt?

   _____
   _____
   _____
   _____

9. Erklären Sie den Begriff **Harmonie verwandter Farben** oder **Farbfamilie**. Nennen Sie ein Beispiel.

   _____
   _____
   _____

10. Erklären Sie die **Harmonie gemischter Kontraste** und benennen Sie zwei verschiedene Möglichkeiten.

    _____
    _____
    _____

Teil 3D – Gestaltungselemente

10.6 Harmonien aus einer Blütenfarbe ableiten

1. In der Farbenlehre von Gabriele Kubo werden die Farbharmonien aus den Farben einer Blume abgeleitet. Dazu ist es zunächst notwendig, die Farben dieser Ausgangsblume genau zu analysieren. Benennen Sie die Einzelteile einer Blüte und deren Farbton anhand folgender Abbildung:

2. Analysieren Sie die Farben der Einzelteile einer Blüte, indem Sie den Farbton anhand der Bezeichnungen des zwölfteiligen Farbkreises benennen, den Grad der Helligkeit (normal, aufgehellt, abgedunkelt) und den Grad der Reinheit (rein, gering getrübt, stark getrübt) kennzeichnen.

3. Die Farbmengen der Einzelteile einer Blüte können sich im Werkstück wiederholen. Benennen Sie die Einzelteile der Blüte anhand ihrer Farbmenge in einer Rangfolge von viel zu wenig.

4. Untenstehende Abbildung zeigt eine Farbfamilie. Welcher Farbton wurde als Ausgangsfarbe gewählt und in welche Richtungen wurde der Farbton verändert? Nennen Sie mindestens sechs Wege.

10.7 Farbkompositionen

1. Bestimmte Farben werden mit Symbolen in Verbindung gebracht. Ordnen Sie die nachstehenden Farben den entsprechenden Symbolen zu, indem Sie sie mit Linien verbinden:

   1. Weiß   a) Melancholie, Würde, Trauer

   2. Gelb   b) Sonne, Heiterkeit

   3. Schwarz   c) Sehnsucht, Unendlichkeit, Frieden

   4. Grün   d) Romantik, Weiblichkeit, Naivität

   5. Rot   e) Trauer, Nacht, Strenge

   6. Violett   f) Reinheit, Unschuld

   7. Rosa   g) Hoffnung, Wachstum, Leben

   8. Blau   h) Liebe, Feuer, Gefahr

2. Bei der Verteilung der Farben im Werkstück ist eine Streuung oder eine Gruppierung möglich. Welche Wirkung haben diese Anordnungsarten?

   _____
   _____
   _____

3. Die Oberflächenstruktur hat Einfluss auf die Wirkung der Farben. Wie verhält sich das Licht, das auf eine glatte Oberfläche trifft und welche Wirkung ist damit verbunden?

   _____
   _____
   _____
   _____

4. Wie verhält sich das Licht, das auf eine raue Oberfläche trifft und welche Wirkung ist damit verbunden?

   _____
   _____

5. Worauf wird bei der Farbauswahl bezüglich der Strukturen geachtet, um eine möglichst spanungsreiche Gestaltung zu erzielen?

   _____
   _____
   _____

10.8 Anmerkung

Das Natural Color System (NCS)®© wurde von Gabriele Kubo für die Floristik entdeckt und bietet zunächst eine hervorragende Methode, um Blumenfarben zu analysieren und davon ausgehend überzeugende Farbharmonien zu komponieren. Ausgangspunkt sind nicht drei Malfarben, sondern vielmehr die vier **Elementarfarben**, die wir als reine Farben (frei von Einflüssen anderer Farben) wahrnehmen: **Gelb, Rot, Blau und Grün.**

Damit bekommt die für die Floristik so wichtige Farbe Grün die entsprechende Bedeutung. Jeder Farbton, der eine oder zwei dieser Elementarfarben enthält, wird auch **Buntfarben** genannt.

Diese vier Farben lassen sich in einem Farbkreis in einem rechten Winkel zueinander darstellen. Zwischen je zwei Elementarfarben liegen im NCS Farbkreis je zehn Abstufungen, die theoretisch auch als Verlauf vorstellbar sind. Alle diese Farbtöne werden als reine oder gesättigte Farbtöne wahrgenommen.

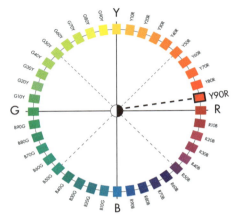

Bild 1 Farbkreis © NCS - Natural Colour System ®© property of NCS Colour AB, Stockholm

Die Beschriftung Y90R meint den umrandeten Farbton, der einen 90 %igen Rot- und einen 10 %igen Gelbanteil (Y=Yellow) enthält. Wichtig ist, dass jeder Buntton aus zwei benachbarten Elementarfarben besteht, die auch in der Praxis gut zu erkennen sind. Mischungen aus gegenüberliegenden Elementarfarben (Gelb und Blau oder Rot und Grün) sind nicht möglich.

Für die Darstellung der Aufhellungen, Abdunkelungen und Trübungen nutzt das NCS®© einen Doppelkegel; ein dreidimensionales Modell, um den gesamten Farbraum zu erfassen.

Bild 2 Farbraum © NCS - Natural Colour System ®© property of NCS Colour AB, Stockholm

Bild 1 zeigt den gesamten Farbraum in dreidimensionaler Darstellung als Doppelkegel in leicht geneigter Position. Der äußere Ring bildet den Farbkreis, der im Bild 1 dargestellt ist. Nun kommen die beiden Elementarfarben Schwarz (an der unteren Spitze) und Weiß (an der oberen Spitze) hinzu. Sie werden durch die sogenannte Grauleiter verbunden, in der Mitte befindet sich der mittlere Grauton (50 % Schwarz, 50 % Weiß). Auf der oberen Hälfte des Doppelkegels befinden sich auf der Oberfläche die Aufhellungen mit Weiß, auf der unteren Hälfte die Abdunkelungen mit Schwarz, wiederum in zehn Abstufungen. Weiß und Schwarz und die dazwischen liegenden Grautöne werden als Unbuntfarben bezeichnet. Es fehlen noch die Trübungen.

10 Farbenlehre

10.8 Anmerkung

In der Praxis sind nahezu alle Farben mit einem mehr oder weniger großen Grauanteil verbunden, diese Farbtöne befinden sich im Innern des Doppelkegels. In der Abbildung ist bereits ein Längsschnitt durch den Doppelkegel erfolgt, und zwar genau an der Stelle, wo wir das Y90R gekennzeichnet haben. In dieser Abbildung können wir es noch deutlicher sehen:

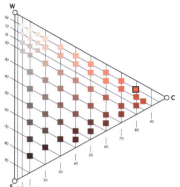

Bild 1 Ausschnitt aus dem Farbraum© NCS - Natural Colour System ®© property of NCS Colour AB, Stockholm

Der hier schwarz umrandete Farbton ist nun getrübt worden mit einem Grau, das einen 5 %igen Schwarzanteil und einen 95 %igen Weißanteil aufweist. Zusammen hat also der Unbuntanteil (Grau) 20 % und der Buntanteil 80 % des gesamten Farbtones. In Zahlen wird das so ausgedrückt: 0520Y90R

05	20	Y	90R
Schwarzanteil	Unbuntanteil	Gelb	Anteil der 2. Elementarfarbe (Rot) am Buntton

Zu Anfang mag es etwas verwirrend sein, mit diesen Zahlen zu hantieren. Wir behelfen uns mit Wertungen wie viel, wenig, mehr als, etwas, stark, schwach, intensiv, leicht usw. Aber die vier Elementarfarben sollten in der Analyse immer benannt werden.

Auf dieser Basis kann man jede Blumenfarbe analysieren. Die hier abgebildete Dahlie hat also ein Rot mit einem sehr geringen Gelbanteil, in den äußeren Blütenpartien ist der Unbuntanteil sehr gering, mit etwas Weiß, im mittleren Teil der Blüte kommt etwas Schwarz hinzu.

Nun ergeben sich viele Möglichkeiten der Harmoniebildung. Das Gestaltungsprinzip lautet, Beziehungen zwischen den Farbtönen einer Blumenkomposition herzustellen. Der oben analysierte Rotton kann mit Rot, mit Gelb, mit Orange kombiniert werden, selbige Töne können aufgehellt, abgedunkelt, getrübt werden. Kombinationen dieser Merkmale sind möglich sowie Wiederholungen.

Außer dem Rotton finden wir in der Mitte der Blüte noch gelbe Staubgefäße, die bei der Harmoniewahl ebenfalls einbezogen werden können.

Noch vielfältiger sind die Möglichkeiten, wenn wir es mit Blüten zu tun haben, die noch mehr unterschiedliche Farbtöne aufweisen. Jeder einzelne Farbton kann nach den Anteilen der vier Elementarfarben analysiert werden und eröffnet so sehr viele Möglichkeiten der Harmoniebildung. Auch auf Farbverläufe, die sehr viele Blumen aufweisen, kann sehr gut eingegangen werden. Auch die Grüntöne der Stengel und Blätter sollten in die Analyse einbezogen werden. Der große Vorteil dieser Methode: Wenn wir davon ausgehen, dass die Farbkombinationen, die die Natur uns in der Flora vorgibt, harmonisch sind, werden auch wir harmonische Farbzusammenstellungen schaffen.

11 Stilkundliche Entwicklungen kennen und in floristische Gestaltung übertragen

11.1 Griechische Antike, 800 bis 30 v. Chr.

1. In den Bauwerken der Griechen spiegelt sich das Streben nach Harmonie und Schönheit entsprechend ihrer Entstehungszeit vor allem in den Säulen wieder. Nennen Sie drei Merkmale einer dorischen (ca. 800 v. Chr.) Säulenordnung.

   _____

   _____

2. Die ionische Säulenordnung rechnet für die Zeit von 700 bis ca. 500 v. Chr. Nennen Sie drei typische Merkmale von Säulen dieser Zeit.

   _____

   _____

3. Nennen Sie drei typische Merkmale der korinthischen Säulenordnung (ca. 500 v. Chr.).

   _____

   _____

4. Nennen Sie drei mögliche floristische Werkstücke der griechischen Antike.

   _____

   _____

5. Schreiben Sie mit der vollständigen botanischen Bezeichnung vier Blätter, mit denen Sie heutzutage einen antiken Kopfkranz nachahmend gestalten.

   _____

   _____

6. Skizzieren Sie einen Kopfkranz, wie er in der griechischen Antike vorkommt.

Zeichnung

11 Stilkundliche Entwicklungen kennen und in floristische Gestaltung übertragen

7. Skizzieren und benennen Sie drei verschiedene Ornamente der griechischen Antike, wie sie am Gebälk von Tempeln oder zur Gliederung von Wänden vorkommen.

Zeichnung	Zeichnung	Zeichnung

Bild 1 Ornamente der griechischen Antike (Beispiele)

8. Skizzieren Sie einen Thyrsos-Stab und benennen Sie in der Skizze die verwendeten Werkstoffe. Skizzieren Sie dieses Werkstück waagerecht.

Zeichnung

11.2 Römische Antike, 300 v. Chr. bis 300 n. Chr.

1. Nennen Sie drei typische Bauwerke aus der Römerzeit.

   _____

   _____

2. Warum gelingt es den römischen Ingenieuren, große und repräsentative Bauten (Bögen, Theater) zu erstellen? Geben Sie zwei begründende Erklärungen.

   _____

   _____

3. Viele floristische Werkstücke übernehmen die Römer von den Griechen. Nennen Sie vier floristische Werkstücke und ihre Verwendung in der Römerzeit.

   _____

   _____

Teil 3D – Gestaltungselemente

4. Schreiben Sie mit der vollständigen botanischen Bezeichnung fünf bei den Römern verwendete oder auch beliebte Blumen.
___
___
___

5. Informieren Sie sich in der Fachliteratur oder recherchieren Sie im Internet und skizzieren Sie einen Stabstrauß.

Zeichnung

11.3 Romanik

1. Für welchen Zeitraum spricht man von Romanik?
___

2. Nennen Sie vier typische Merkmale zur Lebensart und zum Herrschaftssystem der Romanik.
___
___
___
___

3. Nennen Sie mindestens fünf typische Merkmale der romanischen Architektur.
___
___
___
___
___

4. Recherchieren Sie drei bekannte romanische Bauwerke in Deutschland.
___
___

11 Stilkundliche Entwicklungen kennen und in floristische Gestaltung übertragen 11.3 Romanik

5. Benennen Sie in der Skizze die einzelnen Bauteile romanischer Architektur.

Bild 1 Skizze einer romanischen Kirche mit Benennung der Bauteile

6. Skizzieren Sie ein floristisches Werkstück, das heutzutage zum Schmuck in einem romanischen Kirchenraum gestaltet wird und benennen Sie den floralen Werkstoff.

Zeichnung

7. Skizzieren Sie einen Questenbaum und beschriften Sie in der Skizze die entsprechend verwendeten Pflanzen.

Zeichnung

11.4 Gotik

1. Nennen Sie den zeitlichen Rahmen für die Zeit der Gotik.

2. Nennen Sie fünf typische Merkmale der gotischen Architektur.

3. Finden Sie in der Fachliteratur oder durch Recherche fünf bekannte europäische gotische Bauwerke.

4. Ergänzen Sie diese Abbildungen mit den entsprechenden Fachbegriffen.

Bild 1 Schmuckformen der Gotik (Beispiele)

5. Kennzeichnen Sie mit zwei typischen Merkmalen die in der Gotik neu entstehenden Wohn- und Rathäuser.

11 Stilkundliche Entwicklungen kennen und in floristische Gestaltung übertragen — 11.4 Gotik

6. Das Mittelalter (Romanik und Gotik) gilt als christlich geprägt; trotzdem bleiben viele Pflanzen lange als heidnische Symbole im Brauchtum erhalten. Nennen Sie drei Pflanzen mit der deutschen und vollständigen botanischen Bezeichnung und ergänzen Sie deren symbolische Bedeutung.

7. Nennen Sie zwei Merkmale für die Anbringung einer Girlande aus Blättern oder Blumen, wenn Sie als Florist in einer gotischen Kirche floristisch arbeiten.

8. Beschreiben Sie beispielhaft vier gestalterische Merkmale für ein Frischblumen-Gesteck, das zum Stil einer gotischen Kirche passt.

9. Der Blumenschmuck in der gotischen Kirche wird formal-linear gestaltet. Schreiben Sie mit der vollständigen botanischen Bezeichnung sechs passende florale Werkstoffe (Blumen und Blätter).

10. Schreiben Sie mit der deutschen und vollständigen botanischen Bezeichnung sechs typische Arznei- oder Gewürzpflanzen aus den Klostergärten des Mittelalters.

11. Schreiben Sie mit der deutschen und vollständigen botanischen Bezeichnung sechs typischerweise in mittelalterlichen Gärten vorkommende Zierpflanzen.

Teil 3D – Gestaltungselemente

12. Schreiben Sie zu den folgenden Pflanzenabbildungen die vollständige botanische Bezeichnung (Gattung, Art) und ergänzen Sie ihre Verwendung im Mittelalter.

_____   _____   _____

_____   _____   _____

_____   _____   _____

Bild 1 Pflanzen (Beispiele) aus der Zeit der Gotik

11.5 Renaissance

1. Mit der Renaissance beginnt die Neuzeit. Ordnen Sie die Renaissance zeitlich ein.

   _____

2. Warum heißt diese Zeit „Renaissance"?

   _____

   _____

3. Warum beginnt mit der Renaissance eine „Neue Zeit"? Nennen Sie drei typisch neuzeitliche Merkmale.

   _____

   _____

   _____

   _____

   _____

4. Recherchieren Sie und kreuzen Sie entsprechend bedeutende Künstler der Renaissance an.
   - ☐ Stefan Lochner
   - ☐ Michelangelo
   - ☐ Lucas Cranach
   - ☐ Hans Makart
   - ☐ Albrecht Dürer
   - ☐ Leonardo da Vinci
   - ☐ Botticelli

11 Stilkundliche Entwicklungen kennen und in floristische Gestaltung übertragen 11.6 Barock und Rokoko

5. Kennzeichnen Sie mit typischen Merkmalen die „Architektur" der deutschen Renaissance. Im Ursprungsland Italien gelten durchaus andere Merkmale.

6. Die reichen Kaufleute der Renaissance (Fugger, Welser) leisten sich prachtvolle Lustgärten und daneben auch Nutzgärten. Recherchieren Sie die Art und Weise des Aussehens solcher Gärten.

7. In der Renaissance gelangt durch Importe oder als Ergebnis einer Sammelleidenschaft eine Vielzahl bisher nicht bekannter Pflanzen nach Europa. Schreiben Sie mit der deutschen und vollständigen botanischen Bezeichnung fünf Pflanzen aus dieser Zeit.

11.6 Barock und Rokoko

1. Nennen Sie den Zeitraum von Barock und Rokoko.

2. Stellen Sie die Barock-/Rokokozeit anhand von Ereignissen in einen geschichtlichen Zusammenhang, der diese Zeit kennzeichnet.

3. Mit der Zeit des Barock verbinden sich viele berühmte Persönlichkeiten aus Baukunst, Malerei und Musik. Recherchieren Sie und tragen sie beispielhaft einige Namen von sehr vielen zusammen.

Teil 3D – Gestaltungselemente

4. Beschreiben Sie Stilmerkmale von Bauwerken des Barock.

5. Nennen Sie Farbtöne, die Sie mit der Zeit des Barock und Rokoko verbinden.

6. Schreiben Sie zu jedem genannten Farbton (außer Gold) ein passendes Pflanzenbeispiel mit der vollständigen botanischen Schreibweise.

7. Ein Florist gestaltet einen für die Barockzeit passenden Strauß nach. Um den barocken, dekorativen Charakter der Zeit zu erfassen, verwendet er Blumen mit runden Formen. Schreiben Sie mit der deutschen und der vollständigen botanischen Bezeichnung fünf passende Blumen.

8. Zur dekorativen, vollen Wirkung eines Barock-Straußes verwendet der Florist auch Blumen mit aufstrebenden Formen. Schreiben Sie mit der deutschen und vollständigen botanischen Bezeichnung fünf passende Beispiele.

9. Lesen Sie in der Fachliteratur und recherchieren Sie im Internet, welche floristischen Werkstücke in der Zeit von Barock und Rokoko vorkommen. Ergänzen Sie jeweils Merkmale dieser Werkstücke oder die Art und Weise der Verwendung.

11 Stilkundliche Entwicklungen kennen und in floristische Gestaltung übertragen — 11.7 Klassizismus

10. Skizzieren Sie nach einer Recherche eine typische Blütengirlande des Barock und Rokoko.

   Zeichnung

11. Die barocken Herrscher wollen natürlich von erlesenem Geschirr essen und viele gründen deshalb eigene Porzellanmanufakturen. Nennen Sie drei zum Teil heute noch bestehende Manufakturen.

12. Es ist eine gern gestellte Aufgabe: In einer kleinen barocken Kirche/Kapelle findet eine Hochzeit statt. Sie erhalten den Auftrag für den Blumenschmuck des Altarraumes. Wie lösen Sie das Problem?

11.7 Klassizismus

1. Insgesamt ist diese Zeit nicht -wie andere Epochen- sehr einheitlich. Recherchieren Sie, und ordnen Sie dann für das 19. Jhd. die vorherrschenden Stile in einen zeitlichen Rahmen ein.

2. Nennen Sie drei typische Merkmale zum Erkennen der Architektur des Klassizismus.

3. Erklären Sie den Fachbegriff **Historismus**.

Teil 3D – Gestaltungselemente

4. Suchen Sie in der Fachliteratur oder recherchieren Sie einen „typischen" Trauerkranz aus der Zeit des Klassizismus. Fertigen Sie eine farbige Skizze an.

   Zeichnung

5. Der Jugendstil (endet mit Ausbruch des 1. Weltkrieges) hat in Europa viele Namen. Recherchieren Sie, lesen Sie in der Fachliteratur und nennen Sie passende Begriffe für den Stil dieser Zeit.

6. Der Jugendstil erlebt in Europa nur eine kurze Zeitspanne. Nennen Sie zwei typische Merkmale, die diesen Stil erkennbar machen.

7. Recherchieren Sie und schreiben Sie mit der vollständigen botanischen Schreibweise fünf Pflanzen, die typischerweise wegen der Bewegungen (schlank, geschwungen, sammelnd, lange Stängel, schmale Blätter, u.a.) als stilisierte Naturformen in der Jugendstil-Ornamentik vorkommen.

8. Erklären Sie die Fachbegriffe Romantik und Impressionismus für die Malerei des 19. Jahrhunderts.

11 Stilkundliche Entwicklungen kennen und in floristische Gestaltung übertragen — 11.7 Klassizismus

9. Im 19. Jahrhundert gibt es eine Vielfalt an Straußformen. Nennen Sie vier.

   _____
   _____
   _____
   _____

10. Stellen Sie den Unterschied heraus zwischen einem Bouquet und einem heute gebunden Strauß.

    _____
    _____
    _____
    _____

11. Finden Sie heraus, welche Merkmale einen „klassischen" Biedermeierstrauß ausmachen. Formulieren Sie drei Merkmale.

    _____
    _____
    _____
    _____

12. Zum Nachgestalten eines Biedermeiers in der klassischen Form verwendet der Florist mehrheitlich kleinblütige Blumen. Schreiben Sie mit der vollständigen botanischen Bezeichnung fünf geeignete Pflanzen.

    _____
    _____
    _____
    _____

13. Skizzieren Sie einen typischen „klassischen" Biedermeierstrauß.

    Zeichnung

Teil 3D – Gestaltungselemente

14. Skizzieren Sie einen modern veränderten Biedermeierstrauß.

Zeichnung

15. Skizzieren Sie für einen „Biedermeiertisch" zur Feier eines Geburtstages einen typisch passenden Tischschmuck.

Zeichnung

11.8 Moderne

1. Nennen Sie den zeitlichen Rahmen für das Bestehen des Bauhaus und den Zeitraum des Expressionismus in der Malerei.

2. Recherchieren Sie und formulieren Sie zwei Aussagen zur Idee des Bauhaus.

3. Das Bauhaus hat viele weltweit wichtige und bekannte Architekten hervorgebracht. Recherchieren Sie mindestens zwei bekannte Architekten-Persönlichkeiten.

11 Stilkundliche Entwicklungen kennen und in floristische Gestaltung übertragen   **11.8 Moderne**

4. Nennen Sie typische Merkmale der **Bauhaus-Architektur**.

   _____
   _____
   _____
   _____

5. Skizzieren Sie ein Werkstück, z. B. ein Gesteck, das zur Architektur im Bauhaus-Stil passt.

   Zeichnung

6. Das neue Hotel eines bekannten Architekten verwendet viel Glas und Stahl. Skizzieren Sie einen floralen Schmuck für die Eingangshalle und benennen Sie die möglichen verwendeten floralen und nichtfloralen Werkstoffe.

   Zeichnung

Teil 3E – Nonflorale Werkstoffe

1 Nonflorale Werkstoffe, deren Bestandteile und Herstellungsprozesse kennen, vermitteln und anwenden

Kenntnisse über Produkte, Materialien, Werkstoffe, Herstellungstechniken und Anwendungsbeispiele, sind die Voraussetzung für ein kompetentes Beratungsgespräch.

Floristen gehen mit Gefäßen aus unterschiedlichsten Werkstoffen um und nutzen deren Ausstrahlungen für ihre floralen Inszenierungen.

Um dem Kunden Gestaltungsvorschläge unterbreiten und Preisunterschiede erklären zu können, sind Produktinformationen unerlässlich.

1. Nennen Sie zwei unterschiedliche Keramikarten.

2. Nennen Sie jeweils drei Beispiele zu den beiden Keramikarten.

3. Nennen und beschreiben Sie drei Beispiele für häufig angewandte Glasuren.

4. Es gibt unterschiedliche Verfahren, um Glasgefäße herzustellen. Nennen Sie drei Beispiele.

5. Wie entsteht gefärbtes Glas?

6. Beschreiben Sie die Wirkung von Glas.

1 Nonflorale Werkstoffe, deren Bestandteile und Herstellungsprozesse kennen, vermitteln und anwenden

7. Körbe fügen sich durch ihre pflanzliche Abstammung und dadurch natürliche Ausstrahlung besonders gut in florale Werkstücke ein. Nennen Sie drei Materialien zur Korbherstellung.

   _____
   _____

8. Metallgefäße werden in der Floristik gern eingesetzt. Durch die flexiblen Bearbeitungsmöglichkeiten bei der Formgebung und der Oberflächengestaltung bilden sie interessante Kontraste. Mit welchen Metallgefäßen haben es Floristen in der Regel zu tun?

   _____
   _____

9. Gefäße aus Kunststoff sind im Trend, nennen Sie zwei typische Materialien.

   _____
   _____

10. Kerzen und Blumen treten oft zusammen auf. Aus welchen Materialien werden Kerzen hergestellt?

    _____
    _____

11. Welche Herstellungstechniken für Kerzen kennen Sie?

    _____
    _____

12. Welche Qualitätsanforderungen müssen Kerzen erfüllen?

    _____
    _____
    _____

13. Bänder und Stoffe werden in der Floristik oft verwendet. Nennen Sie je drei Beispiele für Band- oder Stoffsorten mit entsprechenden Einsatzmöglichkeiten.

    _____
    _____
    _____

14. Für technisch einwandfreie Werkstücke bedarf es der fachkompetenten Auswahl an Steckhilfsmitteln. Nennen Sie drei Beispiele und deren Einsatzbereiche.

    _____
    _____
    _____

Teil 3E – Nonflorale Werkstoffe

15. Der Handel hält eine große Auswahl an Steckunterlagen für spezielle Werkstücke bereit. Nennen Sie fünf Beispiele.

16. Manchmal geht es nicht ohne den Einsatz von Draht. Nennen Sie fünf Beispiele für Drahtsorten.

17. Werkzeuge der Floristen müssen funktionieren und gepflegt sein. Erklären Sie diese Aussage.

1 Gebundene Werkstücke gestalten

1. Welche technischen Kriterien hat ein gebundenes Werkstück zu erfüllen? Nennen Sie fünf wesentliche Punkte.

   _____
   _____
   _____
   _____
   _____
   _____

2. Bevor ein gebundenes Werkstück gearbeitet werden kann, müssen wichtige Informationen eingeholt werden. Formulieren Sie drei Fragen, die im Vorfeld mit dem Kunden zu klären sind.

   _____
   _____
   _____
   _____
   _____

3. Welche gestalterischen Gesichtspunkte müssen bei der Anfertigung eines gebundenen Werkstücks berücksichtigt werden? Nennen Sie fünf Beispiele.

   _____
   _____
   _____
   _____
   _____
   _____

4. Nennen Sie zwei bei Sträußen oft angewandte Gestaltungsarten.

   _____
   _____
   _____

2 Gesteckte Gefäßfüllungen fertigen

1. Welche allgemeinen technischen Kriterien sind bei einem gesteckten Werkstück zu beachten? Erläutern Sie fünf Beispiele.

2. Es gibt verschiedene Arten von Steckhilfen. Nennen Sie fünf Beispiele.

3. Nennen Sie fünf Gesichtspunkte, die ein technisch korrektes Werkstück ausmachen.

4. Welche Möglichkeiten der Befestigung von Steckhilfen gibt es? Nennen Sie drei.

5. Alle Pflanzenteile müssen vor der Verarbeitung gut gewässert und korrekt angeschnitten sein. Begründen Sie diese Aussage.

2 Gesteckte Gefäßfüllungen fertigen

6. WelcheKriterien sind bei der Gestaltung von gesteckten Werkstücken zu beachten? Erklären Sie fünf Beispiele.

   _____
   _____
   _____
   _____
   _____

7. Nicht jede Gestaltungsart lässt sich in jeder Gefäßform umsetzen. Ergänzen Sie zu jeder genannten Gestaltungsart eine geeignete Gefäßform:

   Beispiele:

   Dekorative Gestaltungsart: _____

   Vegetative Gestaltungsart: _____

   Grafische Gestaltungsart: _____

8. Erklären Sie den werkstoffgerechten Einsatz von Pflanzenteilen.

   _____
   _____
   _____

9. Freiräume innerhalb eines Werkstückes wirken gestalterisch mit. Erläutern Sie diese Aussage.

   _____
   _____
   _____

10. Welchen Stellenwert hat die Ordnungsart bei gesteckten Werkstücken?

    _____
    _____
    _____

11. Anordnungsarten gehören ebenfalls zu den wesentlichen Gestaltungselementen. Beschreiben Sie, warum Konsequenz in der Anwendung ein wesentliches Bewertungskriterium ist.

    _____
    _____
    _____

Teil 3 – Technologie

3 Pflanzungen anfertigen

Pflanzungen werden für unterschiedlich Anlässe und Standorte angefertigt, z. B. für Terrassen, Freiland oder Haus, für kurzfristige Dekorationen oder langfristige Innenraumbegrünungen. Bevor also ein gepflanztes Werkstück geplant, angeboten oder angefertigt werden kann, müssen konkrete Informationen eingeholt werden.

1. Welche Informationen benötigen Floristen, um Pflanzungen zielorientiert anfertigen zu können? Formulieren Sie fünf Beispiele.

   _____
   _____
   _____
   _____

2. Wie unterscheiden sich Indoor- von Outdoorgefäßen? Beschreiben Sie die wesentlichen Unterschiede.

   _____
   _____
   _____
   _____

3. Worauf ist neben den standortbedingten Kriterien bei der Gefäßauswahl zu achten?

   _____
   _____
   _____
   _____

4. Pflanzen benötigen bestimmte Substrate und Nährstoffe. Guten Pflanzsubstraten sind Nährstoffe für ca. 20 Wochen beigefügt, die genaue Dosierung ist auf der Verpackung vermerkt. Nennen Sie drei Substrate für verschiedene Pflanzengruppen.

   _____
   _____
   _____
   _____

5. Welche technischen Kriterien sind beim Bepflanzen von Schalen zu erfüllen? Nennen Sie sechs Kriterien.

   _____
   _____
   _____
   _____
   _____
   _____

3 Pflanzungen anfertigen

6. Gepflanzte Werkstücke können kleine Naturausschnitte darstellen. Welche Gestaltungsart wird dem Werkstück am gerechtesten?

   _____
   _____
   _____
   _____

7. Sind weitere Gestaltungsarten anwendbar? Falls ja, welche?

   _____
   _____
   _____
   _____
   _____

8. Welche Kriterien müssen Sie bei der Gestaltung von gepflanzten Werkstücken beachten? Beschreiben Sie fünf wesentliche Kriterien.

   _____
   _____
   _____
   _____
   _____
   _____
   _____
   _____

9. Welche Alternativen gibt es zu Erdkulturen? Beschreiben Sie ein Beispiel.

   _____
   _____
   _____
   _____
   _____

Teil 3 – Technologie

4 Tischschmuck gestalten

Tischdekorationen sind ein wichtiger Umsatzträger in der Floristik. Sie gehören für einige Kunden zum Alltag, bei besonderen Veranstaltungen sind sie eine Selbstverständlichkeit. Familienfeiern und geschäftliche Events werden mit mehr oder weniger Aufwand floral geschmückt. Um die Vorstellungen der Kunden zu erfassen, wird ein Beratungsgespräch geführt. Mit Kompetenz und Einfühlungsvermögen erfragt der Florist wichtige Details.

1. Welche Informationen benötigt der Florist, um einen individuellen Tischschmuck anfertigen zu können? Erläutern Sie sechs wesentliche Angaben.

Technische Kriterien

1. Bei Tischdekorationen gilt es, wichtige technische Anforderungen zu beachten. Beschreiben Sie fünf Beispiele.

2. Wie viel Platzbedarf hat ein Gast am Tisch im Optimalfall? Begründen Sie Ihre Aussage.

3. In der Gastronomie steht nicht immer so viel Platz zur Verfügung, deshalb sind genaue Informationen im Vorfeld wichtig. Welche Tischformen und -maße sind in der Gastronomie gängig?

4 Tischschmuck gestalten

4. Warum müssen Floristen diese Tischmaße kennen und berücksichtigen?

5. Welche Gestaltungsalternativen hat der Florist, wenn auf dem Tisch nur wenig Platz für den Blumenschmuck vorhanden ist?

Gestalterische Gesichtspunkte

Bei der Gestaltung eines Tischschmucks müssen Sie auf verschiedene Dinge achten.

1. Welche Gestaltungsart ist dem Anlass angemessen? Nennen Sie drei Anlässe und Kombinationsbeispiele mit einer kurzen Begründung.

2. Warum ist es wichtig, dass der Florist Informationen über das Menü hat?

3. Nennen Sie drei Themenbeispiele.

4. Neben Informationen über Anlass, Menü und Größe der Feier, spielt die Art eine wichtige Rolle. So kann z. B. eine Silberhochzeitsfeier im edlen Ambiente eines Nobelrestaurants stattfinden oder auch als rustikales Fest, in der Diele eines Bauernhauses. Beides kann sehr stilvoll und stimmungsvoll sein, muss nur auf völlig unterschiedliche Weise dekoriert werden.

Entwerfen Sie für die unterschiedlichen Räumlichkeiten je einen Dekorationsvorschlag.

Vorschlag 1:

Vorschlag 2:

5 Hochzeitsschmuck anfertigen

Hochzeitsschmuck wird individuell für das Brautpaar entworfen und angefertigt. Deshalb müssen die wesentlichen Details im Vorfeld erfragt werden.

1. Welche Informationen benötigt der Florist, um den Schmuck individuell anfertigen zu können? Erläutern Sie sechs Beispiele.

   _____
   _____
   _____
   _____
   _____
   _____
   _____

5.1 Brautsträuße

Die Anfertigung von Brautsträußen ist sehr unterschiedlich vom Aufwand her. Je ausgefallener die Form sein soll, desto intensiver ist der Zeitaufwand.

1. Erklären Sie fünf verschiedene Techniken zur Anfertigung von Brautschmuck.

   _____
   _____
   _____
   _____
   _____
   _____

2. Welche technischen Vorbereitungen müssen getroffen werden, bevor Sie einen Brautschmuck arbeiten können? Nennen Sie fünf.

   _____
   _____
   _____
   _____
   _____
   _____
   _____

Teil 3 – Technologie

5.2 Floraler Körperschmuck

1. Brautschmuck beschränkt sich nicht nur auf den Strauß in der Hand. Wo und wie können weitere Schmuckvariationen angebracht und getragen werden?

2. Nennen Sie fünf technische Eigenschaften, die ein Körperschmuck erfüllen muss.

3. Welche gestalterischen Kriterien muss ein Körperschmuck erfüllen? Nennen Sie fünf Beispiele:

5.3 Floraler Autoschmuck

1. Bevor ein Autoschmuck angefertigt werden kann, benötigt der Florist wichtige technische Informationen. Welche Informationen sind im Vorfeld zu erfragen?

2. Welche technischen Kriterien müssen bei der Anfertigung eines Autoschmucks beachtet werden? Beschreiben Sie fünf Beispiele.

5 Hochzeitsschmuck anfertigen

5.3 Floraler Autoschmuck

3. Welche gestalterischen Kriterien sind im Wesentlichen bei der Anfertigung eines Autoschmucks zu erfüllen? Beschreiben Sie fünf Beispiele.

   _____
   _____
   _____
   _____
   _____
   _____
   _____

4. Bei der Gestaltung eines Autoschmucks spielt die Fernwirkung eine wichtige Rolle. Dunkle Werkstoffe auf dunklen Fahrzeugen müssen vermieden werden. Begründen Sie diese Aussage.

   _____
   _____
   _____
   _____
   _____
   _____

Teil 3 – Technologie

6 Trauerschmuck anfertigen

Die Bestellung von Trauerschmuck ist für nahe Angehörige oft sehr schwierig und mit vielen Gefühlen verbunden.

1. Wie können Beratungsgespräche zum Thema Trauerfloristik ungestört ablaufen?

2. Wo erhalten Sie Informationen über Bestimmungen und Verordnungen auf Friedhöfen?

3. Die Symbolik spielt in der Trauerfloristik eine wichtige Rolle. In welchen Werkstücken wird die Symbolik besonders deutlich?

4. Für die Anfertigung eines Kranzkörpers sind bestimmte Begriffe relevant. Nennen Sie die wesentlichen Begriffe.

5. Es gibt zwei verschiedene Kranzprofile. Skizzieren und beschreiben Sie die Unterschiede und die Wirkung der beiden Arten.

Zeichnung	Zeichnung

6 Trauerschmuck anfertigen

5.3 Floraler Autoschmuck

1. Profil:
   _____
   _____
   _____

2. Profil:
   _____
   _____
   _____

6. Die richtige Proportion eines Kranzkörpers ist von verschiedenen Faktoren abhängig. Welche Eigenschaften beeinflussen die gute Proportion eines Kranzkörpers?
   _____
   _____
   _____

7. In welchem Fall muss die Kranzöffnung größer bzw. kleiner sein?
   _____
   _____

8. Nennen und beschreiben Sie weitere Faktoren, die sich auf die Proportion auswirken.
   _____
   _____
   _____

9. Berechnen Sie die Proportion für folgenden Kranzkörper:

   Die Werkstoffe haben eine mittlere Helligkeit, der Außendurchmesser soll 80 cm betragen, Sie benötigen die Maße für ein dreiviertel-rundes Reifenprofil.

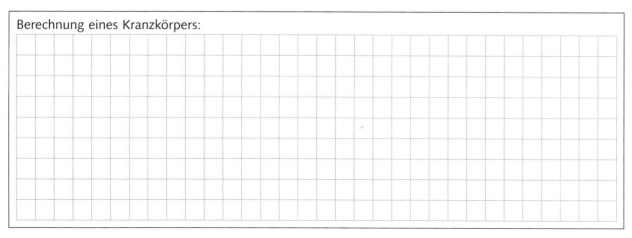

Berechnung eines Kranzkörpers:

Teil 3 – Technologie

10. Sie möchten den Kranzkörper binden. Wovon hängen Größe und Stärke der Kranzwulst ab?

11. Welche technischen Kriterien muss ein Trauerkranz erfüllen? Beschreiben Sie fünf Beispiele.

12. Nennen Sie geeignete Techniken für die Anfertigung von Trauerkränzen.

13. Kranzkörper werden in der Regel mit Blütenschmuck versehen. Welche Kranzschmuckarten kennen Sie?

14. Wonach richtet sich die Höhe eines Kranzschmucks? Begründen Sie Ihre Aussage.

15. Angehörige oder Bekannte möchten nicht in jedem Fall Trauerkränze spenden. Welche Werkstücke können Sie Ihren Kunden alternativ empfehlen? Beschreiben Sie fünf Beispiele.

6 Trauerschmuck anfertigen — **5.3 Floraler Autoschmuck**

16. Angehörige möchten für die Trauerfeier einen Sargschmuck bestellen. Welche Möglichkeiten können Sie Ihren Kunden vorschlagen? Beschreiben Sie drei Alternativen.

    _____
    _____
    _____
    _____

17. Skizzieren Sie einen dekorativ-symmetrischen Sargschmuck.

    Zeichnung

18. Zur Trauerfeier einer Urnenbeisetzung wird ein Urnenschmuck gewünscht. Skizzieren Sie einen Urnenschmuck und beschreiben Sie die technischen und gestalterischen Details.

    Zeichnung

    _____
    _____
    _____
    _____

19. Sie können Ihren Kunden zu weiterem Blumenschmuck raten. Nennen Sie vier Beispiele.

    _____
    _____
    _____

Teil 3 – Technologie

7 Raumschmuck gestalten

Um einen Raumschmuck anfertigen zu können, gilt es im Vorfeld einige Informationen einzuholen. Falls die Räume nicht bekannt sind, ist eine Ortsbegehung dringend erforderlich.

1. Welche Informationen benötigen Floristen, um einen individuellen, repräsentativen Raumschmuck anfertigen zu können? Beschreiben Sie mindestens sechs Beispiele.

2. Sind diese Informationen eingeholt, können weitere Details besprochen werden. Welche Angaben benötigen Sie noch?

3. Nachdem alle Fragen geklärt sind, werden Sie ein Angebot erstellen. Nennen Sie fünf wichtige Inhalte.

7 Raumschmuck gestalten — 5.3 Floraler Autoschmuck

4. Welche technischen Kriterien hat ein Raumschmuck unbedingt zu erfüllen?

5. Welche gestalterischen Kriterien müssen berücksichtigt werden?

6. Erklären Sie die Begriffe **schmücken** und dekorieren.

Lösungen

1 Den Beruf Florist/Floristin kennenlernen

1.1 Start in die Berufsausbildung

1. Gestaltungsvorschläge entwerfen und die Praxis umsetzen,
   Pflanzenpflege und Versorgung,
   Kundenberatung und Serviceleistungen,
   Warenbedarfsermittlung,
   Preiskalkulation,
   Lagerhaltung und Inventuren.

2. Unzulässige Vereinbarung: Bei Kündigung der Ausbildung durch die Auszubildende innerhalb der Probezeit ist eine Vertragsstrafe in Höhe einer monatlichen Ausbildungsvergütung zu zahlen.

   Erläuterung: Innerhalb der vereinbarten Probezeit kann jederzeit, ohne Einhaltung einer Frist und ohne besonderen Kündigungsgrund beiderseitig gekündigt werden, ohne dass eine Vertragsstrafe zu zahlen wäre. Die Kündigung während der Probezeit führt grundsätzlich nicht zu Schadenersatzansprüchen.

   Zu beachten ist das Maßregelungsverbot: Danach darf der Ausbilder nicht schon deshalb kündigen, weil der Auszubildende die ihm zustehenden Rechte ausübt, also z. B. auf die Einhaltung des Jugendarbeitsschutzgesetzes hinweist. Kündigt ein minderjähriger Auszubildender, so benötigt er die vorherige Einwilligung des gesetzlichen Vertreters. Kündigt der Betrieb einem minderjährigen Auszubildenden, so ist die Kündigung gegenüber dem gesetzlichen Vertreter abzugeben.

3. Im Ausbildungsrahmenplan

   Erläuterung: Der Ausbildungsrahmenplan ist eine Anleitung zur sachlichen und zeitlichen Gliederung der Fertigkeiten und Kenntnisse des Auszubildenden für die Berufsausbildung. Er wird in der Ausbildungsordnung festgelegt (§ 5 II BBiG).

4. Kreativität und Handwerkliches Geschick,
   Stil-, Form- und Farbempfinden,
   Kontaktfreudigkeit und Teamfähigkeit,
   Interesse an der Natur und Pflanzen, Interesse an kaufmännischen Inhalten,
   Mathematische Fähigkeiten, gute Merkfähigkeit und Denken in Zusammenhängen,
   Belastbarkeit.

5. Die Berufsausbildung erfolgt „dual", das bedeutet so viel wie „zwei enthaltend". Gemeint ist damit die parallele Ausbildung an zwei Bildungseinrichtungen. Die dualen Partner der Berufsausbildung sind der Ausbildungsbetrieb, in dem der praktische Teil der Ausbildung vermittelt wird, und die Berufsschule, hier werden die theoretischen Kenntnisse unterrichtet.

6. Unter der Abkürzung verbirgt sich das Berufsbildungsgesetz. Das BBiG regelt in der Bundesrepublik Deutschland die Berufsausbildung im Rahmen des „Dualen Systems", die berufliche Fortbildung und Umschulung.

   Wichtige Inhalte des BBiG sind:
   — Rechte und Pflichten von Ausbildenden und Auszubildenden
   — Vergütung während der Ausbildungszeit
   — Beginn und Beendigung des Ausbildungsverhältnisses sowie Kündigung
   — Abkürzung bzw. Verlängerung der Ausbildungszeit
   — Prüfungswesen
   — Berufliche Umschulung und Weiterbildung

1.2 Während der Berufsausbildung

1. Ein guter Hauptschulabschluss, ein Realschulabschluss oder gleichwertige Voraussetzungen.

2. 3 Jahre

3. Personen mit nachgewiesener abgeschlossener Berufsausbildung bzw. als Umschüler/Umschülerin, bei Abschluss eines Berufsgrundbildungsjahres (nicht alle Bundesländer), Personen mit Allgemeiner Hochschulreife bzw. Fachhoch- bzw. oberschulreife, bei erfolgreich abgeschlossener betrieblicher Einstiegsqualifizierung (EQ), bei Auszubildenden, die aufgrund ihrer guten schulischen Noten und auf Antrag vorzeitig zur Abschlussprüfung zugelassen werden, Prüfung im Ausnahmefall, (4,5 Jahre Berufspraxis, das entspricht dem 1,5-fachen der normalen Ausbildungszeit)

4. Zweck des Führens eines Ausbildungsnachweises in Form eines Berichtshefts ist einerseits, die im Ausbildungsbetrieb vermittelten Kenntnisse und Fähigkeiten zu vertiefen, zum anderen ist die Führung des Berichtsheftes gemäß § 43 BBiG Voraussetzung für die Zulassung zur Abschlussprüfung. Darüber hinaus ist die schriftliche Berichtsheftführung für Ausbildende und Auszubildende ein transparenter Nachweis über die durchgeführten Tätigkeiten und Inhalte in der Berufsschule sowie eine gute Vorbereitung auf Referate, Lernkontrollen oder Prüfungen.

5. Auszubildende werden nicht zur Abschlussprüfung zugelassen.

6. Die Ausbildungsvergütung für Februar ist spätestens am letzten Arbeitstag im Februar zu zahlen.

7. Die Ausbildungsvergütung ist für jeden Monat gleich, unabhängig von der Anzahl der Tage, die gearbeitet wird. Daher darf Anna die Ausbildungsvergütung nicht gekürzt werden.

8. Schriftlicher Teil: 83 + 76 + 63 = 222 : 3 = 74 Punkte,
Praktischer Teil: 92 Punkte,
Gesamtpunkte: 74 + 92 = 166 : 2 = 83 ; Lösung: 83 Punkte; Gesamtnote: gut.

9. Datum des ersten Arbeitstages beim neuen Arbeitgeber ist der 18. Juli.

10. Zwischenprüfung nach 1,5 Ausbildungsjahren: Theorie und Praxis dem Ausbildungstand entsprechend. Abschlussprüfung nach 3 Jahren: Fachtheoretische und Fachübergreifende Kenntnisse aus den Bereichen Technologie, Warenwirtschaft, Wirtschafts- und Sozialkunde.

    Fachpraktische Fertigkeiten: Arbeitsproben und eine Komplexe Prüfungsaufgabe mit den Inhalten; Ausarbeitung eines Gestaltungsvorschlages, Skizze mit Farbangaben, Werkstoffliste, Kalkulation, außerdem ein kundenorientiertes Fachgespräch.

11. Die zuständigen Stellen: Industrie- und Handelskammern (IHK) oder Handelskammern (HK) durch ihre Prüfungsausschüsse

12. Arbeitgebervertreter, Arbeitnehmervertreter und Vertreter der Berufsbildenden Schulen

13. Die zuständigen Stellen der Industrie- und Handelskammern, 5 Jahre

1.3 Fort- und Weiterbildung

1. Fortbildungen enden mit einer zusätzlichen Qualifizierung, mit einer Prüfung wie z. B. der Ausbildereignungsprüfung oder der Meisterprüfung.

    Weiterbildungen z. B. in Seminaren dienen der Vertiefung oder der Erweiterung von vorhandenem Wissen (z. B. EDV-Anwendungen, Hochzeitsfloristik, Prüfungs- oder Wettkampfvorbereitung).

2. Berufliche Weiterbildung im schulischen Bereich z. B. Fachoberschule, Fachschule, Berufliches Gymnasium, Studium an Fachhochschule oder Universität;

    Teilnahme an Weiterbildungsseminaren z. B. EDV-Anwendungen, spezielle Floristikkurse, Fortbildungsmaßnahmen z. B. Ausbildereignungsprüfung, Meisterprüfung im Beruf Florist/in, Staatlich geprüfter Florist/in, Staatlich geprüfter Wirtschafter/in.

> Lösungen

3. Anna nimmt an einem EDV-Kurs der IG BAU teil und erhält nach Abschluss des Kurses bei bestandener Prüfung ein Zertifikat.

   Erläuterung: Nach § 1 des Berufsbildungsgesetzes (BBiG) soll eine Fortbildung dem Einzelnen die Möglichkeit bieten, seine beruflichen Kenntnisse und Fähigkeiten aufzufrischen (Erhaltungsfortbildung) oder fachlich zu erweitern (Erweiterungsfortbildung); außerdem können sie der technischen Entwicklung angepasst oder so ausgebaut werden, dass ein beruflicher Aufstieg möglich wird (Anpassungs- bzw. Aufstiegsfortbildung).

   Die durch die Fortbildung erworbenen Qualifikationen werden i. d. R. durch Prüfungen nachgewiesen, die die zuständigen Stellen (z. B. IHK, FDF, IG BAU und andere Bildungsträger) durchführen. Einige Fortbildungen sind durch bundesweit gültige Rechtsverordnungen, die von den zuständigen Bundesministerien erlassen werden, geregelt.

4. Vorbereitungslehrgänge zur Erlangung der Ausbildereignung; diese werden angeboten von der IHK und anderen Bildungsträgern.

   Schulische Vorbereitung auf die Florist-Meisterprüfung in Vollzeitform(ein Jahr) oder berufsbegleitend in Wochenblöcken über ca. 15 Monate, auf entsprechenden Meisterschulen oder in anderenBildungseinrichtungen.

   Zweijähriger Vollzeitunterricht zur/zum Staatlich geprüfte(r) Gestalter/in für Blumenkunst in Weihenstephan.

5. Bildungsträger sind unter anderem Bildungsstätte Gartenbaubzw. GBF Grünberger Bildungszentrum Floristik, Grünberg; Dresdner Institut für Floristik an der SBG Dresden; FDF Bundesverband FloristPark International, Gelsenkirchen bzw. die jeweiligen Landesverbände; Justus-von-Liebig-Schule, Hannover; Staatliche Fachschule für Blumenkunst, Weihenstephan; Rosenschloss Schlachtegg, Gundelfingen; Bildungsstätte der IG BAU, Steinbach; IHK-Bildungszentrum Dresden gGmbH, Zittau u. v. m.

6. Homepage der Bildungsträger bzw. Schulen, Gespräche mit Schulleitungen und Fachlehrern, Besuche von Ausstellungen und Prüfungen, Infobroschüren der Bildungsträger bzw. Schulen.

7. Berufsunfähigkeit, längere Arbeitslosigkeit, geringes Angebot an freien Arbeitsstellen, Aussterben des erlernten Berufes bzw. Schwerpunktes.

8. Durch BAföG werden zum einen bei schulischen Maßnahmen gefördert, hierzu zählen u. a. der Besuch von Berufskollegs, berufliche Gymnasien sowie Hochschulen und Fachhochschulen, aber auch berufliche Maßnahmen, hier das sog. Meister-BAföG.

   Erläuterung: Das Ausbildungsfortbildungsförderungsgesetz (AFBG), das sog. „Meister-BAföG", unterstützt mit finanziellen Mitteln die berufliche Aufstiegsfortbildung von Handwerkern und anderen Fachkräften. Vorausgesetzt wird der Abschluss einer Erstausbildung nach dem Berufsbildungsgesetz oder der Handwerksordnung oder ein vergleichbarer Berufsabschluss.

1.4 Organisationen, die Floristen im Beruf begleiten

1.
   — Vertritt als Dachorganisation die Interessen des Berufsstandes gegenüber Bundesregierung, Parteien und Verbrauchern: ZVG

   — Übernimmt bei Arbeits- und Wegeunfällen anfallende Heilbehandlungskosten und Rehabilitationsmaßnahmen: BGHW

   — Gibt die Fachzeitschrift „florist" heraus und führt Berufswettkämpfe und Leistungsvergleiche (z. B. Goldene Rose) durch: FDF

   — Sie ist die Arbeitgeberorganisation und führt für ihre Mitglieder Tarifverhandlungen durch: IG BAU

   — Führt die Verzeichnisse der Berufsausbildungsverträge und überwacht die Berufsausbildung: IHK

2. Vertretung des Berufsstandes in der Öffentlichkeit, Vermittlung von Rahmenverträgen der Förderungsgemeinschaft Blumen mbH, Regelung von Ausbildungs- und Sozialfragen, Vertretung des Berufsstandes in Wirtschaft und Politik, Vertretung der Mitglieder gegenüber Brancheninstitutionen und branchenfremden Organisationen, Stärkung und Profilierung der Mitgliedsbetriebe, Partner für Rahmen- und Tarifverträge, Durchführung von Fort- und Weiterbildungsseminaren, Durchführung von Ausstellungen und Wettbewerben, Herausgabe der Fachzeitschrift „florist"...

3. Tarifpartner, auch als Sozialpartner bezeichnet, sind bei den Floristen als Arbeitnehmervertretung die Industriegewerkschaft Bauen, Agrar, Umwelt (IG BAU) und als Arbeitgebervertretung der Fachverband Deutscher Floristen (FDF). Diese beiden Verhandlungspartner handeln für ihre Mitglieder regelmäßig neue Lohnanpassungen und andere tarifpolitische Rahmenbedingungen aus, die in so genannten Rahmen- bzw. Entgelttarifen festgeschrieben werden.

4. Alle Gewerbetreibenden und Unternehmen der Region. Davon ausgenommen sind reine Handwerksbetriebe und Freiberufler, die nicht im Handelsregister verzeichnet sind.

5. Sie überprüft und genehmigt Ausbildungsbetriebe.
Sie schließt Ausbildungsverträge ab.
Sie überwacht die Berufsausbildung und stellt Ausbildungsberater zur Verfügung.
Sie organisiert die Bildung der Prüfungsausschüsse.
Sie führt Zwischen- und Abschlussprüfungen durch.
Sie entscheidet über die Zulassung zur Abschlussprüfung.
Sie bietet Fort- und Weiterbildungsseminare an und führt, falls notwendig, die entsprechenden Prüfungen durch.

6. Industriegewerkschaft Bauen, Agrar, Umwelt;
Industriegewerkschaft Bergbau, Chemie, Energie
Gewerkschaft Erziehung und Wissenschaft
Industriegewerkschaft Metall
Industriegewerkschaft Nahrung-Genuss-Gaststätten
Gewerkschaft der Polizei
ver.di- Vereinte Dienstleistungsgewerkschaft

7. Technische Sicherheit; Schutz der Öffentlichkeit und Sicherheit in Freizeit und Heim; Einhaltung der Arbeitszeit- und Arbeitsschutzgesetze; Einhaltung des Jugendschutzgesetzes bzw. des Mutterschutzgesetzes; Einhaltung des Unfallschutzes; Begutachtung bei Arbeitsunfällen und Berufskrankheiten für Unfallversicherungsträger ...

8. Beantragen einer Sondergenehmigung bei der zuständigen Gemeinde- oder Stadtverwaltung; Öffnungszeiten; Verkaufserlaubnis; mögliche Bewirtungsangebote, z. B. Bratwurst- oder Kuchenverkauf; Ausschank von Getränken

    Erläuterung: Es gibt keine bundeseinheitlichen Richtlinien, jede Anfrage wird gesondert geprüft.

1.5 Arbeitsschutz während der Berufsausübung

1. Zutreffende Reihenfolge: 6 – 7 – 2 – 4 – 1 – 3 – 5

2. Zeugniserstellungspflicht AG , Arbeitspflicht AN , Fürsorgepflicht AG , Lohnzahlungspflicht AG , Verschwiegenheitspflicht AN , Handels- und Wettbewerbsverbot AN

3. Fristlose Kündigung möglich, wenn eine Mitarbeiterin berichtet, dass sie aus Eifersuchts-gründen tätlich von ihrem Exfreund, der im gleichen Betrieb tätig ist, angegriffen wurde.

4. Das Geschäftseigentum ist von Arbeitnehmern pfleglich zu behandeln. Dazu gehören alle zur Verfügung gestellten Einrichtungen, Geräte und Maschinen, Materialien und Werkstoffe.

Lösungen

5. Im Jugendarbeitsschutzgesetz; für Jugendliche im Alter zwischen 15 und 18 Jahren gelten aufgrund ihrer noch nicht beendeten körperlichen, geistigen und charakterlichen Reife besondere gesetzliche Vorschriften, die der Arbeitgeber zu beachten hat.

6. [b] Eine 17-jährige Auszubildende arbeitet am Montag bis 22.00 Uhr und soll am nächsten Tag wieder um 8.00 Uhr zur Arbeit erscheinen; Jugendarbeitsschutzgesetz.
   [f] Fünf Auszubildende wollen eine Jugend- und Auszubildendenvertretung gründen; Betriebsverfassungsgesetz.
   [d] Ein Auszubildender möchte seine Ausbildung verkürzen und die Abschlussprüfung vorzeitig ablegen; Berufsbildungsgesetz.

7. Für Betriebsratsmitglieder und Auszubildende, die ihre Probezeit beendet haben, gilt ein besonderer Kündigungsschutz.

   Weitere Personengruppen sind werdende Mütter bzw. Mütter nach der Entbindung (bis vier Monate danach), Elternzeitberechtigte und Schwerbehinderte (mit mind. 50 % Behinderungsgrad).

8. Die Kündigung ist wirksam, weil es sich um ein befristetes Arbeitsverhältnis handelt und schon bei Vertragsabschluss der Zeitpunkt der Beendigung des Arbeitsverhältnisses (sechs Monate später) bekannt war. Befristete Arbeitsverhältnisse enden ohne Kündigung, wenn der Zeitpunkt der Beendigung schon bei Vertragsabschluss bekannt war.

9. Es schützt vor sozial ungerechtfertigten Kündigungen, sofern sie nicht durch die Person selbst, durch das eigene Verhalten oder durch betriebsbedingte Situationen begründet ist.

10. Das Arbeitsgericht

    Erläuterung: Das Arbeitsgericht ist bei allen bürgerlich-rechtlichen Streitigkeiten zwischen Arbeitnehmern und Arbeitgebern, bei Streitigkeiten bezüglich des Betriebsverfassungsgesetzes sowie bei Streitigkeiten zwischen Tarifvertragsparteien zuständig.

11. Anna kann dieser Beschäftigung nicht nachgehen, weil die wöchentliche Arbeitszeit von 40 Stunden durch die Nebentätigkeit dann grundsätzlich überschritten wäre. Jugendliche dürfen nicht mehr als acht Stunden täglich und nicht mehr als 40 Stunden wöchentlich beschäftigt werden.

12. Arbeitsbeginn: 6.00 Uhr; länger als viereinhalb Stunden hintereinander dürfen Jugendliche nicht ohne Ruhepause beschäftigt werden. Spätestens um 10.30 Uhr muss Anna eine Pause gewährt werden. Insgesamt stehen ihr 60 Minuten Pause zu.

13. Die Arbeitszeit kann maximal um 30 Minuten verlängert werden. Wenn an einzelnen Werktagen die Arbeitszeit auf weniger als acht Stunden verkürzt ist, können Jugendliche an den übrigen Werktagen derselben Woche achteinhalb Stunden beschäftigt werden.

14. Werdende Mütter dürfen in den letzten sechs Wochen vor der Entbindung und bis zum Ablauf von 8 Wochen, bei (Früh- und) Mehrlingsgeburten bis zum Ablauf von 12 Wochen nach der Entbindung nicht beschäftigt werden. Es sei denn, dass sie sich ausdrücklich dazu bereit erklären (s. MuSchG §3 (2)).

    Erläuterung: Bei medizinischen Frühgeburten und bei sonstigen vorzeitigen Entbindungen verlängert sich die Mutterschutzfrist nach der Geburt um die Tage, die vor der Entbindung nicht in Anspruch genommen werden konnten.

15. Er muss die Gewerbeaufsichtsbehörde von der Schwangerschaft der Mitarbeiterin in Kenntnis setzen.

16. Nach § 5 (Mitteilungspflicht) sollen werdende Mütter dem Arbeitgeber ihre Schwangerschaft und den mutmaßlichen Tag der Entbindung mitteilen, sobald ihnen ihr Zustand bekannt ist. Diese Mitteilung hat sie gegenüber ihrem Chef lange zurückgehalten.

17. Nicht zutreffend ist, dass während der Schutzfrist Herr Schmidt auf Antrag von Frau Pohl das Mutterschaftsgeld bezahlen muss. Während der Schutzfrist zahlt die gesetzliche Krankenversicherung (werdenden) Müttern auf Antrag Mutterschaftsgeld.

18. Ein Anspruch auf Elternzeit besteht für jeden Elternteil zur Betreuung und Erziehung seines Kindes bis zur Vollendung dessen dritten Lebensjahres, also bis zu 36 Monate.

    Erläuterung: Während der Elternzeit ruhen die Hauptpflichten des Arbeitsverhältnisses. Das Arbeitsverhältnis bleibt aber bestehen, nach Ablauf der Elternzeit besteht ein Anspruch auf Rückkehr zur früheren Arbeitszeit und auf Beschäftigung gemäß den im Arbeitsvertrag vereinbarten Bedingungen.

19. Urlaubstätigkeiten sind abzulehnen, weil der Urlaub ausschließlich der Erholung dienen soll.

20. Die Mindestdauer von 24 Werktagen darf nicht unterschritten werden.

1.6 Betriebliche Mitbestimmung

1. Als Individual(arbeits-)recht bezeichnet man das durch Vertrag geltende Recht zwischen einzelnen Arbeitnehmern und seinem Arbeitgeber.

    Erläuterung: Das Kollektiv(arbeits)recht findet dagegen Anwendung bei allen Verträgen und Vereinbarungen zwischen Wirtschaftszweigen oder Betrieben und Arbeitnehmerschaften (z. B. bei Betriebsvereinbarungen oder bei Tarifverträgen).

2. Beispiel 1: Die Linnea GmbH schließt mit allen Mitarbeitern (kollektiv) Verträge ab, die die Zusammenarbeit bzw. das Arbeitsverhältnis zwischen dem Arbeitgeber und den Arbeitnehmern einheitlich regelt.

    Beispiel 2: Die Linnea GmbH ist Mitglied im Arbeitgeberverband (FDF), zusätzlich sind alle Mitarbeiter gewerkschaftlich organisiert (IG BAU), die geschlossenen Verträge zwischen diesen Tarifpartnern sind dann als sogenannte Tarifverträge gültig für ihre Mitglieder.

    Erläuterung: Ein ausgehandelter Tarifvertrag würde für ein Floristik-Fachgeschäft auch dann rechtlich bindend sein, wenn er gemäß § 5 TVG (Tarifvertragsgesetz) für allgemeinverbindlich erklärt wurde, unabhängig davon, ob Arbeitgeber oder Arbeitnehmer tarifgebunden sind oder nicht, also nicht dem Arbeitgeberverband oder der Gewerkschaft angehören.

    Sämtliche Arbeitgeber und Arbeitnehmer, die unter den Geltungsbereich dieses Tarifvertrages fallen, wären dann an dessen Regelungen gebunden.

3. Tarifverträge sind nur für die Mitglieder der Tarifpartner (Arbeitgeberverband und Arbeitnehmerverband) rechtlich bindend (Tarifvertragsgesetz § 3 und 4)

    Erläuterung: Tarifverträge werden von Arbeitgeberverbänden und Gewerkschaften für einzelne Branchen/Wirtschaftsbereiche abgeschlossen. Tarifverträge können auch von einzelnen Unternehmen und Gewerkschaften jeweils für einzelne Betriebe (sog. Firmentarifverträge) abgeschlossen werden.

    Für wen gelten Tarifverträge? Tarifverträge gelten in einem Arbeitsverhältnis unmittelbar nur, wenn sowohl Arbeitgeber als auch Arbeitnehmer Mitglied des Arbeitgeberverbandes bzw. der Gewerkschaft sind, die die Tarifverträge abgeschlossen haben.

4. Im Entgelttarif ist die Höhe der Ausbildungsvergütung festgelegt, außerdem die Entgeltgruppen, die Entgeltsätze, die Mehrarbeitsvergütung für Auszubildende, die Höhe des Urlaubsgelds und die Regelung zu den Vermögenswirksamen Leistungen.

5. Die im Rahmentarifvertrag vereinbarten Regelungen betreffen insbesondere die Arbeitszeit, Zuschläge, Urlaubsregelung und Kündigungsfristen.

6. Als Gegenmaßnahme der Arbeitgeber ist es während des Streiks der Arbeitnehmer möglich, dass es zur Aussperrung der Belegschaft kommt. Das führt dazu, dass die Arbeitgeber einem Teil oder allen Mitarbeitern die Arbeitsmöglichkeiten verweigern und keine Löhne bzw. Gehälter mehr zahlen.

7. Während der Laufzeit des Tarifvertrages dürfen keine Kampfmaßnahmen gegen bestehende Tarifvereinbarungen durchgeführt werden.

8. Sie wird eine Urabstimmung unter den in Ostdeutschland gewerkschaftlich organisierten IG BAU – Mitgliedern durchführen.

Lösungen

9. Wenn in einer Urabstimmung mehr als 25 % der Gewerkschaftsmitglieder der IG BAU aus dem Tarifverbund dem Vorschlag zustimmen.

10. Wenn in einer Urabstimmung mehr als 75 % der Gewerkschaftsmitglieder der IG BAU aus dem Tarifverbund dem Streikvorschlag zustimmen.

11. Wahlberechtigt sind alle Arbeitnehmer, die das 18. Lebensjahr vollendet haben (einschließlich der Auszubildenden). Das sind bei der Linnea GmbH insgesamt neun Personen.

    Erläuterung: Um das Interesse der Arbeitnehmer an ihrem Betrieb zu steigern und ihnen Gelegenheit zu geben, am betrieblichen Geschehen aktiv mitzuwirken, wurden im Betriebsverfassungsgesetz (BetrVG), das 1952 in Kraft getreten ist, die Wahl und die Aufgaben eines Betriebsrates einheitlich geregelt. Ein Zwang zur Wahl eines Betriebsrates besteht nicht. Der Betriebsrat nimmt an der Willensbildung und an der Entscheidung des Arbeitgebers durch Mitwirkung und Mitbestimmung teil. In Betrieben mit mindestens fünf Arbeitnehmern sind die Beschäftigten alle vier Jahre aufgerufen, ihre betrieblichen Interessenvertreter zu wählen.

12. In Betrieben mit in der Regel mindestens fünf ständigen wahlberechtigten Arbeitnehmern, von denen drei wählbar sind, werden Betriebsräte gewählt. Die Anzahl der Wahlberechtigten ist ausreichend, sodass **ein** Betriebsratsmitglied gewählt werden kann.

13. Eine Jugend- und Auszubildendenvertretung kann aufgrund von § 60 bei der Linnea GmbH gewählt werden, da die Mindestanzahl der entsprechenden Arbeitnehmer erreicht ist.

14. Der Betrieb möchte eine neue Floristin einstellen: **eingeschränkte Mitbestimmung** [a]
    Der Betrieb soll um eine Filiale erweitert werden: **mitwirkende Funktion** [b]
    Die tägliche Arbeitszeit und die Pausenzeiten sollen neu geregelt werden: **uneingeschränkte Mitbestimmung** [c]

15. Zu den wichtigsten Aufgaben des Betriebsrates gehört die Überwachung der Einhaltung der zum Schutz der Arbeitnehmer erlassenen Gesetze, Verordnungen, Unfallverhütungs-vorschriften, Tarifverträge und der internen Betriebsvereinbarungen.

    Darüber hinaus hat der Betriebsrat die Arbeitnehmerinteressen gegenüber dem Arbeitgeber zu vertreten, insbesondere die Schwerbehinderten, ausländische Arbeitnehmer und ältere Arbeitnehmer.

16. Überwachung der zugunsten von Jugendlichen und Auszubildenden bestehenden Gesetze, Verordnungen usw.; Anregungen und Vorschläge von Jugendlichen und Auszubildenden entgegennehmen und bearbeiten; Maßnahmen für Jugendliche und Auszubildende beim Betriebsrat vorschlagen und beantragen; Teilnahme an der Betriebsratssitzung.

17. Anna dürfte nur an der Sitzung teilnehmen, wenn man sie als Vertreterin der Jugend- und Auszubildendenvertretung entsenden würde.

2 Voraussetzung für eine Betriebsgründung erfüllen

2.1 Floristik-Fachgeschäfte in der Wirtschaft

1. (c) Floristik-Fachgeschäft Linnea GmbH; (e) Forst-Baumschule Mayer GbR; (d) Tischlerei Müller KG

2. Der **primäre Sektor,** auch als **Urproduktion** bezeichnet, ist der Sektor der Rohstoffgewinnung für ein Produkt aus dem Boden, aus dem Wasser oder aus der Luft z. B. Gartenbau-Produktionsbetriebe, Forstbetriebe, Landwirtschaftsbetriebe.

   Der **sekundäre** Sektor beschäftigt sich mit der Weiterverarbeitung von Rohstoffen und der Herstellung von Produkten. Dazu zählen das verarbeitende Gewerbe (z. B. das Handwerk und das Baugewerbe), das produzierende Gewerbe (Industriebetriebe), aber auch die Energie- und Wasserwirtschaft.

   Der **tertiäre** Sektor beinhaltet **Dienstleistungen**, die täglich erbracht werden. Hierzu gehören Handel und Verkehr, Tourismus, Bildungswesen, Gesundheitswesen, Verwaltung, Banken, Medien, Rechts- und Justizwesen, Sicherheits- und Streitkräfte usw.

3. Auf eine Gesellschaft des bürgerlichen Rechts

4. Bei einer GbR, einer **Personengesellschaft,** betreiben mindestens zwei (oder mehrere) Personen ein Unternehmen gemeinsam. Bei Verbindlichkeiten haftet die GbR mit dem Privat- und Geschäftsvermögen und alle Gesellschafter persönlich. Bei einer GmbH, einer **Kapitalgesellschaft**, sind die Gesellschafter mit einem oder mehreren Geschäftsanteilen an der Gesellschaft beteiligt, für Verbindlichkeiten ist die Haftung der Gesellschafter nur auf die Höhe ihrer Einlage beschränkt.

5. Wareneinkauf bei Produzenten und Verkauf der Waren/Dienstleistungen an Endverbraucher

6. Schlosserei Hartmann, liefert und montiert neue Rolltore für die Gewächshäuser.

7. Eine eingetragene Genossenschaft (eG)

8. (Ertrag · 100) / Aufwand [oder Leistung/ Kosten]

9. Zinszahlungen für laufende Kredite sind wegen fallender Zinsen geringer geworden

10. Kunden erhalten von den Mitarbeitern der Linnea GmbH Pflegehinweisezu den gekauften Topfpflanzen und Tipps für die Dekoration.

11. (b) Beschaffung; (d) Absatz; (c) Lager; (a) Verwaltung

12. Aktiengesellschaft (AG)

13. Offene Handelsgesellschaft (OHG), Kommanditgesellschaft (KG), Gesellschaft des bürgerlichen Rechts (GbR)

2.2 Betriebs-/Unternehmensgründung

1. Verantwortungsbewusstsein/Mitarbeiter-Führungsqualitäten; soziales Gewissen und Objektivität gegenüber Mitarbeitern; Managementfähigkeiten und Organisationstalent; Zielstrebigkeit und Durchsetzungsvermögen; Überzeugungs- und Entscheidungskraft; Belastbarkeit, Fleiß und Ausdauer; Flexibilität und Kontaktfähigkeit; Kreativität und handwerkliches Geschick

2. Geschäftsidee und Angebotsumfang; Markteinschätzung und Werbeaufwand; Konkurrenzanalyse und Preisniveau; Standortfaktoren; Geschäftspartner; Zukunftsaussichten; Finanzierung usw.

> Lösungen

3. Die Firma des Kaufmanns muss im Handelsregister eingetragen sein.
   Der Kaufmann ist zur ordnungsgemäßen Buchführung verpflichtet.

4. (e) Firmenausschließlichkeit; (c) Firmenbeständigkeit; (a) Rechtsformzusatz; (d) Firmenöffentlichkeit

5. Eigentumsverhältnisse des Inhabers, Anzahl der Mitarbeiter und Umsatzvolumen

6. Prokura ermächtigt zu allen Arten von gerichtlichen und außergerichtlichen Geschäften und Rechtshandlungen. Es ist eine durch einen Kaufmann an einen Mitarbeiter erteilte Vertretungs-Vollmacht.

2.3 Grundlagen des Wirtschaftens

1. (d) Kulturbedürfnis; (b) Existenzbedürfnis; (a) Luxusbedürfnis

2. Bedürfnisse sind subjektive Mangelempfindungen. Als Bedarf wird der Teil der Bedürfnisse bezeichnet, der von uns Menschen mit den uns zur Verfügung stehenden Geldmitteln befriedigt werden kann. Der am Markt auftretende Bedarf stellt die Nachfrage nach Gütern dar.

3. Bei einem starken Angebot sinkt der Preis

4. Es gibt in diesem Stadtteil relativ viele Nachfrager und wenige Anbieter

5. Die soziale Marktwirtschaft

   Erläuterung:Die rechtliche und politische Form, die den Rahmen für das Wirtschaften in einem bestimmten Wirtschaftsgebiet vorgibt, bezeichnet man als Wirtschaftsordnung. Beim Ort der Preisbildung herrscht eine marktwirtschaftliche Wirtschaftsordnung, wenn der Preis durch Angebot und Nachfrage frei bestimmt wird (= freie Marktwirtschaft).

   Für Deutschland und die Staaten der Europäischen Union gilt das Prinzip der sozialen Marktwirtschaft. Es ist eine Wirtschaftsordnung, die auf der Basis des kapitalistischen Wettbewerbs dem Staat die Aufgabe zuweist, sozialpolitische Korrekturen vorzunehmen und auf einen sozialen Ausgleich hinzuwirken.

6. **Sozialpolitische Ziele** der Sozialen Marktwirtschaft sind die Soziale Sicherung der Bürger, eine möglichst gerechte Einkommens- und Vermögensverteilung, Chancengleichheit, Mitbestimmung und Konsumfreiheit.

   Wirtschaftspolitische Ziele der Sozialen Marktwirtschaft sind Vollbeschäftigung, Wirtschaftswachstum, Preisstabilität, Zahlungsbilanzgleichgewicht (Leistungsbilanz des Warenstroms ins Ausland bzw. aus dem Ausland ist ausgeglichen).

7. hoher Beschäftigungsstand – angemessenes und stetiges Wirtschaftswachstum – außenwirtschaftliches Gleichgewicht – stabiles Preisniveau

8. Verteilungsgerechtigkeit und Umweltschutz

9. Arbeitsleistungen

10. Das Realeinkommen ist um 2 % gestiegen.

    Erläuterung: Darunter wird die Konsummenge verstanden, die mit dem Nominaleinkommen am Markt erworben werden kann. Das Realeinkommen ist ein Indikator für die reale Kaufkraft des Geldes.Hierbei werden auch Faktoren wie allgemeines Preisniveau oder Inflation in die Berechnung einbezogen. Für Arbeitnehmer und Unternehmen ist der Reallohn bzw. das Realeinkommen wichtig, weil er angibt, was man sich für seinen Lohn wirklich leisten kann.

11. Senkung der Einkommenssteuer – Erhöhung des Kindergeldes

12. Die Investitionen nehmen zu.

13. [c] saisonale Arbeitslosigkeit; [e]strukturelle Arbeitslosigkeit; [a]konjunkturelle Arbeitslosigkeit

14. Rezession

15. [f] angemessenes Wirtschaftswachstum, [d] hoher Beschäftigungsstand, [b] stabiles Preisniveau, [c] außenwirtschaftliches Gleichgewicht

16. Das Verhältnis von Sozialversicherungspflichtigen zu Rentnern wird sich zugunsten der Rentner stark verändern.

    Erläuterung: In den nächsten Jahren und Jahrzehnten wird sich die Bevölkerungsstruktur in Deutschland stark verändern. Die Menschen in Deutschland werden älter, die geborenen Kinder werden mit jeder Generation weniger und die Gesellschaft wird vielfältiger.

    Bedingt durch den **demografischen Wandel** gibt es im Verhältnis immer weniger Menschen, die Beiträge zur gesetzlichen Sozialversicherung leisten, und immer mehr Menschen, die nach ihrer Erwerbstätigkeit als Rentner in einem angemessenen Ruhestand leben möchten. Dieses Missverhältnis wird in den kommenden Jahrzehnten noch zunehmen.

17. Durch die Zahlung von Kurzarbeitergeld

18. Sie legt regelmäßig den Leitzins fest.

19. **Subventionen** sind staatliche Leistungen an Unternehmen. Damit greift der Staat in die Preispolitik und dadurch auch in den Markt ein, weil die Unternehmen dann ihre Güter durch kostengünstigere Produktion billiger anbieten können. Massive Subventionen gibt es beispielsweise in der Landwirtschaft.

20. Durch den Prozess der Globalisierung sinken die Lohnkosten produzierender Unternehmen im Inland, das führt zu einer verstärkten Verlagerung von Produktionsstätten ins Ausland.

    Erläuterung: Globalisierung ist eine politisch-ökonomische Bezeichnung für den fortschreitenden Prozess weltweiter Arbeitsteilung. Politisch gesetzte Handelsschranken zwischen den Staaten werden zunehmend abgebaut, Kommunikationstechnologien weltweit angewendet und der Produktionsfaktor Kapital ist absolut mobil und überall einsetzbar.

    Dadurch wird mehr und mehr in solchen Staaten produziert (z. B. China), die die höchsten Kostenvorteile bieten. Der Prozess der Globalisierung erhöht damit entscheidend den Wettbewerbsdruck zwischen den einzelnen Unternehmen und hat darüber hinaus erhebliche Auswirkungen auf die Stabilität und Sicherheit der Arbeitsplätze.

21. Arbeitslose 2 750 000; Arbeitslosenquote in Prozent 6,4 % .

    Rechnung: 2 750 000   => 6,4 %
    ·   => 100 %

    X = 2 750 000 · 100 / 6,5 = 42 968 750 Erwerbstätige bei 0 % Arbeitslosenquote.

Lösungen

3 Geschäftsabläufe organisieren und durchführen

3.1 Rechtliche Rahmenbedingungen

1. Die volle Geschäftsfähigkeit von Anna beginnt erst mit Vollendung des 18. Lebensjahres, das Rechtsgeschäft eines Rollerkaufs wäre schwebend unwirksam. Aufgrund der beschränkten Geschäftsfähigkeit ist der Kauf nur mit Zustimmung des gesetzlichen Vertreters möglich.

2. Bei der Bike AG handelt es sich um eine Juristische Person des privaten Rechts. Der Rechtanwalt ist eine natürliche Person.

3. Wenn man ein Produkt geschenkt bekommt, das nur Vorteile für den Geschenkten nach sich zieht. Wenn man einen Teil seines Lohnes für ein Fachzeitschriftenabonnement einsetzt.

4. Der Beginn der Rechtsfähigkeit erfolgt mit der Eintragung ins Handelsregister und endet mit der Löschung.

5. **Eigentum** ist die rechtliche Herrschaft über eine Sache, Besitzer können eine Sache lediglich nutzen. Besitz ist die **tatsächliche Herrschaft** einer Person über eine Sache, sie ist aber kein Eigentümer, z. B. bei der Miete einer Wohnung, beim Leasing eines Fahrzeugs oder bei der Buchausleihe.

6. **Gütezeichen** sind ein Garantieausweis für eine bestimmte Warengüte. Sie werden entweder von den Herstellern gleichartiger Erzeugnisse geschaffen (Kollektivmarken) oder vom Gesetzgeber festgelegt (gesetzliche Gütezeichen). Sie sollen das Produkt aufwerten und beim Verbraucher Vertrauen erzeugen.

3.2 Kaufverträge sind Rechtsgeschäfte

1. Sophia Schmidt kündigt einer Aushilfe schriftlich durch einen Brief mit persönlicher Zustellung.

2. [c] Notarielle Beurkundung, [e] elektronische Form, [d] schriftliche Form

3. Willenserklärungen (WE) von Geschäftsunfähigen; WE, die bei vorübergehender Störung der Geistestätigkeit abgegeben wurden; WE, die nur zum Schein abgegeben wurden; WE, die nicht ernstlich gemeint sind (Scherzgeschäft); Rechtsgeschäfte, die gegen die guten Sitten verstoßen; Rechtsgeschäfte, die gegen gesetzliche Verbote verstoßen; Rechtsgeschäfte, die nicht in der entsprechenden Form abgefasst wurden.

4. Marc Schmidt möchte den vor zwei Monaten gekauften Vorführwagen zurückgeben, weil der Verkäufer ihm verschwiegen hat, dass das Fahrzeug bereits einen Unfall hatte.

5. Durch die schriftliche Anfrage wird die Linnea zu nichts verpflichtet, da Anfragen unverbindlich sind.

6. Die Bremer Keramik KG sichert sich ab, falls sie nicht liefern kann; sie ist dadurch nicht an das Angebot gebunden und behält sich eine Lieferung vor.

7. Das Angebot der Mosbach GmbH ist nur solange bindend, bis Frau Schmidt oder der Verkaufsleiter das Telefonat beendet.

8. 20 · 22,50 € = 450 € − 15 % = 382,50 € + 19 % MwSt. = 455,18 € − 2 % = 446,07 €

9. Angebot Mosbach: 10 · 19,50 € = 195 € + 19 % MwSt. = 232,05 € + 29,95 € = 262 €;

   Angebot Haberland: 2 · 100 € = 200 € + 19 % MwSt. = 238 € − 2 % = **233,24 €;**

   Angebot Keramik-Huber: Lieferung erfolgt zu spät.

10. Skonto ist ein Preisnachlass, der Kunden ermutigen soll, den Rechnungsbetrag innerhalb einer (kurzen) Frist. Er wird (missverständlich) auch als Barzahlungsrabatt bezeichnet.

11. 4 – 5 – 7 – 2 – 6 – 1 – 3

12. Um die geschäftlichen Vereinbarungen einfacher und zeitsparender zu gestalten, gibt es vorformulierte Vertragsbedingungen für eine Vielzahl von Verträgen seitens des Anbieters, die so genannten **Allgemeinen Geschäftsbedingungen** (AGB).

    Sie beinhalten z. B. Angaben über Lieferungs- und Zahlungsbedingungen, Garantie- und Gewährleistungen, Eigentumsvorbehalt, Erfüllungsort und Gerichtsstand. Damit die AGB Gültigkeit haben, muss der Kunde ausdrücklich auf die AGB hingewiesen werden, Möglichkeit der Einsicht bekommen und seine Zustimmung geben.

3.3 Wenn der Kaufvertrag erfüllt wird

1. Der Hinweis zum Gerichtsstand bedeutet, dass bei gerichtlichen Auseinandersetzungen wegen der Erfüllung des Vertrages das Gericht in Hamburg zuständig ist.

    Der Hinweis zum Erfüllungsort bedeutet, dass die Linnea GmbH die Warenlieferung bei der Flory KG in Hamburg abholen muss, weil dort der Erfüllungsort ist.

2. Mit dieser Vertragsklausel bleibt die Flory KG bis zu vollständigen Bezahlung Eigentümer der Ware. Mit dieser Vertragsklausel wird die Linnea GmbH bei der Übergabe der Ware lediglich Besitzer der Ware, bis die Ware vollständig bezahlt wird.

3. Die Versandkosten bis zum Firmensitz des Käufers trägt die Linnea GmbH, die Flory KG stellt die Ware in Oldenburg zur Abholung bereit.

4. Die Bestellung der Ware ist vom Betrag her limitiert, d. h. es gibt ein begrenztes Budget.

5. [a] Kauf auf Probe, [c] Kauf nach Probe, [d] Kauf auf Abruf

6. 1 840 € + 7 % MwSt. = 1 968,80 € – 10 % Rabatt – 2 % Skonto = **1 736,48 €**

7. Die Lieferung der Ware erfolgt zunächst an den Besteller, aber die überschüssige Ware kann ohne Bedenken zurückgegeben werde, z. B. Getränke für eine Feier.

3.4 Zahlungsverkehr

1. Durch bargeldlose Zahlungen ist die Bargeldmenge in der Kasse gering, Falschgeldzahlungen werden vermieden.

2. Einträge auf der Quittung: Netto 112,15 € (aufgerundet); 7 % MwSt.; 7,85 €; Gesamt 120 €;

3. Gesamtbetrag Euro in Worten: Einhundertundzwanzig; von Verena Koch für drei Zitronenbäume dankend erhalten; Datum von heute; die Steuernummer, der Name der Kundin

4. Der ermäßigte Steuersatz von 7 % gilt nach Erlass des Bundesfinanzministeriums u. a. für Blumen und Blüten sowie deren Knospen zu Binde- oder Zierzwecken bzw. andere lebende Pflanzen einschließlich ihrer Wurzeln, Stecklinge und Pfropfreiser.

5. Der Betrag wird per Lastschrift vom Konto der Kundin abgebucht.

6. IBAN – International Bank Account Number = Internationale Bankkontonummer;

    Erläuterung: Die **IBAN**, die alle nationalen Kontoangaben – in Deutschland Kontonummer und Bankleitzahl – ersetzt, ist die wichtigste Neuerung bei SEPA-Überweisungen. Vom Prinzip her ist die **IBAN** immer gleich aufgebaut: Sie besteht aus einem internationalen Teil, der sich aus einem Länderkennzeichen und einer Prüfziffer zusammensetzt, und einem nationalen Teil, der individuelle Kontodetails enthält. In Deutschland sind das die Bankleitzahl und die Kontonummer.

Lösungen

7. DE ist die Länderkennung für Deutschland.

8. 824,50 € => 97 %, x € => 100 % ; · = 824,50 · 100 / 97 = **850,00 €**

9. Die Bezahlung mit Kreditkarte ist für den Kunden i. d. R. kostenlos und bequem.

   Die Abbuchung des Betrages vom Girokonto erfolgt beim Kunden erst nach einigen Tagen oder Wochen.

10. Von **halbbarer Zahlung** wird gesprochen, wenn entweder der Zahlende oder der Zahlungsempfänger beim Zahlungsvorgang das Geld noch bar in der Hand hat. Dies ist z. B. der Fall beim Zahlschein, bei der Zahlung mit Nachnahme oder bei Barschecks.

11. Vorteile für den Kunden: Ware kommt bequem nach Hause geliefert und man kann sie sich vor dem Bezahlen anschauen; man muss nicht außer Haus, um die Waren zu transportieren.
    Vorteile für den Kunden: Geld gegen Ware; keine Mahnungen erforderlich;
    Nachteile für den Kunden: man muss zuhause sein; man muss das Geld im Haus haben; Nachnahme-Gebühr kostet „extra".

3.5 Störungen bei der Vertragserfüllung

1. Es werden an einen Kunden fünf Hydrogefäße verkauft, bei denen zwei Gefäße aufgrund eines Glasurfehlers durchnässen.

2. Dem Umtauschwunsch der Kundin wird stattgegeben, da das Gefäß bei einem Sachmangel aufgrund der Gewährleistungspflicht zurückgenommen werden muss.

3. Ein Warenumtausch erfolgt umgehend, die gesetzliche Gewährleistungspflicht wurde nicht überschritten.

4. Die Nacherfüllung erfolgt durch Nachbesserung (Reparatur der Ware) oder als Ersatzlieferung, d. h. durch Austausch der mangelhaften Ware in eine (andere) mangelfreie Ware.

   Erläuterung: Ist dem Verkäufer die vom Kunden gewünschte Ersatzlieferung nur mit unverhältnismäßigen Kosten möglich, kann er sie ablehnen und als Form der Nacherfüllung die Reparatur wählen. Das Gesetz sieht vor, dass der Käufer die Nachbesserung in der Regel höchstens zweimal dulden muss, bevor er von weitergehenden Rechten Gebrauch machen kann.

5. Wandlung des Vertrages bedeutet, dass der Kaufvertrag aufgehoben wird. Der Kunde tritt damit vom Vertrag zurück.

6. (50 · 19 €) + (40 · 17,50 €) + (30 · 29 €) = 2 520 € + 7 % = 2 696,40 + 50 € = **2 746,40 €**

   2 520 € − 20 % = 2 016 € + 7 % = 2 157,12 € − 2 % = **2 113,98 €** (aufgerundet);
   die Warenlieferung ist also um **632,42 €** günstiger.

7. (40 · 7,80 €) + (25 · 5,40 €) + (55 · 6,20 €) = 788 € : (40 + 25 + 55) = **6,57 €** (aufgerundet)

8. Die Gewährleistung (oder Mängelhaftung) ist gesetzlich auf 24 Monate festgeschrieben, wobei die Beweislast des Mangels nach sechs Monaten auf den Kunden übergeht. Sie ist eine zeitlich befristete Nachbesserungspflicht für Warenmängel. Garantie ist eine freiwillig vereinbarte Verpflichtung des Anbieters, die eine unbedingte Schadenersatzleitung zusichert.

9. [c] Annahmeverzug, [e] Lieferungsverzug, [b] Zahlungsverzug

10. Sie kann sich mthilfe der Polizei Zugang zu den Räumen verschaffen, um die Saaldekoration fristgemäß erstellen zu können.

11. Außergerichtlicher Mahnverfahren: Der Gläubiger mahnt den Schuldner mit einer Zahlungsaufforderung schriftlich an; dabei liegt es im Ermessen des Gläubigers, wie häufig er den Schuldner anmahnt.

Gerichtliches Mahnverfahren: Nach erfolglosem außergerichtlichen Mahnverfahren kann der Gläubiger durch das Ausfüllen und Versenden eines Mahnbescheides an das Amts- bzw. Landgericht das gerichtliche Mahnverfahren einleiten, das das Gericht dann dem Schuldner ohne Prüfung zustellt.

12. Die Linnea GmbH kann nach relativ kurzer Zeit einen Vollstreckungstitel erhalten, wenn dem Mahnbescheid nicht widersprochen wird. Die Gerichtskosten des Mahnverfahrens sind erheblich günstiger als eine Zivilklage.

13. Der Anspruch verjährt nach drei Jahren zum Jahresende, also am 31. Dezember des übernächsten Jahres.

Lösungen

1 Waren einkaufen, annehmen, lagern und kalkulieren

1.1 Bedarfsermittlung und Warenbeschaffung

1. Informationsquellen sind das Internet, Anzeigen und Anregungen in Fachzeitschriften, Ausstellungen und Messen, Börsen und Großmärkte, der Großhandel, Absatzorganisationen und Importeure, Kataloge und Fachberater der Unternehmen …

2. Eine Anfrage hat das Ziel, von einem Anbieter Informationen über Waren und Dienstleistungen zu erhalten, insbesondere zum Preis, zu den Liefer- und Zahlungsbedingungen, zur Qualität und Beschaffenheit, Verpackungseinheit, Rabattstaffelungen usw. Anfragen an Unternehmen sind unverbindlich, d. h. man geht durch diese Anfrage keine Kaufverpflichtung ein.

3. Einkaufslimit bedeutet, dass es einen Höchstbetrag (Limit) gibt für den Einkauf der Waren.

4. Listenpreis − Rabatt = Zieleinkaufspreis − Skonto = **Bareinkaufspreis**

5. MB = (15 · 5) + 40 = **115**; der Meldebestand ist bei 115 Römern erreicht.

6. Das Angebot gilt bis zum Ende des Telefonats.

7. Listenpreis: 30 € pro Stück;
Bareinkaufspreis: 30 € − 10 % − 2 % = **26,46 €**;
Bezugspreis: 25 · 26,46 € = 661,50 € + 50 € = **711,50 €**.

8. Sie ist bei der Bezugsquellenermittlung behilflich.

9. Der Einstandspreis wird auch als Bezugspreis bezeichnet, er ergibt sich aus der Summe von Bareinkaufspreis und Bezugskosten.

1.2 Warenannahme und Lagerung

1. Die Empfängeranschrift auf dem Lieferschein, die Anzahl der gelieferten Kartons und die Unversehrtheit der Verpackungen.

2. Sie vermerkt auf dem Lieferschein den Empfang von zehn Paketen, unterschreibt und lässt den Zusteller weiterfahren.

3. Zu den Warenbegleitpapieren zählen Lieferschein, Frachtbrief, Packschein, z. T. auch Zollpapiere. Die Angaben in den Warenbegleitpapieren erhalten Informationen zur Adresse des Empfängers, zum Absender der Warenlieferung, zum Datum der Ausstellung, zum Gewicht bzw. der Menge der Waren, zur Art und Bezeichnung der Ware usw.

4. Quantitätsmangel

5. 1. Schriftlich auf das fehlende Paket beim Lieferer hinweisen.
   2. Die von Christine erhaltene Rechnung mit Eingangsstempel versehen und das Fehlen des Paketes vermerken.
   3. In der EDV des Wareneingangssystems den Erhalt der 10 Pakete vermerken.
   4. Nach Erhalt des restlichen Paketes die Rechnung mit dem Vermerk auf Richtigkeit abzeichnen.
   5. Den Erhalt des restlichen Paketes in das Wareneingangssystem eingeben.
   6. Rechnungsbetrag und Skontoabzug überprüfen und Rechnung zur Zahlung anweisen.
   7. Bezahlte Rechnung mit dem Vermerk „bezahlt" abheften.

6. 3 470 € − 10 % = 3 123 € − 2 % = **3 060,54 €**

7. Der Meldebestand wird dadurch später erreicht.

8. Diese Artikel müssen als Sonderangebote verkaufsfördernd präsentiert werden.
Diese Artikel werden gern auch als Ladenhüter bezeichnet, weil sie von Kunden nur selten gekauft werden.

9. Die Lagerdauer vieler Artikel ist länger geworden.
Der Lagerzinssatz ist durch den größeren Lagerbestand angestiegen.

10. Verbotszeichen: Feuer, offenes Licht und Rauchen verboten.

11. Sie kann dadurch die Zinsen für gebundenes Kapital senken.

12. Die **Lagerdauer** gibt an, wie viele Tage ein bestimmter Artikel im Durchschnitt gelagert wird bzw. nach wie vielen Tagen dieser Artikel durchschnittlich das Lager verlässt.

    Lagerdauer = 360 Tage / Lagerumschlagshäufigkeit

13. Ein Florist übernimmt durch das Bestellen und Lagern von Waren und Werkstoffen die Funktion der Zeitüberbrückung, damit durch die Vorratshaltung der Bedarf von Kunden jederzeit gedeckt werden kann.

14. g – b – a – e – c – d – f

    [g] Arbeitsraum oder Binderaum
    [b] Folienhaus (kühl, frostfrei)
    [a] beheiztes Verkaufsgewächshaus
    [e] Kühlraum (erhöhte Luftfeuchtigkeit)
    [c] Trockenraum (staubfrei, dunkel, kühl)
    [d] verschlossene Verkaufsvitrine
    [f] Kellerraum (dunkel, kühl, frostfrei)

15. **Lagerung und Zugang von Pflanzenschutzmitteln:** Sie dürfen nur in verschließbaren Schränken aufbewahrt werden; der Zugang ist nur Personen mit Sachkundenachweis gestattet.
    Verkauf von Pflanzenschutzmitteln: Sie dürfen nur in Originalverpackungen aufbewahrt und verkauft werden. Der Verkäufer muss einen Sachkundenachweis erworben und den Kunden über den sachgerechten Umgang mit dem erworbenen Pflanzenschutzmittel beraten haben.

    Erläuterung: Nach dem (neuen) Pflanzenschutzgesetz vom 6.2.2012 ist vorgesehen, dass Personen, die Pflanzenschutzmittel abgeben, zum einen die erforderliche Zuverlässigkeit besitzen und zum anderen über die fachlichen Kenntnisse verfügen müssen. Floristen (mit Abschluss nach dem 6. Juli 2013) erhalten nur noch einen eingeschränkten Sachkundenachweis, und zwar **für den Handel und die Verkaufsberatung von Pflanzenschutzmitteln**, sofern sie nach Bestehen der Abschlussprüfung unter Angabe der Personalien einen schriftlichen Antrag beim zuständigen Pflanzenschutzamt bzw. Pflanzenschutzdienst stellen. Der Sachkundenachweis wird dann gebührenpflichtig zugestellt.

    Jeder Sachkundige **muss** regelmäßig – in drei-Jahres-Zeiträumen – an einer anerkannten Fortbildungsveranstaltung teilnehmen, es besteht somit eine Pflicht zur Fortbildung.

16. Besondere Gesundheitsgefahren

1.3 Warenkalkulation und -auszeichnung

1. Der Gewinn

2. Rohgewinn => Nettoverkaufspreis − Bezugspreis => 38,50 € − 19,50 € = **19 €**;
   Kalkulationszuschlag => 19 € : 19,50 € · 100 = **97,43 %**;
   Handelsspanne => 19 € : 38,50 € · 100 = **49,35 %**;
   Bruttoverkaufspreis: 38,50 + 7 % = **41,20 €**.

Lösungen

3. Kalkulationsfaktor = Nettoverkaufspreis/Bezugspreis oder Bruttoverkaufspreis/Bezugspreis.

4. Die Warenkalkulation berücksichtigt neben dem Bezugspreis der Ware die Gemeinkosten des Unternehmens, den unternehmerischen Gewinn und mögliche Verkaufszuschläge.
Bei der Mischkalkulation wird infolge des zusätzlichen Dienstleistungsanteils der höhere Anteil an Personalkosten, die es bei reinen Handelsbetrieben nicht gibt, mit berücksichtigt. Dazu ist es notwendig, dass Dienstleistungsbetriebe ihren Betriebsstundenlohn ermitteln. Floristik-Fachgeschäfte kalkulieren ihre Arbeitskosten mit ca. 0,50 – 0,75 €/Stunde.

5. Mitbewerber bieten die gleiche oder ähnliche Ware günstiger an.

6. Bezugspreis: 11,50 €; Gemeinkostenaufschlag: 68 %, Gewinnaufschlag: 10 %, MwSt: 7 %;

   Selbstkostenpreis: 11,50 € + 68 % = **19,32 €**,
   Barverkaufspreis: 19,32 € + 10 %   = **21,25 €**,
   Bruttoverkaufspreis: 21,25 € + 7 % = **22,74 €**.

7. 13 800 € – 6 500 € = 7 300 €;

   Gesamtstunden: 56 + 47 + 43 = 146 Arbeitsstunden, davon Linnea: 56 Arbeitsstunden;
   Erlösanteil: (7 300 € · 56) : 146 = **2 800 €**.

8. Nur dann kann die Linnea GmbH die tatsächlichen Kosten zur Grundlage nehmen und eine Kostenunterdeckung (oder Kostenüberdeckung) feststellen.

9. Aufgabenbereiche eines EDV-gestützten Warenwirtschaftssystem können z. B. sein:
die Koordination von Wareneingang, -ausgang und Lagerhaltung, Warenauszeichnung, Bearbeitung bzw. Erstellung von Aufträgen, Geschäftsbriefen, Rechnungen, Reklamationen, Inventurabwicklung, Lohnbuchhaltung

10. Die Waren im Schaufenster werden mit Nettopreisen ausgezeichnet.

11. Oliver schreibt ein Infoplakat mit dem Text: „Hier erhalten Sie zu jedem gekauften Balkonkasten kostenlos eine kompetente und ausführliche Information zur Pflege und Gestaltung!"

2 Waren präsentieren und Kunden verkaufsfördernd beraten

2.1 Warenpräsentation

1. Die themenbezogene Schaufensterdekoration animiert Kunden verstärkt zu Impulskäufen.

2. Vorteile einer zeitgemäßen Schaufensterdekoration: Kommunikationsmittel, bietet unverbindliche Informationen, gewährleistet Anonymität, zeigt Trends, sendet Werbebotschaften, erzeugt Fernwirkung, macht Leistung greifbar...

3. Mediterran gearbeitete Tischgestecke werden zusammen mit entsprechenden Accessoires und Infobüchern auf einem Bauerntisch platziert.

4. Warenträger sind Säulen, Podeste, Dekoinseln, Regale, Tische, Hocker, Schränke usw.

5. Sie informiert Marc Schmidt, markiert an der Leiter die Information „defekt" und nimmt eine andere Leiter zur Hand.

6. $8 \cdot (0,4 \text{ m} \cdot 0,8 \text{ m}) = 2,56 \text{ m}^2 \cdot 22 \text{ €/m}^2 = 56,32 \text{ €} + 19 \text{ \% MwSt.} =$ **67,02 €**

7. Aspekte, wie die Wegeführung interessant gestaltet werden kann, sind die Berücksichtigung von Wareninseln und Aktionsflächen, Frei- und Verweilräume (z. B. eine Beratungs- oder Leseecke), besondere Blickpunkte (Faszinationspunkte) oder Funktionsflächen (Kassen- oder Packbereich).

8. Die im Ladenbereich präsentierten Waren müssen alle mit Bruttoverkaufspreisen ausgeschildert sein.

2.2 Warensortiment

1. Marc Schmidt richtet eine Leseecke ein und bietet künftig auch Fachzeitschriften und themenbezogene Fachbücher für Hobbygärtner an.

2. Das Anheben und Transportieren der großen Terrakotta-Pflanzkübel ohne maschinelle oder mechanische Hilfe.

3. Einfluss des Standortes auf die Sortimentsgestaltung haben die Kaufkraft und das Kaufverhalten der Kunden und die Kundenstruktur des Stadtteils bzw. des Ortes, die Erreichbarkeit des Ladens und die Anbindung an öffentliche Verkehrsmittel, die Nachbarschaft, die Parkplatzsituation usw.

4. Umsatzanstieg => 20 500 € – 9 400 € = 11 100 €
   Lösung mit Dreisatz: 9 400 € = 100 % ; 11 100 = x

   x = (11 100 · 100) : 9 400 = **118, 09 %** (aufgerundet) .

2.3 Marketing und Erfolgskontrolle

1. Die Linnea GmbH versendet eine Pressemitteilung an die örtliche Presse zur Renovierung der Geschäftsräume und stiftet für das Stadtteilfest zehn bunt gestaltete Hanging-Baskets.

2. Er muss die Umsätze der Waren, die extra für diese Ausstellung gefertigt und angeboten wurden, vom Kassensystem separat ermitteln lassen.

3. Linnea GmbH – wir bepflanzen Ihre Balkonkübel, wenn Sie sich Beet- und Balkonpflanzen aus unserem großen Pflanzensortiment ausgesucht haben.

4. Public-Relations-Maßnahme

> Lösungen

5. Mit Corporate Design wird das Erscheinungsbild eines Unternehmens beschrieben, das sich nach außen hin in einem speziellen „Design" präsentiert; dies geschieht durch eine einheitliche Berufskleidung; durch eine einheitliche Firmenbeschriftung bzw. einem typischen Logo an Fahrzeugen, auf dem Briefpapier, auf Infotafeln usw. Dadurch wächst der Wiedererkennungswert des Unternehmens.

6. Direktwerbung richtet sich an ausgewählte Kunden, die das Unternehmen aufgrund einer gut geführten Kundenkartei ansprechen kann, und zwar mit Werbebriefen, Emails, mit Werbegeschenken, mit Katalogen, mit Telefonanrufen usw.

   Streuwerbung ist anonym und richtet sich an alle Personen, die diese Werbung empfangen bzw. erhalten, z. B. Anzeigen in Zeitungen, Werbebanner, Rundfunk- , Fernseh- oder Kinowerbung, Internetwerbung, Plakate auf Litfasssäulen.

7. Aspekte einer Firmenanalyse können sein die Positionierung des Unternehmens am Markt, der Marktanteil, der Umsatz, die Rentabilität, die Kundenzufriedenheit und -orientierung, das Image des Unternehmens, die Personalsituation usw.

8. Quantitative Ziele beziehen sich auf den Marktanteil des Unternehmens, den Umsatz, den Absatz, die Preissituation.

   Qualitative Ziele beziehen sich insbesondere auf das Firmen- oder Markenimage, der Bekanntheitsgrad, die Kundenzufriedenheit, die Kundenbindung.

9. Durch Werbebriefe an die Mitarbeiter der jeweiligen Unternehmen.

10. Er beauftragt seinen gegenüberliegenden Nachbarn, die „Sanitär Krause GmbH", für den Betrieb neue Brennwertkessel einzubauen, die 20 % weniger Erdgas verbrauchen.

2.4 Erfolgreich beraten und verkaufen

1. Unsere Preise sind für diese Ware schon äußerst knapp kalkuliert und deshalb kann ich Ihnen keinen Rabatt einräumen.

2. Oliver fasst noch einmal die pflegerischen und gestalterischen Vorzüge der infrage kommenden Pflanzen zusammen, um der Kundin den Kaufentschluss zu erleichtern.

3. „So ein Arrangement passt durch die verschiedenen Blütenfarben nahezu auf jede Terrasse und zu jedem Anlass."

4. Olivers Verkaufsargumente werden durch eine freundliche Körpersprache sowie entsprechende Gestik bzw. Mimik begleitet. Das Gespräch wird durch ein Lächeln eröffnet.

5. 1. Frau Pohl tippt die Einzelbeträge in die Kasse.
   2. Der Gesamtbetrag erscheint in der Kasse und wird der Kundin deutlich genannt
   3. Die beiden Geldscheine werden in Empfang genommen und auf Echtheit überprüft.
   4. Frau Pohl klemmt die Geldscheine außen an der Kasse fest und öffnet die Kasse.
   5. Frau Pohl nennt den Wechselbetrag und zählt es der Kundin laut vor.
   6. Die beiden Geldscheine der Kundin werden in die Kasse gelegt.
   7. Frau Pohl schließt die Kasse und bedankt sich bei der Kundin.

6. Wenn die Linnea GmbH zu jeder verkauften Topf- oder Kübelpflanze eine Pflegekarte mit praktischen Pflegetipps dazu packt.

7. Der EAN- oder GTIN – Strichcode [European Article Number (bis 2009), jetzt als Global Trade Item Number bezeichnet] ist maschinenlesbar und kann vom Barcode-Scanner der modernen Kassensysteme ausgelesen werden. Dadurch ist die Eingabe der Artikelpreise sehr vereinfacht und fehlersicher.

8. Sie bittet Oliver, die Leiter abzusichern und gleichzeitig die Kunden zu beobachten.

9. Er führt zwischendurch mit seinen Auszubildenden-Kolleginnen ein informatives Gespräch, weil noch nicht klar ist, wie der Abend gestaltet werden soll.

10. Aspekte eines positiven äußeren Erscheinungsbildes sind die Art der Kleidung, die Frisur, die Körpersprache und -haltung, Sauberkeit, ansprechende Mimik/Gestik, Blickkontakt, eine gewisse körperliche Distanz, die Ansprache an den Kunden, die Stimmlage usw.

11. Maßnahmen zur Kundenbindung sind Infobriefe, Treueprämien, Kundenkarte, Bonusleistungen, Garantieleistungen, Kundenveranstaltungen (z. B. am Tag der offenen Tür, Adventsausstellung, jahreszeitliche Aktionen) usw.

12. Welche Vorstellungen haben Sie? Was ist Ihre Meinung?
    Wie hätten Sie die Pflanzen gern arrangiert?
    Welches sind Ihre Lieblingsfarben?
    Usw.

2.5 Kundenreklamation und Umtausch

1. Sie nimmt ihm den beschädigten Strauß ab und bindet ihm mit den unbeschädigten Werkstoffen und frischer Papiermanschette einen neuen Strauß.

2. Ein Kunde hatte Oliver beauftragt, ihm einen passenden Übertopf zur Anthurie auszusuchen. Nun tropft das Wasser aus einem Glasurriss. Der Kunde möchte ein anderes Gefäß.

3. **Kulanz** ist ein Entgegenkommen des Verkäufers gegenüber dem Kunden nachdem Vertragsabschluss. Dabei werden Service-, Rücknahme- oder Umtauschleistungen ohne rechtliche Verpflichtung gewährt; es ist ausschließlich eine Maßnahme zur Kundenbindung.

4. Ein Aushilfsfahrer der Linnea GmbH hat die Schale beim Abladen vor dem Haus der Kunden am Fahrzeug angeschlagen. Die Schale war bereits bei der Lieferung und der späteren Einlagerung ins Lager der Linnea GmbH mangelhaft, aber da der Preisaufdruck an dieser Stelle war, wurde der Mangel nicht bemerkt.

5. Die Gewährleistungsfrist beträgt nach § 438 BGB **24 Monate** und kann bei Gebrauchtwaren per AGB oder Vereinbarung zwischen beiden Parteien auf 12 Monate verkürzt werden.

6. Fernabsatzverträge sind Verträge über die Lieferung von Waren oder über die Erbringung von Dienstleistungen, die zwischen Käufer und Verkäufer unter ausschließlicher Verwendung von Telekommunikationsmitteln abgeschlossen wurde. Ein Widerruf kann innerhalb von 14 Tagen erfolgen, und zwar ohne Angabe von Gründen.

7. 2 – 6 – 5 – 4 – 1 – 3

3 Kaufmännisch handeln und steuern

3.1 Kaufmännische Steuerung und Kontrolle

1. Die Inventur kann anstatt einer körperlichen Bestandsaufnahme durch eine Stichprobe erfolgen.

2. Inventur ist die körperliche Bestandsaufnahme aller Vermögensteile und Verbindlichkeiten.

   Inventar ist ein Verzeichnis, das detailliert die Vermögensteile, die Verbindlichkeiten und das Eigenkapital auflistet.

3. Summe der Vermögensteile: 492 527,00 € + 25 244,00 € = 634 084,00 €,

   Verbindlichkeiten: 634 084,00 € – 492 527,00 € = **141 557,00 €**

4. Schalen, klein: 56 – 34 = 22 Stück · 3,95 € = **86,90 €**
   Schalen, groß: 23 – 18 = 5 Stück · 4,95 € = **24,75 €**

5. Es hat mindestens einen Diebstahl im Lager gegeben, sodass die EDV hat eine Warenentnahme nicht erfassen konnte. Ein Mitarbeiter bzw. eine Mitarbeiterin hat Schalen aus dem Lager entnommen und vergessen, diese Entnahme in der EDV einzugeben.

6. Oliver nimmt die Schalen aus dem Lager und bietet die Ware nach Rücksprache mit Frau Schmidt „zum Schmunzelpreis" als Sonderware an.

7. Der Jahresüberschuss würde sich halbieren.

8. Einzelkosten lassen sich Waren oder Dienstleistungen direkt zuordnen z. B. Bezugskosten.

   Gemeinkosten können bei einer Ware oder Dienstleistung nur indirekt zugeordnet werden. Zu den Gemeinkosten zählen die allgemeinen Geschäftskosten, allg. Verwaltungskosten, Fuhrparkkosten, Abschreibungen, Werbungskosten usw.

9. a – b – b – b – a

10. Diese Kosten werden als allgemeine Geschäftskosten zugeordnet.

11. Anlagegüter im Floristik-Fachgeschäft, z. B. ein Lieferwagen, verlieren im Laufe der Zeit durch die Nutzung, durch Verschleiß, durch technischen Fortschritt oder durch Modetrends bzw. Weiterentwicklungen an Wert. Dieser Werteverlust muss ermittelt und für jedes Geschäftsjahr buchtechnisch erfasst werden, denn dadurch vermindert sich das Anlagevermögen. Abschreibungen sind Aufwand, der in der Bilanz den Bilanzwert der Anlagegüter schmälert und in der GuV den Gewinn mindert.

12. Das Gesetz der Massenproduktion besagt, „Je höher die Kapazitätsauslastung und die Ausbringungsmenge zur Herstellung von Massengütern ist, desto geringer werden die fixen Kosten und damit auch die Stückkosten."

13. Bilanzsumme: 610 000 € + 220 000 € = **830 000 €**;

    Eigenkapitalquote: 320 000 € · 100/830 000 € = **38,55 %** (gerundet)

14. Miete und Pacht, Energiekosten, Instandhaltungskosten, Transportkosten, Ladeninneneinrichtung, Steuern und Versicherung, Personalkosten …

15. Kalkulationsaufschlag: 323 475 € (Rohgewinn) · 100/446 789 € (Wareneinsatz) = **72,40 %**

    Der Kalkulationsfaktor beträgt 172,40 % oder **1,724 %**

3.2 Steuern

1. Der Abzug der Sozialversicherungsbeiträge richtet sich nach der Bruttolohnhöhe, Steuern muss Oliver aufgrund seines geringen Lohnes noch nicht bezahlen.

2. Die Lohnsteuerklasse richtet sich nach dem Familienstand.

3. Es ist der Differenzbetrag, den der Unternehmer nach der Verrechnung der gezahlten und der eingenommenen Umsatzsteuer tatsächlich an das Finanzamt abführen muss.

4. Die Umsatzsteuer, die Versicherungssteuer, die Mineralölsteuer.

5. Einkauf: 540 € + 7 % MwSt. = 577,80 €; davon 7 % MwSt. => 37,80 €.
   Verkauf: 1 270 € + 7 % MwSt. = 1 358,90 €; davon 7 % MwSt. => 88,90 €.
   Zahllast: 88,90 € – 37,80 € = **51,10 €**.

6. Der ermäßigte Steuersatz im Floristik-Fachgeschäft gilt unter anderem für Schnittblumen, Beet- und Balkonpflanzen sowie für Topfpflanzen, aber nicht für alle Waren des Fachgeschäfts.

   Der allgemeine Steuersatz beträgt zurzeit 19 %; er wird unter anderem für floristische Dienstleistungen erhoben.

7. Die gesonderte Angabe des Steuerbetrages

8. Bei der Gewerbesteuer

   Erläuterung: Die Gemeinde oder Stadt, in der ein Unternehmen seinen Geschäftssitz hat, errechnet die **Gewerbesteuer** auf der Grundlage des Unternehmergewinns durch Anwendung einer Gewerbesteuermesszahl und des sogenannten Hebesatzes, der angibt, wie viel Prozent der Messzahl als Gewerbesteuer zu entrichten sind. Die Hebesätze betragen ja nach Gemeinde 200 – 500 %.

9. In der Zeile Solidaritätszuschlag ist der Betrag einzusetzen, der Frau Pohl im vergangenen Jahr insgesamt an Beiträgen zum Solidaritätszuschlag vom Lohn abgezogen wurde.

   Der gesamte Bruttoarbeitslohn, den Frau Pohl im letzten Jahr von der Linnea GmbH erhalten hat, wird auf einer Jahresbescheinigung ausgewiesen; diesen Bruttoarbeitslohn muss Frau Pohl in der Anlage N eintragen.

10. Die Bemessungsgrundlage der Kirchensteuer ist abhängig vom Bundesland.
    Die Bemessungsgrundlage der Kirchensteuer richtet sich nach dem Lohnsteuerbetrag (8 % oder 9 %).

11. Frau Pohl hat die Steuerklasse V, wenn ihr Ehegatte in der Steuerklasse III ist.
    Frau Pohl hat die Steuerklasse IV, wenn ihr Ehegatte auch in der Steuerklasse IV ist.

12. Aufwendungen für die täglichen Fahrtkosten zur Arbeitsstelle und Berufskleidung gehören zu den Werbungskosten.

13. Freibetrag bedeutet, dass sich Frau Pohl zur Steuerentlastung von bestimmten Steuerbeträgen freistellen lassen kann.

    Erläuterung: Vom Finanzamt können auf Antrag des Arbeitnehmers Freibeträge für bestimmte, steuerlich anzuerkennende Aufwendungen berücksichtigt werden. Wird ein Freibetrag gewährt, kommt es zur Freistellung eines Geldbetrags von der Besteuerung. Nur der den Freibetrag übersteigende Betrag unterliegt der Besteuerung, z. B. ein Ausbildungsfreibetrag, ein Kinderfreibetrag, ein Sparerfreibetrag, ein Betreuungsfreibetrag.

14. 250 Tage · 20 Km · 0,30 €/Entfernungskilometer = **1 500 €**.

3.3 Versicherungen und Vorsorge

1. Der Beitrag zur gesetzlichen Unfallversicherung ist, wie bei den anderen Zweigen der Sozialversicherung, von den Löhnen und Gehältern abhängig, die an die Beschäftigten gezahlt werden. Branchen mit höherer Unfallgefahr zahlen darüber hinaus im Verhältnis mehr als Branchen mit geringerem Risiko. Der Beitrag errechnet sich aus der Lohnsumme, der Gefahrklasse und einer Umlageziffer.

2. Über die Berufsgenossenschaft unfallversichert ist Anna,

    ... wenn sie am Morgen von zu Hause kommt und auf dem Weg zur Arbeit auf dem Fußweg unglücklich stürzt;

    ... wenn sie nach Feierabend mit einem Kollegen auf dem Moped mitfährt, weil der Kollege sie nach Hause bringen wollte und das Zweirad auf dem direkten Weg zur Wohnung in einen Unfall verwickelt wird.

3. Das Belohnungsprinzip

4. Für die gesetzliche Unfallversicherung

5. Die Renten werden aus der Rentenkasse bezahlt, die durch die jetzt tätigen Arbeitnehmer aufgefüllt werden, indem sie ihre Rentenversicherungsbeiträge in die Rentenkasse einzahlen und so die Rente der ältere Generation finanzieren.

6. Einzelunternehmer und Beamte ohne Verdienstgrenze.

7. Sie stellt die Einkommensobergrenze dar, die maximal zur Berechnung der Sozialversicherungsbeiträge angesetzt wird.

8. Die Betriebshaftpflicht der Linnea GmbH

9. Wie groß und wie alt ist die verletzte Person?
   Welche Ausmaße hat der Saal, der dekoriert wird?

10. An die Berufsgenossenschaft

11. Unterversicherung bedeutet, dass z. B. bei einer Versicherung gegen Einbruch/Diebstahl der Wert der Ladeneinrichtung nicht mit dem tatsächlichen Neuwert (z. B. 40 000 €) versichert ist, sondern mit einem geringeren Wert (z. B. 30 000 €). Im Schadensfall ist man dann mit 25 % unterversichert, sodass die Erstattung nur zu 75 % erfolgen würde.

3.4 Finanzierungen und Geldanlagen

1. Zwecksparen: hierbei wird gespart, um sich später eine größere Anschaffung leisten zu können, z. B. Auto, Möbel, Urlaub usw.
   Vorsorgesparen: hierbei wird gespart, um Rücklagen für unvorhergesehene Notfälle oder Vorsorge für das Alter bilden zu können.

2. Das Sparen mit einem Sparbuch.

3. Bausparen (Wohnungsbauprämie), vermögenswirksame Leistungen (Arbeitnehmersparzulage), Riester-Rente (Riester-Förderung).

4. Vermögenswirksame Leistungen

5. Einkommensgrenze bei der Arbeitnehmersparzulage beträgt 17 900 € für Ledige; die Bindungsfrist beträgt 7 Jahre.

6. Die Zinsen für diese Geldanlageform sind besonders niedrig.

7. Durch die Leitzinssenkung werden sich die Kreditkosten von Unternehmen verringern, weil die Banken Kredite zu günstigeren Konditionen anbieten können.
   Durch die Leitzinssenkung werden sich die Sparzinsen aller Sparkonten verringern.

8. Die Spareinlage und der Förderbeitrag sind bei Zuteilung garantiert, wenn der Vertrag nicht vorzeitig gekündigt wird.

   Sparer erhalten neben der Grundförderung auch pro Kind einen festen zusätzlichen Zulagenbonus, sofern 4 % des vorjährigen Bruttoeinkommens als Jahressparbeitrag aufgewendet werden.

9. Sicherheit, Verfügbarkeit und Rendite

10. Dadurch müssen bei einem kurzfristigen Kapitalbedarf keine weiteren Verträge vor der Auszahlung abgeschlossen werden, das Geld kann einfach vom Konto abgehoben werden.

    Dadurch müssen nur dann Zinsen gezahlt werden, wenn der Kredit tatsächlich in Anspruch genommen wird.

11. Zinsen für 19 Monate: (18 000 € · 6,9 · 19) / (100 · 12) = **1 966,50 €**

    Gesamtbetrag (Zins + Tilgung): **19 966,50 €**

12. Der **effektive Jahreszins** berücksichtigt im Gegensatz zum Nominalzins auch alle weiteren Kosten, die z. B. durch Bearbeitungsgebühren, Disagio oder Restschuldversicherung entstehen können.

13. Die Laufzeit eines Dispo ist variabel und kann von Frau Pohl eigenständig verlängert werden.
    Ein Dispo kann immer ohne weitere Formalitäten in Anspruch genommen werden.

14. **Bonität:** damit bezeichnet man die Kreditwürdigkeit des möglichen Kreditnehmers, die bei Privatpersonen abhängig ist vom festen Wohnsitz, Alter, vom (festen) Einkommen, von möglichen Sicherheiten und vom Verhalten des Kreditnehmers bei früheren Kreditgeschäften, die ggf. zu einer negativen SCHUFA-Auskunft geführt haben.

    SCHUFA: Abkürzung für Schutzgemeinschaft für allgemeine Kreditsicherung. Sie speichert personenbezogene Informationen und kreditrelevante Daten von Personen, insbesondere das Verhalten bei Kredit- und Leasingverträgen, bei Mobilfunk- und Kreditkartenverträgen, bei Bürgschaften usw. Außerdem verfügt sie über Informationen aus Schuldnerverzeichnissen der Amtsgerichte und über Eidesstattliche Versicherungen.

15. **Tilgungsdarlehen** haben den Vorteil, dass die Tilgungsraten immer gleich bleiben und dadurch die Zinskosten jährlich sinken.

    Annuitätendarlehen weisen einen monatlich oder jährlich gleichbleibenden Kapitaldienst aus Zinsen + Tilgung auf, dieses wird als Annuität bezeichnet.

16. **Festdarlehen** => Kapitalbedarf: 100 000 €, Zinssatz: 6 %, monatliche Zahlung;
    Zinsen: 100 000 € · 6 % = 6 000 € jährlich bzw. **500 € monatlich.**
    Gesamtzinsbelastung => Laufzeit 5 Jahre; 6 000 · 5 = 30 000 €.

    Erläuterung: Die Tilgung erfolgt bei einem Festdarlehen am Ende der Laufzeit, d. h. mit Ablauf des Festdarlehens werden die 100 000 € fällig. Gesamtdarlehenskosten: 100 000 € + 30 000 € = 130 000 €.

Das Tilgungsdarlehen mit gleichen Konditionen wäre erheblich günstiger.
Gesamtdarlehenskosten **118 000 €** . Rechnung:
1. Jahr: 100 000 € · 6 % = 6 000 € + 20 000 € Tilgung.
2. Jahr: 80 000 € · 6 % = 4 800 € + 20 000 € Tilgung.
3. Jahr: 60 000 € · 6 % = 3 600 € + 20 000 € Tilgung.
4. Jahr: 40 000 € · 6 % = 2 400 € + 20 000 € Tilgung.
5. Jahr: 20 000 € · 6 % = 1 200 € + 20 000 € Tilgung.

17. Keine hohen Anschaffungskosten und keine Eigenkapitalbindung, steuerliche Vorteile, immer neue bzw. neuwertige Fahrzeuge …

3.5 Tarif und Entlohnung

1. Durch den neuen Bundesrahmentarif, der vom FDF und der IG BAU ausgehandelt wurde, sind flexiblere Arbeitszeiten für Mitarbeiter möglich, sodass Arbeitsspitzen besser abgefedert werden können.
   Durch den neuen Entgelttarif wird die Qualifikation und Tätigkeit von Floristen in verschiedenen Entgeltgruppen berücksichtigt.

2. Entgelterhöhung von 2 044 € auf 2 089 €; Erhöhung in €: 45;

   Rechnung: 2 044 € = 100 %, 45 € = x; x = (45 · 100)/2 044 = **2,2 %** (gerundet).

3. 95 % vom Eckentgelt.

4. Eine Senkung der Rentenversicherungbeiträge wirkt sich positiv auf die Personalkosten aus, weil dann geringere Abgaben an die Rentenversicherung zu zahlen sind.

5. Der Kinderfreibetrag.
   Die Entfernungspauschale für die Wege zwischen Wohnung und Arbeitsstätte.

6. In jedem zweiten Kalenderjahr ist auf Antrag Bildungsurlaub in bestimmten Bildungseinrichtungen bis zu zwei Wochen möglich.

   Die gewährte Urlaubsdauer steigert sich mit zunehmender Betriebszugehörigkeit, wenn Arbeitnehmer mindestens zwei Jahre in einem Betrieb beschäftigt waren.

7. Ist eine Art Prämien- oder Akkordlohn, die der Arbeitgeber zusätzlich zahlt, wenn der Arbeitnehmer für bestimmte Leistungen oder herausragenden Umsatz Zuschläge erhält.

8. Kaufkraft der Lohnminute: Dieser berechnete Wert gibt Auskunft darüber, wie lange in jedem Jahr für ein bestimmtes Produkt oder eine Dienstleistung gearbeitet werden muss. Basis dieser Werte sind die Preise eines durchschnittlichen Warenkorbs und des durchschnittlichen Nettolohns eines Arbeitnehmers je geleistete Arbeitsstunde.

9. Eckentgelt: 1 690 €, Bruttoentgelt für Berufseinsteiger: 1 690 · 95 % = **1 605,50 €**;

Abzüge Sozialversicherungen:	1 605,50 € · 20,425 % = **327,92 €**;
Abzüge Lohnsteuer:	**118,33 €**;
Abzüge Solidaritätszuschlag:	118,33 € · 5,5 % = **6,50 €**;
Abzüge Kirchensteuer:	118,33 € · 9 % = **10,64 €**;

   Monatliches Nettoentgelt: ·   <u>1 142,11 €</u>

10. Oliver hat geheiratet und wechselt auf die Lohnsteuerklasse III.
    Oliver ist aus der Kirche ausgetreten und informiert seinen Arbeitgeber, dass keine Kirchensteuer mehr vom Bruttoentgelt abgezogen wird.

1 In die Pflanzenkunde einführen

1.1 Botanische Namensgebung

1. Carl von Linné gab jeder Pflanze zwei Bezeichnungen: Gattung und Art. Diese binäre Nomenklatur legt auch fest, dass Gattung und Artbezeichnung immer in dieser Reihenfolge stehen. Die Schreibweise der binären Nomenklatur unterliegt bestimmten Schreibregeln. Durch die Verwendung der alten Sprachen Latein und Griechisch ergibt sich ein international verständliches Bezeichnungssystem, da diese „toten" Sprachen sich kaum noch verändern.

2. Vereinfacht sehen die Schreibregeln wie folgt aus:
   Der Gattungsname (Genus) wird immer großgeschrieben.
   Die Artbezeichnung (Species) wird immer kleingeschrieben.
   Der Sortenname wird immer großgeschrieben und in Einzelanführungsstriche (Hochkommas) gesetzt.
   Der Familienname wird immer großgeschrieben und endet normalerweise auf -aceae.

3. Begründung der Schreibweise von Pflanzen mit der botanischen Bezeichnung:
   Die wissenschaftliche Benennung der Pflanzen erfolgt in Latein und Griechisch, sodass die Namen sich nicht mehr stark (eigentlich gar nicht) verändern (Ausnahme: Neue Forschungsergebnisse bedingen neue Pflanzenbezeichnungen).
   Pflanzen werden so korrekt benannt, da es z. T. eine Vielzahl deutscher Bezeichnungen für einzelne Pflanzen gibt.
   Der weltweite Handel hat nun eine eindeutige und verständliche Benennung der Pflanzen; deshalb können Missverständnisse weitgehend vermieden werden.
   Botanische Namen geben Hinweise auf die Herkunft von Pflanzen, auf mögliche Pflege, auf den Standort, auf Blütenfarben, auf die Wuchsrichtung oder auch auf viele andere Eigenschaften.

4. Die folgenden Artbezeichnungen benennen Lebensraum oder Standort von Pflanzen:
   alpinum: Alpen-: Alpen-Waldrebe: *Clematis alpina*, Alpen-Edeldistel: *Eryngium alpinum*; Wald-Kiefer: *Pinus sylvestris*, Wald-Vergissmeinnicht: *Myosotis sylvatica*; montana: Berg-: Berg-Wohlverleih: *Arnika montana*, Berg-Waldrebe: *Clematis montana*.

5. Für die Farbe Rot gibt es eine Reihe von Artbezeichnungen (Beispiele):
   rubra: rot, cupreus: kupferrot, coccinea: scharlachrot, aurantiaca: orangerot, roseum: rosenrot, purpurea: purpurrot, sanguineus: blutrot

6. Rot als Artbezeichnung von Pflanzen meint meistens die Blütenfarbe oder gibt auch einen Hinweis auf rote Früchte: Roter Fingerhut: *Digitalis purpurea*; Feuerdorn: *Pyracantha coccinea*; Gewöhnliche Stockrose: *Alcea rosea*; Rot-Eiche: *Quercus rubra*; Blut-Johannisbeere: *Ribes sanguineum*; Kardinals-Lobelie: *Lobelia cardinalis*; Dickblatt: *Crassula coccinea*; Purpur-Samtpflanze: *Gynura aurantiaca*; Purpur-Sonnenhut: *Echinacea purpurea*; Bunte Margerite: *Tanacetum coccineum*

7. Artbezeichnungen in einem botanischen Namen zeigen die ganze „Farbpalette" (Beispiele): luteus: gelb, Gelber Zimmerhopfen: *Pachystachys lutea*; viridis: grün, Buchsbaum: *Buxus sempervirens*; glauca: blau, blaugrün, Edel-Tanne/'Nobilis': *Abies procera* 'Glauca', *Picea glauca*; caeruleus/coeruleus: himmelblau, Blaue Passionsblume: *Passiflora caerulea*

8. Die fettgedruckten Bezeichnungen weisen auf folgende Merkmale hin (Beispiele):
   alba: weiß, hier: weiße Unterseite der Nadeln; **sempervirens**: immergrüne Blätter; **giganteum**: groß, hier: Schaft der Pflanze; **hyemalis:** winterlich, deutet auf frühe Blüte hin; **vernus**: früh, im Frühling blühend; **Camellia:** nach dem Mönch Camell, der die Pflanze in Europa einführte; **japonica:** Herkunft/Heimat Japan.

> **Lösungen**

1.2 Botanische Zeichen und Abkürzungen

1. Zeichen und Abkürzungen geben in kurzer Form viele Informationen. Sie sind mehrheitlich international verständlich, sparen Platz auf Etiketten und somit Kosten beim Herstellen.

2. Die skizzierten Zeichen bedeuten in der Reihenfolge:
mehrjährige Pflanze/Staude, Nutzpflanze, Hängepflanze/Ampelpflanze, Kalthaus, einjährige Pflanze/Annuelle, Steingartenpflanze

3. Die entsprechenden Zeichen bedeuten:
Wachstumsform holziger Pflanzen (Strauch): ♄, zum Schnitt geeignet: ✂, geschützte Pflanzen: ▽, Pflanzen mit Fruchtschmuck: ⚛.

4. Lebensdauer: ♄ Höhe: *40–800* Blütezeit: **IX** Standort: ◐ – ● Fruchtschmuck: ✂
Giftpflanze: ✕ Arzneipflanze: ⚕ Kletterpflanze: ↯ Topfpflanze: ◻ Immergrün: *e*

5. Das Zeichen **O** weist auf einen sonnigen Standort hin; dazu passen folgende Stauden (Beispiele): Sternkugel-Lauch: *Allium christophii*, Garten-Rittersporn: *Delphinium elatum*, Gold-Garbe: *Achillea filipendulina*, Turkestan-Steppenkerze: *Eremurus robustus*, Holländische Schwertlilie: *Iris x hollandica*, Haus-Dachwurz: *Sempervivum tectorum*,

6. Die Zeichen auf dem Etikett passen zu *Gaultheria shallon*.

7. Das abgebildete Zeichen ♄ kennzeichnet Halbsträucher wie die folgenden Beispiele: Lavendel: *Lavandula angustifolia*, Rosmarin: *Rosmarinus officinalis*, Engelstrompete: *Brugmansia suaveolens*, Bleiwurz: *Ceratostigma willmottianum*, Strauchmargerite: *Argyranthemum frutescens*, Steinkraut: *Aurinia saxatilis*, Feuer-Salbei: *Salvia splendens*

8. Das Zeichen ✕ kennzeichnet eine Giftpflanze oder auch nur giftige Pflanzenteile.

9. Beispiele giftiger Pflanzen/Pflanzenteile zur Verwendung im Floristik-Fachgeschäft sind: Maiglöckchen: *Convallaria majalis*, Garten-Rittersporn: *Delphinium elatum*, Roter Fingerhut: *Digitalis purpurea*, Schneeglöckchen: *Galanthus nivalis*, Christrose: *Helleborus niger*, Sommer-Rittersporn: *Consolida ajacis*, Kanarischer Efeu: *Hedera canariensis* o. a., Gewöhnliche Eibe: *Taxus baccata* o. a., Abendländischer Lebensbaum: *Thuja occidentalis*, Elfenbeinginster: *Cytisus x praecox*, Lorbeer-Kirsche: *Prunus laurocerasus*.

10. Das große **D** kennzeichnet duftende Pflanzen (Beispiele): *Lavandula angustifolia, Rosmarinus officinalis, Heliotropium arborescens, Viburnum farreri, Citrus limon, Jasminum polyanthum, Nerium oleander, Myrtus communis*

1.3 Lebensdauer von Pflanzen

1. Merkmale von annuellen (einjährigen) Pflanzen: Krautige, weiche Pflanzen, bei denen vegetatives und generatives Wachstum in einem Jahr stattfinden: Aussaat, Keimung, Wachstum, Blüte, Fruchtbildung, Absterben (z. B. von Mai bis Oktober); die Pflanzen überwintern dann als Samen im Boden.

2. Die folgenden annuellen (einjährigen) Pflanzenbeispiele passen an die Südseite:
Sanvitalia procumbens, Verbena 'Amethyst', Petunia x atkinsiana, Tagetes tenuifolia, Felicia amelloides, Ageratum houstonianum, Heliotropium arborescens, Lobelia erinus

3. Bienne, zweijährige Pflanzen (Beispiele) sind: *Erysimum cheiri, Eustoma grandiflorum, Viola x wittrockiana, Bellis perennis, Dianthus barbatus, Digitalis purpurea*

1 In die Pflanzenkunde einführen
1.3 Lebensdauer von Pflanzen

4. Perenne, mehrjährige Pflanzen („Stauden") haben folgende Merkmale:
Krautige, weiche Sprosse, die zum Winter hin absterben. Die Pflanzen überwintern dann unterirdisch mit Zwiebeln, Knollen, Wurzelstock, Rhizomen usw.

5. Zwiebeln sind eine Metamorphose des Sprosses mit einem schalenförmigen Aufbau. Knollen sind eine Metamorphose von Spross oder Wurzel; ihr Aufbau ist kompakt und fleischig.

6. Qualitätsmerkmale für Zwiebelpflanzen sind: Je größer eine Zwiebel (artspezifisch), desto besser die Qualität; gemessen wird dafür der Durchmesser in cm. Der Zwiebelboden muss unbeschädigt sein, und insgesamt müssen Zwiebel und Knolle frei sein von Krankheiten.

7. Tipps und Hinweise für den Kunden zur Pflanzzeit von Zwiebeln und Knollen: Frühjahrsblüher: im Herbst, IX bis VII;
Sommerblüher: im Frühjahr, III bis V.
Für die Pflanztiefe gilt als Faustregel:
Etwa zwei- bis dreimal so tief pflanzen, wie die Zwiebel/Knolle hoch ist.

8. Herbstpflanzung: *Crocus, Tulipa, Allium, Fritillaria, Iris, Hyacinthus, Colchicum, Narcissus*
Frühjahrspflanzung: *Gladiolus, Dahlia, Begonia, Canna, Galtonia, Anemone, Ranunculus*

9. Ihr Kunde erhält auf Anfrage folgende Tipps und Hinweise im Umgang mit Zwiebelblumen: Die verwelkten Blüten entfernen (oder hoch abschneiden) und nach der Blüte mit langsam wirkenden anorganischen oder organischen Düngern düngen. Nicht winterharte Knollen nach den ersten Frühfrösten aus dem Boden nehmen und dann frostfrei und luftig überwintern. Die Mehrheit der Zwiebeln bleibt im Boden; weniger winterharte Zwiebeln erhalten einen Winterschutz.

10. Folgende gelb blühende Schnittstauden (Beispiele) stehen im Verkaufsraum:
Achillea millefolium, Eremurus robustus, Chrysanthemum x grandiflorum, Rudbeckia fulgida, Narcissus pseudonarcissus, Lilium 'Sorte', Kniphofia 'Sorte'.

11. Im Floristik-Fachgeschäft findet der Kunde folgende rot blühende Stauden (Beispiele):
Aster novi-belgii, Astilbe x arendsii, Centranthus ruber, Chrysanthemum x grandiflorum, Echinacea purpurea, Phlox paniculata

12. Beispiele von Zwiebelblumen, die früh im Jahr blühen:
Scilla siberica, Hyacinthus orientalis, Galanthus nivalis, Tulipa tarda o. a.*, Fritillaria meleagris, Narcissus poeticus* o. a., *Leucojum vernum, Muscari armeniacum, Iris reticulata* 'Sorte'

13. Pflanzen (Beispiele) mit einer Knolle/Zwiebelknolle sind:
Dahlia x hortensis, Cyclamen hederifolium o. a., *Anemone coronaria, Freesia refracta, Gladiolus cardinalis, Crocus chrysanthus* o. a.

14. Beispiele von Pflanzen mit Rhizomen aus dem Floristik-Fachgeschäft:
Convallaria majalis, Geranium macrorrhizum o. a., *Helleborus niger, Iris x germanica* o. a., *Pachysandra terminalis, Rodgersia aesculifolia*

15. Sträucher verzweigen sich dicht über dem Erdboden oder kurz unterhalb der Erde, sie bilden keinen Stamm. Äste und Zweige sind verholzt, sodass sie den Winter oberirdisch überdauern können. Ein Großteil der Sträucher verliert zum Herbst auch das Laub.

16. Blühend verwendet werden im Floristik-Fachgeschäft folgende Beispiele für Sträucher: Zaubernuss: *Hamamelis x intermedia*, Goldglöckchen: *Forsythia x intermedia*, Zierquitte: *Chaenomeles x superba*, Gewöhnlicher Flieder: *Syringa vulgaris*, Kornelkirsche: *Cornus mas*, Elfenbein-Ginster: *Cytisus x praecox*, Gewöhnlicher Schneeball: *Viburnum opulus* 'Sterile', Besenheide: *Calluna vulgaris*

17. Bäume haben einen Stamm, der sich ab einer bestimmten Höhe verzweigt und eine typische Krone bildet (akrotone Verzweigung); als ausdauernde Holzgewächse können sie oberirdisch überwintern, wobei die Bäume bei uns mehrheitlich ihr Laub im Herbst verlieren.

18. Die folgenden Beispiele von Bäumen kommen in der Kranzbinderei vor:
    Weißtanne: *Abies alba*, Nordmanns-Tanne: *Abies nordmanniana*, Blaufichte: *Picea pungens* 'Glauca',
    Edel-Tanne: *Abies procera* 'Glauca', Wald-Kiefer: *Pinus sylvestris*, Douglasie: *Pseudotsuga menziesii*,
    Erbsenfrüchtige Scheinzypresse: *Chamaecyparis pisifera* 'Sorte', Lawsons Scheinzypresse: *Chamaecyparis lawsoniana* 'Sorte', Serbische Fichte: *Picea omorika*, Abendländischer Lebensbaum: *Thuja occidentalis*

1.4 Botanische Erkennungsmerkmale

1. Skizzieren und beschriften Sie den charakteristischen Aufbau einer Blütenpflanze. Verwenden Sie zur Beschriftung folgende Begriffe: Wurzel, Hauptwurzel, Seitenwurzel, Spross, Wurzelhals, Keimblätter, Nodium, Internodium, Laubblatt, Blüte.

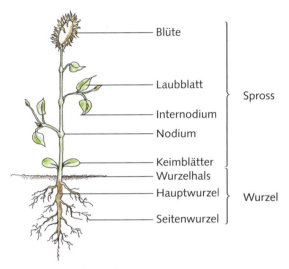

Bild 1 Skizze einer Blütenpflanze

2. Als Grundaufgaben von Wurzeln bezeichnet man: Die Verankerung von Pflanzen im Boden, die Wasseraufnahme, und damit auch die Aufnahme von gelösten Nährsalzen, sowie die Speicherung von Reservestoffen.

3. Monokotyle (einkeimblättrige) Pflanzen: Nach der Keimung stirbt die Hauptwurzel relativ schnell ab und bildet aus der Sprossbasis heraus viele „gleich lange", dünne, sprossbürtige Wurzeln: Adventivwurzeln oder auch Büschelwurzeln genannt.
   Dikotyle (zweikeimblättrige) Pflanzen: Die Keimwurzel entwickelt sich zur Hauptwurzel und verzweigt sich in viele Seitenwurzeln unterschiedlicher Ordnung. Je nach Entwicklung bezeichnet man diese als Flachwurzler oder als Tiefwurzler.

4. Skizzieren und beschriften Sie ein monokotyles und ein dikotyles Wurzelsystem.

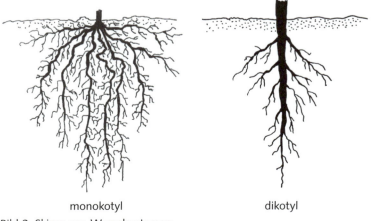

Bild 2 Skizze von Wurzelsystemen

1 In die Pflanzenkunde einführen
1.4 Botanische Erkennungsmerkmale

5. Monokotyle Pflanzen in der floristischen Gestaltung sind (Beispiele):
Garten-Tulpe: *Tulipa gesneriana*, Hyazinthe: *Hyacinthus orientalis*, Größtes Zittergras: *Briza maxima*, Riesen-Lauch: *Allium giganteum*, Holländische Iris: *Iris x hollandica*, Garten-Fackellilie: *Kniphofia* 'Prince Igor'

6. In einen Balkonkasten passen folgende dikotyle Pflanzen (Beispiele):
Männertreu: *Lobelia erinus*, Tausendschön: *Bellis perennis*, Zweizahn: *Bidens ferulifolia*, Blaues Gänseblümchen: *Brachyscome iberidifolia*, Zier-Tabak: *Nicotiana x sanderae*, Hängende Geranie: *Pelargonium peltatum*,

7. Wurzelhaare dienen ausschließlich der Wasser- und Nährsalzaufnahme und nicht der Verankerung der Pflanze im Boden. Sie werden von der Wurzelspitze her ständig neu gebildet und haben meistens nur eine Lebensdauer von drei bis vier Tagen. Durch dieses Wachstum erschließen sie sich ständig neue Bodenregionen und damit neue Nahrungsquellen.

8. Luftwurzeln nehmen Wasser und Nährstoffe aus der Luft auf durch eine schwammartige Zellschicht, die die Wurzeln umgibt. Gibt es Bodenkontakt, über-nehmen Luftwurzeln auch Aufgaben einer normalen Wurzel. Üblicherweise werden Luftwurzeln nicht abgeschnitten.

9. Pflanzen (Beispiele) mit Luftwurzeln sind vor allem Topfpflanzen:
Fensterblatt: *Monstera deliciosa*, Malaienblume: *Phalaenopsis amabilis* usw., Kletternder Baumfreund: *Philodendron hederaceum* usw.

10. Haftwurzeln sind Wurzelmetamorphosen, mit denen Pflanzen sich in der Rinde von Bäumen oder an Wänden verankern. Diese Pflanzen mit Haftwurzeln (oder auch andere Kletterwurzeln) versuchen so, den Spross/die Blätter der Pflanze ans Licht zu gelangen.

11. Beispiele für Pflanzen mit Haftwurzeln sind:
Hedera helix, Campsis radicans, Ficus pumila, Hydrangea anomala ssp. petiolaris, Parthenocissus quinquefolia

12. Wurzelknollen speichern Reservestoffe, um so ungünstige klimatische Verhältnisse, vor allem hohe Temperaturen, zu überbrücken. Oftmals kommen Pflanzen mit Wurzelknollen aus warmen Ländern; deshalb müssen diese Pflanzen bei uns im Winter ins Haus (Keller) eingeräumt werden.

13. Die Mistel ist ein Halbschmarotzer, weil sie sich mit den Saugwurzeln in der Wirtspflanze verankert und dort Wasser und Nährsalze entnimmt. Da sie aber grüne Blätter besitzt, betreibt die Mistel auch selbst Fotosynthese und gehört damit zu den Halbparasiten.

14. *Viscum album* ist der botanische Name:
Sie wird verwendet für adventliche und weihnachtliche Sträuße, die Zweige auch für adventliche Bräuche, z. B. Aufhängen im Türrahmen.

15. Merkmale von Spross-Grundformen sind:
Stängel: krautig, verzweigt, beblättert
Schaft: krautig, nicht verzweigt, unbeblättert, endet meistens mit einer Blüte oder einem Blütenstand
Halm: krautig, unverzweigt, beblättert, oftmals durch Nodien gegliedert

16. Folgende Pflanzen (Beispiele) im Floristik-Fachgeschäft haben einen Schaft:
Gerbera jamesonii, Hippeastrum vittatum, Allium giganteum, Narcissus pseudonarcissus, Nerine bowdenii, Cyclamen persicum, Clivia miniata

17. Zur Familie Poaceae gehören folgende Pflanzen (Beispiele):
Festuca cinerea, Briza maxima, Hordeum jubatum, Cortaderia selloana, Pennisetum alopecuroides, Miscanthus sinensis.

18. Merkmale für den typischen Rosettenwuchs:
Die Sprossachse streckt sich nicht, weil die Streckung der Internodien unterbleibt. Die Blätter bilden sich deshalb versetzt dicht übereinander: Es entstehen die Rosetten. Die Blüten dagegen haben lange Internodien.

19. Durch Sukkulenz – also dickes, fleischiges Gewebe – speichern Pflanzen Wasser, um so Zeiten ohne Wasser oder Regen zu überstehen, z. T. über viele Jahre. Die Sukkulenz ist eine Metamorphose des Blattes.

20. Sukkulente Pflanzen aus dem Floristik-Fachgeschäft können sein (Beispiele):
Dickblatt: *Crassula ovata*, Amerikanische Agave: *Agave americana*, Tiger-Aloe: *Aloe variegata*, Filzige Kalanchoe: *Kalanchoe tomentosa*, Lebende Steine: *Lithops olivacea*, Greiskraut: *Senecio herreianus*, Madagaskarpalme: *Pachypodium lamerei*, Tigerrachen: *Faucaria tigrina*, Hirschzunge: *Gasteria pillansii*, Bogenhanf: *Sansevieria trifasciata*, Affenschwanz: *Sedum morganianum*, Aasblume: *Stapelia grandiflora*

21. Bei der Sprosssukulenz ist die Sprossachse fleischig verdickt, deshalb kann Wasserspeicherung auch im Spross oder im Stamm erfolgen. Dazu werden zunächst die Blätter z. T. großflächig ausgebildet, sind aber meist nur von kurzer Lebensdauer, wie z. B. bei vielen Euphorbien. Die Sprossoberfläche vergrößert sich zusätzlich manchmal durch Rippen, wie z. B. bei Kakteen (Schattengebung). Spross oder Stamm können z. T. unförmig zu einer Kugel oder Säule angeschwollen sein.

22. Typische Kakteenbeispiele als Topfpflanzen aus dem Floristik-Fachgeschäft sind: Greisenhaupt: *Cephalocereus senilis*, Warzenkaktus: *Mammillaria zeilmanniana*, Bischofsmütze: *Astrophytum myriostigma*, Goldkugelkaktus: *Echinocactus grusonii*, Teufelszunge: *Ferocactus latispinus*, Buckelkaktus: *Notocactus ottonis*, Rebutie: *Rebutia minuscula*, Spinnenkaktus: *Gymnocalycium mihanovichii*

23. Skizzieren und beschriften Sie einen Längsschnitt durch eine Zwiebel.

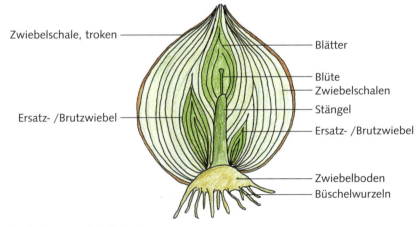

Bild 1 Längsschnitt durch eine Zwiebel (Skizze)

24. Solche unterirdischen Sprossmetamorphosen dienen zur Speicherung von Nährstoffen, z. B. Rhizome, Zwiebelknollen, Zwiebeln, Knollen, und so sind sie damit gleichzeitig Speicherungs- und Überwinterungsorgane. Natürlich besitzen sie als Vermehrungsorgan Knospen und Augen.

25. Folgende Pflanzen (Beispiele) haben eine Zwiebel:
Tulipa gesneriana o. a., *Narcissus poeticus* o. a., *Hippeastrum vittatum*, *Allium christophii*, *Lilium* 'Schellenbaum', *Eucharis amazonica*, *Galanthus nivalis*, *Muscari armeniacum*, *Nerine bowdenii*, *Scilla siberica*

26. Eine Sprossknolle (Beispiele) findet der Florist bei:
Anemone coronaria, *Cyclamen persicum*, *Gloriosa superba*, *Begonia tuberhybrida*, *Sinningia speciosa*

27. Ein Rhizom hat unterirdische, verdickte und gestauchte Sprossachsen; diese wachsen horizontal und besitzen sprossbürtige Wurzeln.

1 In die Pflanzenkunde einführen
1.4 Botanische Erkennungsmerkmale

28. Maiglöckchen: *Convallaria majalis*, Buschwindröschen: *Anemone nemorosa*, Steppenkerze: *Eremurus robustus*, Montbretie: *Crocosmia x crocosmiiflora*, Sauerklee: *Oxalis tetraphylla*

29. Die Terminalknospe dient der Bildung von Pflanzenhormonen und bestimmt die Wuchsrichtung einer Pflanze. Andere Bezeichnungen sind Endknospe, Terminale oder Gipfelknospe.

30. Die apikale Dominanz, also der starke Strom von Wuchsstoffen mit hoher Konzentration in die Pflanze, wird durch den Schnitt unterbrochen: So treiben die bisher unterdrückten Seitenknospen stärker aus und die Pflanze wird insgesamt verzweigter, fülliger und kompakter aufgebaut, weil die hohe Konzentration der Wuchsstoffe „verdünnt" wird und deshalb keine Wuchs hemmende Wirkung mehr hat.

31. Fotosynthese, Transpiration, Atmung, Speicherung

32. Diese Erscheinung an Blättern bei *Alchemilla mollis* heißt Guttation, d. h. die Pflanzen scheiden Wasser nicht als Wasserdampf aus, sondern in Tropfenform. Erklärung: Die Luftfeuchtigkeit ist sehr hoch, sodass die Pflanze nicht oder nur sehr schwach transpirieren kann. Da die Wasserabgabe aber für den Stoffwechsel notwendig ist, gibt die Pflanze das Wasser als Tropfen über Hydathoden (Wasserspalten) an den Blattspitzen oder Blatträndern ab. Die Temperaturen am Tage sind hoch und sinken in der Nacht ab, sodass die Luftfeuchtigkeit am Morgen hoch ist. Beispiele: *Monstera, Philodendron, Scindapsus, Fragaria, Alchemilla*

33. Sammelnde Bewegungsformen in den Blättern (Beispiele) haben:
SALAL: *Gaultheria shallon*, Bergenie: *Bergenia cordifolia*, Bronzeblatt: *Galax urceolata*, Frauenmantel: *Alchemilla mollis*, Aukube: *Aucuba japonica*, Efeu: *Hedera helix*

34. Geteilte Blätter findet der Florist bei den folgenden Pflanzen (Beispiele):
CHICO: *Chamaedorea elegans*, Lederfarn: *Rumohra adiantiformis*, Fedriger Zierspargel: *Asparagus setaceus*

35. Bei Pflanzen mit Hochblättern ist die Blüte oder der Blütenstand meistens unscheinbar oder klein. Damit Insekten und Vögel diese Blüten erreichen, machen die Pflanzen durch meistens intensiv gefärbte Hochblätter (Brakteen; umgebildete Laubblätter) auf sich aufmerksam.

36. In der Floristik kommen folgende Pflanzen (Beispiele) mit Hochblättern vor:
Einblatt: *Spathiphyllum wallisii*, Fensterblatt: *Monstera deliciosa*, Dieffenbachie: *Dieffenbachia seguine*, Mexikostern: *Euphorbia pulcherrima*, Glatte Bougainvillee: *Bougainvillea glabra*, Guzmanie: *Guzmania lingulata*

37. Erstes Merkmal: Blattspreite
monokotyl: Spreite mehrheitlich ungeteilt
dikotyl: Spreite geteilt oder zusammengesetzt
Zweites Merkmal: Blattadern/Blattnervatur
monokotyl: parallelnervig
dikotyl: netznervig, fiedernervig

38. Typisch radiäre Blüten (Beispiele) haben:
Gerbera jamesonii, Helianthus annuus, Callistephus chinensis, Bellis perennis, Chrysanthemum x grandiflorum, Xerochrysum bracteatum

39. Bei einhäusigen Pflanzen sind die männlichen und weiblichen Blüten getrennt, aber auf einer Pflanze. Zweihäusige Pflanzen haben weibliche und männliche Blüten getrennt voneinander auf verschiedenen Pflanzen.

40. Der Kunde kauft Pflanzen wegen des Fruchtschmucks. Um auch in den nächsten Jahren Früchte zu bekommen, muss der Kunde männliche und weibliche Pflanzen kaufen, z. B. Torfmyrte, Sanddorn.

> Lösungen

41. Zweihäusige Pflanzen (Beispiele) sind:
    Gemeiner Wacholder: *Juniperus communis*, Gemeine Eibe: *Taxus baccata*, Sanddorn: *Hippophae rhamnoides*, Stechpalme: *Ilex aquifolium*, Torfmyrte: *Gaultheria mucronata*, Baumwürger: *Celastrus orbiculatus*

42. Blütenstände als typisches Erkennungsmerkmal für diese Pflanzen sind:
    Haselnuss: Kätzchen, Rhododendron: Doldentraube, Sonnenblume: Körbchen, Riesenlauch: Dolde, Rittersporn: Traube, Nerine: Dolde, Einblatt: Kolben, Mähnengerste: Ähre

43. Pflanzen aus der Familie Asteraceae mit einem „Körbchen" sind (Beispiele):
    Gold-Garbe: *Achillea filipendulina*, Gänseblümchen: *Bellis perennis*, Garten-Chrysantheme: *Chrysanthemum x grandiflorum*, Gerbera: *Gerbera jamesonii*, Edelweiß: *Leontopodium nivale ssp. alpinum*, Sonnenhut: *Rudbeckia fulgida*, Sonnenblume: *Helianthus annuus*, Garten-Strohblume: *Xerochrysum bracteatum*

44. Floristisch genutzte Pflanzen (Beispiele) mit einer Beere heißen:
    Feuerdorn: *Pyracantha coccinea*, Schneebeere: *Symphoricarpos albus*, Apfelsine: *Citrus sinensis*, Zitrone: *Citrus lemon*

45. Die Früchte halten nur eine kurze Zeit, fallen schnell ab oder trocknen ein.
    Die Früchte lassen sich technisch schwer im Werkstück befestigen.
    Die Früchte färben stark ab. Die Früchte sind giftig.

46. Früchte/Fruchtstände (Beispiele) in der Brauchtumsbinderei sind:
    Juglans regia: Steinfrucht, *Corylus avellana*: Nuss, *Citrus sinensis*: Beere, *Pinus sylvestris*: Zapfen, *Arachis hypogaea*: Hülsenfrucht

1.5 Zelle und Gewebe

1. Zellwand: schützt das Zellinnere und gibt insgesamt der Pflanze Halt
   Zellkern: enthält die genetische Information, dient der Steuerung und Koordinierung aller Stoffwechselvorgänge
   Zellplasma: besteht aus Eiweiß, Wasser und Mineralsalzen, durch das Plasmalemma abgegrenzt zur Zellwand
   Vakuole: wird im Laufe des Zellwachstums größer, enthält Zellsaft, wird abgegrenzt zum Zellplasma durch den Tonoplast
   Zellsaft: befindet sich in der Vakuole, enthält Wasser, Minerale, ätherische Öle, Farbstoffe, Abfallprodukte, u. a., osmotisch aktiv
   Plastiden: Farbstoffträger

2. Eine junge Zelle ist mehr oder weniger rund bis quadratisch, angefüllt mit Zellplasma und befindet sich vornehmlich an Stellen in der Pflanze, bei denen Zellteilung/Vermehrung stattfindet, z. B. in Vegetationspunkten an Spross und Wurzel.
   Eine Dauerzelle ist dagegen mehr oder weniger langgestreckt, hat eine große Vakuole mit Zellsaft, und das Zellplasma ist nur als Saum an der Zellwand zu sehen. Da eine Dauerzelle z. T. schon Aufgaben übernommen hat (z. B. als Leitgewebe, als Palisadengewebe), ist sie nicht mehr teilungsfähig.

3. Die Plastiden heißen: Chloroplasten als Träger grüner Farbstoffe, Chromoplasten als Träger gelber, orangefarbener und roter Farbstoffe und Leukoplasten, die farblos sind.

4. Farbstoffträger und Farben/Farbstoffe gehören zusammen:
   Chloroplasten: grün: Chlorophyll, z.T. Carotin, Xanthophyll
   Chromoplasten: rot: Capsanthin, Lycopin; orange: Carotin; gelb: Xanthophyll, Violaxanthin

5. Die blaue Hortensienblüte wird durch Anthocyan bestimmt. Der an sich rote Farbstoff im Zellsaft kann seine Farbe unter bestimmten Bedingungen verändern. Diese Veränderung kann z. B. durch Aluminiumionen geschehen. Im Prinzip geschieht hier also eine Änderung des pH-Wertes; der pH-Wert liegt dann im sauren Bereich bei ca. 5 bis 5,5. Also: Die blau blühende Hortensie wächst in einem stark sauren Boden.

6. Bei Pflanzen mit Panaschierung enthalten die Blätter in kleineren oder größeren Teilen keine Chloroplasten, sodass grünlichweiße bis gelbliche Flecken entstehen. Durch eingelagerte Pigmente wie Xanthophyll oder Carotin werden zusätzliche Farben oder Farbzonen geschaffen.

7. Panaschierte Blätter haben diese Topfpflanzen (Beispiele):
   Abutilon megapotamicum 'Aureum', *Aucuba japonica*, *Codiaeum variegatum*, *Solenostemon scutellarioides*, *Euonymus japonicus* 'Aureus', *Tradescantia zebrina*, *Peperomia obtusifolia*

8. Folgende Gehölze findet der Florist mit panaschierten Blättern (Beispiele):
   Acer negundo, *Cornus controversa* 'Variegata', *Euonymus fortunei* 'Emerald Gold', *Rhododendron* 'Goldflimmer', *Hedera helix* 'Goldheart', *Actinidia kolomikta*

9. Abschlussgewebe dienen dem Schutz der darunter gelegenen Gewebe, der Festigkeit und der Stabilität, z. B. Epidermis.
   Grundgewebe werden entsprechend den Aufgaben gebildet, z. B. zur Fotosynthese oder als Speichergewebe.
   Das Festigungsgewebe sorgt grundsätzlich an verschiedenen Stellen in der Pflanze für Stabilität, z. B. durch Faserzellen.
   Die Leitungsgewebe sind zusammengefasst zum Leitbündel und bestehen aus Holzteil und Siebteil.

10. Einrichtungen (Beispiele) der Epidermis zum Schutz der Pflanze sind:
    Kutikula: Die Kutikula überzieht die gesamte Blattoberfläche und Teile der Blattunterseite mit einer wachsartigen Schicht. So wird Wasser verdunstet, aber Wasser perlt auch ab, Pilzsporen können schwerer hängenbleiben, und Sonnen-strahlen werden reflektiert als Schutz vor Verbrennung.
    Behaarung: Die weiße oder auch grüne Behaarung dient der Isolation vor Tempera-turschwankungen, aber vor allem auch dem Transpirationsschutz und bei weißen Haaren dem Schutz vor starker Sonneneinstrahlung.

11. Pflanzen (Beispiele) mit weißer Behaarung für den sonnigen Standort:
    Stachys byzantina, *Kalanchoe beharensis*, *Kalanchoe tomentosa*, *Cephalocereus senilis*

1.6 Stoffwechsel

1. Wasser ist Baustoff, z. B. bei der Fotosynthese; es dient zum Lösen von Nährsalzen und zum Transport dieser gelösten Nährsalze im Xylem sowie zum Transport von Assimilaten im Phloem.

2. Zunächst wird Wasser mit den darin gelösten Nährsalzen aus dem Boden durch Osmose über die Wurzelhaare aufgenommen. Diese Lösung wird weitergeleitet und im Leitungssystem weitertransportiert durch die Kapillarität und dem Transpirationssog.

3. Osmose: Ausgleich zweier unterschiedlich konzentrierter Lösungen, z. B. Zellsaft und Bodenwasser, durch eine halbdurchlässige (semipermeable) Wand/Membran.
   Exosmose: Gilt als umgekehrter Vorgang der Osmose, weil hierbei Wasser/Zellsaft aus der Pflanze in die höher konzentrierte Bodenlösung gezogen wird.
   Turgor: Durch Wasseraufnahme baut sich ein Zellinnendruck auf, sodass die Zellwand gestrafft wird und so der Pflanze, vor allem bei Annuellen, Festigkeit verleiht.

4. Damit Osmose funktioniert, ist sie auf unterschiedlich konzentrierte Lösungen im Boden, im Wasser oder im Zellsaft angewiesen; deshalb funktioniert Hydrokultur nicht mit destilliertem Wasser. Durch eine entsprechende Düngung oder durch Blumennahrung können gelöste Nährsalze in die Pflanze kommen, weil dadurch eine höher konzentrierte Bodenlösung entstanden ist.

5. In einem trockenen Ballen/trockenem Substrat ist zu wenig Wasser vorhanden, sodass bei einer Düngung oder bei Streusalz die Konzentration der Bodenlösung erhöht wird. Dann wird das Wasser aus der Pflanze nach außen in den Topf/den Boden gezogen. Typische Reaktion: Die Pflanze welkt, weil sich das Zellplasma zusammenzieht, sich von der Zellwand löst und die Pflanze meistens irreversibel geschädigt wird: Der Florist sagt: Die Pflanze „verbrennt".

Lösungen

6. Der Wurzeldruck, die Kapillarität, Kohäsion/Adhäsion und der Transpirationssog.

7. Das Schneiden von Pflanzen liegt in der Ruhezeit, weil im Frühjahr der Wurzeldruck bewirkt, dass durch Osmose über die Wurzelhaare verstärkt Bodenwasser aufgenommen wird; dieses ist die aktive Zeit von Pflanzen. Dadurch „bluten" die Pflanzen an den Schnittstellen, weil sie Wasser und darin gelöste Nährsalze nach oben drücken. Durch die noch nicht vorhandenen Laubblätter wird deshalb kein Druck durch den Zellsaft entgegengesetzt. Also sind in der Ruhezeit der Pflanzen diese „inaktiv", sodass dann der Wurzeldruck überhaupt keine Rolle spielt, und die Pflanze ohne Wasserverluste geschnitten werden kann.

8. Wasser wird im Leitgewebe transportiert, weil im Frühjahr der Wurzeldruck Wasser für den Transport bereitstellt. Sonst gelangt durch die Wirkung der Kapillarität das Wasser durch Kohäsion und Adhäsion mit der Gefäßwand nach oben. Dabei hilft auch der Transpirationssog, der wie eine Pumpe wirkt, weil das Wasser über die Blätter verdunstet.

9. Transpiration ist die Verdunstung von Wasser als Wasserdampf über die Blätter (hier: vornehmlich über die Spaltöffnungen); dieser Vorgang ist abhängig von der Höhe der Luftfeuchtigkeit (je geringer umso höher die Verdunstung) und von der Luftbewegung.
Guttation dagegen ist die Abgabe von Wasser als Tröpfchen über die Blätter, weil eine hohe Luftfeuchtigkeit herrscht, z. B. im tropischen Klima, und das Wasser nicht als Wasserdampf mehr abgegeben werden kann.

10. Eine Verminderung der Transpiration von geschnittenen Pflanzen kann der Florist verhindern, indem die Schnittblumen möglichst schnell nach dem Einkauf mit Wasser versorgt werden. Beim Anschneiden der Schnittblumen entfernt der Florist einen Teil der Blätter und stellt die angeschnittenen Schnittblumen so schnell wie möglich kühl.

11. Um Wasserverluste von Topfpflanzen möglichst zu vermindern, kontrolliert der Florist die Topfpflanzen gleich nach dem Einkauf auf richtige Ballenfeuchtigkeit. Dann werden die Topfpflanzen, wenn nötig, durchdringend gewässert oder auch getaucht. Damit sie dann nicht zu viel Wasser verlieren, stellt der Florist die Topfpflanzen entsprechend ihren Standortbedürfnissen im Verkaufsraum auf, evtl. werden sie auch schattiert.

12. Pflanzen haben vielerlei Möglichkeiten und „Tricks" entwickelt, den Wasserverbrauch oder den Wasserverlust einzuschränken. Die Blätter rollen sich ein, z. B. bei *Rhododendron*, oder haben eine verdickte Epidermis, wie z. B. beim *Eucalytus*, *Nerium*, *Protea*. Blätter sind behaart, z. B. bei *Sinningia*, *Stachys*, oder die Blattflächen sind verkleinert (Aus dem großen Blatt wird ein schmales nadelförmiges Blatt.), wie z. B. *Abies*, *Picea*. Blätter fallen ab bei großer Trockenheit oder im Herbst, z. B. *Betula*, *Sorbus*, *Tilia*. Weitere Möglichkeiten sind die Bildung von Blattdornen oder die Senkrechtstellung von Blättern.

13. Die Bedeutung der Fotosynthese besteht darin, dass durch diesen Prozess das schädliche Kohlenstoffdioxid zu Sauerstoff umgebaut und an die Umgebung abgegeben wird. Die Pflanze selbst gewinnt Energiestoffe in Form von Traubenzucker.

14. Die Fotosynthese läuft nur am Tag ab oder bei Zusatzlicht durch den Gärtner.
Also: Wichtige Voraussetzung für den Ablauf der Fotosynthese ist das Vorhandensein von Licht. Dazu benötigt die Pflanze dann noch Kohlenstoffdioxid, Wasser, Chlorophyll und Sonnenenergie.

15. Der Florist stellt seine Pflanzen zum Verkauf in ein Verkaufsgewächshaus, sodass ausreichend Licht die Pflanzen zur Fotosynthese kommen lässt, Luft durch regelmäßiges Lüften in den Verkaufsraum gelangt und natürlich regelmäßig gegossen wird. Aufgrund der Vielfalt der Pflanzen im Verkaufsraum kann auf die individuelle Temperatur nur bedingt Einfluss genommen werden.

16. Bei Schnittblumen wird die geerntete Ware sofort gekühlt und ein Teil der Blätter entfernt. Natürlich muss man den richtigen Zeitpunkt der Ernte „erwischen", weil dann der höchste Stand energiereicher Stoffe vorhanden ist und ein langsamerer Stoffabbau erfolgt. Die Topfpflanzen werden stressfrei gehalten bezüglich Wasser, Temperatur, Licht Luft und Nährstoffversorgung. Denn eine Verringerung der Atmung bedeutet eine längere Haltbarkeit.

1 In die Pflanzenkunde einführen
1.6 Stoffwechsel

17. Ernährungsformen bei heterotrophen Pflanzen sind die Lebensweise als Parasiten, als Saprophyten oder auch als Symbiose. Diese werden als heterotroph bezeichnet, da die Pflanzen von und mit anderen Pflanzen leben.

18. Zur Lebensweise von Parasiten gehört, dass ein Parasit eine Wirtspflanze braucht. Durch Haustorien oder Hyphen dringt er in diese Wirtspflanze ein und entnimmt diesem Wirt dann Wasser und Nährstoffe, ohne eine Gegenleistung. Diese Parasiten heißen dann Vollschmarotzer.

19. Von Bedeutung aus floristischer Sicht sind vor allem die pilzlichen und bakteriellen Krankheitserreger wie z. B. Mehltau, Rost oder Grauschimmel. Sie entziehen ihre zum Leben notwendigen Stoffe der Wirtspflanze, ohne dass sie Baustoffe oder energiereiche Stoffe wieder abgeben.

20. Karnivoren (anderer Begriff: Insektivoren) leben auf sehr nährstoffarmen Böden, z. B. im Moor. Deshalb fangen sie mit verschiedenen Fallentypen die notwendigen Insekten, um so ihren Nährstoffmangel an Stickstoff und Phosphor zu decken.

21. Saugfallen: Pflanzen mit diesen Fangblättern kommen im floristischen Alltag nicht vor, weil sie vor allem nur bei Wasserpflanzen vorkommen.
Klebfallen: Auf den Blättern der Pflanzen befinden sich Tentakeln mit klebrigen Tropfen an ihrer Spitze. Hier bleiben die Insekten kleben. Durch ein Sekret werden sie dann verdaut.
Klappfallen: Bei Berührung klappen diese Fangblätter relativ schnell zusammen, sodass das eingefangene Insekt erstickt und dann durch Sekrete zersetzt wird.
Gleitfallen: Angelockte Insekten gleiten über einen Schlauch (Kanne) zu Boden und werden dann hier am Boden durch eine Verdauungsflüssigkeit zersetzt.

22. Diese Karnivoren (Beispiele) findet der Kunde im Floristik-Fachgeschäft: Venusfliegenfalle: *Dionaea muscipula*, Sonnentau: *Drosera rotundifolia*, Kannenpflanze: *Nepenthes sanguinea*, Fettkraut: *Pinguicola vulgaris*, Schlauchpflanze: *Sarracenia flava*

23. Der Florist gibt dem Kunden folgende Hinweise zur Pflege von Karnivoren:
Wasser: Der Wurzelballen darf ruhig feucht sein; eine kürzere Trockenphase wird ohne Schaden überstanden. Die Pflanzen werden aber unbedingt mit weichem (nährstoffarmen) Regenwasser oder destilliertem Wasser gegossen.
Temperatur: Die Pflanzen stehen normal bei Zimmertemperatur, also 18 bis 20 °C.
Licht: Der Standort am Ost-West-Fenster ist ein guter Standort.
Düngung: Nicht erforderlich: im Gegenteil: Eine Düngung führt schnell zum Absterben der Pflanzen.

24. Fototropismus bedeutet, dass Sprosse und Triebe von Topfpflanzen zum Licht wachsen. Steht die Pflanze bei zu wenig Licht, wachsen die Sprosse trotzdem dahin: Sie werden schief und drehen sich mit den Blättern zur Lichtquelle. In der Folge werden die Blätter chlorotisch oder fallen ab, die Blüte bildet sich kaum oder gar nicht aus.

25. Fotonastie kennt der Florist recht gut, denn hierbei verursacht Licht/Dunkelheit das Öffnen der Blüten am Tage und das Schließen bei Nacht. Bei Seerosen und Mittagsblumen ist diese Nastie gut zu erkennen. Bei der Thermonastie ist es die Wärme, die Blüten öffnet. Gut zu beobachten ist die Nastie bei Tulpen und Krokussen, die dann an kühlen Tagen geschlossen bleiben.

Lösungen

1 Pflanzenpflege beschreiben

1.1 Pflege von Schnittblumen

1. Die zu erntenden Schnittblumen sind voll turgeszent beim Erntezeitpunkt „früher Morgen" und dann noch kühl, sodass weniger Energie und Zeit zur Kühlung aufgewendet werden kann. Durch die Verwendung scharfer Schnittwerkzeuge erfolgt ein glatter, sauberer Schnitt: Es wird kein Zellschutt erzeugt, der dann recht schnell zu Bakterienfutter wird und zu Fäulnis führt. Die geernteten Schnittblumen werden unmittelbar nach der Ernte in Wasser gestellt und ohne direkte Sonneneinstrahlung und Zugluft aufbewahrt.

2. Reduzieren der Transpirationsfläche, indem ein Teil der Blätter entfernt wird; Anschneiden der Stiele (Ausnahmen); verhindern von Fäulnisbildung im Vasenwasser, z. B. durch Entfernen von Blättern; verhindern von Bent-Neck.

3. Konditionieren bedeutet, dass zur Erhöhung der Stressresistenz und der Haltbarkeit die Schnittblumen schon beim Produzenten mit Frischhaltemitteln direkt nach dem Schnitt versorgt werden. Diese Kette von Stoffen, die die Haltbarkeit verlängern, muss dann aber konsequent fortgeführt werden. Praxis ist dieses vor allem bei *Rosa*, *Dianthus*, *Chrysanthemum* und *Adiantum*.

4. Die Wasserversorgung erfolgt grundsätzlich von der Ernte bis zum Verkauf (nur wenige Ausnahmen). In der Vase reicht normalerweise eine Füllhöhe von 10 bis 15 cm aus; dabei möglichst nur weiches Leitungswasser verwenden. Bei Wasserwechsel und nach jedem Transport frisch anschneiden: den Kunden dieses auch als Tipp mitgeben. Für Schnittblumen immer Frischhaltemittel verwenden und zur Verringerung der Wasserverdunstung diese kühl stellen.

5. Es kommt ausschließlich Leitungswasser in Frage, da dieses nicht, wie Regenwasser aus Auffangbecken oder Wassertonnen, mit Bakterien/Mikroorganismen belastet ist. Leitungswasser ist normalerweise weiches Wasser der Härtebereiche 1 oder 2: Somit wird die Wasseraufnahme durch die Schnittblume nicht erschwert, was bei hartem Wasser (Härtebereich 3 oder 4) der Fall ist und auch Mikroorganismen sich hier schneller entwickeln.

6. Für Schnittblumen reicht in der Regel normales Leitungswasser mit der üblichen Temperatur von 15 bis 17 °C aus. Grundsätzlich werden Stielenden von Pflanzen nicht in heißes Wasser eingetaucht: Das Gewebe wird zerstört und die Entwicklung von Bakterien nachfolgend gefördert. Ausnahme: Milchsaft führende Pflanzen.

7. Vorteile: Fäulnis im Vasenwasser vermeiden; Verdunstungsflächen verringern; Bent-Neck bei Rosen verhindern;
Nachteile: teilweiser Verlust des Nährstoffvorrates; bei Entfernung zu vieler Blätter öffnen sich viele Blütenknospen gar nicht oder nur teilweise.

8. Intensive Reinigung der Vasen oder Behälter vor jedem Gebrauch; niemals ältere und neue Blumen in einer Vase zusammenstellen; eintauchen von Blättern in das Vasenwasser vermeiden; beim Entfernen der unteren Blätter oder von Dornen sorgfältig vorgehen, um wenig Wunden zu erzeugen: keinen Entdorner benutzen; Zusatz von Blumenfrischhaltemitteln; glatter und sorgfältiger Anschnitt: kein Bakterienfutter; regelmäßiges Reinigen und Schärfen der Messer und Scheren

9. Beispiele für Schnittgrün sind: Lederfarn: *Rumohra adiantiformis*, SALAL: *Gaultheria shallon*, Pistazie: *Pistacia vera*, CHICO: *Chamaedorea elegans*, Eukalyptus: *Eucalyptus gunnii*, Funkie: *Hosta sieboldiana*, Mäusedorn: *Ruscus aculeatus*, Aralie: *Fatsia japonica*, Beargras: *Xerophyllum tenax*, Efeu: *Hedera helix*, Purpurglöckchen: *Heuchera sanguinea*, Bergenie: *Bergenia cordifolia*

1 Pflanzenpflege beschreiben

1.1 Pflege von Schnittblumen

10. Folgende Maßnahmen verlangsamen den Prozess des schnellen Welkens:
Einwickeln in Wachspapier; grundsätzlich kühl lagern; Spross anbrennen oder ankochen

11. Verbot von Kinderarbeit; feste Verträge für die Mitarbeiter; reduzierter Einsatz giftiger Pflanzenschutzmittel und von Düngern; Mindestlöhne zur Existenzsicherung; geregelte Arbeitszeiten; einhalten ökologischer Mindeststandards.

12. Vor dem Anschneiden werden untere Blätter entfernt, damit diese nicht in das Vasenwasser gelangen; sicherlich ist das Anschneiden dann auch leichter möglich. Die Schnittblume mit einem scharfen Messer leicht schräg anschneiden. Die angeschnittenen Blumen sofort ins Wasser stellen: Vermeidung der schnellen Entstehung von Luftblasen in den Leitungsbahnen. Bei weichstieligen Schnittblumen, z. B. Gerbera, einigen Sonnenblumen u. a. darf die Wasserhöhe 10 cm nicht übersteigen.

13. Beim Einritzen oder Einschneiden werden die Sprossenden von unten ca. 5 bis 10 cm hoch eingeritzt oder eingeschnitten, um so die wasserführende Fläche zu erhöhen, da dann das Wasser auch seitlich eindringen kann. Diese zeitraubende Methode findet z. B. Anwendung bei *Cyclamen* und *Helleborus*.

14. Beim Anbrennen wird das Sprossende über eine Flamme gehalten; die so behandelten Pflanzen sind meistens milchsaftführend, sodass durch die Wärmebehandlung der auslaufende Milchsaft gerinnt und damit das Sprossende verschließt, wie z. B. bei *Papaver* und *Euphorbia*.

15. Der ausfließende Schleim enthält für andere Pflanzen giftige Stoffe, sodass dann die Haltbarkeit dieser Pflanzen stark eingeschränkt ist. Die schleimenden Schnittblumen, vor allem *Narcissus*, werden zwischen 1 bis 24 Stunden separat in Wasser gestellt. Danach werden sie ohne neuen Anschnitt verarbeitet.

16. Früher geschah das Anklopfen mit einem Hammer oder sonst praxisüblichen Geräten. Heutzutage wird diese Methode mehrheitlich abgelehnt und nicht mehr ausgeführt, da dabei sehr viel Zellschutt produziert wird, sodass Bakterien schnell Nahrung finden. Angewendet wurde dieses Verfahren vor allem bei *Syringa*, *Viburnum*, *Forsythia* und *Chrysanthemum*. Wenn die verholzten Pflanzen es zulassen, werden diese angebrochen oder einfach mit der Schere oder dem Messer angeschnitten.

17. Je nach Hersteller enthält ein Blumenfrischhaltemittel unterschiedliche Anteile Zucker (Glukose), bakterizid und fungizid wirkende Stoffe, sowie Stoffe, die eine Ethylenproduktion verhindern, pH-Wert-Regulierer, u. a.

18. Schneiden Sie die Blumen mit einem glatten, leicht schrägen Schnitt neu an. Stellen Sie die Blumen in frisches Wasser mit Blumenfrischhaltemittel. Bringen Sie die Schnittblumen in einen kühlen dunklen Raum. Wickeln Sie die Stiele – niemals die Blüten – in feuchtes Papier.

19. Die Schnittreife von Schnittblumen von Schnittblumen ist von Art zu Art unterschiedlich:

19.1 Diese Schnittblumen werden voll/fast voll erblüht gehandelt (Beispiele):
Frauenmantel: *Alchemilla mollis*, Sonnenblume: *Helianthus annuus*, Margerite: *Chrysanthemum leucanthemum*, Nelken: *Dianthus caryophyllus*, Zinnie: *Zinnia elegans*, Aster: *Aster novi-belgii*

19.2 Beispiele von Pflanzen, die geerntet werden, wenn sich die Blüten zu öffnen beginnen: Zierlauch: *Allium giganteum*, Montbretie: *Crocosmia x crocosmiiflora*, Amazonaslilie: *Eucharis amazonica*, Strandflieder, Statice: *Goniolimon tataricum*, Sonnenhut: *Rudbeckia hirta*, Goldgarbe: *Achillea millefolium*

19.3 Im knospigen Zustand geschnitten werden die folgenden Blumen (Beispiele):
Garten-Tulpe: *Tulipa gesneriana* 'Sorte', Ranunkel: *Ranunculus asiaticus*, Pfingstrose: *Paeonia officinalis*, Narzissen: *Narcissus pseudonarcissus*, Rosen: *Rosa* 'Sorte' (die meisten), Iris: *Iris x hollandica*, Ringelblume: *Calendula officinalis*

19.4 Schnittgrün-Beispiele, die nur ausgereift geerntet werden: Bergenie: *Bergenia cordifolia*, SALAL: *Gaultheria shallon*, Efeu: *Hedera helix*, Aralie: *Aralia japonica*, Heuchera: *Heuchera sanguinea*

> Lösungen

20. Der Ver253natürlich wird ein Blumenfrischhaltemittel zugegeben. Das verbrauchte Vasenwasser wird auch nur handwarm ergänzt. Um eine kontinuierliche Wasserversorgung zu sichern, werden Schnittorchideen jeden zweiten Tag frisch angeschnitten, wobei ein kleines Stück genügt.
Schnittorchideen vertragen keine Zugluft, keine Heizungsnähe und keinen Standort auf dem Fernseher, denn zu warme und zu trockene Luft schadet der Haltbarkeit.

1.2 Pflege von Topfblumen

1. Die Wachstumsfaktoren heißen Wasser, Licht, Luft, Temperatur und Nährstoffe.

2. Für die Mehrheit der Topfpflanzen liegt die Wasserhärte bei 8 bis 12° dH.

3. Wasser kann enthärtet werden durch Abstehen (ca. 12 Stunden), durch Abkochen, Torffilter, durch Enthärtungstabletten, u. a.

4. Gießen Sie die Pflanze erst, wenn die Erde trocken ist. Das stellt man am sichersten fest, indem man mit den Fingerspitzen auf den Erdballen drückt. Nur blühende Pflanzen und so genannte Moorbeetpflanzen vertragen häufigere Wassergaben. Achten Sie darauf, dass die Pflanze nicht im Wasser steht.

5. Beispiele für Pflanzen mit einem geringeren Wasserbedarf:
Greisenhaupt: *Cephalocereus senilis*, Warzenkaktus: *Mammillaria zeilmanniana*, Bischofsmütze: *Astrophytum myriostigma*, Hasenohr-Feigenkaktus: *Opuntia microdasys*, Dickblatt: *Crassula coccinea*, Pfennigbaum: *Crassula ovata*, Flaschenpflanze: *Jatropha podagrica*, Bogenhanf: *Sansevieria trifasciata*, Christusdorn: *Euphorbia milii*, Amerikanische Agave: *Agave americana*

6. Diese Pflanzen (Beispiele) haben einen höheren Wasserbedarf:
Soleirolia soleirolii, Primula malacoides, Dionaea muscipula, Davallia mariesii, Cyperus alternifolius ssp. flabelliformis, Rhododendron simsii, Hydrangea macrophylla

7. Für die Mehrheit der Topfpflanzen beträgt die Luftfeuchtigkeit durchschnittlich 55 bis 60 %.

8. Im Umfeld der Topfpflanze kann die Luftfeuchtigkeit durch regelmäßiges Sprühen um ein paar Prozentpunkte erhöht werden, natürlich nicht auf einen Wert von 80 bis 85 % wie in den Gewächshäusern der Gärtner. Im Raum selbst hilft nur ein Luftbefeuchter, auch das Anbringen von mit Wasser befüllten Verdunstern an Heizkörpern kann ein Hinweis sein. Natürlich verdunsten bestimmte Pflanzen, wie z. B. *Cyperus alternifolius*, selbst viel Wasser, sodass diese die Luft in einem Raum nachhaltig verbessern können.

9. Aufgaben (Beispiele) von Licht sind: Licht liefert Energie für die Fotosynthese, fördert die Keimung von Samen und das Öffnen von Blüten, fördert die Bildung von Chlorophyll.

10. Die Lichtmenge im Minimum reicht von 500 bis 800 Lux.

11. Optimales Wachstum von Zimmerpflanzen findet statt bei etwa 2.500 bis 5.000 Lux. (Zum Vergleich: An einem sonnigen Tag im Freiland sind es bis zu 40.000 Lux.)

12. Weniger Licht benötigen folgende Pflanzen (Beispiele):
Fensterblatt: *Monstera deliciosa*, Kolbenfaden: *Aglaonema commutatum*, Kletternder Baumfreund: *Philodendron hederaceum*, Schusterpalme: *Aspidistra elatior*, Schefflera: *Schefflera arboricola*, Dreimasterblume: *Tradescantia fluminensis*, Aukube: *Aucuba japonica*, Aralie: *Fatsia japonica*, Efeu: *Hedera helix*

13. Beispiele für Pflanzen mit einem hohen Lichtbedarf:
Bogenhanf: *Sansevieria trifasciata*, Aloe: *Aloe arborescens*, Wüstenrose: *Adenium obesum*, Oleander: *Nerium oleander*, Fetthenne: *Sedum spectabile*

14. Die Luft besteht aus: 78 % Stickstoff; 21 % Sauerstoff; 0,03 % Kohlenstoffdioxid; 0,97 % Edelgase

1 Pflanzenpflege beschreiben

1.2 Pflege von Topfblumen

15. Ursachen für schlechte Raumluft sind Rauch und Nikotin, Ausgasungen von Lacken und Klebstoffen, auch Formaldehyd oder Kohlenstoffdioxid (schlecht gelüftet).

16. Diese Topfpflanzen (Beispiele) verbessern die Zimmerluft:
Efeu: *Hedera helix*, Einblatt: *Spathiphyllum floribundum*, Efeutute: *Epipremnum pinnatum*, Purpurtute: *Syngonium podophyllum*, Bogenhanf: *Sansevieria trifasciata*, Drachenbaum: *Dracaena deremensis*

17. Wärme und Kälte haben verschiedene Einflüsse auf das Pflanzenwachstum:
Wärme bringt Pflanzen vor der normalen Blütezeit zum Blühen: Treiberei.
Wärme oder Kälte bringt Samen zum Keimen.
Wärme oder Kälte beeinflusst Fotosynthese und Atmung.
Kälte (hier: Kühlung) verhindert ein schnelles Verblühen von Blumen.
Wärme oder Kälte öffnet oder schließt Blüten.

18. Ruhezeit: Pflanzen (hier: Topfpflanzen) werden im Winter von Oktober bis Februar nicht gedüngt, wenig gegossen und evtl. kühler gestellt.
Treiberei: Pflanzen werden durch günstige Wachstumsfaktoren zu einer Zeit zum Blühen gebracht, in der sie in der Natur noch nicht blühen; eine große Rolle für dieses „Verfrühen" spielt dabei die Temperatur.
Barbarazweige: Gehölze, die am 04.12. (Gedenktag der heiligen Barbara) geschnitten werden, blühen zu Weihnachten; Voraussetzung ist aber, dass diese Treibgehölze schon Frost abbekommen haben.

19. Ein Substrat zum Umtopfen hat folgende Merkmale (Beispiele):
Es muss eine optimale Wasserführung besitzen, ausreichend Luftporen haben, eine auf die umzutopfende Pflanze abgestimmte Nährstoffmenge enthalten, den optimalen pH-Wert vorweisen, frei sein von Krankheitserregern und Unkrautsamen usw.

20. Industrieerden, die zum Umtopfen verwendet werden, sind:
Einheitserde: besteht aus Weißtorf (60 %) und Untergrundton (40 %), ist als Erde zum Umtopfen (Einheitserde T) aufgekalkt (pH 5,5 bis 6,5) und mit hohen Nährstoffgehalt (3 kg Volldünger /m³) versehen
TKS (Torfkultursubstrat): besteht aus Weißtorf (100 %), ist aufgekalkt (pH 5,5 bis 6,5) und hat als Substrat zum Umtopfen (TKS 2) einen höheren Nährstoffgehalt. Hier kann der Kunde auf Alternativen hingewiesen werden, um den Torfverbrauch nicht zu fördern, z. B. auf Erde aus Recyclingbetrieben.

21. Wenn Topfpflanzen **so** aussehen, werden sie umgetopft:
Der Wurzelballen enthält keinerlei Substrat mehr („die Erde ist verbraucht"), die Wurzeln wachsen aus dem Topf, weil dieser zu klein geworden ist, und die Wurzelballen sind von Schädlingen befallen. Die Blätter werden chlorotisch, die Pflanze fällt regelmäßig um oder die Pflanze wurde vergossen. Nach der Ruhezeit werden ohnehin neue Erde und neue Nährstoffe benötigt.

22. Günstig zum Umtopfen ist die Zeit nach der Pflanzenruhe, also die Monate März und April (bzw. Mai).
Im Winter würde der Florist dem Kunden abraten.

23. Vorteile Kunststofftopf: leicht, in vielen Farben, Formen und Größen; zerbricht nicht so schnell; hält relativ den Wurzelballen feucht; preiswert; leicht; wieder verwendbar
Nachteile Kunststofftopf: Ballenfeuchtigkeit schlecht zu kontrollieren, Pflanze schneller zu vergießen
Vorteile Tontopf: gute Wasser- und Luftführung durch poröse Wände; Feuchtigkeit gut zu kontrollieren
Nachteile Tontopf: schwer; zerbricht leichter; kann durch Kalkablagerungen unschön aussehen; teuer

24. Ablauf des Vorgangs beim Umtopfen:
Die Pflanze vor dem Umtopfen durchdringend tauchen. Den neuen Topf ca. zwei Topfdurchmesser größer auswählen; die neuen Tontöpfe vorher wässern, gebrauchte Töpfe gründlich reinigen.
Im „neuen" Topf für Dränage (Tonscherben, Blähton, usw.) sorgen, dann schon etwas Erde in den Topf geben. Die Pflanze aus dem Topf „nehmen", den Wurzelballen vorsichtig lockern, ausputzen, evtl. schneiden und alte Erde entfernen. Die Pflanze in den vorbereiteten Topf setzen, den Topf um den Ballen herum mit Erde füllen und andrücken, wobei ein Gießrand erhalten bleibt. Die Pflanze angießen, hell bis halbschattig aufstellen und regelmäßig besprühen, aber noch nicht düngen.

Lösungen

25. Die Hydrokultur ist eine Wasserkultur, bei der das Substrat ersetzt wird durch Blähton als Trägersubstanz für die Pflanze, während die Nährstoffversorgung über das Wasser erfolgt.

26. Vorteile für die Hydrokultur sind:
Sie ist eine „saubere" Kultur, da kein verschmutzendes Substrat verwendet wird. Der Wasserverbrauch wird gemessen; deshalb kann eine genauere Wasserversorgung erfolgen. Die Pflanzen haben aufgrund der technischen Ausstattung einen Wasservorrat. Die Nährstoffversorgung ist problemlos; der Dünger wird oftmals auf Vorrat für mehrere Monate gegeben.

27. Eine Hydrokultur hat folgende Bestandteile:
Gittertopf: wird auch als Kulturtopf genutzt, in dem die Pflanze steht Blähton: Tongranulat verschiedener Hersteller, hält die Pflanze fest im Gittertopf Düngerbatterie: versorgt für einen längeren Zeitraum die Pflanze mit Nährstoffen Wasserstandsanzeiger: gibt über die Anzeige „Maximum, Optimum, Minimum" den Wasserstand an.
Umtopf: absolut wasserdicht, mehrheitlich heute aus Kunststoff

28. „Typische" Pflanzenbeispiele können sein:
Dieffenbachia seguine, *Ficus benjamina*, *Ficus pumila*, *Aglaonema commutatum*, *Schefflera actinophylla*, *Monstera deliciosa*, *Dracaena deremensis*, *Philodendron erubescens* o. a., *Fittonia verschaffeltii*, *Ananas comosus*

29. Blütenpflanzen sehen nach dem Abblühen nicht gut aus, verursachen Blütenfall (Dreck) und würden dann ausgetauscht; dieser Aufwand ist oftmals zu groß (teuer).

30. Flüssigdünger: Vorteil: geht schnell und einfach.
Nachteile: genaue Konzentration nötig, reicht oftmals nur für eine kurze Zeit (ca. drei Wochen)
Düngerbatterie: Vorteile: geht schnell und einfach, hartes Wasser wird enthärtet, gebunden an Kunstharz, reicht für eine längere Zeit: ca. sechs Monate
Nachteile: zum Austausch wird die Batterie unter den Gittertopf „geklickt", dazu muss der Wasserstand sehr niedrig sein (Minimum)

31. Ein Kunde freut sich sicherlich über folgende Tipps und Hinweise:
Achten Sie regelmäßig auf die korrekte Funktion des Wasserstandsanzeigers. Füllen Sie mit temperiertem Wasser bis zur Anzeige „Optimum" auf, weil die Wurzeln temperaturempfindlich sind.
Ergänzen Sie den Wasserstand beim Stand „Minimum" nicht sofort, sondern warten Sie zwei bis drei Tage, damit Sauerstoff an die Wurzeln gelangen kann. Entfernen Sie abgefallene Blätter oder Blüten, damit es nicht zur Fäulnis (Geruchsbildung) kommt.

32. Die Nährstoffversorgung der Hydropflanzen erfolgt durch Ionenaustauscher. Diese Ionen sind ausreichend in hartem Wasser vorhanden, aber nicht in sehr weichem oder destilliertem Wasser.

33. Tropische Orchideen (Beispiele) auf der Fensterbank sind: Malayenblume oder Schmetterlingsorchidee: *Phalaenopsis amabilis*, Frauenschuh: *Paphiopedilum callosum*, Vanda: *Vanda coerulea*, Dendrobie: *Dendrobium densiflorum*, Oncidie: *Oncidium ornithorhynchum*, Odontoglossum: *Odontoglossum triumphans*, Miltonie: *Miltonia* 'Sorte'

34. Nach der Blüte wird der abgeblühte Blütenstiel ca. 1 cm oberhalb des zweiten oder dritten Auges von unten abgeschnitten (also: bis auf drei Internodien); die Konsequenz dieser Methode ist aber, dass dann aus einem der Knoten eine schwächere Rispe wächst. Sinnvoll ist es, dass der Kunde den ganzen Blütenstand abschneidet, denn dann ergeben sich kräftige und viele Blüten. Bei allen anderen Orchideen wird der Blütenstand grundsätzlich an der Basis entfernt.

35. Tipps und Hinweise für den Kunden zur Orchideenpflege sind:
Temperatur: Zimmertemperatur, 18 bis 22 °C, warm
Standort: keine direkte Sonne, Ost- oder Westfenster, hell bis halbschattig, unbedingt Zugluft vermeiden
Wasser: einmal (bis zweimal) pro Woche gießen, besser tauchen; darauf achten, dass überschüssiges Wasser nicht im Übertopf oder im Untersetzer stehen bleibt regelmäßig besprühen: vor allem an warmen

Tagen und während der Heizperiode (trockene Heizungsluft)
Dünger: von März bis September, alle 14 Tage mit Orchideendünger

36. Diese Zahlen sind Prozentzahlen der Hauptnährelemente N-P-K. Orchideen benötigen eher einen stickstoffarmen Dünger, sodass dieser Dünger für Orchideen nicht verwendet wird. Alternativ eignet sich beispielsweise ein spezieller Orchideendünger mit einer Zusammensetzung 4-6-6.

37. Die *Phalaenopsis* wird etwa alle zwei bis drei Jahre umgetopft, gleich im Frühjahr oder auch im Sommer. Der neue Topf muss unbedingt wasserdurchlässig sein, also ausreichend viele Löcher im Topfboden besitzen, um Staunässe zu vermeiden. Hier macht es Sinn, lichtdurchlässige Töpfe zu verwenden, da die Luftwurzeln Chlorophyll enthalten, und sich so auch noch die Feuchtigkeit im Wurzelballen und die Wurzelbildung besser kontrollieren lassen. Sinnvoll ist aber grundsätzlich ein Kunststofftopf, da die Pflanzen dann weniger gegossen werden müssen. Die ausgetopfte Pflanze befreit man von altem Pflanzsubstrat, dabei vertrocknete und faule Wurzeln entfernen. Das neue spezielle Orchideensubstrat (Keine normale Blumenerde verwenden!) nach und nach zwischen und auf die Wurzeln bis zum Topfrand einfüllen; dann das Substrat nur am Rand stärker andrücken, ansonsten den Topf nur ein paarmal aufstoßen. Nach dem Umtopfen mäßig angießen, und die Orchidee an einen leicht schattigen und warmen Platz stellen, aber auf keinen Fall düngen.

38. Tipps und Hinweise zur Pflege von Kakteen auf der Fensterbank hinsichtlich:
Standort: Die Mehrheit der verkauften Kakteen steht am Ost- oder Westfenster, d. h. die Pflanzen stehen hell, aber nicht in der direkten Sonne.
Temperatur: Zimmertemperatur, 18 bis 20 °C, warm. Im Winter werden die Kakteen kühl (nicht unter 8 °C) gestellt, damit sie zur Blüte gelangen.
Wasser: Während der Wachstumszeit von März bis September in einem Zeitraum von vier bis sechs Wochen durchdringend gießen/tauchen. Während der Ruhezeit im Winter wird eigentlich nicht gegossen.
Düngung: Außer in der Ruhezeit werden sie von März bis September mit einem Kakteendünger gedüngt (stickstoffarm).

39. Blattkakteen kommen aus den Tropen; sie werden aber behandelt wie normale Topfpflanzen, d. h. sie werden gegossen, wenn das Substrat trocken ist, wachsen bei normaler Zimmertemperatur, haben eine Ruhezeit von Oktober bis Februar und werden von März bis September regelmäßig gedüngt und übersprüht.

40. Wie am Beispiel von *Adenium obesum* können auch andere Sukkulente entsprechend gepflegt werden:
Standort: hell, mehrheitlich direkte Sonne
Temperatur: warm, Zimmertemperatur, 18 bis 20 °C
Wasserbedarf: regelmäßig in nicht zu engen Abständen gießen, z. B. alle zwei bis drei Wochen
Schädlinge und Krankheiten: Wollläuse, Spinnmilben, Wurzelfäule
Überwinterung: nicht vom hellen Platz auf der Fensterbank nehmen, aber trockener halten, dann nicht düngen

41. Beispiele für Pflanzen aus der Familie Araceae sind: Fensterblatt: *Monstera deliciosa*, Dieffenbachie: *Dieffenbachia seguine*, Engelsflügel: *Caladium bicolor*, Zimmerkalla: *Zantedeschia aethiopica*, Zamioculcas: *Zamioculcas zamiifolia*, Große Flamingoblume: *Anthurium andraeanum*; Baumfreund: *Philodendron hederaceum*, Kolbenfaden: *Aglaonema commutatum*, Einblatt: *Spathiphyllum wallisii*

42. Mehrheitlich bevorzugen die Topfpflanzen der Familie Araceae einen hellen Standort, aber keine direkte Sonne, bei einer Zimmertemperatur von 18 bis 20 °C. Die Pflanzen sind stets feucht zu halten, aber ohne Staunässe. Durch regelmäßiges Sprühen der Pflanzen im direkten Umfeld liegt die Luftfeuchtigkeit bei ca. 60 %. Außerhalb der Ruhezeit wird gedüngt von März bis September alle 14 Tage.

43. *Zamioculcas zamiifolia* ist eine recht genügsame Pflanze, denn sie ist sowohl fürs Wartezimmer als auch für das Wohnzimmer geeignet.
Die Entwicklung ist abhängig von der Topfgröße: Ein großer Topf bewirkt eine große Pflanze, in einem kleinen, engen Topf entwickelt sich auch nur eine kleine Pflanze. Die Pflanze wächst gleichmäßiger, wenn sie regelmäßig zum Licht gedreht wird. Ihr bevorzugter Standort ist hell, aber ohne direkte Sonne. Eine

Zimmertemperatur von 18 bis 20 °C oder auch wärmer, im Winter auch um 15 °C, wird gut vertragen. Den Ballen hält der Kunde mäßig feucht, vermeidet aber auf jeden Fall Staunässe. Es wird von März bis September alle 14 Tage gedüngt.

44. Die Phoenix-Palme kann am heimatlichen Standort gut 20 m hoch werden; viele erreichen auch als Zimmerpflanze eine stattliche Höhe. Selbst im Winter lieben sie einen sonnigen Standort bei Zimmertemperaturen von 18 bis 20 °C. Die Wassergaben werden so bemessen, dass der Ballen stets feucht gehalten wird, ohne dass Staunässe vorkommt. Wichtig ist – auch als prophylaktische Pflanzenschutzmaßnahme –, dass die Luftfeuchtigkeit niemals unter 50 % sinkt, zum Schutz gegen Spinnmilben. Dünger wird ganzjährig alle 14 Tage gegeben.

45. Pflanzen-Beispiele aus der Familie Gesneriaceae:
Usambaraveilchen: *Saintpaulia ionantha*, Drehfrucht: *Streptocarpus x hybridus*, Sinnblume: *Aeschynanthus lobbianus*, Rachenrebe: *Columnea gloriosa*, Gartengloxinie: *Sinningia speciosa*, Kussmäulchen: *Nematanthus gregarius*, Schattenröhre: *Episcia reptans*, Tempelglocke: *Smithiantha multiflora*

46. Pflanzenbeispiele für Karnivoren sind:
Sonnentau: *Drosera capensis*, Venusfliegenfalle: *Dionaea muscipula*, Kannenpflanze: *Nepenthes x ventrata*, Fettkraut: *Pinguicola rotundiflora*, Schlauchpflanze: *Sarracenia purpurea*, Wasserschlauch: *Utricularia sandersonii*

47. Hinweise zur Pflege der Venusfliegenfalle beziehen sich auf:
Wasseranspruch: Grundsätzlich werden Insektivoren mineralstoffarm gegossen. Deshalb kommt nur Regenwasser (aus unbelastetem Umfeld) oder destilliertes Wasser in Frage.
Temperaturanspruch: Als Topfpflanze reicht normalerweise eine Temperatur von 5 bis 15 °C aus; im Sommer verträgt sie aber auch 20 bis 30 °C.
Lichtanspruch: Im Winter ist auch in der Ruhezeit der vollsonnige Standort ideal. Luftfeuchtigkeit: Insgesamt muss diese recht hoch sein: 60 bis 80 % im Freien; im Zimmer reichen 55 bis 60 %, die durch Sprühen erreicht werden.
Schädlinge: Im Prinzip ist die Venusfliegenfalle eine unproblematische Pflanze, außer, dass Blattläuse vorkommen. Dagegen wird aber nicht mit chemischen Mitteln vorgegangen, denn diese dienen eventuell den Pflanzen zur Nahrung.

1.3 Ernährung der Topfpflanzen

1. Hauptnährelemente benötigt eine Pflanze in größeren Mengen. Spurennährelemente benötigt die Pflanze nur in geringen Mengen, in Spuren. Aber ein Fehlen dieser Spurennährelemente führt zu erheblichen Störungen des Stoffwechsels und damit des Wachstums.

2. Die Hauptnährelemente heißen: Stickstoff: N, Phosphor: P, Kalium: K, Magnesium: Mg, Kalzium: Ca, Schwefel: S, Sauerstoff: O, Kohlenstoff: C, Wasserstoff: H

3. Benötigte Spurennährelemente sind: Eisen: Fe, Mangan: Mn, Zink: Zn, Bor: B, Molybdän Mo; notwendige Spurennährelemente (Beispiele) für bestimmte Pflanzen sind:
Natrium: Na, Aluminium: Al, Silizium: Si;
toxische Spurennährelemente (Beispiele) sind: Quecksilber: Hg, Cadmium: Cd, Blei: Pb.

4. Aufgaben der Hauptnährelemente sind für:
Stickstoff (N): Bestandteil von Eiweiß, vegetatives Wachstum: fördert Spross- und Blattbildung;
Phosphor (P): Bestandteil von Eiweiß, generatives Wachstum: Knospen-, Samen- und Fruchtbildung, Förderung von Wurzelwachstum;
Kalium (K): Einfluss auf den Wasserhaushalt, fördert die Gewebestabilität (Frostresistenz).

5. N-Mangel: Kümmerwuchs, chlorotische Blätter, Spitzen-Chlorose, Notblüte, Mangel zeigt sich an älteren Blättern
P-Mangel: verringerte Knospenbildung, Blätter wirken „steif" (Starrtracht), rotbraun/violett verfärbte Blattunterseiten, Mangel zeigt sich an älteren Blättern.

1 Pflanzenpflege beschreiben
1.3 Ernährung der Topfpflanzen

K-Mangel: Kümmerwuchs, Randchlorose mit folgender Randnekrose, Blätter welken (Welketracht), Mangel zeigt sich an älteren Blättern.

6. Mangelsymptome für Eisen und Magnesium:
Gemeinsames Mangelsymptom sind chlorotische bis weißliche Blätter, oft als Interkostalchlorose, dabei aber für Fe-Mangel an jüngeren Blättern, z. B. an Topfrosen, und für Mg-Mangel an älteren Blättern, z. B. an Nadelgehölzen.

7. Chlorose ist eine Vergilbung (Gelbsucht) von Blättern.
Ursache können Nährstoffmangel, Schädlingsbefall oder fehlende Wachstumsfaktoren sein. Dieses Mangelsymptom ist ein behebbarer, reversibler Schaden, d. h. wenn z. B. gedüngt wird, ist die Chlorose verschwunden.
Nekrose entsteht meistens in Folge von Chlorosen, wobei das Gewebe abstirbt. Dieser Schaden ist nicht behebbar (Das Gewebe ist tot.), also ein irreversibler Schaden.

8. Die Bedeutung von Kalzium für das Leben der Pflanze ist eine doppelte:
Kalzium in der Pflanze ist Baustoff beim Bau von Zellwänden.
Kalzium im Boden, als Bestandteil von Kalk ($CaCO_3$), neutralisiert überschüssige Säuren und stabilisiert so den pH-Wert.

9. Der pH-Wert zeigt den Säuregrad des Bodens/des Substrates oder einer Lösung an. Er kann sauer oder alkalisch sein.

10. Die Mehrheit der Topfpflanzen benötigt einen pH-Wert zwischen 5,5 und 6,5.

11. Der passende pH-Wert muss für jede Pflanze im optimalen Bereich liegen, denn er bestimmt die Verfügbarkeit von Nährsalzen, beeinflusst die Löslichkeit von Nährsalzen, aktiviert das Bodenleben und fördert die Bildung von Bodenkolloiden (Krümelstruktur: verklebt Ton- und Humusteilchen).

12. Einen niedrigen, sauren pH-Wert benötigen folgende Pflanzen (Beispiele): Topfheide: *Erica gracilis*, Zimmerazalee: *Rhododendron simsii*, Garten-Hortensie: *Hydrangea macrophylla*

13. Durch das Gießen mit hartem, kalkhaltigem Wasser wird der pH-Wert verändert; so kommt es zu Schäden an den Topfpflanzen, bis hin zum Absterben der Pflanze.

14. Schwefel ist Hauptbestandteil von Eiweiß. Es kommt aber an Topfpflanzen zu keinem Mangelsymptom.

15. Hauptaufgaben sind für Kohlenstoff (als CO_2) die Fotosynthese, für Sauerstoff (O) die Atmung und auch der Wasserstoff (als H_2O) ist wichtig für Fotosynthese.

16. Das „Gesetz vom Minimum" heißt: Das Nährelement oder der Wachstumsfaktor, der in der geringsten Menge im Verhältnis zu allen anderen Wachstumsfaktoren, also im Minimum, vorliegt, bestimmt das Pflanzenwachstum.

17. Das „Minimumgesetz" am Beispiel Licht erklärt, kann bedeuten: Eine Topfpflanze für den hellen Standort steht beim Kunden an einem schattigen Fenster. Die Folge ist, dass die anderen Wachstumsfaktoren ihre Wirkung nicht entfalten können.
Es könnte dann folgender Ablauf in Gang gesetzt werden (Beispiel):
Die Fotosynthese findet nicht im erforderlichen Umfang statt. Deshalb wird weniger Wasser benötigt, sodass es zur Welke und/oder zur Chlorose kommen kann. Die Temperatur liegt für die an Helligkeit und Wärme gewöhnte Pflanze zu niedrig, auch darum ist die Fotosynthese eingeschränkt. In der Folge ist diese Topfpflanze geschwächt, darum können nun Schädlinge und Krankheiten angreifen.

18. Anorganische (mineralische) Dünger sind mehrheitlich Düngersalze; sie stammen aus Salzbergwerken oder werden durch bestimmte Verfahren gewonnen.
Organische Dünger sind z. B. Kompost, Hornspäne, Guano, und im Gartenbau auch Stallmist, Jauche oder Gründüngung. Sie enthalten die Nährstoffe in organisch gebundener Form und müssen zunächst mineralisiert werden.

Lösungen

19. Die Düngung einer Zimmerpflanze mit anorganischen Düngern hat folgende Vorteile: Sie sind geruchlos. Durch ihre Darreichungsform als Salz oder als Flüssigkeit sind sie sehr kundenfreundlich. Weil sie wasserlöslich sind, werden sie deshalb von der Pflanze schnell aufgenommen, sodass ein Nährstoffmangel auch schnell behoben wird.
Nachteile: Sie sind mehrheitlich keine Vorratsdünger (Ausnahme: Depotdünger). Bei längerer Verwendung kann das Bodenleben gestört werden und durch eine mögliche Versalzung auf Dauer auch die Krümelstruktur.

20. Ein organischer Dünger hat die nachfolgenden Vorteile und Nachteile:
Vorteile: Sie stellen eine stetig und langsam fließende Nährstoffquelle dar, sodass es nicht zu einer Überdüngung kommen kann. Heutzutage sind auch flüssige Dünger auf dem Markt, sodass der Einsatz auch organischer Dünger unproblematisch ist.
Nachteile: Sie sind nicht wasserlöslich, sondern müssen zunächst mineralisiert (durch Bakterien zersetzt) werden. Dadurch ist es eine langsam wirksam werdende Nährstoffquelle, mit der ein Mangel nicht sofort behoben werden kann. Manche sind für die Düngung von Zimmerpflanzen nicht geeignet, da der unangenehme Geruch stört (Ausnahme: flüssige organische Dünger).

21. Flüssige Dünger verdünnen sich im Wasser und können dann von der Pflanze sofort aufgenommen werden; ein Nährstoffmangel wird schnell behoben. Sie sind für den Kunden einfach in der Handhabung, meistens preiswert und der Kunde kommt eine lange Zeit damit aus. Häufig entspricht die Zusammensetzung des Düngers dem Nährstoffbedürfnis der Topfpflanze.

22. Der entsprechende Zusatz deutet auf die Zusammensetzung des Düngers hin, denn für Grünpflanzen ist dieser leicht Stickstoff (N) betont mit evtl. Zusatz von Eisen (Fe) und Magnesium (Mg), um die Blattflächen grün zu erhalten. Für die Blühpflanzen wird häufig der Anteil an Phosphor (P) erhöht, um Knospenbildung und Blüte zu fördern.

23. Für folgende Pflanzengruppen gibt es Spezialdünger (Beispiele), die damit den speziellen Anforderungen dieser Pflanzen Rechnung tragen: Orchideen, Kakteen, Bromelien, Palmen und für Primeln und Hortensien.

1.4 Allgemeiner Pflanzenschutz

1. Pflanzenschutzmaßnahmen sind z. T. nötig, weil durch den internationalen Handel Schädlinge eingeführt werden, die bei uns oftmals keine natürlichen Feinde haben und weil sicherlich durch Züchtung Pflanzen-Sorten anfälliger geworden sind gegenüber Krankheiten und Schädlingen (auch umgekehrt: oftmals sind sie widerstandsfähiger geworden). Sicherlich hat ein Teil der Pflanzen in einem Floristik-Fachgeschäft nicht immer den idealen Standort, sodass Schädlinge/Krankheiten leichter „angreifen" können. Und letztendlich muss dem Kunden eine gesunde Pflanze verkauft werden.

2. Gültige Gesetze/Verordnungen (Beispiele): Pflanzenschutzgesetz, Bienenschutzverordnung, Gefahrstoffverordnung, Pflanzenschutz-Sachkundeverordnung, Bundesartenschutzgesetz, Bundesnaturschutzgesetz, Trinkwasserverordnung, Kreislaufwirtschaft- und Abfallgesetz, Chemikaliengesetz, Höchstmengenverordnung

3. Die Buchstaben-Zahlen-Kombination stellt eine Graduierung der Giftigkeit dar gegen Bienen und andere bestäubende Insekten. Die Kombination B 4 bedeutet, dass ein Pflanzenschutzmittel nicht gefährlich ist für Bienen, es ist also bienenungefährlich.

4. Folgende Stellen überwachen Einsatz und Verkauf von Pflanzenschutzmitteln: Gewerbeaufsichtsamt, Berufsgenossenschaft, Pflanzenschutzamt, Umweltbundesamt

5. Durch den Pflanzenschutz-Sachkundenachweis. Diesen erhält der Florist aber nicht mehr automatisch mit Bestehen der Abschlussprüfung: Der Sachkundenachweis wird durch eine Prüfung erworben und kann durch einen Ausweis im Scheckkartenformat nachgewiesen werden. Er verpflichtet jeden Sachkundigen, alle drei Jahre an einer Fort- und Weiterbildung teilzunehmen.

1 Pflanzenpflege beschreiben — 1.4 Allgemeiner Pflanzenschutz

6. Zuständig für die Zulassung von Pflanzenschutzmitteln ist das Bundesamt für Verbraucherschutz und Lebensmittelsicherheit: BVL.

7. Beim Zulassungsprozess sind folgende weitere Ämter und Institute beteiligt:
   Umweltbundesamt: UBA, Bundesinstitut für Risikobewertung: BfR, Julius Kühn-Institut: JKI, Bundesinstitut für Kulturpflanzen

8. Die Zulassung von Pflanzenschutzmitteln gilt in Deutschland im Allgemeinen für 10 Jahre.

9. Erkennungsmerkmale sind:
   1. Das Pflanzenschutzmittel hat ein Zulassungszeichen.
   2. Das Pflanzenschutzmittel enthält in der Gebrauchsanleitung den Satz „Zugelassen zur Anwendung im Haus und Kleingartenbereich".

10. Das aktuell gültige Zulassungszeichen sieht so aus:

Bild 1 Zulassungszeichen

11. Auch nach dem Inkrafttreten des neuen Pflanzenschutzgesetzes (14.02.2012) gelten viele Verstöße als Ordnungswidrigkeit und werden mit einer Geldstrafe von bis zu 50.000 € geahndet. Das neue Pflanzenschutzgesetz enthält nun auch Straftat-beständen, die zu einer Gefängnisstrafe von bis zu fünf Jahren führen können: Dieses gilt z. B. für „illegale Pflanzenschutzmittel", für die ein Anwendungsverbot besteht, die nicht zulässige Substanzen enthalten, sowie die Herstellung und das Inverkehrbringen von gefälschten oder irreführend gekennzeichneten Pflanzenschutzmitteln. Auch schon der Versuch ist strafbar.

12. Diese Abkürzung stammt aus dem Englischen: Globally Harmonized System of Classifikation and Labelling of Chemicals. Die deutsche Übersetzung lautet:
   Global **H**armonisiertes **S**ystem zur Einstufung und Kennzeichnung von Chemikalien. Das bedeutet, dass ab 2015 alle gefährlichen Arbeitsmittel – also auch Pflanzenschutzmittel – weltweit, also global, nach dieser Verordnung eingestuft werden.

13. Die Kennzeichnung von Pflanzenschutzmitteln erfolgt in Zukunft nach GHS. Stellen Sie vier aktuell gültige Gefahrenpiktogramme dar.

Bild 2 Vier Gefahrenpiktogramme (Beispiele)

14. Beispiele für Risikosätze sind: Reizt die Augen; reizt die Haut; sehr giftig beim Einatmen; irreversibler Schaden möglich; kann Krebs erzeugen; Lebensgefahr bei Verschlucken; schädigt die Organe; sehr giftig für Wasserorganismen

Lösungen

15. Sicherheitssätze lauten (Beispiele): Schutzbrille/Gesichtsschutz tragen; darf nicht in die Hände von Kindern gelangen; unter Verschluss aufbewahren; Berührung mit der Haut vermeiden; bei der Arbeit geeignete Schutzkleidung tragen; vor Feuchtigkeit schützen; bei Verwendung dieses Produkts nicht essen, trinken oder rauchen

16. Für den Verkauf von Pflanzenschutzmitteln im Floristik-Fachgeschäft gelten folgende Regeln (Beispiele): Der Verkäufer muss den Sachkundenachweis besitzen. Selbstbedienung und Automatenverkauf ist für Pflanzenschutzmittel verboten. Pflanzenschutzmittel dürfen nur in der Originalpackung verkauft werden. Pflanzenschutzmittel dürfen nur an volljährige Kunden verkauft werden.

17. Prophylaxe kann bedeuten: Die Wachstumsfaktoren sind je nach den Bedürfnissen der Pflanzen einzuhalten. Beim Einkauf ist darauf zu achten, schon möglichst resistente Pflanzen zu kaufen. Sowohl der Florist im Floristik-Fachgeschäft als auch der Kunde putzen die Pflanzen regelmäßig aus. Die Töpfe der Pflanzen werden mit Pflanzenschutzstäbchen oder Gelbtafeln/Gelbstickern bestückt.

18. Die Pflanzenschutzstäbchen steckt der Kunde in das Substrat des Blumentopfes (bei größeren Töpfen auch zwei bis drei). Während des Gießens der Topfpflanzen lösen sich die applizierten Wirkstoffe aus dem Stäbchen. Die so frei gewordenen Wirkstoffe werden durch die Wurzel aufgenommen und in der Pflanze verteilt. So haben Pflanzenschutzstäbchen eine systemische Wirkung und können auch als prophylaktische Maßnahme durchgeführt werden.

19. Indikation bedeutet, dass Pflanzenschutzmittel nur für ein Anwendungsgebiet, also für eine bestimmte Erkrankung/einen bestimmten Schädling, für bestimmte Pflanzen, zu einem bestimmten Zeitpunkt mit einer bestimmten Konzentration angewendet werden dürfen. Auskunft darüber gibt die Gebrauchsanleitung.

20. Die Gebrauchsanleitung ist quasi eine „Verkleinerung" des Gesetzestextes:
Sie enthält die Indikation, Schutzhinweise, Risikohinweise, die Wirkstoffe, die Anwendung, Zulassung und andere Angaben. Grundsätzlich gilt: Die Anweisungen in der Gebrauchsanleitung sind einzuhalten.

21. Verpackungen aus Papier/Pappe mit dem grünen Punkt werden als Wertstoffe entsorgt, z. B. Papiertonne. Flaschen, Kunststoffbehälter und andere Behälter für das Pflanzenschutzmittel selbst, werden bei der Anwendung ausgespült und dann in den Restmüll oder evtl. in den Gelben Sack gegeben. Im Floristik-Fachgeschäft oder beim Kunden fällt normalerweise keine Restmenge an; ansonsten müssen diese über den Sondermüll entsorgt werden.

22. Kurative, also heilende Maßnahmen, werden immer dann durchgeführt, wenn die Pflanze von Schädlingen oder Krankheiten befallen ist und die Schadsymptome damit behoben werden.

23. Biotechnische Maßnahmen: Einsatz von Lockstoffen, Fallen, Gelbtafeln usw.
Biologische Maßnahmen: Einsatz von entsprechenden Nützlingen.
Physikalische Maßnahmen: Hier steht ein mechanisches Vorgehen im Vordergrund, wie z. B. durch Abduschen der Pflanzen, Umtopfen bei vergossenen Pflanzen usw.
Chemische Maßnahmen: Einsatz von Pflanzenschutzmitteln aus den entsprechenden Mittelgruppen.

24. Die Wartezeit, auch Karenzzeit, umfasst die Zeit von der letzten Anwendung bis zum Verkauf oder bis zur Ernte der behandelten Pflanzen.

25. Die Höchstmenge ist die Menge, die nach der Anwendung mit einem Pflanzenschutzmittel noch in der verkauften Ware sein darf. Dieser Wert ist jedoch insgesamt sehr niedrig. Im Floristik-Fachgeschäft kommt diese Regelung normalerweise nicht zur Anwendung.

26. Die Pflanzenschutzmittel werden entsprechend ihrer Wirksamkeit gegen Schädlinge eingeteilt: So wirken Insektizide gegen Insekten, Akarizide gegen Milben und Fungizide gegen Pilze. Gegen Schnecken haben Molluskizide eine Wirkung und Rodentizide gegen Nagetiere.
Zu den Mittelgruppen gehören noch weitere Pflanzenschutzmittel, die jedoch in einem Floristik-Fachgeschäft nicht regelmäßig vorkommen: Herbizide haben eine Wirkung gegen Unkräuter/Ungräser, Nematizide eine Wirkung gegen Nematoden (Fadenwürmer) und gegen Blattlauseier helfen Ovizide.

1 Pflanzenpflege beschreiben   **1.5 Nichtparasitäre Pflanzenschäden**

27. Systemisch wirkende Pflanzenschutzmittel werden in gelöster Form über die Wurzeln aufgenommen. Sie kommen so in das Wasserleitungssystem der Pflanze und werden mit dem Wasserstrom in der Pflanze verteilt. Damit gelangt das Pflanzenschutzmittel in den gesamten Pflanzenkörper und also auch an Stellen, die eventuell sonst nicht durch ein Pflanzenschutzmittel erreicht werden.

28. Alle Pflanzenschutzmaßnahmen müssen nach dem Integrierten Pflanzenschutz erfolgen. Das bedeutet, dass die verschiedenen Maßnahmen (Nützlinge, Ausputzen, Lockstoffe, Abduschen, Absuchen, Umtopfen, u. v. a. m.) so miteinander kombiniert werden, dass erst zum Schluss ein chemisches Pflanzenschutzmittel zum Einsatz kommt.

29. Nach den Regeln zum Integrierten Pflanzenschutz kann die Reihenfolge der Maßnahmen die folgende sein (Beispiel):
    1. Pflanzen abduschen, wenn die Pflanzengröße es zulässt.
    2. Standort überprüfen und hier eventuell eine Änderung vornehmen.
    3. In den Topfballen Gelbsticker stecken oder Gelbtafeln aufhängen.
    4. Pflanzenschutzstäbchen entsprechend der Topfgröße einsetzen.
    5. Befallene Topfpflanzen mit Nützlingen besetzen.
    6. Insektizid ausbringen.

30. Eine Spritzung mit Herbiziden ist auf solch befestigten Flächen verboten. Es bleibt also nur die mechanische Entfernung des Unkrautes, z. B. durch Auskratzen der Fugen, Ausjäten oder durch eine thermische Behandlung des Unkrautbewuchses.

31. Diese Pflanzenschutzmaßnahme darf als chemische Maßnahme durchgeführt werden, weil es sich hier (Gehölze und Stauden) um gärtnerische Kulturen handelt. Sie steht dann allerdings am Ende einer Reihe von nichtchemischen Bekämpfungsmaßnahmen: Integrierter Pflanzenschutz.

32. Bei sachgemäßer Anwendung von Pflanzenschutzmitteln passieren normalerweise keine Unfälle. Aber im Falle eines Unfalles muss Folgendes geschehen:
    1. den Giftnotruf wählen
    2. dem Verunglückten nichts zu trinken geben
    3. Arzt/Notarzt benachrichtigen:
    Dabei gelten die fünf „W": Wo – Wer – Was – Wann – Wie viele?

1.5 Nichtparasitäre Pflanzenschäden

1. Nichtparasitäre Pflanzenschäden haben eine abiotische, nicht lebende Ursache, d. h. die Schäden entstehen nicht durch Lebewesen. Meistens sind bei diesen Pflanzenschäden die Wachstumsfaktoren Licht, Temperatur, Wasser, Luft und Nährstoffe nicht im Optimum.

2. Symptome bei Lichtmangel sind: Die Pflanzen machen kaum bis gar keine Blüten; sie bilden weniger oder kein Chlorophyll und sind chlorotisch. Dabei zeigen diese Pflanzen ein typisches Drehwachstum zum Licht.

3. Mangelsymptome bei zu hoher Temperatur: Die Pflanzen haben braune Blattränder, vor allem bei sehr weichen und dünnen Blättern. Die Blattspitzen sind braun, vor allem verursacht durch eine zu niedrige Luftfeuchtigkeit. Die Pflanze zeigt Verbrennungen auf der Blattspreite.

4. Die Schadbilder können ursächlich ein Kälteschaden oder auch ein Frostschaden sein:
    Kälteschaden: Die Temperaturen bleiben > 0 °C, aber die betroffenen Pflanzen zeigen eine Kältechlorose, indem sich die Blätter einrollen, das Gewebe glasig wird und insgesamt die Wasser- und Nährstoffaufnahme gehemmt ist. Deshalb gehören auch viele Schnittblumen nicht in die Kühlung, wie z. B. Anthurien oder Orchideen.
    Frostschaden: Das Wasser gefriert in den Zellen, diese platzen auf (vor allem beim Auftauen), und in Folge dessen wird das Gewebe glasig, weich oder auch schwarz.

> Lösungen

5. Die Frosttrocknis oder Winterdürre gefährdet vor allem immergrüne Pflanzen, da diese auch im Winter Transpiration betreiben, aber durch den gefrorenen Boden kein Wasser mehr nachziehen können. Die Folge ist, dass die Blätter vertrocknen. Im schlimmsten Fall sind die Pflanzen abgestorben. Vorbeugend ist deshalb darauf zu achten, dass immergrüne Pflanzen bis weit in den Herbst/in die frostfreie Zeit immer mal wieder durchdringend gegossen werden.

6. Der Pflanzenballen ist mehr oder weniger ausgetrocknet und die Pflanze zeigt erhebliche Welkeerscheinungen; wenn diese nicht durch Gießen behoben werden, ist die Pflanze irreversibel geschädigt. Achtung: Bei Pflanzen in Tontöpfen ist Trockenheit schneller der Fall; Pflanzenballen in Kunststofftöpfen enthalten oft noch Feuchtigkeit.

7. Häufige Ursachen für regelmäßig auftretenden Wassermangel können sein, dass der Kunde die Wetterbedingungen falsch einschätzt, d. h. es ist wärmer als er denkt oder er vergisst das – regelmäßige – Gießen. Ein weiterer Grund liegt durchaus darin, dass die Pflanze an der falschen Stelle steht. Eventuell kann sich die Pflanze auch keinen Wasservorrat schaffen, weil der Wurzelballen kein Substrat mehr enthält.

8. Schnell auf Wassermangel reagieren (Beispiele): *Rhododendron simsii*, *Erica gracilis*, *Hydrangea macrophylla*, *Soleirolia soleirolii*.

9. Zugluft führt bei Pflanzen zu erhöhter Transpiration und verursacht dann Wassermangel. Das hat Reaktionen der Pflanze zur Folge: Die Blattränder werden braun, die Pflanze welkt und Blätter und Blüten werden (relativ schnell) abgeworfen.

10. Die erste Konsequenz üppiger Nährstoffgaben (Überschuss) ist üppiges Wachstum, was dann weiter zur Folge hat, dass die Gewebe weich werden. Damit sind sie sehr anfällig für Krankheiten und sehr empfindlich gegenüber Zugluft und Kälte. Durch ein Übermaß an Düngung (anorganisch) erhöht sich im Substrat die Salzkonzentration, sodass dieses zu Verbrennungen/zum Vertrocknen von Blättern und Wurzeln führt (Exosmose).

11. Braune Blattspitzen bedeuten, dass meistens die Luftfeuchtigkeit zu niedrig ist oder irgendwo am Standort Zugluft herrscht; solche braunen Blattspitzen sind oft typisch bei Beginn der Heizsaison.
Wenn panaschierte Blätter vergrünen ist die Ursache oft im Lichtmangel zu finden, z. B. wenn Topfpflanzen zu tief in einem Raum stehen bzw. zu dunkel stehen.
Blütenknospen werden abgeworfen, wenn z. B. die Pflanze zu wenig Wasser bekommen hat, Zugluft herrscht oder im Raum stark schwankende Temperaturen das Abwerfen provozieren oder die Pflanze mehrfach von ihrem Standort wegbewegt wird.

12. Diese Aussagen beschreiben nichtparasitäre Pflanzenschäden. Ergänzen Sie jeweils entsprechend die fehlenden Wachstumsfaktoren. Ordnen Sie die Wachstums-faktoren den Aussagen zu den nichtparasitären Schäden zu.

Wachstumsfaktoren	Nichtparasitäre Schäden
1 zu wenig Licht	Primeln haben gelbe Blätter und werfen diese ab: 3
2 zu viel Licht	Anthurien zeigen gelbe Blattspitzen: 4, 6
3 zu wenig Wasser	Dieffenbachien verlieren untere vergilbte/braune Blätter: 5
4 zu viel Wasser	Drachenbaum rollt Blätter ein und lässt diese fallen: 4, 6
5 normale Reaktion	
6 zu niedrige Temperatur	
7 zu hohe Temperatur	

1.6 Parasitäre Pflanzenschäden

1. Parasitäre Pflanzenschäden haben eine biotische, lebende Ursache, d. h. diese Schäden entstehen durch Viren, Bakterien, Pilze, Insekten, Nematoden, Schnecken oder Nagetiere.

1 Pflanzenpflege beschreiben — 1.6 Parasitäre Pflanzenschäden

2. Kennzeichen von Virosen sind: Wachstumshemmungen, Kräuselungen an Blättern, wobei keine Blattläuse zu sehen sind und evtl. auch an Blüten, streifenförmige Verfärbungen, wie z. B. bei Tulpen oder mosaikartige Flecken (Mosaikscheckung).

3. Virosen kommen im Floristik-Fachgeschäft selten vor.
Aber: Insekten übertragen Viren von einer Pflanze zur anderen und können so einen gesamten Pflanzenbestand infizieren. Diese Überträger heißen Vektoren, da sie durch Saugen das Virus direkt in die Pflanze bringen, denn dieses kann sich nur innerhalb von Zellen vermehren. Weil aber die Viren nicht bekämpfbar sind, muss eine Infektion durch die Bekämpfung von Vektoren (z. B. Blattläuse) verhindert werden.

4. Kennzeichen von Bakterien: Sie sind einzellige Lebewesen mit vielen verschiedenen Formen und sehr klein (0,001 mm). Bakterien zersetzen organische Masse zu Humus oder leben als Parasiten in Pflanzen und verursachen z. B. Welke bei Geranien; sie vermehren sich durch Teilung.

5. Von Bedeutung ist Pflanzenhygiene, z. B. regelmäßiges Ausputzen, evtl. Schnittmaßnahmen und die Sauberkeit von Pflanzen, Pflanzgefäßen und dem Standort der Pflanzen. Befallene Pflanzen werden gleich vernichtet und der Standort desinfiziert.

6. Phytopathogene Pilze sind blütenlose Pflanzen, die als Krankheiterreger an Pflanzen auftreten; sie verursachen Mykosen, wie z. B. Mehltau, Rost oder Grauschimmel. Zu bekämpfen sind sie mit Fungiziden.

7. Pilze sind aus Hyphen aufgebaut. Als heterotroph sich ernährende Pflanzen haben sie kein Chlorophyll. Sie leben als Saprophyten oder Parasiten und können als Ektoparasiten oder Endoparasiten Pflanzen schädigen.

8. Hyphen sind langgestreckte Zellen, die wie ein Schlauch gebaut sind.
Das Myzel ist ein System von zusammenhängenden Hyphen, die wie ein Wurzelwerk die betroffene Pflanze oder den Boden durchziehen.
Sporen dienen der Vermehrung von Pilzen; bei bestimmten Schadbildern an Pflanzen sind sie gut zu erkennen oder sogar Erkennungsmerkmal.
Haustorien sind Saugzellen, die den Pflanzenzellen Stoffe zur eigenen Ernährung entnehmen.

9. Eine der wichtigen prophylaktischen Maßnahmen ist absolute Pflanzenhygiene, z. B. durch regelmäßiges Ausputzen. Dazu kommt die optimale Gestaltung der Wachstumsfaktoren, insbesondere Wasser und Temperatur. Gefragt ist vor allem ein umsichtiger Umgang mit Wasser, da durch Feuchtigkeit die Gefahr von Infektionen erhöht wird.

10. Der Pilz lebt als Außenpilz, als Ektoparasit. Das Myzel wächst auf dem Blatt in der Epidermis und befällt auch Blütenknospen und Blüten. Auf dem Blatt ist dann ein weißer, mehlartiger Belag zu sehen.

11. Zum Keimen benötigen diese Pilzsporen keine Feuchtigkeit, weil sie selbst Wasser enthalten. In warmer und feuchter Umgebung, z. B. bei uns oft im August und September, breiten sie sich schnell aus. Durch Temperaturschwankungen wird aber die Keimung gefördert.

12. Beispiele von gefährdeten Pflanzen für die Infektion durch Echten Mehltau sind:
Begonia Cultivars, *Cyclamen persicum*, *Erica gracilis*, *Saintpaulia ionantha*, *Streptocarpus x hybridus*

13. Möglichkeiten zur Bekämpfung des Echten Mehltaus sind:
Prophylaktisch muss der Kunde darauf achten, dass die Pflanzen ausgewogen mit Nährstoffen versorgt werden; hier ist es vor allem eine gute Kaliversorgung (Förderung der Gewebestabilität).
Bei der kurativen Bekämpfung ist der erste Schritt, die befallenen Pflanzenteile zu entfernen und zu vernichten (nicht auf den Kompost). Der zweite Schritt ist der Einsatz von Fungiziden, hierbei muss abgewogen werden zwischen den Kosten der Behandlung und der Wirkung/dem Nutzen.

14. Der Falsche Mehltau ist ein Endoparasit, ein Innenpilz. Auf der Blattunterseite ist ein weißer bis mausgrauer Belag zu sehen, da die Pilzsporen aus den Spaltöffnungen herauswachsen. Auf der Blattoberseite entstehen gelbliche bis bräunliche Flecken, weil das darunter liegende Gewebe durch den Pilz zerstört wird. In Folge lässt die Pflanze einen Großteil der Blätter fallen.

15. Möglichkeiten zur Bekämpfung von Falschem Mehltau sind:
    Prophylaktisch kann der Kunde eigentlich nur über eine ausreichende Nährstoffversorgung vor allem mit Kali etwas erreichen.
    Kurativ werden befallene Pflanzenteile entfernt und vernichtet, da Dauersporen im Topf oder im Boden überdauern können. Letztendlich hilft eine Spritzung mit Fungiziden Hier muss der Kunde aber entscheiden, die Pflanze zu entsorgen oder ein teureres Fungizid zu kaufen

16. Besonders von Falschem Mehltau befallen werden (Beispiele):
    Lathyrus odoratus, Rosa Cultivars, Antirrhinum majus, Viola x wittrockiana, Vitis vinifera

17. Ein allgemeines Schadbild von Rostpilzen kann so aussehen:
    Rotbraune bis braune Pusteln (Sporen) auf der Blattunterseite, gelbe Flecken auf der Blattoberseite; die befallenen Pflanzenteile sterben später ab.

18. Die Entstehung von Rostpilzen wird stark gefördert durch hohe Luftfeuchtigkeit, wenn gleichzeitig kühle Temperaturen herrschen.

19. Da die Rostpilze Endoparasiten sind, ist eine Bekämpfung durch den Kunden evtl. schwierig. Es ist anzuraten, für eine gute Durchlüftung der Pflanzen zu sorgen (nicht zu enger Stand) und bei Erkrankung von Topfpflanzen, diese sofort zu vernichten.

20. Mögliche Beispiele für Pflanzen mit Rostpizen sind:
    Rosa Cultivars, Pelargonium zonale, Dianthus barbatus, Chrysanthemum indicum, Pericallis x hybrida, Paeonia officinalis, Alcea rosea

21. *Botrytis cinerea* gelangt auf Pflanzen, wenn diese geschwächt sind, z. B. durch Lichtmangel oder einen zu engen Stand auf der Fensterbank. Oftmals hat die Pflanze zu viel Wasser abbekommen und wurde zu nass gehalten. Weiche Triebe durch Überdüngung fordern Grauschimmelbefall geradezu heraus.

22. Grauschimmel verhindern durch prophylaktische Maßnahmen:
    Die Topfpflanzen ausreichend weit stellen, um so Luftbewegung zu fördern, Staunässe beim Gießen verhindern, abgestorbene Pflanzenteile sofort entfernen, zu hohe Luftfeuchtigkeit unbedingt vermeiden.

23. Kurative Maßnahmen zur Bekämpfung von Grauschimmel bestehen vor allem darin, dass immer für ausreichend Luft oder Luftbewegung gesorgt wird. Für den Kunden bedeutet das, dass er die Pflanzen auf der Fensterbank wirklich weit genug stellt, regelmäßig lüftet, allzu hohe Luftfeuchtigkeit vermeidet, die Pflanzen weniger feucht hält und vor allem abgestorbene oder absterbende Pflanzenteile sorgfältig entfernt. Ein Einsatz mit Fungiziden ist meistens nicht lohnend.

24. *Botrytis* kann folgende Pflanzen (Beispiele) besonders leicht befallen:
    Cyclamen persicum, Saintpaulia ionantha, Soleirolia soleirolii, Nertera granadensis, Primula vulgaris

25. Der äußere Aufbau von Spinnentieren (Milben) und Insekten unterscheidet sich wie folgt:

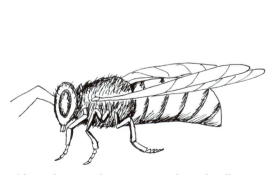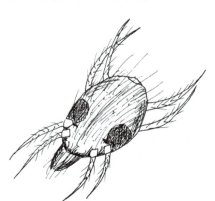

Bild 1 Schemazeichnung von Insekt und Milbe

1 Pflanzenpflege beschreiben
1.6 Parasitäre Pflanzenschäden

26. Die unvollständige hemimetabole Entwicklung von Insekten hat kein Puppenstadium; die Entwicklung läuft über Ei und Larve zum erwachsenen Insekt (Imago), wie beispielsweise bei Blattläusen, Schildläusen oder den Mottenschildläusen.
Die vollständige holometabole Entwicklung durchläuft alle Stadien der Entwicklung über Ei, Larve, Puppe und Imago. Die Larven haben dabei eine andere Form als die fertigen Insekten; diese Umwandlung findet während einer Ruhephase der Puppe statt, z. B. von der Raupe zum Schmetterling. Beispiele sind Schmetterlinge, Bienen oder Wespen.

27. Typische Schadsymptome bei Blattlausbefall sind:
Besaugen der oberen jungen Triebe; in Folge dessen kräuseln sich die Blätter und die Triebe verkrüppeln. Die Pflanze klebt durch Honigtau, später ist dann schwarzer Rußtau zu sehen. An der Blattunterseite findet sich meistens eine größere Zahl an Blattläusen (1 bis 4 mm groß).

28. Prophylaxe: trockene und warme Luft vermeiden, Gelbtafeln/Gelbsticker einsetzen, Pflanzenschutzstäbchen verwenden, regelmäßig Pflanzen besprühen, Standort möglichst optimal gestalten usw.
Kurative Maßnahmen: befallene Topfpflanzen abduschen (größenabhängig), Gelbtafeln/Gelbsticker, Nützlinge einsetzen: Florfliegen, Schlupfwespen, Gallmücken, u. a. Letztendlich helfen dann Insektizide, z. B. als Spray oder zum Gießen.

29. Pflanzen (Beispiele), die dazu neigen, von Blattläusen befallen zu werden: *Chrysanthemum indicum*, *Hibiscus rosa-sinensis*, *Pericallis x hybrida*, *Rosa chinensis*, *Gerbera jamesonii*

30. Die Schildläuse sind als braune, kleine Erhebungen an der Blattunterseite zu erkennen. An den Saugstellen, z. B. den Blattadern, entstehen gelbe Flecken. Insgesamt kümmert die Pflanze. An den Blättern/dem Spross bildet sich Honigtau; später ist Rußtau zu finden.

31. Erfahrungsgemäß befallen Schildläuse oftmals folgende Pflanzen (Beispiele): Kakteen, Sukkulente, Palmen, *Laurus nobilis*, *Ficus elastica*, *Nerium oleander*, *Aralia japonica*, *Schefflera arboricola*

32. Die Bekämpfung von Schildläusen beginnt eigentlich mit einer stetigen Beobachtung der Pflanzen. Direkte Bekämpfungsverfahren sind das Abheben der Schildläuse durch spitze Gegenstände (Achtung: Die Schilde können sehr fest sitzen!) oder auch das vorsichtige Abwaschen oder Einpinseln der befallenen Stellen mit einer Seifen-Spiritus-Lösung. Letzten Endes hilft der Einsatz von Insektiziden durch Gießen der befallenen Pflanzen (systemische Wirkung).

33. Von Schmierläusen befallen werden typischerweise Blattachseln, Blattunterseiten, dichte Dornen oder Pflanzen mit dichter Behaarung. Der Schädling ist durch kleine, weiße, wie Watte aussehende Flocken gut zu erkennen. Die Pflanzen reagieren auf das Saugen des Schädlings mit Kümmerwuchs.

34. Tipps und Hinweise für den Kunden zur Bekämpfung von Schmierläusen an Kakteen:
Die Ursache für das Auftreten der Schmierläuse sind höhere Temperaturen zur Winterzeit bei zu geringer Luftfeuchtigkeit. Hier beginnt dann schon eine prophylaktische Maßnahme: Temperaturen kontrollieren und Luftfeuchtigkeit erhöhen.
Kurative Maßnahmen werden eingeschränkt durch die Tatsache, dass die Wollläuse in den Wachsflocken sitzen und diese das Pflanzenschutzmittel abweisen. Wenn eine Spiritus-Seifen-Lösung (pinseln) nicht hilft, wird ein systemisch wirkendes Insektizid eingesetzt.

35. Beispiele für häufig von Schmierläusen befallene Pflanzen sind:
Euphorbia pulcherrima, *Phoenix canariensis*, *Schlumbergera truncata*, *Clivia miniata Mammillaria zeilmanniana*, *Myrtus communis*, *Saintpaulia ionantha*, , *Phalaenopsis amabilis*

36. Die Schadsymptome von Mottenschildläusen sind gut zu erkennen, weil die Schädlinge (Vollinsekt) auffliegen, wenn man sich befallenen Pflanzen nähert. Die Mottenschildlaus saugt an den Blättern und produziert eine größere Menge Honigtau: Die Pflanze klebt. Auf den Blättern zeigen sich aufgrund der Saugtätigkeit gelbe Flecken, wobei die Larven auf der Blattunterseite sitzen. Bei länger anhaltendem Schadbild welken die Blätter und fallen ab.

Lösungen

37. Grundsätzliche Überlegungen zur Bekämpfung der Mottenschildlaus:
Die Bekämpfung der Mottenschildlaus beginnt als prophylaktische Maßnahme mit einer niedrigeren Temperaturführung und gleichzeitigem Erhöhen der Luftfeuchtigkeit. Da bei dichtem Stand der Pflanzen auf der Fensterbank, aber auch im Garten, die Schädlinge den „warmen und trockenen Raum" unter den Blättern nutzen, sind der Bekämpfung hier Grenzen gesetzt. Also: Wo es möglich ist, Pflanzen nicht zu eng stellen.
Kurative Maßnahmen können mit dem Aufstellen von Gelbtafeln/Gelbstickern beginnen oder dem Ausbringen von Nützlingen, wie z. B. Schlupfwespen. Bei einem größeren oder hartnäckigem Befall werden systemisch wirkende Insektizide eingesetzt.

38. Schadbilder von Larve und Käfer des Gefurchten Dickmaulrüsslers sind:
Die gelblich-weiße Larve frisst im Boden am Wurzelhals der Pflanze, an Wurzeln oder Knollen. Die befallenen Pflanzen welken und sterben ab, da durch das Befressen die Leitungsbahnen z. T. erheblich verletzt werden. Beim Kunden kommt die Larve an Kübelpflanzen aber so gut wie gar nicht vor.
Der ca. 1,5 cm große Käfer ist nicht flugfähig. Er ist nachtaktiv und zieht sich tagsüber in Spalten von Rinden oder in den Boden zurück. Durch Befressen von Blättern entsteht ein charakteristischer Buchtenfraß an den Blatträndern.

39. Im Garten ist eine Bekämpfung des Gefurchten Dickmaulrüsslers durch das Ausbringen von nützlichen Nematoden möglich und wirksam. Bei Kübelpflanzen ist es eigentlich nur sinnvoll, die Käfer abzusammeln. Weil diese aber am Tage nicht einfach zu finden sind, deckt der Kunde den Kübel/das Gefäß mit Zeitungspapier o. ä. ab und hofft, dass sich die Käfer darunter „versammeln". Da Käfer und Larven humusreiche Substrate und Erden bevorzugen, wird die Pflanze umgetopft; dabei muss der Kunde darauf achten, dass der Wurzelballen gründlich von Erde befreit wird. So besteht die Chance, Eier zu entfernen.

40. Typische Pflanzen (Beispiele) für einen Befall mit Gefurchtem Dickmaulrüssler:
Camellia japonica, *Rhododendron catawbiense* o. a., *Prunus laurocerasus*, *Taxus baccata*, *Aucuba japonica*, *Skimmia japonica*, *Gaultheria shallon*

41. Ein typisches Thrips-Schadbild:
Thripse verursachen gelbbraune Flecken durch Besaugen der Blätter, während die Oberseite der Blätter ein silbriges Aussehen bekommt, weil die ausgesogenen Zellen mit Luft gefüllt sind. Auf den Blättern finden sich schwarze Kottröpfchen, die Blüten blühen nicht auf, weil sie steckenbleiben. Blätter und Triebe verkrüppeln und trocknen ein.

42. Weil Thripse trockene Zimmerluft lieben, ist ein erster Schritt, dass die befallenen Pflanzen ab und zu mit Wasser besprüht werden. Diese Art der „Bekämpfung" ist aber nur bei nichtblühenden Topfpflanzen möglich. Ein zweiter Schritt zur Bekämpfung erfolgt durch Blautafeln (gibt es auch für den Kunden als Blausticker). Erfolgreich – auch auf der Fensterbank beim Kunden – ist der Einsatz von Raubmilben. Bleibt der Schädling erhalten, werden Insektizide eingesetzt.

43. Diese Schädlinge (Insekten) sind Trauermücken, auch bekannt als „Schwarze Fliege".

44. Das vermehrte Auftreten von Trauermücken deutet darauf hin, da sie feuchte Böden und feuchte Substrate lieben, dass die Topfpflanze zu viel Wasser erhalten hat, und es evtl. schon zur Staunässe gekommen ist. Denn: Die „Schwarze Fliege" gilt typisch als Vergießschädling.

45. Maßnahmen beim Auftreten von Trauermücken:
Da die Grundursache ein Zuviel an Wasser ist, muss die Pflanze trockener gehalten werden, dabei darf sie aber nicht austrocknen. Eine erste Maßnahme ist sicherlich das Umtopfen; dabei geht es vor allem um neue Blumenerde. Auch die Verwendung von Gelbstickern hilft, sowohl prophylaktisch als auch kurativ. Der Einsatz von Raubmilben ist bei sehr starkem Befall sinnvoll. Nematoden, vor allem gegen die Trauermücken-Larven, werden eigentlich nur im Gartenbau eingesetzt.

1 Pflanzenpflege beschreiben

1.6 Parasitäre Pflanzenschäden

46. Das typische Schadbild durch Spinnmilben findet der Kunde immer an den jungen, oberen Sprossspitzen. Hier an den Spitzen, unter den Blättern und an Blüten, entdeckt er feine Gespinste (Spinnmilben). Die Spinnmilben saugen die Zellen aus, sodass mit Luft gefüllte Zellen entstehen, die als silbrige bis graubraune Flecken zu sehen sind. Die Pflanze wirkt insgesamt nicht mehr grün, sondern hat ein fahles, gelbgraues Aussehen, wobei Blätter und Triebe verkümmern.

47. Hinweise und Tipps für den Kunden zur Bekämpfung von Spinnmilben sind:
Spinnmilben fühlen sich wohl in trockenen und warmen Räumen. Deshalb ist eine wirksame prophylaktische Maßnahme das Absenken der Temperatur und die Erhöhung der Luftfeuchtigkeit durch Sprühen. Auch für Kunden eines Floristik-Fachgeschäftes sind kleinere Mengen Raubmilben zu kaufen, sodass hiermit eine wirksame, ungiftige Alternative zur Bekämpfung besteht. Letztendlich bleibt noch das chemische Pflanzenschutzmittel: Akarizide sind jedoch beim Kunden nicht einzusetzen, da es solche für das Haus und für den Kleingartenbereich nicht gibt; aber viele Insektizide haben im Nebeneffekt auch eine Wirkung gegen Spinnmilben.

48. Pflanzen-Beispiele für einen häufig vorkommenden Befall mit Spinnmilben:
Fatsia japonica (u. a. weitere Araliaceae), *Gerbera jamesonii*, *Dracaena deremensis*, *Howea forsteriana* (u. a. weitere Arecaceae), *Mammillaria zeilmanniana* (u. a. weitere Cactaceae)

49. Da die Ursache für das Erscheinen von Schnecken u. a. ein Zuviel an Feuchtigkeit ist, muss der Kunde versuchen, hier trockener zu kultivieren, was allerdings in Regenjahren draußen kaum möglich ist. Prophylaktisch und kurativ kann draußen eigentlich nur mit Schneckenkorn versucht werden, der Schnecken Herr zu werden.

50. Der Weg, an Nützlinge zu gelangen, ist heutzutage recht einfach:
Ins Internet gehen, den richtigen Nützling auswählen und zuschicken lassen oder auch telefonisch bestellen. Die Zustellung erfolgt schnell. Interessant ist, dass es heutzutage für Schädlinge auf der Fensterbank auch kleine Mengen für Hobbygärtner gibt.

51. Die kurze Übersicht gibt nur Beispiele:
Gegen Blattläuse helfen Marienkäfer (auch die Larven), Florfliegen (auch die Larven) und Schlupfwespen. Gegen Spinnmilben sind Raubmilben und Florfliegen wirkungsvoll, gegen die Mottenschildlaus werden Schlupfwespen eingesetzt.

52. Ob beim Kunden oder auch im Floristik-Fachgeschäft:
Der Einsatz von Nützlingen ist Teil der biologischen Bekämpfung von Schädlingen. Damit wird deutlich, dass Kunde und Florist sich an Regeln zum Integrierten Pflanzenschutz halten und chemische Pflanzenschutzmittel erst zum Ende der Bekämpfung einsetzen. So ist es gut für die Gesundheit von Kunden und Floristen. Die ausgebrachten Nützlinge finden auch versteckt lebende Schädlinge, und es entstehen keine Wartezeiten.

53. Combistäbchen haben sowohl eine insektizide Wirkung als auch eine Düngerwirkung, die bis zu acht Wochen reicht.

54. Die Vorteile für den Kunden sind zweifach: Die Combistäbchen werden vollständig in das Substrat der Pflanzen gesteckt und anschließend von oben gut angegossen. Dadurch verteilt sich der Wirkstoff nach der Aufnahme durch die Pflanzenwurzel in der Pflanze: systemische Wirkung. Nach dem Angießen der Combistäbchen lösen sich die Stäbchen auf und bewirken so für einen Zeitraum von 6 bis 8 Wochen eine stetige Nährstoffzufuhr für die Pflanze.

1.7 Pflanzenvermehrung

1.7.1 Generative Pflanzenvermehrung

1. Die generative Pflanzenvermehrung erfolgt durch Samen. Der Samenbildung voraus geht immer eine Bestäubung und Befruchtung.

2. Vorteile einer generativen Vermehrung sind:
   Die Vermehrung durch Samen geht einfach.
   Durch Aussaat erhält man auf diesem einfachen Weg in kurzer Zeit viele Pflanzen.
   Die generativ vermehrten Pflanzen sind normalerweise widerstandsfähig und wüchsig.
   Nur durch generativ vermehrte Pflanzen entstehen neue Sorten.

3. Von Nachteil für die generative Vermehrung ist:
   Zur Aussaat wird gut keimfähiges und reines Saatgut benötigt und dieses ist teuer. Das Saatgut fällt nicht echt, d. h. man erhält Pflanzen mit anderen Eigenschaften als den gewollten, z. B. verschieden blühende Pflanzen, grüne Blätter statt der roten Blätter. In der Praxis kann man das jedoch mehrheitlich ausschließen, da normalerweise hochwertiges Saatgut von Saatzuchtbetrieben verwendet wird.
   Für die Aussaat ist evtl. ein höherer technischer Aufwand erforderlich, wie z. B. heizbare Gewächshäuser.
   Die Kultur von der Aussaat bis zum Verkauf der fertigen Pflanze kann relativ lang sein.

4. Die Aussaaterde ist grundsätzlich nährstoffarm, muss Wasser halten und hat ausreichend Luftporen; dabei ist sie möglichst keimfrei und ohne Unkrautsamen.
   Diese Anforderungen gelten grundsätzlich für alle Aussaaten in Gefäßen.

5. Die Keimung läuft dann erfolgreich, wenn die Keimtemperatur entsprechend der Herkunft der Pflanze eingehalten wird, die Aussaat regelmäßig feucht, aber nicht nass gehalten wird, und die Aussaat mit Erde abgedeckt wird bei Dunkelkeimern oder unbedeckt bleibt bei Lichtkeimern. Grundsätzlich muss die Aussaat zur richtigen Zeit erfolgen, damit die Weiterkultur dann entsprechend zur fertigen Pflanze führt.

6. Beispiele der Vermehrung einjähriger Schnittblumen durch Samen sind:
   Sonnenblume: *Helianthus annuus*, Ringelblume: *Calendula officinalis*, Sommeraster: *Callistephus chinensis*, Edelwicke: *Lathyrus odoratus*, Leberbalsam: *Ageratum houstonianum*, Studentenblume: *Tagetes erecta*, Jungfer im Grünen: *Nigella damascena*

7. Folgende auch floristisch verwendete Bäume werden ausgesät (Beispiele):
   Amerikanische Eiche: *Quercus rubra*, Rosskastanie: *Aesculus hippocastanum*, Rot-Buche: *Fagus sylvatica*, Gewöhnliche Eibe: *Taxus baccata*, Weiß-Tanne: *Abies alba*, Walnuss: *Juglans regia* (in Nussplantagen nur veredelt), Atlas-Zeder: *Cedrus atlantica*, Wald-Kiefer: *Pinus sylvestris*

8. Pflanzen-Beispiele für eine gesäte Osterwiese: Garten-Kresse: *Lepidium sativum*, Saat-Weizen: *Triticum aestivum*, Weißer Senf: *Sinapis alba*

9. Ablauf der Aussaat für eine Osterwiese mit Kresse (Beispiel):
   Da Kresse sehr schnell innerhalb von 6 bis 8 Tagen keimt, werden die Gefäße erst kurz vor der Verwendung besät, z. B. am 04. April. Die Gefäße für die Osterwiese werden dann dünn mit Aussaaterde gefüllt oder auch nur mit Watte ausgelegt. Darauf wird breitwürfig Kresse gesät und die Aussaat dann angegossen. Für die nächsten Tage wird besonders auf das Feuchthalten der Aussaat geachtet. Aber die keimenden Samen nicht zu dunkel und zu warm stellen, da die Keimlinge schnell „lang" werden.

1 Pflanzenpflege beschreiben — 1.7 Pflanzenvermehrung

1.7.2 Vegetative Pflanzenvermehrung

1. Die vegetative Vermehrung ist die Vermehrung durch Pflanzenteile, also durch Wurzel, Spross und Blatt.

2. Die Wurzelbildung erfolgt an der Mutterpflanze (Beispiele) bei der Vermehrung durch Brutknollen, Brutzwiebel, Teilung, Ausläufer, Ableger, Abmoosen, Rhizome, Kindel.

3. Zur Bildung von Wurzeln werden Pflanzenteile von der Mutterpflanze getrennt bei den Methoden (Beispiele) Steckholz, Steckling, Okulation, Kopulation, Pfropfen, seitliches Anplatten, In-Vitro-Vermehrung.

4. Vorteile einer vegetativen Vermehrung:
Viele vegetative Vermehrungsmethoden führen schnell zu einem Ergebnis, z. B. gut bewurzelte Pflanzen. Im Ergebnis sind die vermehrten Pflanzen dann sehr einheitlich in ihren Merkmalen, wie z. B. gewünschte Blütenfarbe, Fruchtbildung oder Habitus und haben somit auch die gleichen Merkmale wie die Mutterpflanze. Alle vermehrten Pflanzen haben einen einheitlichen Wuchs (Bei der generativen Vermehrung treten eher Abweichungen auf.)

5. Pflanzen (Beispiele), die durch Brutzwiebeln vermehrt werden: *Allium giganteum*, *Tulipa kaufmanniana*, *Narcissus pseudonarcissus*, *Hippeastrum vittatum*, *Hyacinthus orientalis*, *Galanthus nivalis*, *Leucojum vernum*, *Colchicum autumnale*

6. Vermehrung von *Billbergia nutans*:
Methode: Die Vermehrung geschieht durch Kindel. Die Pflanze wird aus dem Topf genommen und mit einem scharfen Messer/einer Schere der aus der Wurzel kommende „Seitentrieb" (Kindel) abgetrennt. Die so gewonnene, meistens schon leicht bewurzelte, Pflanze eintopfen, angießen und dann warm stellen bei Zimmertemperatur, aber nicht düngen. Die Vermehrung ist ganzjährig möglich.

7. Beispiele für Pflanzen, die durch Kindel vermehrt werden: *Billbergia nutans*, *Sansevieria trifasciata*, *Tillandsia cyanea*, *Aechmea fasciata*, *Vriesea splendens*

8. Ausläufervermehrte Pflanzen (Beispiele) sind: Grünlilie: *Chlorophytum comosum*, Erdbeeren: *Fragaria x ananassa*, Judenbart: *Saxifraga stolonifera*, Haus-Dachwurz: *Sempervivum tectorum*, Schwertfarn: *Nephrolepis exaltata*

9. Ablauf der Vermehrung von Pflanzen durch Abmoosen:
Zunächst entfernt man an der Pflanze ein Blatt, sodass Platz entsteht für das Moos. Unterhalb des Knotens wird der Spross mit einem scharfen Messer von unten nach oben eingeschnitten (Achtung! Nicht durchschneiden.). In diesen Schnitt legt man ein Steinchen oder ein Hölzchen, damit dieser nicht wieder zuwächst. Dann um den Schnitt Moos legen, z. B. *Sphagnum* oder auch Weißtorf, und mit Folie/Folienbeutel/Gefrierbeutel o. ä. umwickeln und befestigen, sodass möglichst viel Feuchtigkeit erhalten bleiben kann; die umwickelte Stelle regelmäßig feucht halten. Nach ca. 6 bis 8 Wochen haben sich an dieser Stelle neue Wurzeln gebildet. Nun werden Moos und Folie entfernt. Den bewurzelten oberen Teil der Pflanze unterhalb der neuen Wurzeln abschneiden und eintopfen, angießen und bei Zimmertemperatur aufstellen.

10. Beispiele für die Vermehrung von Pflanzen durch Abmoosen sind:
Ficus elastica, *Philodendron rugosum* o.a., *Monstera deliciosa*, *Cordyline terminalis*, *Yucca aloifolia*, *Dracaena deremensis*, *Schefflera actinophylla*

11. Einige Pflanzen (Beispiele s. o.) wachsen als Topfpflanzen beim Kunden zu einer fast baumartigen Größe. Wenn der Florist dem Kunden nun den Hinweis gibt, diese Pflanzen zu schneiden, dann wird häufig der obere, junge und beste Teil einer Pflanze weggeworfen, während der untere ältere Teil sich durch Verzweigen weiter entwickelt. Durch das Abmoosen behält der Kunde aber beide Teile.

12. Ein Sprosssteckling ist beblättert, diesjährig oder einjährig, noch nicht verholzt, etwa 5 bis 8 cm lang.

Lösungen

13. Beispiele für Pflanzen, die durch Sprossstecklinge vermehrt werden:
    Dianthus caryophyllus, Euphorbia pulcherrima, Chrysanthemum indicum, Kalanchoe blossfeldiana, Crassula coccinea

14. Durch Stecklinge vermehrte immergrüne Gehölze (Beispiele):
    Prunus laurocerasus, Buxus sempervirens, Skimmia japonica, Pachysandra terminalis, Rhododendron impeditum u. a., *Juniperus communis* 'Sorte', *Taxus baccata, Chamaecyparis lawsoniana* 'Sorte'

15. Folgende Blühgehölze (Beispiele) vermehrt der Gärtner durch Stecklinge: Goldglöckchen: *Forsythia x intermedia*, Hartriegel: *Cornus alba* 'Sibirica', Zierquitte: *Chaenomeles x superba*, Heidekraut: *Calluna vulgaris*, Winter-Heide: Erica carnea, Elfenbein-Ginster: *Cytisus x praecox*,

16. Durch Blattstecklinge vermehrt man (Beispiele): *Saintpaulia ionantha, Begonia rex, Peperomia caperata, Streptocarpus x hybridus, Sansevieria trifasciata, Crassula ovata, Sedum morganianum*

17. Folgende Stauden (Beispiele) werden auch durch Teilung vermehrt: *Delphinium elatum, Aster novi-belgii, Kniphofia* 'Sorte', *Cortaderia selloana, Festuca cinerea, Achillea filipendulina*

18. Die Vermehrung von Edelrosen geschieht durch Okulation in der Zeit von A Juli bis E August (wetterbedingt). Der Zeitraum ist dadurch festgelegt, dass die Rinde der Unterlage sich lösen muss, da das Auge der Sorte nach einem T-Schnitt hinter die Rinde geschoben wird.

19. Durch Okulation vermehrte Pflanzen (Beispiele): Zier-Apfel: *Malus* 'Red Sentinel', Zier-Kirsche: *Prunus serrulata* 'Amanogawa', Edel-Rosen: *Rosa* 'Gloria Dei', Flieder: *Syringa vulgaris* 'Andenken an Ludwig Späth', Mandelbäumchen: *Prunus triloba*, Zaubernuss: *Hamamelis x intermedia* 'Sorte'

20. Tipps und Hinweise für den Kunden zur Pflanzung von Rosen:
    Vor der Pflanzung werden wurzelnackte (gerodete) Rosen gründlich gewässert, indem der Kunde die Rosen in einen Eimer mit Wasser stellt; bei Containerware reicht gründliches Angießen. Es wird so tief gepflanzt, dass die – erkennbare - Veredlungsstelle 2 bis 3 cm mit Erde bedeckt ist. In den Monaten Oktober/November und April/Mai ist die Pflanzzeit für wurzelnackte Rosen, während Rosen in Containern außerhalb der Frostzeiten eigentlich immer gepflanzt werden können.

21. Pflegehinweise für Rosen im Laufe des Jahres:
    Während der Saison werden nur verblühte Rosenblüten abgeschnitten.
    Im Herbst: Es werden nur die verblühten Blumen abgeschnitten plus dem folgenden Blatt. Die Rose geht also relativ lang in den Winter; so werden bei eventuellen Frostschäden die Pflanzen nicht bis in die Veredlungsstelle geschädigt.
    Im Frühjahr: Nun wird die Rose so weit zurückgeschnitten, wie der Kunde möchte (aber: drei Knospen über dem Erdboden stehenlassen), dabei vor allem abgestorbene oder kranke Triebe entfernen.

22. Beispiele von Pflanzen, die durch Kopulation vermehrt werden: *Prunus serrulata* 'Kanzan', *Acer platanoides* ‚Globosum', *Corylus avellana* ‚Contorta', *Laburnum x watereri* 'Vossii', *Querus robur* 'Fastigiata'

23. Die Entscheidung über die Vermehrungsart hängt meistens ab vom wirtschaftlichen Erfolg: Der Steckling geht schnell und einfach, aber die teurer erscheinende Veredlung ist bei bestimmten Pflanzen erfolgreicher oder sogar nur das einzige Verfahren, auf diese Weise Sorten oder Besonderheiten zu vermehren. Hieraus begründet sich dann oftmals auch der (höhere) Preis.

1 Pflanzenkenntnis erlangen

1.1 Vegetationszonen

1. Die Heimat oder Herkunft einer Pflanze gibt sehr oft Auskunft für den Standort, Hinweise auf den Wasserbedarf und den Temperaturanspruch und evtl. auf Ruhezeiten: Also insgesamt über die Pflege.

2. Bei der Nennung von Ländern oder Landschaften für das tropische Klima ist sicherlich als typisch Brasilien und Malaysia anzusehen, während die subtropische Vegetation um das Mittelmeer (Spanien, Italien, Griechenland), in Südafrika und den südlichen Spitzen Australiens angesiedelt ist. Das gemäßigte Klima umfasst vor allem Kanada, Teile der USA, Skandinavien und Russland, hier vor allem Sibirien.

3. Den Reichtum an Pflanzen in den Tropen bewirken:
   hohe Niederschläge (Ø 3.000 bis 5.000 mm), hohe Temperaturen (Ø 27 °C), hohe Luftfeuchtigkeit (≥ 95 %), und es gibt keine Jahreszeiten.

4. Viele Kletterpflanzen des tropischen Regenwaldes besitzen Lianen. Diese holzigen Kletterpflanzen haben oftmals einen besonderen Holzbau, d. h., mehrere Holzzylinder werden bei windenden Bewegungen gegeneinander gedreht, sodass eine starke Zugfestigkeit entsteht.

5. Aus der tropischen Vegetationszone kommen viele Topfpflanzen, so auch die folgenden Beispiele:
   Cattleya: *Cattleya labiata*, Nestfarn: *Asplenium nidus*, Flammendes Schwert: *Vriesea splendens*, Kletternder Philodendron: *Philodendron hederaceum*, Gummibaum: *Ficus elastica*, Kleine Flamingoblume: *Anthurium scherzerianum*, Buntwurz: *Caladium bicolor*, Feingliedriger Moosfarn: *Selaginella kraussiana*, Fittonie: *Fittonia verschaffeltii*, Geweihfarn: *Platycerium alcicorne*

6. Merkmale tropischer Trockenwälder sind (Beispiele):
   Niederschlagsmengen von 400 bis 600 mm; eine Trockenzeit von 6 bis 8 Monaten; Pflanzen, die sich anpassen, z. B. durch Dornen oder auch durch an Trockenheit angepasste Gräser (Grassavannen)

7. Topfpflanzen aus der Savanne (Beispiele):
   Madagaskarpalme: *Pachypodium lamerei*, Christusdorn: *Euphorbia milii*, Klivie: *Clivia miniata*

8. Hinweise zur Pflege von Savannen-Pflanzen auf der Fensterbank:
   heller und warmer Standort, vertragen direkte Sonne, werden im Sommer sparsam gegossen und verbringen ihre Ruhezeit im Winter trocken und kühl

9. Klimamerkmale von Halbwüsten:
   Die Niederschlagsmengen liegen bei 100 bis 125 mm; damit gehören sie typischerweise zu den ariden Gebieten.
   Zwischen Tag und Nacht herrschen extreme Temperaturunterschiede, weil der Himmel sehr wolkenarm ist. Der Bewuchs ist nur sehr spärlich, wobei diese Vegetation diffus über die ganze Fläche verteilt ist und sich z. B. durch Zwiebeln, Knollen, einem tiefen Wurzelsystem, dicht behaarten oder stark reduzierten Blattflächen an die ariden Bedingungen angepasst hat.

10. Pflanzen der Halbwüsten als Zimmerpflanzen (Beispiele):
    Lebende Steine: *Lithops meyeri*, Bogenhanf: *Sansevieria trifasciata*, Sisal-Agave: *Agave sisalana*, Dickblatt: *Crassula coccinea*, Latex-Wolfsmilch: *Euphorbia tirucalli*, Josua-Palmlilie: *Yucca brevifolia*, Eiskraut: *Mesembryanthemum crystallinum*, Baumartiges Dickblatt: *Crassula arborescens*, Mittagsblume: *Delosperma ecklonis*

11. Klimamerkmale des Mittelmeerraumes:
    heiße und trockene Sommer; milde, aber feuchte Winter mit Jahresniederschlägen zwischen 300 und 1.000 mm; hohe mittlere Jahrestemperatur von 13 bis 22 °C; starker Wechsel zwischen Niederschlag und Temperatur mit kalten trockenen Winden, z. B. Mistral oder Bora

Lösungen

12. Länder oder auch Länderteile im mediterranen Klimabereich sind mehrheitlich alle Mittelmeeranlieger. In Europa (Beispiele) sind das Italien, Griechenland, Spanien, Süd-Frankreich, Türkei oder auch Kroatien. Auf der afrikanischen Seite zählen dazu Tunesien, Marokko, Ägypten oder Libyen.

13. Kübelpflanzen aus Südafrika (Beispiele):
    Mittagsblume: *Delosperma cooperi*, Königs-Protee: *Protea cynaroides*, Paradiesvogel-Blume: *Strelitzia reginae*, Schmucklilie: *Agapanthus paecox*, Aufrechte Pelargonie: *Pelargonium zonale*

14. Die Pflege mediterraner Kübelpflanzen teilt sich auf für den Sommer und für den Winter:
    im Sommer: regelmäßig gießen und kräftig düngen; heller, warmer, sonniger Standort
    im Winter: Pflanzen im Haus/im Wintergarten aufstellen und wenig gießen, dabei nicht düngen; insgesamt hell und kühl stellen; regelmäßig besprühen, um so eine höhere Luftfeuchtigkeit zu erzielen

15. Pflanzen, die in Südafrika zu Hause sind:

Klivie	Gladiole	Freesie
Clivia miniata	*Gladiolus 'Sorte'*, o.a.	*Freesia refracta*

Bild 1 Zwiebel- und Knollenpflanzen (Beispiele) aus Südafrika

16. Typische Pflanzen (Beispiele) der Hartlaubvegetation sind:
    Myrtus communis, Pinus pinea, Quercus ilex, Quercus suber, Buxus sempervirens, Laurus nobilis, Nerium oleander, Olea europaea

17. Floristisch verwendete Laubgehölze (Beispiele) der gemäßigten Zone:
    Fagus sylvatica, Carpinus betulus, Alnus glutinosa, Salix caprea, Corylus avellana, Cornus alba

    Klimamerkmale der nördlichen Halbkugel:
    Im Sommer herrschen Temperaturen von bis zu 30 °C, im Winter sinkt die Temperatur bis unter –50 °C (und tiefer).
    Die Niederschläge liegen bei 300 mm, was relativ niedrig ist; aber die Verdunstung ist insgesamt ziemlich gering. Die Pflanzen decken ihren Wasserbedarf aus den im Sommer auftauenden oberen Bodenschichten.

18. Folgende Nadelgehölze (Beispiele) werden im Floristik-Fachgeschäft genutzt:
    Serbische Fichte: *Picea omorika*, Rot-Fichte: *Picea abies*, Stech-Fichte: *Picea pungens*, Wald-Kiefer: *Pinus sylvestris*, Zirbel-Kiefer: *Pinus cembra*, Europäische Lärche: *Larix decidua*, Weiß-Tanne: *Abies alba*, Nordmanns-Tanne: *Abies nordmanniana*

19. Früh blühende, typische Pflanzen unter den noch unbelaubten Gehölzen:

Buschwindröschen	Hornveilchen	Christrose
Anemone nemorosa	*Viola cornuta*	*Helleborus niger*

Bild 1 Früh blühende Pflanzen (Beispiele)

20. *Cladonia rangiferina*

21. Die Verarbeitung von Islandmoos: Um Transport und Haltbarkeit dieses natürlichen Werkstoffes zu gewährleisten, wird „Islandmoos" in getrocknetem Zustand gehandelt. Deshalb muss vor dem Verarbeiten das Material gewässert werden, um so die Elastizität, eine frische Färbung und die Verarbeitbarkeit herzustellen.

1.2 Ökosysteme

1. Ein Wald erfüllt vielfältige Aufgaben (Beispiele), denn:
   Wälder schaffen ein ausgeglichenes Klima, produzieren sauerstoffreiche Luft, regeln den Wasserhaushalt, schützen vor Bodenerosionen, liefern Holz usw.

2. Typische Pflanzen (Beispiele) der Krautschicht eines Laubwaldes:
   Anemone nemorosa, Allium ursinum, Galium odoratum, Asarum europaeum, Dryopteris filix-femina, Athyrium filix-femina, Hepatica nobilis

3. Zur Gestaltung eines Pflanzgefäßes zum Thema „Wald" können folgende Überlegungen (Beispiele) gelten:
   Gestaltungsart: vegetativ; Ordnungsart: asymmetrisch; Anordnungsart: parallel, mehrere Wachstumspunkte; Gefäße: flach, rund oder eckig nicht zu klein; Gefäßmaterial: natürliche Oberfläche, z. B. nichtglänzende Glasur, Irdenware, Weide, u. a.

4. Kennzeichen des Lebensraumes Hochmoor sind:
   Hochmoore bestehen mehrheitlich aus *Sphagnum* (Torfmoos).
   Hochmoore haben keine Verbindung zum Grundwasser; sie wachsen, indem Torfmoos unten abstirbt und nach oben weiterwächst.
   Hochmoore sind baumlos, aber mit einer klein bleibenden Strauchschicht bedeckt.

5. Pflanzenbeispiele aus der Familie Ericaceae:
   Andromeda polifolia, Vaccinium vitis-idae, Calluna vulgaris, Erica gracilis, Erica carnea, Pieris japonica, Gaultheria shallon, Rhododendron catawbiense o. a.

6. Positive Eigenschaften sind:
   Weißtorf ist nährstoffarm, speichert Wasser, hat ein hohes Luftporenvolumen, ist vergießfest, hat einen niedrigen (sauren) pH-Wert, u. a.

7. Typische Pflanzen (Beispiele) einer Heidelandschaft sind:
   Gemeine Kiefer: *Pinus sylvestris*, Gemeiner Wacholder: *Juniperus communis*, Sommerheide: *Calluna vulgaris*, Sand-Birke: *Betula pendula*, Pfeifengras: *Molinia caerulea*

8. Für die Hallenschau passen gut in die Flachwasserzone (Beispiele):
   Caltha palustris (III-V), *Iris pseudacorus* (V-VI), *Myosotis scorpioides* (IV-V), *Calla palustris* (V-VI), *Acorus calamus* (VI-VII), *Eupatorium cannabinum* (VII-IX), *Silene flos-cuculi* (V-VIII)

1.3 Naturschutz

1. Gesetze und Verordnungen zum Schutz von Natur:
   Bundesnaturschutzgesetz (BNatSchG), Bundesartenschutzverordnung (BArtSchVO), Washingtoner Artenschutzabkommen (WA), Rote Liste (international, zuständig für die Bundesrepublik Deutschland: Bundesamt für Naturschutz; Bundesländer: je nach Bundesland verschieden)

2. Die Übersetzung dieser Abkürzung (CITES) lautet:
   Convention on International Trade in Endangered Species of Wild Fauna and Flora (deutsch: Übereinkommen über den Internationalen Handel mit gefährdeten Arten freilebender Tiere und Pflanzen)

3. Bedeutung von CITES für ein Floristik-Fachgeschäft:
   CITES-Papiere gelten als Beleg, dass die vom Floristen erworbenen Pflanzen aus gärtnerischer Kultur stammen und nicht von einem Naturstandort. Als Nachweis reicht für den Floristen oftmals die Rechnung des Einkaufs.

4. In der Natur geschützte Pflanzen (Beispiele):
   Blauer Eisenhut: *Aconitum napellus*, Christrose: *Helleborus niger*, Stranddistel: *Eryngium maritimum*, Alpen-Edelweiß: *Leontopodium nivale subsp. alpinum*, Trompeten-Narzisse: *Narcissus pseudonarcissus*

5. Pflanzenbeispiele von der Roten Liste:
   Antirrhinum majus, Abies alba, Allium ursinum, Leucanthemum vulgare, Juniperus communis subsp. communis, Ilex aquifolium, Lilium martagon, Leucojum aestivum

6. Die Bedeutung von Roten Listen, weltweit, liegt darin, dass Fauna und Flora beobachtet werden, um so Daten zu sammeln, damit Entscheidungskriterien für den Erhalt geschaffen werden können, dass eine weitere „Ausrottung" durch den Menschen verhindert wird und so weltweit die Erhaltung von Arten fördert. Ein weiteres Ziel ist die Erhaltung der Vielfalt von Flora und Fauna: Bio-Diversität.

1.4 Pflanzen auflisten, Pflanzen zuordnen

1. Pflanzen (Beispiele) mit roten Früchten:
   Cotoneaster horizontalis, Ilex aquifolium, Ilex verticillata, Malus 'Red Sentinel', Rosa multiflora, Gaultheria mucronata, Gaultheria procumbens

2. Früchte (Beispiele) für herbstliche Dekorationen sind:
   Sorbus aucuparia, Aesculus hippocastanum, Quercus robur, Castanea sativa, Hippophae rhamnoides, Hedera helix

3. Auch Pflanzen (Beispiele), die als giftig eingestuft werden, verwendet der Florist:
   Hedera helix, Ilex aquifolium, Viburnum opulus, Ligustrum vulgare, Symphoricarpos albus

1 Pflanzenkenntnis erlangen — 1.4 Pflanzen auflisten, Pflanzen zuordnen

4. Die abgebildeten Pflanzen mit Früchten heißen:

Callicarpa	*Ilex*	*Pyracantha*	*Malus*
bodinieri	*aquifolium*	*coccinea*	*'Red Sentinel'*

Bild 1 Frucht tragende Gehölze (Beispiele)

5. Epiphytisch lebende Pflanzen:
sind Baumaufsitzer, leben also auf Bäumen, um so Licht und ausreichend Feuchtigkeit zu bekommen, haben Luftwurzeln und nehmen so Wasser und Nährstoffe auf, schädigen nicht die Pflanze auf der sie sitzen, da sie sich autotroph ernähren: Sie sind keine Schmarotzer (Parasiten).

6. Epiphyten der Familie Bromeliaceae, die als Zimmerpflanzen (Beispiele) verkauft werden:
Luftnelke: *Tillandsia cyanea*, Zimmerhafer: *Billbergia nutans*, Flammendes Schwert: *Vriesea splendens*, Lanzenrosette: *Aechmea fasciata*, Guzmanie: *Guzmania lingulata*, Nestrosette: *Nidularium fulgens*, Neoregelie: *Neoregelia carolinae*

7. Hinweise und Tipps zur Pflege von Pflanzen aus der Familie Bromeliaceae können sein:
Standort: hängt ab von der Farbe der Blätter, weil Bromelien sowohl im obersten Bereich des tropischen Regenwaldes vorkommen als auch in unteren, dunklen Regionen: graublättrige Pflanzen stehen hell bis sonnig, während grünblättrige Pflanzen einen halbschattigen bis schattigen Platz verlangen.
Wasser: mäßig feucht halten, weil es bei Übernässung zur Wurzelfäule kommt; in den Trichter gießen, diesen aber regelmäßig ausgießen; im Winter trockener halten und nicht in den Trichter gießen; möglichst kalkarmes Wasser verwenden
Temperatur: Zimmertemperatur bei 18 bis 20 °C, warm; im Winter nicht unter 16 °C, auch nachts; die Luftfeuchtigkeit durch Sprühen erhöhen über 55 %.
Dünger: März bis Juli wöchentlich; möglichst organisch, da in der Natur verrottete Blätter und Rindenstücke, Vogelkot, Insektenleichen, Staub, usw. in die Zisternen und Trichter gelangen, deshalb mit Bromelien-Dünger düngen, da dieser stickstoffarm ist.

8. Der Epiphytenstamm „ahmt" aus der natürlichen Vegetation der Tropen Bäume nach, auf denen Epiphyten wachsen. Dazu wird ein Holzstamm z. B. in ein Gefäß eingegossen (Gips, Beton) oder auf einem Holzklotz festgeschraubt. Dann werden auf diesem Stamm oder auch auf einem großen Ast epiphytisch lebende Pflanzen mit einem Moos umwickelten Ballen mit verzinktem Wickeldraht befestigt. Sicherlich gibt es auch andere Lösungen, die Pflanzen am Stamm zu befestigen.

9. Tipps und Hinweise zu Pflege und Gestaltung eines Epiphytenstammes mit Bromelien: Bromelien und die anderen Pflanzen lieben es warm, wegen ihrer tropischen Herkunft. Die Pflanzen auf einem Epiphytenstamm werden regelmäßig besprüht; hier liegt ein Problem, weil ansonsten Moos und Pflanzen schnell vertrocknen.
Die Bromelien werden mit verzinktem Draht am Epiphytenstamm befestigt, da sonst die relativ hohe Luftfeuchtigkeit den Draht zum Rosten bringt und die Pflanzen dann abfallen. Die Bromelien werden

Lösungen

meistens ergänzt mit Orchideen, Farnen oder sonst passenden tropischen Epiphyten; die Pflege ist dann die gleiche wie bei tropischen Zimmerpflanzen.

10. Lösung:
    8,5 dm · 4,2 dm · 3,3 dm (35 cm − 2 cm) = 117,81 dm³
    Es werden 117,8 Liter Substrat benötigt.

11. Für einen Blattkranz werden immergrüne Laubgehölze (Beispiele) verwendet: *Gaultheria shallon, Hedera helix, Prunus laurocerasus, Aucuba japonica, Rhododendron catawbiense* o. a., *Viburnum rhytidophyllum, Viburnum davidii*

12. Zum Abdecken von Steckhilfsmitteln eignen sich folgende immergrüne Laubgehölze: *Pachysandra terminalis, Buxus sempervirens, Skimmia japonica, Rhododendron impeditum* o. a., *Hedera helix, Euonymus fortunei* 'Radicans' o. a. Sorten

13. Verwendete zwei- und mehrfarbige Laubgehölze (Beispiele) für die Straußbinderei: *Euonymus fortunei* 'Emerald Gold': gelb, *Eleagnus pungens*: gelb, *Hedera helix* 'Goldherz': gelb, *Pieris floribunda* 'Forest Flame': rot; *Quercus rubra*: rotbraun

14. Pflanzenbeispiele mit interessanter Bewegung oder Korkleisten:
    Acer campestre, Coryus avellana 'Contorta', *Salix matsudana* 'Contorta', *Salix udensis* 'Sekka', *Corokia cotoneaster, Euonymus alatus, Liquidambar styraciflua*

15. Immergrüne Nadelgehölze (Beispiele) für die Adventsbinderei:
    Weiß-Tanne: *Abies alba*, Nordmanns-Tanne: *Abies nordmanniana*, Edel-Tanne: *Abies procera* ‚Glauca', Muschelzypresse: *Chamaecyparis obtusa* 'Nana Gracilis', Scheinzypresse: *Chamaecyparis lawsoniana* 'Columnaris', Serbische Fichte: *Picea omorika*, Blau-Fichte: *Picea pungens* 'Glauca', Schwarz-Kiefer: *Pinus nigra*, Wald-Kiefer: *Pinus sylvestris*, Gewöhnliche Eibe: *Taxus baccata*, Abendländischer Lebensbaum: *Thuja occidentalis*, Schuppen-Wacholder: *Juniperus squamata* 'Meyeri', Gewöhnlicher Wacholder: *Juniperus communis*

16. Wie kann der Florist sichtbare Schnittstellen an Kranzgrün verhindern? Der Schnitt dieser Zweige erfolgt am Ende des Triebes von oben nach unten, mit einer Schnittführung der Schere schräg zur Spitze des Triebes, sodass die Schnittstelle „nach unten" zeigt, also zur Unterlage.

17. Die Zapfen heißen mit deutschem und botanischem Namen:

Atlas-Zeder	Europäische Lärche	Weymouthkiefer	Gemeine Fichte
Cedrus atlantica	*Larix decidua*	*Pinus strobus*	*Picea abies*

Bild 1 Zapfen (Beispiele)

1 Pflanzenkenntnis erlangen
1.4 Pflanzen auflisten, Pflanzen zuordnen

18. Die Erklärung, warum in der Floristik wenig Tannenzapfen verwendet werden, heißt: Tannenzapfen stehen auf den Trieben; sie haben die Eigenart, schon relativ früh zu zerfallen. Übrig bleibt dann nur die Spindel. Auch eine Behandlung z. B. mit Haarspray o. a. verlängert die Haltbarkeit nur kurzfristig.

Abies koreana   *Cedrus atlantica* 'Glauca'

Bild 1 Ganzer Tannenzapfen und Spindel des Zedernzapfens

19. Eine blaugrüne oder silbrig-blaue Nadelfarbe haben die Nadelgehölze (Beispiele):
Abies procera 'Glauca', *Cedrus atlantica* 'Glauca', *Chamaecyparis pisifera* 'Squarrosa', *Chamaecyparis lawsoniana* 'Columnaris', *Juniperus chinensis*, *Pinus cembra*, *Juniperus squamata* 'Meyeri', *Picea pungens* f. *glauca*, *Picea pungens* 'Koster', *Pinus parviflora* ‚Glauca', *Pinus strobus*

20. Tiefgrüne Nadeln haben die folgenden Gehölze (Beispiele):
Taxus baccata, *Taxus baccata* 'Fastigiata', *Pseudotsuga menziesii*, *Abies nordmanniana*, *Chamaecyparis obtusa* 'Nana Gracilis', *Chamaecyparis pisifera* 'Filifera Nana', *Pinus contorta*, *Pinus leucodermis*, *Pinus mugo*, *Pinus nigra*

21. Die botanischen Bezeichnungen zu den deutschen Namen von Laub abwerfenden Nadelgehölzen heißen:
Europäische Lärche: *Larix decidua*, Urweltmammutbaum: *Metasequoia glyptostroboides*, Fächerblattbaum: *Ginkgo biloba*, Sumpfzypresse: *Taxodium distychum*

22. Lösung:
2,20 m · 13,00 m = 28,60 m² = 0,2860 a · 25 ml = 7,15 ml
Der Florist benötigt von diesem Herbizid 7,15 ml.

23. Drei floristisch verwendete einjährige Gräser (Beispiele) für die Straußbinderei sind:
Hordeum jubatum, *Pennisetum setaceum*, *Briza maxima*

24. Zum Trocknen sind folgende Schnittblumen (Beispiele) geeignet:
Muschelblume: *Moluccella laevis*, Strandflieder: *Limonium sinuatum*, Frauenmantel: *Alchemilla mollis*, Silberdistel: *Carlina acaulis*, Artischocke: *Cynara scolymus*, Lampionblume: *Physalis alkekengi*

25. Trockenpflanzen sind oftmals Pflanzen aus der Familie Asteraceae (Beispiele): *Achillea filipendulina*, *Anaphalis margaritacea*, *Carlina acaulis*, *Echinops ritro*, *Xerochrysum bracteatum*, *Acroclinium roseum*

26. Einjährige Schnittblumen sind folgende Beispiele:
Löwenmaul: *Antirrhinum majus*, VI-IX; Zinnie: *Zinnia elegans*, VII-IX; Sonnenblume: *Helianthus annuus*, VII-X; Ringelblume: *Calendula officinalis*, VII-IX; Sommer-Rittersporn: *Consolida ajacis*, VI-VIII; Sonnenhut: *Rudbeckia hirta*, VII-X; Garten-Fuchsschwanz: *Amaranthus caudatus*, VII-X; Muschelblume: *Moluccella laevis*, VII-VIII; Schmuckkörbchen: *Cosmos bipinnatus*, VII-X; Sommer-Schleierkraut: *Gypsophila elegans*, VII-VIII; Strohblume: *Xerochrysum bracteatum*, VII-X; Jungfer im Grünen: *Nigella damascena*, VI-IX

Lösungen

27. Folgende blühende Schnittstauden (Beispiele) ohne Zwiebel oder Knolle mit Rottönen sind:
Aster novi-belgii, Astilbe x arendsii, Tanacetum coccineum, Sedum telephium, Centranthus ruber, Chrysanthemum x grandiflorum, Erigeron 'Sorte', *Kniphofia* 'Sorte'

28. Topfpflanzen (Beispiele) mit einer Zwiebel oder Knolle sind:
Gloriosa superba, Agapanthus praecox, Cyclamen persicum, Hippeastrum vittatum, Oxalis tetraphylla

29. Das Aufsetzen einer Ritterstern-Zwiebel hat folgende Reihenfolge:
Damit der Ritterstern (*Hippeastrum vittatum*) weiterhin zum Blühen kommt, muss der Wachstumsrhythmus eingehalten werden, was aber auch für den Kunden kein Problem ist:
Eine günstige Zeit zum Aufsetzen der Zwiebel, also das Einpflanzen, ist von November oder Dezember. Die Zwiebel wird zu 2/3 tief eingesetzt, an einen hellen Platz am Fenster aufgestellt und dann nur angegossen, weil so die Nährstoffe in der Zwiebel aktiviert werden. Wenn dann die Zwiebel austreibt, wird normal wie bei einer Topfpflanze weiter gepflegt. Der Ritterstern kann dann in Abhängigkeit von der Temperatur und den sonstigen Bedingungen bis zu acht Wochen blühen.
Nach dem Verblühen wird die Blüte abgeschnitten, aber die Pflanze normal weiter gegossen und gedüngt, bis etwa Anfang August.
Nun beginnt die Ruhezeit für die Pflanze: Es wird nicht mehr gegossen, sodass die Blätter nach etwa zwei Monaten beginnen, einzutrocknen. Wenn die äußeren Blätter vertrocknet sind, werden alle Blätter abgeschnitten. Die Zwiebel wird dann aus dem Topf genommen und trocken gelagert, bis im November oder Dezember der Ablauf von Neuem beginnt.

30. Die Erklärung zum „Roten Brenner" an einer Amaryllis heißt:
Der Kunde erkennt diese Erkrankung an roten und rissigen Streifen am Blütenschaft. Hier handelt es sich um eine pilzliche Erkrankung. Diese Pilze vermehren sich besonders dann, wenn die Pflanzen zu feucht gehalten werden. Der Rote Brenner führt dann zum typischen Krüppelwuchs.
Zur Bekämpfung reicht es oftmals aus, vorsichtig zu gießen, um so die Krankheit an der Ausbreitung zu hindern. Ein Hinweis: Befallene Pflanzen über den Untersetzer gießen. Eine chemische Bekämpfung lohnt hier nicht.

31. Beispiele für Gräser zur Verarbeitung in einem Werkstück sind:
Japanisches Federborstengras: *Pennisetum alopecuroides*, Hasenschwanzgras: *Lagurus ovatus*, Pampasgras: *Cortaderia selloana*, Mähnengerste: *Hordeum jubatum*, Mittleres Zittergras: *Briza media*, Rasen-Schmiele: *Deschampsia cespitosa*, Fuchsrote Segge: *Carex buchananii*

32. Hinweise für Kunden über die Vorgehensweise zur Trocknung von Gartenblumen: Die Blätter der zu trocknenden Pflanzen werden zunächst meistens entfernt.
Die Trockenpflanzen werden mit den Blüten nach unten, also kopfüber, an einen luftigen und möglichst dunklen Ort aufgehängt.
Beim Trocknungsprozess schrumpfen die Pflanzen, sodass diese mit einem Gummiband (und nicht mit einem Bindfaden) zusammengebunden werden, weil sie sich während des Trocknens lockern und dann herunterfallen.
Die Trocknung muss relativ schnell erfolgen, weil so die Farben besser erhalten bleiben.
Tipp! Strohblumen werden vor dem Trocknen gedrahtet, sodass sich beim Trocknungsprozess der Draht schon fest um die dann dünnen Stiele schließt.

33. Farne als Topfpflanzen auf der Fensterbank (Beispiele):
Frauenhaarfarn: *Adiantum raddianum*, Geweihfarn: *Platycerium bifurcatum*, Nestfarn: *Asplenium nidus*, Hasenpfotenfarn: *Davallia bullata*, Pfennigfarn: *Pellaea rotundifolia*, Saumfarn: *Pteris cretica*, Rippenfarn: *Blechnum gibbum*

34. Die Pflege von Farnen am Beispiel *Adiantum raddianum* sieht so aus:
Temperatur: Zimmertemperatur, also 18 bis 22 °C;
Licht: keine direkte Sonne, halbschattig, denn bei zu dunklem Standort werden die Fiederblätter hellgrün;
Wasser: den Farn nicht austrocknen lassen, aber auch keine Staunässe; wichtig ist es, regelmäßig zu sprühen, weil trockene Luft nicht vertragen wird;
Düngung: alle 14 Tage von März bis September mit geringer Konzentration.

1 Pflanzenkenntnis erlangen — 1.4 Pflanzen auflisten, Pflanzen zuordnen

35. Diese Farne (Beispiele) werden auch als Schnittgrün verwendet:
Arachniodes adiantiformis, *Adiantum tenerum*, *Nephrolepis exaltata*, *Platycerium bifurcatum*, *Polypodium polycarpon*, *Polystichum falcatum*

36. Diese Tipps und Hinweise gelten für den Umgang mit Farnen als Schnittgrün: Grundsätzlich nur ausgereifte Blätter und Wedel verwenden, wenn z. B. Sporen an der Unterseite zu erkennen und die Wedel vollständig entrollt und fest sind. Die Farne vor der Verarbeitung gut wässern. Nur unverletzte, nicht gequetschte oder geknickte Stiele verwenden. Die Stielenden der Farne auch nach einem erneuten Anschnitt anbrennen.

37. Als Palmen (Beispiele) für den Wohnbereich/den Wintergarten kommen infrage: Fischschwanzpalme: *Caryota mitis*, Bergpalme: *Chamaedorea elegans*, Zwergpalme: *Chamaerops humilis*, Kentiaplame: *Howea forsteriana*, Australische Fächerpalme: *Livistona australis*, Kokospälmchen: *Lytocaryum weddelianum*, Kanarische Dattelpalme: *Phoenix canariensis*, Steckenpalme: *Rhapis excelsa*, Hanfpalme: *Trachycarpus fortunei*, Fächerpalme: *Washingtonia filifera*

38. Beim Kauf einer *Howea forsteriana* gibt es für den Kunden folgende Pflegehinweise:
Licht: hell, keine direkte Sonne, gedeihen aber auch im Halbschatten;
Wasser: stets feucht halten, nicht austrocknen lassen, absolut keine Staunässe; aber regelmäßig besprühen, da trockene Luft Schädlingsbefall fördert, z. B. Rote Spinne;
Temperatur: Zimmertemperatur, auch im Winter um 18 °C;
Düngung: März bis September wöchentlich, auch im Winter etwa alle drei Wochen düngen;
Schädlinge: besonders auf Schildläuse, aber auch auf Pilzbefall und vor allem auf Spinnmilben achten („Rote Spinne").

39. Blühende Ziergehölze für eine floristische Gestaltung sind folgende Beispiele: *Forsythia x intermedia*, gelb; *Hamamelis x intermedia*, gelb/rotbraun; *Chaenomeles x superba*, rot/weiß; *Viburnum opulus* ‚Sterile', cremeweiß; *Prunus triloba*, rosa; *Prunus serrulata*, rosa; *Syringa vulgaris*, fliederfarben/rot/weiß; *Cytisus scoparius*, gelb; *Cornus mas*, gelblich-grün; *Calluna vulgaris*, rosa/rot/weiß

40. Wie kann man Schnittgehölze eine lange Zeit „haltbar" machen? Die Schnittgehölze nicht anklopfen, sondern mit einem sauberen Schnitt mit dem Messer oder einer Schere anschneiden; in den Kühlraum stellen; entsprechend mit Blumen-Frischhaltemittel versorgen.

41. Geeignet für die Treiberei sind die Zwiebel- und Knollenpflanzen (Beispiele):
Garten-Tulpe: *Tulipa gesneriana*, Trompeten-Narzisse: *Narcissus pseudonarcissus*, Strahlen-Anemone: *Anemone blanda*, Hyazinthe: *Hyacinthus orientalis*, Armenische Traubenhyazinthe: *Muscari armeniacum*, Schneeglöckchen: *Galanthus nivalis*

42. Folgende mehrjährige Pflanzen (Beispiele) werden für die Treiberei verwendet:
Maiglöckchen: *Convallaria majalis*, Leberblümchen: *Hepatica nobilis*, Chrysantheme: *Chrysanthemum x grandiflorum*, Christrose: *Helleborus niger*

43. Natürlich verwendet der Florist auch vorgetriebene Blühgehölze, wie z. B.:
Sternmagnolie: *Magnolia stellata*, Zierquitte: *Chaenomeles x superba*, Goldglöckchen: *Forsythia x intermedia*, Japanische Zierkirsche: *Prunus subhirtella*, Mandelbäumchen: *Prunus triloba*, Flieder: *Syringa vulgaris*

44. Der Florist verwendet vorgetriebene Gehölze für die Straußbinderei, für Frischblumengestecke, frühlingshafte Pflanzungen/Pflanzgefäße, Dekorationen, zur Schaufenstergestaltung oder evtl. für die Brauchtumsbinderei zu Advent oder Weihnachten.

45. Typisch sind die Orangerien von Schloss Versailles, Schloss Herrenhausen in Hannover, Schloss Schönbrunn, Schloss Charlottenburg oder der Würzburger Residenz

Lösungen

46. Bäume oder Sträucher kommen auch als Kübelpflanzen (Beispiele) vor:
Karminroter Zylinderputzer: *Callistemon citrinus*, Zitrone: *Citrus limon*, Engelstrompete: *Brugmansia suaveolens*, Wandelröschen: *Lantana camara*, Echte Feige: *Ficus carica*, Enzian-Strauch: *Lycianthes rantonnetii*, Glatte Bougainvillee: *Bougainvillea glabra*, Kamelie: *Camellia japonica*, Lorbeer: *Laurus nobilis*, Veilchenbaum: *Tibouchina urvilleana*, Lorbeer-Schneeball: *Viburnum tinus*, Kanarische Dattelpalme: *Phoenix canariensis*, Braut-Myrte: *Myrtus communis*, Olivenbaum: *Olea europaea*, Schönmalve: *Abutilon megapotanicum*, Aukube: *Aucuba japonica*, Keulenlilie: *Cordyline australis*

47. Staudige Kübelpflanzen sind die folgenden Beispiele:
Agapanthus praecox, Canna indica, Ensete ventricosum, Zantedeschia aethiopica

48. Hinweise zur Überwinterung von Kübelpflanzen nimmt der Kunde gerne an:
Heller, kühler Standort, z. B. im Treppenhaus, ein verglaster Balkon, der Wintergarten oder auch ein heller Keller reichen aus. Alle diese Orte haben während der Wintermonate eine Temperatur von unter 10 °C, aber frostfrei.
Während der Überwinterung haben die Kübelpflanzen ihre Ruhezeit. Achtung! Wassergaben in regelmäßigen Abständen nicht vergessen, da es sonst zum Vertrocknen der überwinternden Pflanzen kommt.
Auch im Winter müssen Kübelpflanzen etwa alle 14 Tage auf eingeschleppte Schädlinge, beginnende Krankheiten, Ballentrockenheit u. a. überprüft werden. Deshalb gilt: Vor dem Einräumen Pflanze und Topf reinigen, alle welken und abgestorbenen Blatt-, Spross- und Blütenreste entfernen.
Der Schnitt der Pflanzen erfolgt vor dem Einräumen (Kontrolle).

49. Wie überwintert man am besten das Margeriten-Stämmchen? Geben Sie Ihrem Kunden diese Hinweise:
Das Margeriten-Stämmchen ist nicht winterhart; deshalb wird es eingeräumt.
Schon beim Einräumen werden die Triebe etwa 1/3 bis zur Hälfte zurückgeschnitten. Diese Maßnahme ist sehr sinnvoll, weil in der Ruhezeit zu wenig Wasser aufgenommen wird. Deshalb ist es zwingend notwendig, dass der Kunde diese Pflanze etwa jede Woche gießt. Ideal zur Überwinterung ist ein Wintergarten, aber es funktioniert auch ein heller und möglichst kühler Raum, wie etwa eine Garage mit Fenster oder ein Treppenhaus. Auf jeden Fall muss die Temperatur zwischen 5 und 12 °C liegen. Ende März oder Anfang April wird die Krone in Form geschnitten und es werden alle abgestorbenen Triebe entfernt.

50. Zur Überwinterung von Oleander muss der Kunde zweierlei bedenken:
Vor dem Einräumen muss eine genaue Kontrolle der Blätter erfolgen, damit so keine Schildläuse eingewintert werden, weil diese sich im Winterquartier sonst stark vermehren.
Der Überwinterungsraum muss hell und kühl sein, wobei der beste Temperatur-bereich bei 3 bis 15 °C liegt, denn von dieser Temperatur hängt auch das regelmäßige Gießen ab: Je wärmer umso häufiger; bei kühlen Räumen reicht ein Zeit-raum von bis zu vier Wochen. Diese Pflege gilt übrigens auch für *Laurus nobilis*.

51. Blühende Topfpflanzen (Beispiele) gibt es das ganze Jahr im Floristik-Fachgeschäft: *Saintpaulia ionantha, Zantedeschia aethiopica, Kalanchoe blossfeldiana, Exacum affine, Spathiphyllum floribundum, Begonia elatior, Anthurium scherzerianum, Aechmea fasciata*

52. Für rotblühende Topfpflanzen gelten als Beispiele:
Indische Topfazalee: *Rhododendron simsii*, Gloxinie: *Sinningia speciosa*, Roseneibisch: *Hibiscus rosa-sinensis*, Guzmanie: *Guzmania lingulata*, Alpenveilchen: *Cyclamen persicum*

53. Beispiele für Sträucher und Bäume als Topflanzen (Grünpflanzen) sind:
Kleine Strahlenaralie: *Schefflera arboricola*, Wunderstrauch: *Codiaeum variegatum*, Känguruwein: *Cissus antarctica*, Birkenfeige: *Ficus benjamina*, Fensterblatt: *Monstera deliciosa*, Australische Silbereiche: *Grevillea robusta*

54. Verwenden Sie diese Grünpflanzen als sammelnde Form (Beispiele):
Soleirolia soleirolii, Selaginella apoda, Pilea cardieri, Peperomia caperata, Ficus pumila

55. Folgende Grünpflanzen verkauft der Florist als Ampelpflanzen (Beispiele):
Efeutute: *Scindapsus pictus*, Judenbart: *Saxifraga stolonifera*, Kanarischer Efeu: *Hedera canariensis*, Mühlenbeckie: *Muehlenbeckia complexa*, Königswein: *Cissus rhombifolia*

56. Diese Pflanzenbeispiele sind gleichzeitig Topfpflanze und Schnittblume:
    Gloriosa superba, Anthurium andraeanum, Gerbera jamesonii, Nerine bowdenii, Zantedeschia aethiopica, Strelitzia reginae

57. Es geht um sukkulente Topfpflanzen (Beispiele) mit Angabe der Familie:
    Geldbaum: *Crassula ovata*, Crassulaceae; Amerikanische Agave: *Agave americana*, Agavaceae; Christusdorn: *Euphorbia milii*, Euphorbiaceae; Affenschaukel, Fetthenne: *Sedum morganianum*, Crassulaceae; Flammendes Käthchen: *Kalanchoe blossfeldiana*, Crassulaceae

58. Sukkulente Bäume als Topfpflanzen auf der Fensterbank sind folgende Beispiele:
    Yucca brevifolia, Agavaceae; *Dracaena draco*, Dracaenaceae; *Aloe arborescens*, Aloaceae; *Euphorbia tirucalli*, Euphorbiaceae; *Beaucarnea recurvata*, Nolinaceae

59. Merkmale zur Unterscheidung von Kakteen und sukkulenten Pflanzen:
    1. Merkmal: Kakteen haben sich durch die Kugel- oder Säulenform als Sprossmetamorphose an die klimatischen Gegebenheiten angepasst. Sukkulente dagegen nutzen diese Blattmetamorphose (Sukkulenz) aus, in diesem sukkulenten, fleischigen Gewebe Wasser und Reservestoffe zu speichern.
    2. Merkmal: Kakteen haben zum Schutz vor Verdunstung und zur Beschattung des Sprosses sehr häufig Dornen oder Haare. Sukkulente besitzen als Fraßschutz oftmals bedornte Blattränder und schützen sich vor Verdunstung vor allem durch eine blau-graue Blattfarbe.

60. Diese Kakteen (Beispiele) sind mittlerweile typische Topfpflanzen:
    Bischofsmütze: *Astrophytum myriostigma*, Greisenhaupt: *Cephalocereus senilis*, Goldkugelkaktus: *Echinocactus grusonii*, Warzenkaktus: *Mammillaria zeilmanniana*, Goldopuntie: *Opuntia microdasys*, Igelsäulenkaktus: *Echinocereus reichenbachii*

61. Die abgebildeten Kakteen heißen:

Weihnachtskaktus	Feigenkaktus o.a.	Greisenhaupt	Bischofsmütze
Rhipsalidopsis gaertneri	*Opuntia microdasys*	*Cephalocereus senilis*	*Astrophytum myriostigma*

Bild 1 Kakteen (Beispiele) für die Fensterbank

62. Der Kunde achtet bei der Pflege von Kakteen besonders auf:
    Wasser: Im Sommer alle 4 bis 6 Wochen durchdringend tauchen; im Winter nicht ganz austrocknen lassen, aber sehr „sparsam" gießen.
    Standort: Mehrheitlich gilt für Kakteen ein heller Standort ohne direkte Sonne am Ost- bis Westfenster, aber auch im Winter hell.
    Temperatur: Den Kakteen reicht eine normal warme Zimmertemperatur von 18 bis 22 °C aus.
    Düngung: Im Sommer wird nach dem Tauchen stickstoffarm mit speziellem Kakteendünger kalibetont gedüngt, doch im Winter erfolgt grundsätzlich keine Düngung.

> Lösungen

63. Beispiele für Blattkakteen: *Schlumbergera truncata, Rhipsalidopsis gaertneri, Nopalxochia phyllanthoides, Epicactus* Cultivars

64. Was passt zur Pflanzenwelt der Berge? Empfehlen Sie diese Pflanzenbeispiele:
Haus-Dachwurz: *Sempervivum tectorum*, Walzen-Wolfsmilch: *Euphorbia myrsinites*, Scharfer Mauerpfeffer: *Sedum acre*, Gewöhnliche Bitterwurz: *Lewisia cotyledon*, Silberdistel: *Carlina acaulis*, Sommer-Enzian: *Gentiana septemfida*

65. Zwiebelblumen (Beispiele) für die Blütezeit im März/April:
Narcissus pseudonarcissus, gelb; *Muscari armeniacum*, blau; *Leucojum vernum*, weiß; *Galanthus nivalis*, weiß; *Scilla siberica*, blau; *Tulipa Cultivars*, viele Farben; *Erythronium dens-canis*, hellgelb; *Puschkinia scilloides*, weiß-blau

66. Sommerblühende (VI-VII) Zwiebel- und Knollenpflanzen (Beispiele):
Garten-Tulpe: *Tulipa* Cultivars, Milchstern: *Ornithogalum thyrsoides*, Türkenbund-Lilie: *Lilium martagon*, Sternkugel-Lauch: *Allium christophii*, Steppenkerze: *Eremurus robustus*

67. Beispiele für zweijährige Pflanzen:
Eustoma grandiflorum, VII-VIII; *Viola x wittrockiana*, IV-VI; *Myosotis sylvatica*, V-VII; *Erysinum cheirii*, V-VII; *Dianthus barbatus*, VI-VIII; *Campanula medium*, VI-VII

68. Pflanzenbeispiele für den sonnigen Balkon, die als Kräuter verwendet werden: *Thymus vulgaris, Melissa officinalis, Rosmarinus officinalis, Salvia officinalis, Hyssopus officinalis*

69. Einjährige Kräuter (Beispiele) als Bereicherung des Kräuterangebotes sind:
Dill: *Anethum graveolens*, Gartenkerbel: *Anthriscus cerefolium*, Borretsch: *Borago officinalis*, Basilikum: *Ocimum basilicum*

70. Floristisch nutzbares Gemüse und Obst sind die folgenden Beispiele:
Solanum tuberosum, Citrus limon, Capsicum annuum, Allium cepa, Daucus carota, Cynara cardunculus, Fragaria x ananassa, Malus 'Boskoop' o. a.

71. Beispiele von Sommerblumen in Blauviolett für den vollsonnigen Standort: Heliotrop: *Heliotropium arborescens*, Petunie: *Petunia x atkinsiana*, Statice: *Limonium sinuatum*, Männertreu: *Lobelia erinus*, Kapaster: *Felicia amelloides*, Prunkwinde: *Ipomoea tricolor*, Becherblume: *Nierenbergia hippomaica*, Blaues Gänseblümchen: *Brachyscome iberidifolia*

72. Gelbblühende Pflanzen (Beispiele) für einen Balkonkasten an der Südseite:
Tagetes tenuifolia, Sanvitalia procumbens, Celosia plumosa, Petunia x atkinsiana, Thunbergia alata

73. Ein Strauß mit heimischen, nicht geschützten Pflanzen (Beispiele), enthält: Gewöhnliches Rispengras: *Poa trivialis*, Wiesen-Margerite: *Leucanthemum vulgare*, Wiesen-Schafgarbe: *Achillea millefolium*, Kornblume: *Centaurea cyanus*, Echte Kamille: *Matricaria recutita*

74. Kletterpflanzen (Beispiele) haben interessante Bewegungsformen: Baumwürger: *Celastrus orbiculatus*, Waldrebe: *Clematis montana* 'Sorte', Efeu: *Hedera helix*, Vielblütige Rose: *Rosa multiflora*, Schling-Flügelknöterich: *Fallopia baldschuanica*

1 Pflanzenkenntnis erlangen — 1.4 Pflanzen auflisten, Pflanzen zuordnen

75. Die abgebildeten Rankpflanzen/Kletterpflanzen heißen:

Waldrebe	Gewöhnliche	Peperomie	Leucherblume
Clematis montana	Jungfernrebe	*Peperomia*	*Ceropegia woodii*
'Rubens'	*Parthenocissus vitacea*	*quadrangularis*	ssp. *linearis*

Bild 1 Kletterpflanzen

76. Auch annuelle Pflanzen (Beispiele) aus der Familie Asteraceae werden floristisch genutzt:
Leberbalsam: *Ageratum houstonianum*, Papierknöpfchen: *Ammobium alatum*, Perkörbchen: *Anaphalis triplinervis*, Fenchelblättriger Zweizahn: *Bidens ferulifolia*, Ringelblume: *Calendula officinalis*, Zinnie: *Zinnia elegans*, Rauer Sonnenhut: *Rudbeckia hirta*, Sonnenblume: *Helianthus annuus*

77. Dieses sind Merkmale zum Erkennen von Pflanzen aus der Familie Asteraceae:
Ein sehr typisches Merkmal ist die Zusammenfassung vieler einzelner Blüten zu einem Blütenstand, dem Köpfchen oder Körbchen. Außerdem hat diese Blüte Röhrenblüten oder/und Zungenblüten. Ein weiteres Merkmal ist die nussartige Frucht - der Fachbegriff ist: Achäne -, bei der Samenschale und Fruchtwand verbunden sind.

78. Zur Familie Hyacinthaceae gehören folgende Pflanzen-Beispiele:
Hyacinthus orientalis, Muscari armeniacum, Ornithogalum thyrsoides, Scilla siberica, Hyacinthoides hispanica

79. Die Familie Ranunculaceae enthält viele auch floristisch verwendete Pflanzen (Beispiele) trotz ihrer oftmals vorhandenen Giftigkeit:
Aconitum napellus, Anemone nemorosa, Aquilegia vulgaris, Caltha palustris, Clematis alpina, Delphinium elatum, Eranthis hyemalis, Helleborus niger, Hepatica nobilis, Pulsatilla vulgaris

80. Aus der Familie Rosaceae finden diese Pflanzen (Beispiele) in der Straußbinderei Verwendung: Kupfer-Felsenbirne: *Amelanchier lamarckii*, Japanische Scheinquitte: *Chaenomeles japonica*, Teppich-Zwergmispel: *Cotoneaster dammeri*, Zierapfel: *Malus sieboldii*, Lorbeer-Kirsche: *Prunus laurocerasus*, Mandelbäumchen: *Prunus triloba*, Vielblütige Rose: *Rosa multiflora*, Brombeere: *Rubus fruticosus*

Lösungen

1 Persönlichkeitscharaktere und Geltungsbereiche der Pflanzen

1.1 Persönlichkeitscharaktere

1. Der Persönlichkeitscharakter von Pflanzen wird geprägt durch Wuchsform, Größe, Textur und Farbe.

1.2 Geltungsbereiche

1. Pflanzen sind folgenden Geltungsbereichen zugeordnet:
   Pflanzen großer Geltung, Pflanzen mittlerer Geltung, Pflanzen geringer Geltung

2. Pflanzen großer Geltung haben einen hohen Geltungsanspruch durch ihre starke Eigenwirkung. Sie haben eine starke Eigenwirkung. Durch ihr charismatisches Erscheinungsbild und in Einzelstellung verarbeitet wird ihre Dominanz noch gesteigert.

3. Den Pflanzen großer Geltung sind zwei Geltungsformen zugeordnet. Diese sind:

   Herrschaftsformen, typische Pflanzenbeispiele: Bananenblättrige Heliconie (*Heliconia stricta*) oder Strelitzie (*Strelitzia reginae*)

   Edelformen, typische Pflanzenbeispiele: Eucharis (*Eucharis amazonica*) und Frauenschuh (*Paphiopedilum insigne*)

4. Blüten und Blätter sind oft fein gegliedert, dadurch haben sie eine besondere Ausstrahlung. Trotz dominanter Eigenwirkung, fügen sie sich harmonisch in Gruppen ein; sie benötigen Entfaltungsfreiraum, damit ihr Habitus zur Geltung kommen kann.

5. Den Pflanzen mittlerer Geltung sind zwei Geltungsformen zugeordnet.
   Geltungsformen, typische Pflanzenbeispiele Nerine (*Nerinebowdenii*) und Freesie (*Freesia refracta*)

   Prunkformen, typische Pflanzenbeispiele: Hortensie (*Hydrangeama crophylla*) und Kaktusdahlie (*Dahlia x hortensis*)

6. Pflanzen mit geringem Geltungsanspruch benötigen nur wenig Freiraum, in der Natur wachsen sie in Gruppen, die eigene Persönlichkeit tritt zu Gunsten der Gesamtwirkung problemlos zurück.

7. Den Pflanzen geringer Geltung sind zwei Geltungsformen zugeordnet.
   Gemeinschaftsformen, typische Pflanzenbeispiele: Vergissmeinnicht (*Myosotis sylvatica*) oder Studentenblume (*Tagetes patula*)

   Schlichte Formen, typische Pflanzenbeispiele: Korallenbeere (*Nertera granadensis*) oder Rentierflechte (*Cladonia alpestris*)

8. Bei der Pflanze auf der Abbildung handelt es sich um eine Langblütige Lilie (*Lilium longiflorum*)
   Wirkung: erhaben, edel
   Geltungsform: Herrschaftsformen

Ihre Größe und die porzellanartige Textur der Blütenblätter unterstützen die kostbare Erscheinung und prägen die Persönlichkeit.

1 Persönlichkeitscharaktere und Geltungsbereiche der Pflanzen — 1.2 Geltungsbereiche

9. Bei der Pflanze auf dieser Abbildung handelt es sich um ein Tausendschön (*Bellis perennis*)

   Wirkung: zart, verspielt

   Geltungsform: Schlichte Form

   Pastellfarben unterstützen ihre zurückhaltende Persönlichkeit und ihr dezentes Auftreten.

10. Bei der Pflanze auf dieser Abbildung handelt es sich um eine Amaryllis (*Hippeastrum vittatum*)

    Wirkung: Auffällig und dominant

    Geltungsform: Herrschaftsform

    Insbesondere in der Farbe Rot tritt ihre starke Persönlichkeit hervor, sie benötigt viel Entfaltungsfreiraum.

11. Weitere Pflanzenbeispiele zu den Geltungsbereichen sind:

    Pflanzen großer Geltung:
    Herrschaftsformen – Belladonnenlilie (*Amaryllis bella-donna*), Afghanistan-Steppenkerze (*Eremurus stenophyllus subsp. stenophyllus*)
    Edelformen – Schlaf-Mohn (*Papaversomniferum subsp. somniferum*), Orchideenarten *(Vanda Cultivars in vielen Sorten)*

    Pflanzen mittlerer Geltung:
    Geltungsformen – Meerlavendel (*Limoniumferulaceum*), Entenschnabel (*Lysimachiaclethroides*)
    Prunkformen – Chinesische Pfingstrose (*Paeonialactiflora*), Stauden-Phlox *(Phlox paniculata)*

    Pflanzen geringer Geltung:
    Gemeinschaftsformen – Kugelamaranth, *(Gomphrena globosa)*, Leberbalsam, *(Ageratum houstonianum)*
    Schlichte Formen – Moosfarn *(Selaginella apoda)*, Blaue Lobelie (*Lobelia erinus*)

> Lösungen

2 Bewegungsformen

1. Vom Habitus vieler Pflanzen oder Pflanzenteile lässt sich eine Grundform ableiten.

2. Z. B. der Kreis vom Riesenzierlauch,

   das Dreieck vom Stauden-Rittersporn,

   das Rechteck von der Prachtscharte.

   Konstruktive und freie Formen unterscheiden sich folgendermaßen:

   Konstruktive Formen:
   — sind gebaut, evtl. berechnet und aus Grundformen zusammengesetzt (z. B. Dekorationshocker, Raumteiler, Gefäße)

   Freie Formen:
   — wirken wie zufällig entstanden, sie sind natürlich in der Ausdehnung (Schüttungen aus Kies, Sand, Muscheln)

3. Aktive Bewegungsformen streben mehr oder weniger kraftvoll nach oben, dem Licht entgegen. Das vermittelt Aktivität, die bei der Gestaltung berücksichtigt werden muss.

4. Passive Bewegungsformen erheben sich nur leicht. Je nach Pflanze bleiben sie in sich ruhend, am Boden oder sind abfließend. Ihre Wirkung ist passiv.

5. Der werkstoffgerechte Umgang mit floralen Werkstoffen ist ein wesentliches Gestaltungselement. Die natürlichen Eigenschaften der Pflanzen werden geachtet und herausgestellt.

6. Aktive Bewegungsformen mit jeweils einem typischen Pflanzenbeispiel.

   1. Aufstrebend-einseitig-entfaltend (Freesie, *Freesiare fracta*)
   2. Aufstrebend-allseitig-entfaltend (Schmuck-Lilie, *Agapanthus praecox*)
   3. Aufstrebend (Pracht-Scharte, *Liatris spicata*)
   4. Aufstrebend mit rundem Endpunkt (Trommelstock, *Craspedia globosa*)
   5. Aufstrebend mit flachem Endpunkt (Kaukasische Skabiose, *Scabiosa caucasica*)
   6. Ausschwingend (Korallenranke, *Euphorbia fulgens*)
   7. Spielend (Staudenwicke, *Lathyrus latifolius*)
   8. Brüchig (Zickzackstrauch, *Corokia cotoneaster*)

7. Skizzieren und beschreiben Sie die aktiven Bewegungsformen.

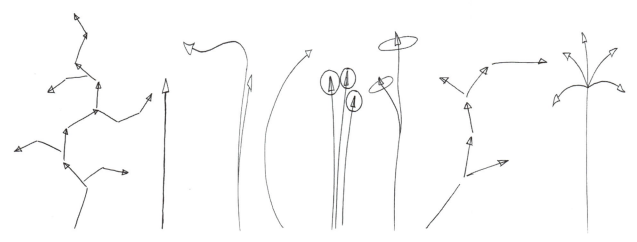

Bild 1 Aktive Bewegungsformen

8. Passive Bewegungsformen

   1. Lagernd, sammelnd, ruhend (Echeverie, *Echeveria elegans*)
   2. Abfließend (Louisianamoos, *Tillandsia usneoides*)
   3. Abfließend mit aufstrebendem Endpunkt (Kleinblättriges Efeu, *Hederahelixsubsp. Poetarum*)

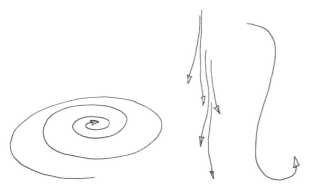

Bild 1 Passive Bewegungsformen.

3 Gesetze der Beschränkung und der Rangordnung

1. Das menschliche Auge kann drei bis vier Teile gleichzeitig erfassen.

2. In Gruppierungen der freien und der strengen Ordnung wird die Auswahl der dominanten Motive auf drei beschränkt

3. Das Gesetz bezieht sich z. B. auf Farben, Texturen und Gestaltungsmittel (Pflanzen, Requisiten u. v. m.)

4. Das Gesetz der Rangordnung beinhaltet den Umgang mit Gestaltungselementen und -mitteln unterschiedlicher Wertigkeiten.
   So kann z. B. ein Element durch Größe, Farbe oder Habitus die Führung übernehmen. Das menschliche Auge benötigt Momente der Ruhe, diese können durch Schwerpunkte geschaffen werden.

4 Texturen/Oberflächenbeschaffenheiten

1. Die Oberflächenbeschaffenheit von Pflanzen oder Pflanzenteilen, z. B. der Blätter oder Blüten, wird auch mit dem Begriff „Textur" bezeichnet.

   Oberflächenbeschaffenheit/Textur ist die äußere Erscheinung der Pflanze, sie ist geprägt durch den inneren Aufbau und umhüllt ihn gewissermaßen. Darüber hinaus gibt die Textur Auskünfte über die Lebensbedingungen der Pflanzen, z. B. über Schutzfunktionen vor Verdunstung, Regen, Kälte, Hitze, Sonne oder Tierfraß.

2. Texturen mit jeweils einem Pflanzenbeispiel (deutsche und botanische Bezeichnung)

   1. Porzellanartig – Blüte der Duftgardenie, *(Gardenia augusta)*
   2. Metallisch – Blatt der silbrig genervten Anthurie, *(Anthurium cristallinum)*
   3. Wollig – Baumwolle, *(Gossypium herbaceum)*
   4. Seidig – Island-Mohn, *(Papaver nudicaule)*
   5. Durchscheinend, transparent – Silberling, *(Lunaria annua)*
   6. Samtig – Usambaraveilchen, *(Saintpaulia ionantha)*

3. Weitere Beispiele:

    1. Brokaten – Königs-Begonie, *(Begonia rex)*
    2. Gläsern – Kaladie, *(Caladium bicolor)*
    3. Rustikal – Rohrkolben, *(Thypha angustifolia)*

4. Mit bewusst ausgewählten und kombinierten Texturen können bestimmte Stimmungen erzeugt und Gestaltungsabsichten erzielt werden. Samtige Texturen wirken behaglich, metallische drücken Kälte aus und rustikale können derb und bodenständig wirken. Diese Eigenschaften kann der Gestalter nutzen. Große oder kleine Kontraste können zu besonderen Spannungen und Harmonien führen. Texturen gehören ebenso wie Farben, Formen und Proportionen, zu den wesentlichen Gestaltungselementen.

5 Ordnungsarten

1. Die Ordnungsarten sind:

    Symmetrie, auch strenge Ordnung genannt

    Asymmetrie, auch freie Ordnung genannt

2. Fünf wesentliche Merkmale der Symmetrie sind:
    1. Strenge Ordnung
    2. ein Hauptmotiv, zwei Nebenmotive
    3. Waagepunkt und Gruppenachse befinden sich in der geometrischen Mitte.
    4. Seiten sind spiegelgleich.
    5. Die Wirkung ist ruhig.

3. Fünf wesentliche Merkmale der Asymmetrie sind:
    1. Freie Ordnung
    2. ein Hauptmotiv, ein Nebenmotiv, ein Gegenmotiv
    3. Waagepunkt liegt außerhalb der geometrischen Mitte, in Richtung Hauptmotiv verschoben.
    4. Die Gruppenachse liegt ebenfalls außerhalb der geometrischen Mitte, sie befindet sich im Bereich des Hauptmotivs.
    5. Die Wirkung ist spannungsreich.

4. Die Wirkung der Ordnungsarten kann durch folgende Maßnahmen gesteigert oder abgeschwächt werden:

    Durch den Einsatz von symmetrischen Blatt- und Blütenformen, z. B. einer Edelnelke oder einer Tagetes, wird die Symmetrie eines Werkstücks gesteigert.

    Bei der Asymmetrie wird die Wirkung durch den Einsatz von asymmetrischen Pflanzenteilen, zum Beispiel mit Strelitzien oder Anthurien, gesteigert. .

5. Wenn Sie ein symmetrisches Werkstück ausschließlich mit asymmetrischen Pflanzenformen gestalten, wirkt es weniger streng.

    Ein asymmetrisches Werkstück, ausschließlich mit symmetrischen Blüten- und Blattformen gestaltet, verliert an Dynamik und Spannung.

    Die Kombination im richtigen Mengenverhältnis hingegen sorgt für optische Stabilität und Ausgewogenheit.

6.

Bild 1 Symmetrische Gruppierung

7.

Bild 2 Asymmetrische Gruppierung

8. Weitere Pflanzenbeispiele:

Symmetrie: Riesen-Lauch *(Allium giganteum)*, Sonnenblume *(Helianthus annuus)*, Kugeldistel (Echinops ritro)

Asymmetrie: Heliconia (*Heliconia latispatha*), Philodendron (*Philodendron bipinnatifidum `Xanadu´*), Flamingoblume (*Anthurium andreanum*)

9. Der Waagepunkt sorgt für die Ausgewogenheit der Gruppenteile untereinander und der Gruppe insgesamt.

6 Anordnungsarten

1. Anordnungsarten sind gestalterische Prinzipien, nach denen z. B. Werkstücke, Schaufenstergestaltungen oder Flächen gestaltet bzw. „an"-geordnet werden.

Bild 3 Floristin vor der Entscheidung für die richtige Anordnungsart

Lösungen

2. Anordnungsarten:

    Ein- oder mehrere Wachstumspunkte
    Bewegungsmittelpunkt
    Parallele Anordnung
    Zuwendungen
    Überschneidungen
    Reihungen
    Staffelungen
    Streuungen/Flächengliederungen
    Gruppierungen

3. Bei einem Wachstumspunkt entspringen die Stiele aller Pflanzenteile aus einem imaginären Punkt. Dieser kann innerhalb oder außerhalb eines Werkstückes liegen. Die Vorgehensweise wird auch „radiale Anordnung" genannt.

4. Mehrere Wachstumspunkte werden z. B. in der vegetativen Gestaltungsart gewählt. Dort hat jede Pflanzengruppe, manchmal auch jedes Pflanzenteil, einen eigenen Wachstumspunkt.

5. Der Bewegungsmittelpunkt ist ähnlich wie der Wachstumspunkt, ein imaginärer Punkt, aus dem alle Werkstoffe zu entspringen scheinen. Beim Strauß liegt er genau in der Bindestelle, hier ist die Bezeichnung nachvollziehbar und zutreffend.

6. In der parallelen Anordnungsart hat jedes Pflanzenteil seinen eigenen Wachstumspunkt.

Bild 1 Waldausschnitt

    Alle Werkstoffe stehen parallel zueinander. Die Raumausdehnung kann vertikal, horizontal oder diagonal verlaufen. Der Gleichklang in der Bewegung prägt das gestaltete Bild.

7. Zuwendungen als Anordnungsprinzip: Die Werkstoffe haben auch bei dieser Anordnungsart ihren eigenen Wuchspunkt, gestalterisch sind sie einander zugewandt. Dadurch entstehen innerhalb des Werkstückes harmonische Freiräume. Verdichtungen sorgen für Spannung.

8. Überschneidungen als Prinzip der Anordnung:

    Hier wird das Werkstück durch Pflanzenteile geprägt, die sich spannungsreich überschneiden. Schnittpunkte werden bewusst gewählt. Ebenen und Verdichtungen setzen Schwerpunkte.

9. Das Anordnen von Werkstoffen in Reihen ist eine Möglichkeit, die Gestalter nutzen können. Es wird zwischen der stetigen und der rhythmischen Reihe unterschieden.

10. Stetige Reihungen bestehen aus mindestens 3 Teilen in gleicher Größe, Form, Farbe und Abstand. Einsatzmöglichkeiten in der Floristik: z. B. Balkonkasten-Bepflanzungen aus einer Blumensorte, -größe und -farbe, Vasen in einer Linie im Schaufenster aufgestellt, um den Raum zu gliedern und Ruhepunkte zu schaffen.

Bild 1 Beispiele: Stetige Reihung

11. Bei einer rhythmischen Reihung werden mindestens zwei oder mehr unterschiedliche Teile aneinander gefügt. Diese Aneinander-Reihung wird zu einem Intervall und wiederholt sich mindestens dreimal. Beispiele in der Floristik sind Girlanden aus Sommerblumen, z. B. rote Dahlie, grüner hängender Amaranthus, Dillblüten und Efeu im Wechsel.

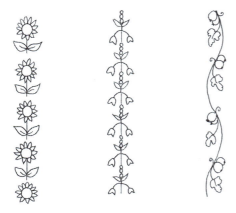

Bild 2 Beispiele: Rhythmische Reihungen

12. Staffelungen sind abgestufte Reihungen.

   1. Die einfache Staffelung
   2. Die gesteigerte Staffelung

13.

Bild 3 Beispiel einer einfachen Staffelung

Lösungen

Die einfache Staffelung ist eine Abstufung von Blüten in gleichen Abständen. Kleinere Blüten nach oben, größere nach unten, das führt zu einer Verdichtung zur Basis hin und unterstützt den Eindruck der Zentripetalkraft.

14.

Bild 1 Beispiel einer gesteigerten Staffelung

Eine gesteigerte Staffelung ist eine rhythmische Zusammenfassung von Werkstoffen, die in unterschiedlichen Größen und unterschiedlichen Höhen angeordnet sind. Dabei dürfen Knospen gern unter voll erblühten Blüten stehen, die Natur gibt Beispiele vor.

15. Streuungen: Werkstoffe werden auf einer Fläche ausgestreut, dadurch ergeben sich mehr oder weniger zufällige Muster. Eine Streuung kann relativ regelmäßig sein, dann sprechen wir von der „regelmäßigen Streuung", es können sich auch Schwerpunkte durch Verdichtungen ergeben, das ist dann eine „Streuung mit Verdichtung".

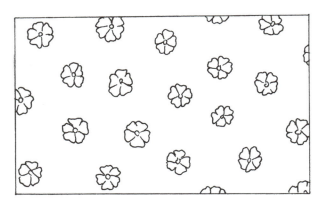

Bild 2 Beispiel einer regelmäßigen Streuung   Bild 3 Beispiel einer Streuung mit Verdichtung

16. Anwendungsbeispiel in der Floristik für eine regelmäßige Streuung:

Bodengestaltung in einem Schaufenster aus Herbstlaub oder Sand.

Anwendungsbeispiel in der Floristik für eine Streuung mit Verdichtung:

Kranzkörper aus unterschiedlichen Sommerblumen mit unterschiedlichen Abständen gestaltet.

7 Umrissgestaltungen

Die Natur präsentiert vielfältige Blatt- und Blütenumrisse. Das hat einen wesentlichen Einfluss auf die Ausstrahlung der Pflanzen. Diese Merkmale lassen sich auf florale Werkstücke übertragen.

1. Folgende Unterscheidungen sind in der Natur anzutreffen:

    1. Geschlossener Umriss
    2. Aufgelockerter Umriss

2. Skizze:

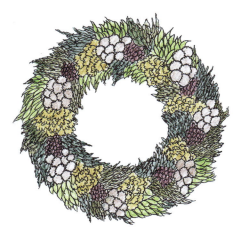

Bild 1 Aufgelockerter Umriss am Beispiel Trauerkranz

3. Der geschlossene Umriss wirkt streng, in sich geschlossen, die einzelnen Pflanzenteile geben viel von ihrer Eigenwirkung zu Gunsten der Gemeinschaft auf. Der geschlossene Umriss eignet sich gut für die Formbinderei, in Verbindung mit der Symmetrie.

    Der aufgelockerte Umriss wirkt einladend, nicht streng, je nach Werkstoffauswahl verspielt und filigran, offen gegenüber Raum und Betrachter. Symmetrie und Asymmetrie möglich.

8 Proportionen

1. Proportionen werden als harmonisch oder disharmonisch empfunden. Sie beziehen sich auf Größenverhältnisse.

    Beispiele:

    Strauß zur Vase

    Pflanzen zueinander

    Werkstück zum Raum

    Mengenverhältnisse (z. B. Blumen oder Farben innerhalb eines Werkstückes, weniger zu mehr)

2. Die richtige Proportion kann anhand des Goldenen Schnittes errechnet werden.

    Der Goldene Schnitt ist eine Gesetzmäßigkeit aus der Natur. Er wurde ca. 400 Jahre vor Ch. von Pythagoräern entdeckt. Sie erkannten, dass unterschiedliche Streckenteile an Bäumen, Sträuchern und auch an Menschen, in einem bestimmten harmonischen Verhältnis zueinander stehen. Anhand des Pentagramms entwickelten sie das Proportionsverhältnis 1:1,6

Lösungen

3.

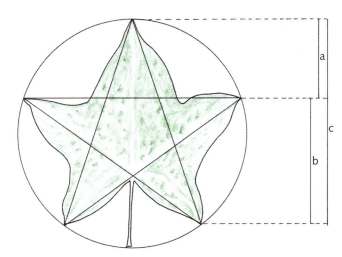

Bild 1 Efeublatt im Pentagramm

4. Beispielrechnung zum Goldenen Schnitt:

Eine Strecke c von 8 Teilen wird durch 1,6 geteilt. Dadurch ergeben sich 3 im gleichen Verhältnis zueinander stehende Strecken: 8 : 1,6 = 5

Gesamtstrecke   c = 8
Major   b = 5
Minor   a = 3

Proportionsverhältnis 8 : 5 : 3

5. Türkranz im Proportionsverhältnis 1:1,6:1, bei einem vorgegebenen Außendurchmesser von 50 cm:

Kranzkörperbreite: 50 cm : 3,6 = 13,9 cm
Kranzöffnung: 50 cm – (13,9 · 2) = 22,2 cm
Kranzkörperhöhe: 13,9 cm : 4 = 3,5; 3,5 · 3 = 10,4 cm (3/4 Profil)

6. Die Rechenbeispiele sind sichere Hilfestellungen zur Ermittlung der „guten" Proportion. Der Zollstock wird in der Regel nur zur Kontrolle und bei konstruktiven Formen Einsatz finden, z. B. bei Dekorationshockern –tischen oder Raumteilern.

Begründung: Bei floralen Werkstoffen wird die tatsächliche Proportion durch Wuchsform, Größe und Farbe beeinflusst. So kann z. B. ein zartes aufstrebendes Gras über die berechnete Höhe hinaus streben, eine großblumige dunkle Chrysantheme hingegen, wird unterhalb der berechneten Proportion eingesetzt.

Fazit: Helle, aufstrebende Formen wirken leichter als dunkle, kompakte.

7. Beispiele für den rechnerisch überproportionalen Einsatz:

Turkestan-Steppenkerze *(Eremurus robustus)*
Ixie, *(Ixia Cultivars)*
Island-Mohn *(Papaver nudicaule)*

Beispiele für den rechnerisch unterproportionalen Einsatz:

Königs-Protee *(Protea cynaroides)*
Artischocke *(Cynara Scolymus)*
Hahnenkamm-Zelosie, *(Celosia argentea var. cristata)*

9 Gestaltungsarten

1. Am Anfang der Planung für ein florales Werkstück steht die Entscheidung für die dem Anlass entsprechende Gestaltungsart.

   3 klassische Gestaltungsarten sind:
   Dekorativ
   Grafisch (Formal-linear)
   Vegetativ

2. Die Gestaltungsarten unterscheiden sich folgendermaßen:

   Die dekorative Gestaltungsart wirkt üppig und schmückend. Der Geltungsanspruch einzelner Pflanzenteile tritt zu Gunsten der Gemeinschaft zurück, muss aber dennoch Beachtung finden. Beide Ordnungsarten, Symmetrie und Asymmetrie, sind anwendbar. Bei der Gefäßauswahl gibt es keine Einschränkung, die **Zweckgerechtigkeit** natürlich vorausgesetzt.

   Die grafische Gestaltungsart erhält ihre besondere Ausstrahlung durch große Kontraste, bezogen auf Formen, Bewegungen, Texturen und Abstände bzw. Freiräume. Beide Ordnungsarten, Symmetrie und Asymmetrie, sind anwendbar. Bei der Gefäßauswahl sind von schlicht bis extravagant viele Möglichkeiten gegeben. Das Gefäß hat einen wesentlichen Anteil an der Gesamtwirkung.

   Die vegetative Gestaltungsart ist der Natur nachempfunden, sie ist als Interpretation zu verstehen. Als Ordnungsart ist die Asymmetrie die richtige Wahl. Flächige Gefäße sind gut geeignet, um einen „Naturausschnitt" darzustellen.

3. Die Gestaltungsarten sind für folgende Anlässe besonders geeignet:

   Dekorativ: Repräsentative Feste, Hochzeiten, Sommerfeste, Jubiläen, Raumschmuck für Menschen, die Blumenfülle wünschen

   Grafisch: Ausstellungen in Galerien, Firmenfeiern, z. B. in Verlagen und Druckereien, Raumschmuck für geradlinige Wohnräume

   Vegetativ: Raum- und Tischschmuck für Natur-Liebhaber, Veranstaltungen von Jägern, Förstern, Gartenfreunden

4. Konsequenz in der Beachtung und Umsetzung aller Gestaltungselemente ist die Voraussetzung für ein gelungenes und fachgerechtes Werkstück. Am fertigen Werkstück lässt sich die Kompetenz und das Einfühlungsvermögen des Gestalters erkennen. Inkonsequenz ist offensichtlich und schwächt das Gestaltungsergebnis.

10 Farbenlehre

10.1 Licht

1. Im weißen Licht sind alle Farben enthalten. Werden Lichtstrahlen durch ein Glasprisma gelenkt, werden die Lichtstrahlen gebrochen und es erscheinen auf einer weißen Fläche die Spektralfarben. Auch durch Regenwolken können Lichtstrahlen gebrochen werden, sodass ein Regenbogen entsteht.

2. Spektralfarben sind die durch Lichtbrechung entstehenden Farben Rot-Orange-Gelb-Grün-Blau-Violett.

3. Das Lichtspektrum sind die Summe der durch das menschliche Auge wahrnehmbaren farbigen Lichtstrahlen in einem bestimmten Bereich elektromagnetischer Strahlungen.

Lösungen

4. Der Sonnenstrahl beinhaltet alle farbigen Lichtstrahlen, die in der Summe Weiß ergeben. Von einem grünen Blatt wird nur der grüne Lichtanteil reflektiert, alle anderen Anteile werden vom Blatt absorbiert (verschluckt).

5. Ein Gegenstand, den wir als Weiß wahrnehmen, reflektiert das gesamte Lichtspektrum in hoher Intensität (= helles Licht). Ein Gegenstand, der Grau erscheint, reflektiert zwar das gesamte Lichtspektrum, aber in geringerer Intensität. Ein Gegenstand der Schwarz erscheint, verschluckt nahezu das gesamte Lichtspektrum. Die Ursache ist entweder die Eigenschaft des Gegenstandes oder die Abnahme der Lichtintensität. Mit zunehmender Dunkelheit werden auch farbige Gegenstände Grau bzw. Schwarz.

6.

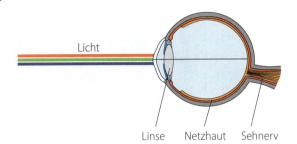

7. Die Linse bündelt die einfallenden Lichtstrahlen, um sie auf die Netzhaut zu projizieren. Auf der Netzhaut befinden sich winzig kleine Nervenzellen: Stäbchen, die auf Helligkeit reagieren und drei Arten von Zapfen, die jeweils auf Rot, Grün, und Blau reagieren (genau: Orangerot, Grün und Violettblau). Über Sehnerven werden diese Reize an das Gehirn weitergeleitet und führen dort zu einer Farbwahrnehmung.

8. Das Sonnenlicht wird auch als Tageslicht oder als reines Licht bezeichnet. Beim Licht einer Glühbirne ist der Anteil der roten Lichtstrahlen relativ höher, bei einer Neonröhre ist der Anteil der blauen Anteile relativ höher. Wird ein roter Gegenstand von einer Glühbirne beleuchtet, erscheint das Rot etwas gesättigter als bei Tageslicht, unter eine Neonröhre bekommt es einen bläulichen Schimmer.

9.

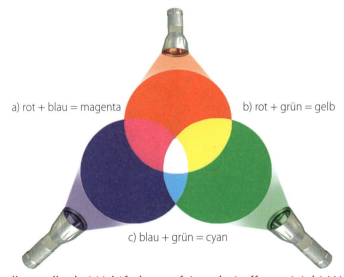

d) wo alle drei Lichtfarben aufeinandertreffen entsteht Weiß.

e) Die Mischfarben werden heller, weil sich die Lichtintensitäten addieren (additive Mischung).

10.

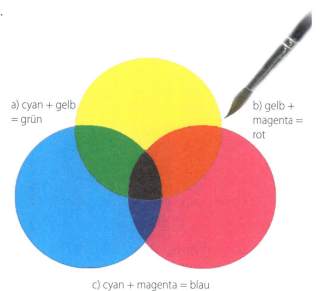

a) cyan + gelb = grün
b) gelb + magenta = rot
c) cyan + magenta = blau

d) Wenn alle drei Ausgangsfarben gemischt werden entsteht Schwarz.

e) die Mischfarben werden dunkler, weil sich die Lichtintensitäten gegenseitig schwächen (subtraktive Mischung).

10.2 Farbbegriffe und Farbordnungen

1. Die Grundfarben aus dem Farbkreis von Johannes Itten sind Gelb, Blau und Rot.

2. Benennung der Farben nach Johannes Itten:

3. Für Gelbgrün = Maigrün, für Gelborange = Goldgelb, für Rotorange = Kress, für Rotviolett = Purpur, für Blaugrün = Türkis.

4. In einem Farbstern können auch Abdunkelungen (innen) und Aufhellungen (außen) der jeweiligen Ausgangsfarbe dargestellt werden.

5. Für die Farbkugel von Runge gilt: a) die reinen Farben bilden den Äquator, b) die aufgehellten Farben befinden sich auf der Oberfläche der oberen Kugelhälfte, c) die abgedunkelten Farben befinden sich auf der Oberfläche der unteren Kugelhälfte, d) Schwarz ist am Nordpol, e) Weiß am Südpol, f) die Grauleiter befindet sich in der Mitte und bildet die Kugelachse zwischen Nordpol und Südpol, g) die getrübten Farben befinden sich im gesamten Innenraum der Kugel.

6. Unter einer Farbskala versteht man die Abstufungen der Mischung zweier Farben.

7. Eine Grauleiter stellt die Abstufungen der Grautöne zwischen Schwarz und Weiß dar.

8. Die Urfarben bei Küppers sind Violettblau, Grün und Orangerot. Auf diese drei Farben reagieren die Zapfen auf der Netzhaut des Auges.

9. Alle Farberscheinungen können durch drei Zapfentypen erzeugt werden, weil sie in unterschiedlicher Intensität angeregt werden. Dadurch können Tausende von verschiedenen Farbtönen wahrgenommen werden.

10.3 Farbeigenschaften und ihre Kontraste

1. Objektive Farbeigenschaften sind Farbton, Helligkeit und Reinheit (Sättigung). Man bezeichnet sie als objektiv, weil sie physikalisch messbar sind.

2. Subjektive Farbeigenschaften sind Farbaktivität, Farbtemperatur und Farbgewicht. Subjektiv nennt man sie, weil sie nur gefühlsmäßig wahrgenommen werden und die Menschen diese Eigenschaften unterschiedlich empfinden können.

3. Subjektive Farbkontraste werden auch als Sekundärkontraste bezeichnet.

4. Ein Farbtonkontrast ist die Kombination zweier unterschiedlicher Farbtöne. Er kommt am deutlichsten mit Farben des zwölfteiligen Farbkreises zum Ausdruck.

5. Ein Farbtonkontrast wirkt laut, bunt und kraftvoll, mitunter auch sehr unruhig und grell.

6. Farbhelligkeit beschreibt das Reflektionsvermögen einer Farbe. Weiß ist die hellste Farbe, Schwarz die dunkelste. Die Buntfarben können je nach Aufhellung mit Weiß oder Abdunkelung mit Schwarz unendlich viele Helligkeitsstufen darstellen.

7. Ein Helligkeitskontrast besteht aus mindestens zwei Farben verschiedener Helligkeit, z. B. innerhalb eines Farbtons: Reines Blau und aufgehelltes (oder abgedunkeltes) Blau, oder in verschiedenen Farbtönen: Gelb (hell) und Blau (dunkel).

8. Helle Farben wirken leicht und transparent, dunkle Farben wirken schwer. Ein Helligkeitskontrast erhöht die räumliche Wirkung.

9. Farbreinheit meint den Grad der Mischung einer Farbe. Die reinsten Farben sind die Grundfarben (nach Itten: Rot, Gelb und Blau). Statt Reinheit wird auch der Begriff Sättigung in der Farbenlehre verwendet. Schon die Sekundärfarben (Mischung zweier Grundfarben) verlieren an Reinheit (Sättigung). Noch weniger Reinheit (Sättigung) vermitteln die Tertiärfarben (Mischung dreier Grundfarben).

10. Ein Reinheitskontrast wird durch die Kombination mindestens zweier unterschiedlich reiner (gesättigter) Farbtöne gebildet, z. B. Nahezu reines Gelb (der Blütenblätter) mit Braun (Braun als typische „trübe" Farbe in der Blütenmitte).

    Anmerkung: Der Reinheitskontrast wird auch als Qualitätskontrast bezeichnet.

11. Bei einem Reinheitskontrast steigern sich die Farben in ihrer Wirkung gegenseitig. Die reinen Farben wirken noch frischer und dominieren, die trüben Farben ordnen sich unter.

12. Einem Mengenkontrast liegen zwei unterschiedlich große Farbmengen zugrunde. (Auch Viel-Wenig-Kontrast genannt).

13. Die Flächengröße meint die tatsächlich vorhandene messbare Fläche einer Farbe. Die Wirkungsmenge weicht davon ab, da helle Farben eine größere Wirkung auf den Betrachter haben als dunkle Farben. Bei einer Kombination gleicher Flächengrößen von z.B. Gelb mit Dunkelblau, würde der gelbe Anteil größer erscheinen als der dunkelblaue.

14. Ein solche Kombination erscheint nicht harmonisch, da die Farben untereinander konkurrieren, was zu einer unklaren Aussage des Werkstücks führt.

15. Die Farben werden in unterschiedlichen Mengen eingesetzt, weil sich dadurch eine Rangordnung ergibt und die Kombination harmonisch wirkt.

16. Ein Farbakzent ist der Einsatz einer sehr kleinen Farbmenge gegenüber einer großen.

17. Die Farbaktivität meint die Reizwirkung einer Farbe auf den Betrachter. Rot gilt als aktivste, Grün als passivste Farbe. Reine Farben wirken aktiver als getrübte. Der Aktivitätskontrast steht in engem Zusammenhang mit dem Reinheits- und Helligkeitskontrast. Beispiel: helles Orange mit trübem Blau.

18. Mit Farbtemperatur ist die Ausstrahlung von Wärme bzw. Kälte einer Farbe gemeint. Rot und Orange sind die wärmsten Farben, sie werden mit Feuer in Verbindung gebracht. Blau und Türkis sind die kältesten Farben, sie werden mit dem kühlen Wasser der Ozeane oder mit der Unendlichkeit des Himmels in Verbindung gebracht. Auf dem zwölfteiligen Farbkreis wird die rot- und gelbanteilige Hälfte als warm, die blau- und grünanteilige Hälfte als kühl bezeichnet.

19. An warmen Sommertagen wirken Warenpräsentationen mit vorwiegend blau- und türkisanteiligen Blumen erfrischend auf den Betrachter. An kalten Wintertagen wirken Rot- und Orangefarbene Werkstücke erwärmend auf die Kunden.

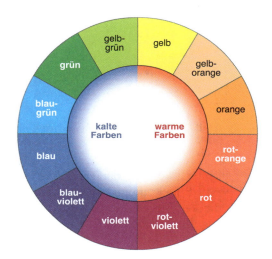

20. Ein Temperaturkontrast meint die Kombination von kalten (blau- bis grünanteiligen Farben) mit warmen (rot- bis gelbanteiligen) Farben. Um eine eindeutige Temperaturwirkung zum Ausdruck zu bringen, ist insbesondere die Beachtung unterschiedlicher Farbmengen (Mengenkotrast) wichtig.

    Anmerkung: Der Temperaturkontrast wird auch Kalt-Warm-Kontrast genannt.

21. Beim Betrachten von Farben kann man auch ein Gefühl für Schwere bzw. Leichtigkeit empfinden. Dies hängt mit der Dichte und der Helligkeit von Farben zusammen. Z.B. Farben, die mit Weiß aufgehellt sind, erscheinen hell und weniger dicht – und damit leichter, als reine, gesättigte Farben. Dadurch steht der Gewichtskontrast in engem Zusammenhang mit dem Helligkeitskontrast.

22. Außer Gewicht und Helligkeit empfindet man beim Gewichtskontrast auch Ferne (helle, leichte Farben) und Nähe (dunkle, schwere Farben).

10.4 Farbe und ihre Beeinflussung

1. Bei unbedecktem Himmel während des Tages erscheinen die Farben leuchtend und intensiv. Ist der Himmel bedeckt oder nimmt am Ende des Tages die Intensität des Sonnenlichts ab, werden die Farben gräulicher, trüber und dunkler. Alle drei Farbeigenschaften (Helligkeit, Reinheit und Farbton) verändern sich durch die Lichtmenge.

2. Die Lichtquellen haben unterschiedliche Farbspektren, das heißt, die Farbanteile sind unterschiedlich gewichtet. Dadurch verändern sich auch die Farberscheinungen desselben Gegenstandes bei unterschiedlicher Lichtquelle. Eine Blume, die bei Tageslicht in leuchtendem Blau erscheint, wirkt unter einer Glühbirne mit ihrem höheren gelb- und rotanteiligen Licht vergraut und getrübt.

3. Farben in einer Farbkombination beeinflussen sich bezüglich der Helligkeit folgendermaßen:
   a) Innerhalb einer Komposition steigern sich helle und dunkle Farben in ihrer Erscheinung gegenseitig.
   b) Farben vor einem dunklen Hintergrund werden in ihrer Leuchtkraft erhöht, vor einem hellen Hintergrund gemindert.

10.5 Farbharmonien

1. Harmonien großer Kontraste werden von Farben gebildet, die im Farbkreis weit auseinanderliegen.

2. Ein Komplementärkontrast wird von zwei Farben gebildet, die im Farbkreis diametral gegenüberliegen. Er wird als harmonisch betrachtet, da alle drei Grundfarben (Rot, Gelb, Blau) in ihm enthalten sind. In der Abbildung Gelb-Violett (Blütenblätter und Staubgefäße). Beispiele: Grün-Rot, Blau-Orange, Gelborange-Blauviolett.

3. Orange-Blau zeigt einen deutlichen Kalt-Warm-Kontrast und einen Hell-Dunkel-Kontrast. Rotorange-Blaugrün einen Aktiv-Passiv-Kontrast.

4. Ein Dreiklang wird gebildet durch drei Farben, die im Farbkreis gleich weit auseinanderliegen. Ihre Verbindunglinien bilden ein gleichseitiges Dreieck. Eine weitere Möglichkeit ist die Kombination einer Farbe mit den beiden Nachbarfarben ihrer Komplementärfarbe. Jetzt bilden die Verbindunglinien ein gleichschenkliges Dreieck. Man kann diese sogenannten Beziehungsfiguren beliebig drehen, die von ihnen getroffenen Farben bilden immer eine harmonische Einheit.

5. Ein Vierklang wird gebildet durch die Kombination zweier Komplementärkontraste. Die Beziehungsfigur ist entweder ein Quadrat oder ein Rechteck.

6. Bei einer Harmonie kleiner Kontraste werden Farben kombiniert, die in ihren Eigenschaften nur geringe Unterschiede aufweisen. Sind die Unterschiede größer, werden sie durch mehrere Zwischenstufen miteinander verbunden.

7. Von einer Harmonie der Nachbarfarben spricht man, wenn drei bis vier Farben aus dem zwölfteiligen Farbkreis nebeneinanderliegen. Ihre Verbindungslinien zum Mittelpunkt bilden dort einen rechten Winkel.

8. In einer Harmonie des Gleichklangs wird ein Farbton mit seinen Aufhellungen und (oder) Abdunklungen kombiniert. Man erzielt gleichzeitig einen Hell-Dunkel– und einen Nah-Fern-Kontrast. Die Wirkung ist ruhig, zurückhaltend und elegant.

9. Eine Harmonie verwandter Farben (oder Farbfamilie) umfasst Farben, denen ein gemeinsamer erkennbarer Farbton zugrundeliegt. Der zugrunde liegende Farbton kann mit Aufhellungen, Abdunkelungen, reineren, trüberen und mit Nachbarfarben kombiniert werden.

    Beispiel: Ausgangston reines Orange, kombiniert mit aufgehelltem und abgedunkeltem Orange, mit einem trüberen Orange, mit Gelborange und Rotorange.

10. Bei einer Harmonie gemischter Kontraste wird zu einer Harmonie der Nachbarfarben, zu einer Farbfamilie oder zu einem Gleichklang eine Komplementärfarbe hinzugefügt. Dies ist eine Kombination kleiner Kontraste, gemischt mit einer Harmonie großer Kontraste.

    Eine zweite Möglichkeit ist die Kombination bunter Farben mit einer unbunten Farbe (Schwarz, Weiß oder Grau). Dies nennt man auch Bunt-Unbunt-Kontrast. Die Wirkung der bunten Farben wird dadurch gesteigert, gleichzeitig wirkt die Unbuntfarbe vermittelnd.

10.6 Harmonien aus einer Blütenfarbe ableiten.

1. Blütenblätter: Orange, Staubblätter: Gelb, Stempel: Gelb und Grün.

2. Blütenblätter: Rot aufgehellt bis zum Weiß, Staubbeutel: Gelb (Braun), abgedunkelt, stark getrübt, Stempel: Gelbgrün, abgedunkelt, leicht getrübt.

3. Viel: aufgehelltes Rot (Rosa), mittel: Gelb, wenig: Orange.

4. Ausgangsfarbe: Blaugrün. Richtungen: zum Blau, zum Grün, getrübtes Blaugrün, aufgehelltes Blaugrün bis hin zu hellem Grau, abgedunkeltes Blaugrün bis hin zu Dunkelgrau.

10.7 Farbkompositionen

1. 1.f) Weiß für Reinheit und Unschuld.
   2.b) Gelb für Sonne und Heiterkeit.
   3.e) Schwarz für Trauer, Nacht und Strenge.
   4.g) Grün für Hoffnung, Wachstum und Leben.
   5. h) Rot für Liebe, Feuer und Gefahr.
   6. a) Violett für Melancholie, Würde und Trauer.
   7.d) Rosa für Romantik, Weiblichkeit, Naivität.
   8. c) Blau für Sehnsucht, Unendlichkeit und Frieden.

2. Eine Streuung vermindert die Farbwirkung der einzelnen Farbtöne für die Gesamtgestaltung, sie kann leicht unruhig und unentschieden wirken. Eine Gruppierung wirkt klar und spannungsreich.

3. Eine glatte Oberfläche reflektiert das Licht stärker, die Farben gewinnen an Leuchtkraft und treten stärker hervor, mitunter wirken sie kühler.

4. Eine raue Oberfläche lässt die Lichtstrahlen öfter brechen, die Farben erscheinen stumpfer und trüber, mitunter auch wärmer.

5. Die Farben sollten auch möglichst in verschiedenen Strukturen ausgewählt werden, um eine spannungsreiche Gestaltung zu erzielen.

11 Stilkundliche Entwicklungen kennen und in floristische Gestaltung übertragen

11.1 Griechische Antike, 800 bis 30 v. Chr.

1. Merkmale der dorischen Säulenordnung sind:
   Kräftiger, „dicker" Säulenschaft mit Kanneluren und ein einfach gestaltetes Kapitell mit Abakus und Echinus; grundsätzlich aber gibt es keine ausgearbeitete Basis. Die Säule steht direkt auf der obersten von drei Stufen über dem Fundament.

2. Die ionische Säule erkennt der Florist am fast „flach" wirkenden Kapitell mit Voluten und Eierstab, der Säulenschaft ist kanneliert. Grundsätzlich hat die ionische Säule immer eine gestaltete Säulenbasis.

3. Merkmale der korinthischen Säulen sind: Insgesamt hoher, schlanker, elegant wirkender Säulenschaft mit Kanneluren. Das Kapitell hat Akanthusblätter. Insgesamt findet man eine aufwändig gestaltete Säulenbasis.

4. Typische Werkstücke der griechischen Antike sind die Girlande, die Stabgirlande, Kopfkränze, Siegerkränze und vor allem der Thyrsosstab.

5. Blätter (Beispiele) für einen nachahmend gestalteten Kopfkranz sind:
   Prunus laurocerasus 'Otto Luyken', *Hedera helix*, *Photinia coggygrya*, *Skimmia japonica*, *Aucuba japonica* (kleine Blätter), *Buxus sempervirens*, *Rhododendron catawbiense* o. a.

6. Skizze eines Kopfkranzes aus der griechischen Antike:

Bild 1 Kopfkranz als Siegerkranz (Beispiel)

7. Drei verschiedene Ornamente (Beispiele) der griechischen Antike sind:

| Mäander | Perlstab | Wellenband |

Bild 2 Ornamente der griechischen Antike (Beispiele)

8. Ein Thyrsos-Stab als Skizze mit Benennung verwendeter Werkstoffe:

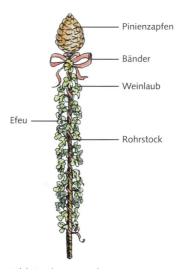

Bild 3 Thyrsosstab

11.2 Römische Antike, 300 v. Chr. bis 300 n. Chr.

1. Typische Bauwerke der Römer sind Triumphbögen, Aquädukte, Arenen, Theater, Tempel (Rechtecktempel), Thermen (Badehäuser), Basiliken u. a.

2. Zum einen durch die Verwendung des Bogens der Etrusker, weil durch keilig geschnittene Steine eine große Weite überbaut werden kann (Gewölbetechnik), und zum anderen durch die Verwendung von „Be-

ton", da so die Bauwerke eine hohe Stabilität erhalten. Auch durch die sog. „Römische Säulenordnung", bei der die Säulen nicht mehr tragen (und deshalb größere Spannweiten möglich sind), sondern nur dekorativ die tragende Konstruktion schmücken, d. h. nur vorgestellt werden.

3. Typisch für die römische Binderei sind Girlanden, Festons zum Schmuck von Räumen, Fassaden, Straßen oder Stabsträuße zum Tragen bei Festumzügen. Auch der Kopfkranz als Bürgerkrone für freie, verdiente Bürger oder als Siegerkranz sind römische, floristisch gestaltete Werkstücke. Allgemein werden Blumen als Streublumen für verschiedene Anlässe verwendet.

4. Die Römer verwenden typischerweise folgende Blumen und Pflanzen (Beispiele):
Rosa damascena, Papaver orientale, Anemone coronaria, Crocus neapolitanus, Narcissus tacetta, Viola odorata, Hyacinthus orientalis, Lilium candidum.

5. Eine Recherche zum Stabstrauß hat folgendes Ergebnis (Beispiel):

Bild 1 Stabstrauß (Beispiel)

11.3 Romanik

1. Von 1000 bis 1250 n. Chr.

2. Der religiöse Mittelpunkt des romanischen Mittelalters sind die Klöster. Sehr ausgeprägt sind auch das Rittertum und das Lehenswesen. Die Lebens- und Wirtschaftsweise ist mehrheitlich bäuerlich geprägt, sodass die „Einteilung" der Menschen „von oben nach unten" erfolgt: Viele Menschen arbeiten für das Wohlergehen einiger weniger.

3. Typische Merkmale der romanischen Architektur sind beispielsweise Rundbögen sowie dicke und schwere Mauern mit kleinen Fenstern, den Lichtgaden.
Die Konstruktion der Kirchenbauten folgt einem gebundenen System: Ein konstruiertes Quadrat wird insgesamt auf die Bauweise der Gebäude angewendet; sehen kann man das sehr gut an der Vierung mit dem Vierungsturm.
Im Grundriss ist die Dreiteilung einer romanischen Kirche (Basilika) durch Mittelschiff, zwei Seitenschiffen und dem Querschiff zu erkennen.
Charakteristisch für die Romanik ist auch der Stützenwechsel: Runde Säulen mit Würfelkapitell wechseln sich mit eckigen Pfeilern ab. Chor, Apsis und Krypta sind häufig vorkommende Bauteile.
Das Hauptportal ist immer an der Westseite (im Westwerk).

4. St. Michaeliskirche in Hildesheim, Kaiserpfalz in Goslar, Dom zu Limburg, Kaiserdome in Mainz, Worms und Speyer, St. Peter und Paul auf Reichenau, Abteikirche Maria Laach, Braunschweiger Dom

5. Skizze einzelner Bauteile (Beispiele) einer romanischen Kirche:

11 Stilkundliche Entwicklungen kennen und in floristische Gestaltung übertragen — 11.3 Romanik

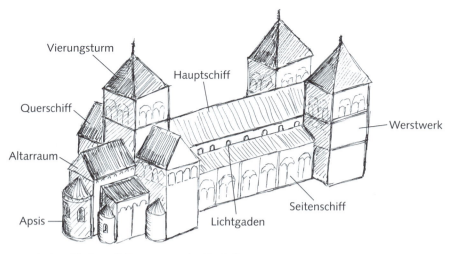

Bild 1 Skizze einer romanischen Kirche mit Benennung der Bauteile

6. Skizze eines floristischen Werkstücks (Beispiel), das zum Schmuck in einem romanischen Kirchenraum gestaltet werden kann:

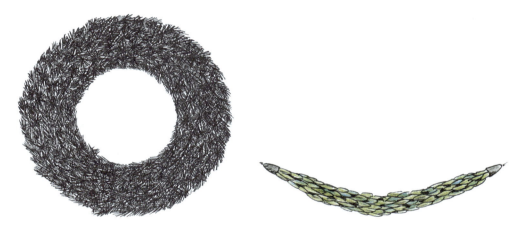

Bild 2 Kirchenschmuck einer romanischen Kirche (Beispiel)

7. Ein Questenbaum mit Beschriftung entsprechend verwendeter Pflanzen (Beispiele):

Bild 3 Skizze Questenbaum (Beispiel)

11.4 Gotik

1. Von 1250 bis 1500 n. Chr.

2. Merkmale gotischer Gebäude (vor allem Kirchen, aber später auch Rathäuser und Wohngebäude) sind Spitzbögen mit Maßwerk.
   Das gebundene System basiert auf der grundlegenden Konstruktion mit einem Rechteck. Die tragende Konstruktion liegt sichtbar außerhalb des Gebäudes, deshalb wird dieses Strebewerk aus Strebepfeilern und Strebebögen z. T. mit vielen Schmuckformen wie Wimperg, Krabbe, Fiale, Kreuzblume u.a. geschmückt.
   Im Kirchenraum selbst sieht man Bündelpfeiler, die durch die Bündelung vieler einzelner kleinerer Pfeiler einen hohen Kirchenraum ermöglichen, sodass durch ein hohes Mittelschiff stark die Vertikale betont wird. Kreuzrippengewölbe liegen auf diesen Bündelpfeilern auf und tragen das Dach.
   Weil die technische Konstruktion außerhalb des Gebäudes liegt, entsteht Platz für große und bunt verglaste Maßwerkfenster. Bekannte Maßwerkformen sind die Rose, der Schneuss oder vor allem auch der Pass, z. B. als Drei- oder Sechspass.

3. Beispiele gotischer Bauwerke in Europa sind:
   Dome zu Regensburg, Köln, Paderborn, Freiburg, Prag und Mailand, das Münster in Straßburg, Kathedralen in Lincoln, York und Reims, das Rathaus in Münster, St. Marien und das Holstentor in Lübeck, ein Bürgerhaus in Lüneburg.

4. Diese Abbildungen (Beispiele) mit den entsprechenden Fachbegriffen heißen:

Kreuzblume — Maßwerk — Wimperg

Bild 1 Schmuckformen der Gotik (Beispiele)

5. Wohn- und Rathäuser sind gekennzeichnet durch Treppengiebel, Spitzbogen, Maßwerkfenster und Schaufassaden mit Fialen und anderen Schmuckelementen.

6. Typische Pflanzen (Beispiele), bekannt von heidnischen Bräuchen, sind die Kiefer (*Pinus sylvestris*) als Symbol für Bescheidenheit, Standfestigkeit und Ausdauer oder auch für Trauer, während die Stechpalme (*Ilex aquifolium*) zunächst Ausdauer und Freundschaft bedeutet, dann aber auch für Hoffnung auf Auferstehung und im christlichen Glauben für das neue Licht steht. Die Grundbedeutung der Mistel (*Viscum album*) als Symbol bedeutet Schlüssel zum Unbewussten, zur Welt der Ahnen, und steht dann später im Christentum für Christus den Auferstandenen, aber auch für Vertreibung des Bösen im Winter. Der Efeu (*Hedera helix*) symbolisiert Treue, ewiges Leben, unvergängliche Gefühle und steht für Unsterblichkeit. Die Eibe (*Taxus baccata*) ist ein Symbol für Ewigkeit, für die Überwindung des Todes, für die Rückkehr zum Ursprung, für die Wiedergeburt und für Unsterblichkeit.

7. Die gotischen Kirchenräume sind hoch; somit entsteht der Eindruck aufwärts strebender Linien, z. B. durch die Bündelpfeiler, und damit die Betonung vertikaler Linien. Dadurch ist es zwingend, dass diese Linien nicht gestört werden, was zur Konsequenz hat, dass solche Girlanden zum einen nicht zu dick sind und zum anderen senkrecht aufgehängt werden. Weil durch die großen bunten Fenster relativ viel farbiges Licht in den Kirchenraum dringt, wählt der Florist vor allem die Farben Weiß und Gelb, da diese sich gut mit dem einfallenden Licht vertragen.

8. Merkmale (Beispiele) für ein Gesteck mit frischen Blumen in einem gotischen Kirchenraum: Die Anordnungsart ist parallel. Die Gestaltungsart ist formal-linear oder auch dekorativ. Die Ordnungsart ist symmetrisch, weil so die Symmetrie des Raumes aufgenommen wird. Die aufstrebenden Bewegungsformen des floralen Werkstoffes nehmen die Linien des gotischen Raumes wieder auf. Für eine formal-lineare Gestaltung kommen Gefäße mit geradlinigem und statisch wirkendem Umriss zur Anwendung. Die hellen Farben nehmen das farbige Licht der Maßwerkfenster wieder auf.

9. Beispiele floraler Werkstoffe für einen Blumenschmuck in formal-linearer Gestaltung in einer gotischen Kirche sind:
Blumen: Heliconie: *Heliconia stricta*, Riesen-Lauch: *Allium giganteum*, Prachtscharte: *Liatris spicata*, Trommelstock: *Craspedia globosa*, Rittersporn: *Delphinium elatum*, Eisenhut: *Aconitum napellus*, Rohrkolben: *Typha latifolia*, Garten-Nelke: *Dianthus caryophyllus*, Rose: *Rosa* Cultivars, Steppenkerze: *Eremurus robustus*, Schmucklilie: *Agapanthus praecox*, Gladiole: *Gladiolus* Cultivars, Kalla: *Zantedeschia aethiopica*, Blätter: Schusterpalme: *Aspidistra elatior*, Aralie: *Fatsia japonica*, Fensterblatt: *Monstera deliciosa*, Philodendron: *Philodendron bipinnatifidum*, Lederfarn: *Rumohra adianatiiformis*, Kalanchoe: *Kalanchoe beharensis*, Chinaschilf: *Miscanthus sinensis*, Dickmännchen: *Pachysandra terminalis*.

10. Als bekannte Arznei- und Gewürzpflanzen der Klostergärten gelten folgende Beispiele: Ringelblume: *Calendula officinalis*, Schwarzkümmel: *Nigella sativa*, Pfefferminze: *Mentha spicata*, Süßholz: *Glycyrrhiza glabra*, Fenchel: *Foeniculum vulgare*, Eisenkraut: *Verbena officinalis*, Kresse: *Lepidium sativum*, Basilikum: *Ocimum basilicum*, Dill: *Anethum graveolens*, Salbei: *Salvia officinalis*, Majoran: *Origanum majorana*, Petersilie: *Petroselinum crispum*, Anis: *Pimpinella anisum*, Lavendel: *Lavandula angustifolia*, Ysop: *Hyssopus officinalis*, Stockrose: *Alcea rosea*.

11. Typische Pflanzen (Beispiele), die in den Gärten des Mittelalters vorkommen, sind:
Goldlack: *Cheiranthus cherii*, Akelei: *Aquilegia vulgaris*, Rittersporn: *Delphinium x elatum*, Christrose, Nieswurz: *Helleborus niger*, Fingerhut: *Digitalis purpurea*, Eisenhut: *Aconitum napellus*, Königskerze: *Verbascum speciosum*, Ringelblume: *Calendula officinalis*, Essigrose: *Rosa gallica*, Pfingstrose: *Paeonia officinalis*, Lilie: *Lilium candidum*, Bartnelke: *Dianthus barbatus*.

12. Die Pflanzen (Beispiele) aus dem Mittelalter sind:

Alcea rosea	*Aquilegia vulgaris*	*Digitalis purpurea*
Arzneipflanze (Heilpflanze)	Zierpflanze	Heilpflanze

Bild 1 Pflanzen (Beispiele) aus der Zeit der Gotik

11.5 Renaissance

1. von ca. 1500 bis 1600 n. Chr.

2. Das Wort Renaissance leitet sich vom italienischen „rinascimento" ab, was wörtlich übersetzt „Wiedergeburt" bedeutet. Zu erkennen ist diese Wiedergeburt an den – vor allem italienischen – Bauwerken: Wesentliche Teile der klassischen antiken Stilelemente, z. B. Säulen oder Bögen, finden wieder eine neue Verwendung.

> Lösungen

3. 1492, also einige Jahre vorher, wird Amerika entdeckt. Viele Pflanzen kommen dann nach Europa und finden Eingang in die Gärten.
   Im Gegensatz zum stark durch die Kirche geprägten Mittelalter beginnt nun ein Prozess der Verweltlichung und Individualisierung. In dieser Zeit der gesellschaftlichen Umstrukturierung ist der Humanismus die geistige Grundlage.
   Der Handel durch die Hanse blüht; in diese Zeit fallen die Reformation, aber auch die Bauernkriege. Es ist die Zeit von Entdeckungen und Erfindungen: Kopernikus (1473–1543) beschreibt, dass die Erde sich um die Sonne dreht, Gutenberg (ca. 1400–1468) verwendet bewegliche Buchstaben für den Buchdruck, Henlein (1480–1542) konstruiert eine tragbare Uhr (die Taschenuhr), das Schießpulver wird erfunden, Architekten und Maler schreiben ihren Namen unter ihre Kunstwerke und „entdecken" und verwenden in Bauwerken und Bildern den Goldenen Schnitt und die Perspektive.

4. Recherchieren Sie und kreuzen Sie entsprechend bedeutende Künstler der Renaissance an.
   - ☐ Stefan Lochner
   - ☒ Michelangelo
   - ☒ Lucas Cranach
   - ☐ Hans Makart
   - ☒ Albrecht Dürer
   - ☒ Leonardo da Vinci
   - ☒ Botticelli

5. Die deutsche Architektur dieser Zeit ist nicht neu:
   Die vorhandenen Gebäude werden nur sehr ausführlich „geschmückt" (Manierismus). Als Merkmale von Renaissance-Architektur in Deutschland gelten deshalb vor allem die Gliederung von Fassaden durch Gesimse, Halbsäulen, Pilaster u. a. Die rechteckigen Fenster sind mit dreieckigen Giebeln verziert, während der Giebelschmuck selbst durch Pilaster, Voluten, Obelisken, Zapfen/Vasen u. a. erfolgt. Auch Kirchen, Bürgerhäuser, Portale, selbst Möbel oder Glasgefäße zeigen diese überbordende „Dekoration".

6. Angelehnt sind diese Gärten an die Gärten des alten Rom:
   Die Gartenflächen haben eine rechteckige oder auch quadratische Form; die geometrische Gliederung bleibt weitgehend erhalten und wird durch die Symmetrie verstärkt. Es finden sich Rasenflächen und Hecken, breite Wege, Wasserspiele, Lauben und Pavillons. Eine große Zahl Plastiken schmücken diese Gärten. Die Entdecker und Eroberer bringen viele neue Pflanzen mit. In dieser Zeit entstehen auch erste botanische Gärten in Erfurt, Florenz, Padua, Bologna und Leiden.

7. Zu der Vielzahl der nach Europa gelangten Pflanzen (Beispiele) gehören:
   Tulpe: *Tulipa gesneriana*, Flieder: *Syringa vulgaris*, Dahlien: *Dahlia x hortensis*, Hyazinthe: *Hyacinthus orientalis*, Sonnenblume: *Helianthus annuus*, Kronen-Anemone: *Anemone coronaria*, Kaiserkrone: *Fritillaria imperialis*, Studentenblume: *Tagetes patula*, Ranunkeln: *Ranunculus asiaticus*

11.6 Barock und Rokoko

1. von 1600 bis 1780 n. Chr.

2. In dieser Zeit ist in Europa der Absolutismus (Alleinherrschaft) eine vorherrschende Regierungsform: Der Monarch ist alleiniger Inhaber der obersten staatlichen Gewalt, unabhängig von Recht und Gesetz. Der Monarch ist der Staat, wie z. B. Ludwig XIV.
   Der Dreißigjährige Krieg (1618–1648) wird durch den Westfälischen Frieden (24.10.1648) von Münster und Osnabrück beendet. Zahlreiche Soldaten wurden in zahlreichen Schlachten getötet, die hohen Kriegskosten trieben den Staat fast in den Ruin und der größte Teil der Bevölkerung lebt in bitterer Armut; viele Menschen fielen so Hungersnöten oder der Pest zum Opfer.

3. Die Musikwelt hat große Namen wie Arcangelo Corelli, Antonio Vivaldi, Georg Philipp Telemann, Georg Friedrich Händel oder Johann Sebastian Bach hervorgebracht.
Berühmte Architekten bauen berühmte Bauwerke: Balthasar Neumann die Residenz in Würzburg, Johann Conrad Schlaun das Schloss Clemenswerth in Sögel und das Wasserschloss Nordkirchen, Matthias Daniel Pöppelmann den Dresdner Zwinger oder Johann Bernard Fischer von Erlach die Karlskirche in Wien.
Die Maler heißen beispielsweise Diego Velázquez, Peter Paul Rubens, Giambattista Tiepolo, Rembrandt van Rijn, Frans Hals, Anthonis van Dyck, Bartholomé Esteban Murillo oder Caravaggio.

4. Die Mehrheit der barocken Bauwerke hat keine „geraden" Linien; darum wirken sie bewegt und dynamisch. Das Oval taucht als Grundriss auf, als Schmuckelement oder auch in Fensterformen. Die Architekten bauen symmetrisch mit starker Betonung der Mittelachse. Repräsentative Treppen und Treppenhäuser stellen Macht und Herrschaft dar, unterstützt durch die Verwendung wertvoller Werkstoffe, wie z. B. Marmor, Stuck mit Gold oder Silber überzogen, Parkette mit edlen Hölzern.
Der Illusionismus (illusionistische Malerei) täuscht die Betrachter: Bauelemente, Dekorationen und Malereien werden in der Fläche als dreidimensional empfunden. Der Garten ist die optische Erweiterung der Gebäude nach draußen: symmetrisch angelegt, mit geschnittenen Pflanzenformen und geschwungenen Linien.

5. Farbtöne der Barock- und Rokokozeit sind Weiß, Gold, viele verschiedene Gelb- und Gelborangetöne, Rot und Purpur als herrschaftliche/herrschende Farbtöne.

6. Beispiele für die verschiedenen Farbtöne sind: Teerosen: *Rosa* Cultivars, Sonnenblume: *Helianthus annuus*, Zinnien: *Zinnia elegans*, Tulpen: *Tulipa gesneriana*, Gerbera: *Gerbera jamesonii*' Sorte', Edel-Nelke: *Dianthus caryophyllus*' Sorte'

7. Blumen (Beispiele) mit einer runden Bewegungsform sind: Hortensie: *Hydrangea macrophylla*, Chrysantheme: *Chrysanthemum x grandiflorum*, Nelke: *Dianthus caryophyllus*, Schneeball: *Viburnum opulus*' Sterile', Zierlauch: *Allium giganteum*, Rose: *Rosa* Cultivars, Zinnie: *Zinnia elegans*, Skabiose: *Scabiosa caucasica*

8. Blumen für einen Strauß mit aufstrebenden Bewegungsformen (Beispiele) sind:
Rittersporn: *Delphinium x elatum*, Prachtscharte: *Liatris spicata*, Fackellilie: *Kniphofia* Cultivars, Gladiolen: *Gladiolus* Cultivars, Steppenkerze: *Eremurus robustus*, Muschelblume: *Moluccella laevis*, Levkoje: *Matthiola incana*, Goldruten-Aster: *x Solidaster luteus*, Lupine: *Lupinus polyphyllus*

9. Barock und Rokoko verwenden folgende Werkstücke und florale Dekorationen (Beispiele): Der Strauß der Barockzeit ist häufig aus der Malerei bekannt: Üppig und farbig in der Zusammenstellung aus vielen verschiedenen Blumen. Diese „einfachen" (dem Garten oder der Natur entnommenen) Blumen werden meistens nicht kompakt angeordnet, und der Umriss wirkt durch ausschwingende Bewegungen aufgelockert. Eingestellt werden diese Blumenzusammenstellungen in Fayencen, Majolika oder Porzellanvasen. Girlanden aus Blüten, Blättern oder auch Früchten schmücken geschnitzt, gemalt oder in Stein gehauen die Wände und Decken barocker Bauwerke. Man kann davon ausgehen, dass solche Girlanden auch als gebundener Raumschmuck verwendet werden. Der Tischschmuck besteht – anders als heutzutage – nur aus auf den Tisch gestreuten Blumen. Es gibt zweierlei Begründungen:
Das verwendete Geschirr, die Platten für die Speisen und auch dekorative Tafelaufsätze sind schon sehr formenreich und bunt bemalt. Auch lässt die Menge der aufgetragenen Speisen keinen Platz mehr für einen Blumenschmuck.
Blumen oder auch kleine Blumensträuße nutzen die Frauen der Barockzeit als aufgenähten Schmuck für ihre Kleider oder gesteckt in die hoch aufgetürmte Lockenfrisur (Perücke).

10. Beispiel für eine typische Blütengirlande des Barock und Rokoko:

Bild 1 Blütegirlande (Beispiel) aus der Barockzeit

> Lösungen

11. Beispiele von Porzellanmarken aus der Barockzeit sind:
    Ludwigsburg (1758), Fürstenberg (1747), Meissen (1710), KPM (Königliche Porzellan-Manufaktur, 1763), Nymphenburg (1747), Tettau (1794), Gotha (1757)

12. Der Blumenschmuck des Altarraumes (Beispiel; es gibt auch andere Lösungen) nimmt sicherlich barocke Farben wie Weiß, Purpur, Gold (?), viele Pastellfarbtöne und auch sammelnde, prunkvollere Formen wieder auf. Die Gestaltungsart ist dann dekorativ, die Ordnungsart symmetrisch und die Anordnung hat einen Wuchsmittelpunkt (radial). Insgesamt kann es ein üppiger Schmuck sein. Die Auswahl der Werkstoffe entspricht den Möglichkeiten entsprechend der Jahreszeit; es bieten sich jedoch Rosen, Hortensien, Phlox, Pfingstrosen, Frauenmantel, u. v. a. florale Materialien an. Nicht nur der Altartisch selbst, sondern auch der Bereich daneben bis in den Kirchenraum werden in die gestalterischen Überlegungen mit einbezogen. Hier können dann sicherlich auch größere Werkstücke Platz finden.

11.7 Klassizismus

1. Klassizismus: 1780 bis 1840; Biedermeier: 1815 bis 1848; Historismus: 1849 bis 1890; Jugendstil: 1890 bis 1910 n. Chr.

2. Die Architektur des Klassizismus hat folgende typische Merkmale:
   Grundlegend erfolgt eine Rückbesinnung auf Bauelemente der Antike wie z. B. Säulen, Rechter Winkel, gerade Linien. Die Säulen haben dorische und ionische Kapitelle und das Bauwerk insgesamt ist erkennbar streng symmetrisch gestaltet. Schmuckformen der Antike gliedern Fassaden und Wände, schmücken aber auch Skulpturen und Möbel mit Mäander, Eierstab, Pilaster, Rosetten, Voluten, Friesen, Girlanden und Festons. Die vorherrschenden Farben sind innen oder z. T. auch außen Cremegelb, Weiß, auch Gold und Olivgrün.

3. Bauwerke in der Zeit des Klassizismus vermischen viele europäische Stile, vor allem finden griechische und gotische Stilelemente Verwendung. Der Historismus ist also eine Nachahmung alter (historischer) Bauformen. Erkennbar ist dieses an Gebäuden der Gründerzeit (etwa 1870 bis 1920), bei denen die Fassade „nach alt" gestaltet wird, während das Gebäude selbst einer aktuellen Funktion folgte, z. B. als Wohnung, Bahnhof oder als Kaufhaus. Selbst Fabriken werden in diesem historistischen Stil gebaut.

4. Ein Trauerkranz (Beispiel) aus der Zeit des Klassizismus kann so aussehen:

Bild 1 Trauerkranz (Beispiel) aus der Zeit des Klassizismus

5. In Europa werden auch andere Bezeichnungen verwendet: So heißt diese Zeit in Österreich „Sezession", in Spanien „Stile Modernista", in Frankreich „Art Nouveau", in Großbritannien „Modern Style" und in Italien – Stile Liberty".

6. Die Architektur im Jugendstil ist grundsätzlich nicht neu, die Bauwerke erhalten nur eine neue Ornamentik. Vor allem technische (neue) Materialien wie Eisen, Stahl, Glas und Beton sind auch in der Konstruktion erkennbar und werden deshalb „geschmückt". Dabei sind bevorzugte schmückende Ornamente Ranken, andere pflanzliche Formen, z.B. die gewundenen Linien bei Seerosen, Blumen und Pflanzen mit langen Stielen, schmale Blätter und viele andere fließende Linien. Auch Gebrauchsgegenstände wie Möbel, Leuchten, Glasgefäße, Keramik, Schmuck, selbst Bücher und andere kunstgewerbliche Formen werden mit diesen fließenden Linien geschmückt..

7. Die folgenden Pflanzen (Beispiele) kommen als stilisierte Naturformen vor:
Nymphaea alba, *Lilium regale*, *Tulipa gesneriana*, *Chrysanthmum indicum*, *Typha latifolia*, *Clematis montana*, *Typha angustifolia*,

8. Romantik: Bekannte Maler sind Caspar David Friedrich und Philip Otto Runge, die durch ihre Bilder nicht in erster Linie ein Ereignis abbilden, sondern der Inhalt stellt die Gefühle und seelischen Zustände von Menschen dar, z. B. durch stimmungsvolle Naturdarstellungen. Impressionismus: Hier tritt der eigentliche Inhalt noch weiter in den Hintergrund: Wichtig ist die Licht- und Farbwirkung, die Stimmung, der Eindruck dieses einen Augenblicks. Bekannte Maler sind z. B. Claude Monet, Vincent van Gogh.

9. Typische Straußformen des 19. Jahrhundert sind folgende Beispiele:
Tellerstrauß, Biedermeierstrauß, Pyramidenstrauß, Pompadourbouquet, Makartbouquet.

10. Die Unterschiede zwischen einem Bouquet und einem heutzutage gebunden Strauß sind: Das Bouquet bindet die verschiedenen Formen und Größen meistens an einen Stab oder wird auch nur auf Draht gefertigt, also mehrheitlich ohne die natürlichen Blumenstiele. Es schließt ab mit einer Manschette aus Papier, Stoff oder Spitze.
Der Strauß von heute bindet die verschiedenen Formen und Größen mehrheitlich mit natürlichen Stielen. Draht o. a. dient nur der unterstützenden Formgebung. Eine abschließende „Manschette" wird bei Bedarf aus natürlichen Werkstoffen gebunden.

11. Folgende Merkmale kennzeichnen einen historischen, klassischen Biedermeier:
Der klassische Biedermeier hat eine Manschette (aus Papier, Blättern, o. a.), kreisförmig angelegte Blumen/andere florale Werkstoffe und meistens eine deutlich erkennbare Mitte (deutlich gemacht durch eine einzelne „größere" Blüte).

12. Zum Nachgestalten eines Biedermeierstraußes eignen sich besonders (Beispiele):*Myosotis sylvatica*, *Rosa* Cultivars, *Ageratum houstonianum*, *Bellis perennis*, *Viola odorata*, *Alchemilla mollis*, *Gypsophila paniculata*, *Sedum telephium*

13. Ein typischer „klassischer" Biedermeierstrauß:

Bild 1 Biedermeierstrauß (Beispiel)

14. Ein veränderter Biedermeierstrauß:

Bild 1 Biedermeierstrauß (Beispiel) für die heutige Zeit

15. Ein Tischschmuck für einen „Biedermeiertisch" zur Feier eines Geburtstages:

Bild 2 Tischschmuck (Beispiel)

11.8 Moderne

1. ab 1925 n. Chr.; Bauhaus (1919 bis 1933); Expressionismus (

2. Bei der Gründung 1919 in Weimar heißt das spätere Bauhaus noch „Hochschule für Bau und Gestaltung"; das Bauhaus ist also eine Kunsthochschule.
Hieraus kann man schon die erste Idee ableiten: Studenten arbeiten zusammen in Werkstätten an Gestaltung (Design) und handwerklicher Ausführung, also ohne die Trennung in Künstler oder Handwerker. Die zweite Idee ergibt sich aus der ersten: Damit alle Studenten (Künstler, Handwerker) die gleichen Startbedingungen haben, gibt es einen Vorkurs, indem für alle die gleiche Grundausbildung erfolgt über Form, Farbe und Material.

3. Bekannte Architekten (Beispiele) aus der Bauhaus-Zeit sind Walter Gropius, Adolf Meyer, Mies van der Rohe, Max Bill.

4. Die Gebäude/die Baukörper sind aus geometrischen (meist rechteckigen) Formen gebaut. Die Form eines Gebäudes ergibt sich dabei aus der Funktion (zweckdienliche Formgebung setzt sich fort in Alltagsgegenstände): z. B. sind Werkstätten oder Fabrikgebäude hell gestaltet mit großen Fenstern oder Glasfassaden. An die Stelle der bekannten geschlossenen Architektur entsteht durch das Bauhaus eine offene Gliederung (Durchsichtigkeit) aller umbauten Teile: Die logische Folge ist, dass oftmals die Verwendung von Glaselementen das gesamte Bauwerk beherrscht. Standardisierung und Vorfertigung in der industriellen Technologie ergeben eine wirtschaftliche Bauweise.

11 Stilkundliche Entwicklungen kennen und in floristische Gestaltung übertragen — 11.8 Moderne

5. Dieses Werkstück passt zur Architektur im „Bauhaus-Stil":

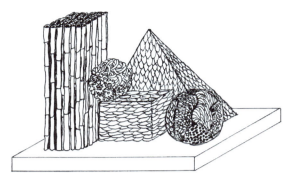

Bild 1 Werkstück (Beispiel) zum Bauhaus-Stil

6. Sicherlich haben Sie einen passenden Entwurf skizziert und geeignete florale und nichtflorale Werkstoffe benannt. Sprechen Sie darüber mit Ihren Kollegen, Ihrem Ausbilder, Ihren Mitschülern und Ihren Lehrern. Da hier „unendlich" viele Lösungen möglich und geeignet sind, soll Ihnen nicht **eine** Lösung vorgegeben werden. Bleiben Sie kreativ!

Lösungen

1 Nonflorale Werkstoffe, deren Bestandteile und Herstellungsprozesse kennen, vermitteln und anwenden

1. Zwei unterschiedliche Keramikarten sind: Hart- und Weichkeramik

2. Beispiele für Gefäße aus Weichkeramik sind z. B. Terrakotta, Hafnerware, Fayencen, Majolika und Steingut, Beispiele für Hartkeramikgefäße sind: Porzellan, Schamotte und Steinzeug.

3. Häufig angewandte Glasurarten sind z. B.: Laufglasuren, Wischglasuren, Salzglasuren.

4. Unterschiedliche Herstellungsverfahren für Glasgefäße sind: Pressen, Blasen, Gießen oder Ziehen.

5. Gefärbtes Glas entsteht durch das Beimischen von Metallen oder Metalloxiden.

6. Die Ausstrahlung von Glas kann von edel bis rustikal variieren: Meistens wirkt es transparent, gepflegt und wertvoll, vor allem, wenn es glänzend und farbig ist. Recyclingglas kann auch rustikal wirken.

7. Typische Materialien für die Korbherstellung sind Birke, Weide, Kiefer, Bananenblätter oder Wasserhyazinthe.

8. Floristen arbeiten insbesondere mit Gefäßen aus rostigem Eisen, Edelstahl, Messing, Zink, Aluminium oder Nickel.

9. Typische Materialien für Gefäße aus Kunststoff sind Polystone, Fiberstone, Fiberglas

10. Kerzen werden aus Bienenwachs, Stearin, Paraffin, Raps, Ceresin oder aus einem Gemisch verschiedener Materialien hergestellt.

11. Kerzen werden durch Tauchen, Ziehen, Pressen, Gießen oder Kneten in Form gebracht.

12. Kerzen müssen gleichmäßig abbrennen, dürfen nicht rußen und tropfen, müssen den Sicherheitsbestimmungen entsprechen und das Material darf nicht brüchig sein. Nur dann lassen sie sich sicher in Leuchter einbringen oder in floralen Werkstücken verarbeiten.

13. Seiden-. Organza- oder Leinenbänder, sie können z B. für Hochzeitsfloristik oder für Tischdekorationen eingesetzt werden. Als Stoff für Dekorationszwecke wird Nessel, Mollton, oder Organza verwendet, z. B. um Platten zu beziehen, Raumteiler zu gestalten oder Präsentationstische zu bedecken.

14. Technische Steckhilfsmittel sind z. B. Steckhilfsmittel aus Schaum für Schnittblumen und für Trockenblumen, alternative Steckhilfsmittel aus pflanzlichen Werkstoffen, Kenzan, Draht oder Flaschenbürsten. Einsatzbereiche: Schalen und Vasenfüllungen.

15. Der Handel bietet Steckunterlagen für spezielle Werkstücke an, z. B. für gesteckte Trauer- oder Tischkränze, Sargschmuck, Kreuze, Herzen und Kugeln.

16. Häufig verwendete Drahtsorten sind Steckdraht, Stützdraht, Wickeldraht, Schmuckdraht, Haften, Efeunadeln.

17. Gepflegtes und funktionierendes Werkzeug ist die Grundlage für optimale Arbeitsabläufe. Durch saubere, scharfe Messer und Scheren werden Pflanzenteile korrekt angeschnitten und Arbeitsabläufe optimiert.

1 Gebundene Werkstücke gestalten

1. Die Werkstoffe müssen den richtigen Reifezustand haben.
   - Bei der Werkstoffauswahl ist zu beachten, dass eine ähnliche Haltbarkeit gewährleistet ist.
   - Die Pflanzenteile müssen vor der Verarbeitung geputzt und gut gewässert sein.
   - Es dürfen keine Kalk- oder Erdrückstände auf Blüten oder Blättern sein.
   - Die Bindestelle/n muss/müssen sauber und fest sein.
   - Es dürfen keine Stiele oder Blätter eingequetscht sein.
   - Die Stiellänge muss auf Strauß und Vasengröße abgestimmt sein, damit der Strauß sicher im Gefäß steht.
   - Bei einem klassisch radial gebundenen Strauß dürfen sich unterhalb der Bindestelle keine Blätter, Stacheln, Dornen o. ä. befinden. Die Stiele müssen sauber sein.
   - Bei einem vorgefertigten Gerüst ist auf Sauberkeit und Stabilität zu achten, Bindestellen müssen sauber und fest sein, das Gerüst muss in sich die Form wahren und genügend Freiräume für die später zu ergänzenden Pflanzenteile bieten.
   - Die Stielenden müssen exakt angeschnitten sein. Wie schräg der Anschnitt erfolgt, hängt von der Beschaffenheit der Stiele ab.
   - Der Anschnitt hat mit einem scharfen Werkzeug zu erfolgen (Messer oder Schere). Die Schnittfläche ist durchgängig glatt, sie hat keine Reiß- oder Quetschspuren.

2. Bevor ein gebundenes Werkstück gearbeitet werden kann, müssen wichtige Informationen eingeholt werden. Diese sind z. B.:
   - Für welchen Anlass wird der Strauß gewünscht?
   - Wird der Strauß verschenkt, falls ja: Gibt es spezielle Lieblingsfarben, -Blumen, Abneigungen, z. B. gegen starken Duft oder wegen vorhandener Allergien?
   - Wie lange soll das Werkstück halten, ist der Anlass zeitlich begrenzt oder handelt es sich um ein möglichst langfristiges Geschenk?
   - Soll der Strauß überreicht werden?

3.
   - Die gewählte Gestaltungsart muss konsequent umgesetzt sein.
   - Pflanzenteile müssen werkstoffgerecht verarbeitet sein, entsprechend ihren natürlichen Geltungsansprüchen.
   - Bei der Pflanzenauswahl ist auf das Milieu der Pflanzen zu achten, nur dann kann eine eindeutige Stimmung erzeugt werden.
   - Falls ein Gerüst eingearbeitet werden soll, kann es stützend oder gestalterisch integriert werden. Alle Werkstoffe müssen zu einer Einheit werden.
   - Die gewählte Farbkombination hat einen hohen Anteil an der Gesamtwirkung, deshalb spielen Auswahl der Farben, Mengenverhältnisse und Farbabstufungen eine entscheidende Rolle.

Bild 1 Farbharmonie am Beispiel eines gebundenen Werkstücks

4. Häufig angewandte Gestaltungsarten bei Sträußen sind:
   - Die dekorative Gestaltungsart
   - Die grafische, bzw. formal-lineare Gestaltungsart

2 Gesteckte Gefäßfüllungen anfertigen

1. Technische Kriterien:

   — Das Gefäß muss standfest und wasserdicht sein.
   — Das Gefäß muss für die vorgesehene Blumenmenge genügend Wasser aufnehmen können, damit die gewünschte Haltbarkeit gewährleistet werden kann.
   — Bei Gefäßen mit einer rustikalen Unterseite, z. B. bei Metall-, Holz- oder groben Keramikgefäßen, ist es ratsam Filzgleiter anzubringen. Dadurch können Kratzspuren auf Stellflächen vermieden werden.
   — Das Gefäß muss die technischen Voraussetzungen für die gewählte Anordnungsart und Größe und Gewicht der Werkstoffe erfüllen. Das bedeutet z. B., dass es tief und schwer genug sein muss, um auch gewichtige Werkstoffe, die parallel oder radial angeordnet werden sollen, stabil zu tragen.
   — Die Art der Steckmasse muss den Werkstoffen entsprechend ausgewählt werden, um eine gute Verarbeitung der unterschiedlichen Pflanzenteile zu ermöglichen.
   — Die Steckmasse kann unter oder über dem Gefäßrand enden. Das ist abhängig vom gewünschten Erscheinungsbild und von der Art des Gefäßes.

2. Verschiedene Arten von Steckmasse.

   Beispiele:

   — Steckmasse für Schnittblumen (der Handel bietet verschiedene Sorten, für unterschiedlich beschaffene Pflanzenteile an)
   — Steckmasse für Trocken- und Textilpflanzen
   — Ton
   — Alternativen aus pflanzlichen Werkstoffen, z. B. Bambus-Arten, *Fallopia japonica,* Hartriegel-Arten oder bizarren Zweigen
   — Maschendraht

   Weitere Alternativen:

   — Steckigel (Kenzan), Bürsten, Reagenzröhrchen, Topfkratzer aus Edelstahl oder Kunststoff

3. Weitere Beispiele technischer Kriterien:

   — Die Steckbasis muss fest im Gefäß verankert sein.
   — Pflanzenteile dürfen ihre Position nicht verändern, sie müssen fest gesteckt sein.
   — Gefäß, Wasser und Werkstoffe müssen sauber sein.
   — Das Gefäß muss mit Wasser aufgefüllt sein.
   — Das Werkstück muss auch beim Transport die Form wahren.

4. Möglichkeiten zur Befestigung von Steckhilfsmitteln im Gefäß:

   — Einkleben mithilfe eines Kunststoffhalters und entsprechender Klebemasse.
   — Die Steckmasse wird so geschnitten, das sie im fest im Gefäß steckt und nicht mehr verrutschen kann.
   — Einklemmen der Pflanzenteile zwischen den inneren Gefäßwänden, z. B. aus Zweigen oder einem Knäuel aus festen Clematis-Ranken.

Bild 1 Einbringen von pflanzlichen Steckhilfen

2 Gesteckte Gefäßfüllungen anfertigen

5. Alle Pflanzenteile müssen voll turgeszent sein, damit sie sich stressfrei in ihre neue Position einfügen können. Der Anschnitt darf nicht zu lang und nur leicht schräg sein, damit nichts von der Schnittstelle umknicken kann. Ein geschwächter Teil (s. Bild 1) könnte sich über die restliche Schnittstelle legen und dadurch die Wasseraufnahme verringern oder sogar verhindern. Durch den leicht schrägen Anschnitt lassen sich alle Werkstoffe gut in Steckmasse oder alternativen Steckhilfen fixieren.

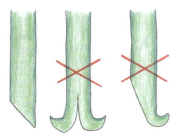

Bild 1 Korrekter Anschnitt

6. Folgende Kriterien sind bei der Gestaltung von gesteckten Werkstücken zu beachten:
   — Gefäße und florale Werkstoffe müssen vom Stil her aufeinander abgestimmt sein: Prunkformen z. B. in repräsentativen Jardinieren, Amphoren oder anderen symmetrischen Gefäßen.
   — Gefäß und Werkstoffmenge müssen in einem interessanten Verhältnis zueinander stehen: „mehr zu weniger" oder „weniger zu mehr".
   — Die gewählte Gestaltungsart muss konsequent umgesetzt sein.
   — Die Proportionen „Pflanzen zum Gefäß" oder „Gefäß zu Pflanzen" müssen in einem ausgewogenen, spannungsreichen Verhältnis zueinander stehen.
   — Farbkombinationen, -harmonien, -verteilung, und Mengenverhältnisse werden bewusst gewählt.

7. Beispiele für die Kombination von Gestaltungsarten und Gefäßen:

   Dekorative Gestaltungsart: symmetrische, runde Schale
   Vegetative Gestaltungsart: flächige, rechteckige Schale (nicht zu klein)
   Grafische Gestaltungsart: asymmetrisches, hohes Gefäß mit einer interessanten Oberflächengestaltung

8. Werkstoffgerechter Einsatz von Pflanzenteilen.

   Ein harmonisch und natürlich wirkendes Werkstück entsteht, wenn die Persönlichkeiten, Geltungsformen und individuellen Wuchsformen der Pflanzen beachtet werden. Nur dann wird der Gestalter der Pflanze wirklich gerecht.

Bild 2 Dekoratives Werkstück mit natürlicher Ausstrahlung

9. Freiräume wirken innerhalb eines Werkstückes gestalterisch mit. Freiräume sorgen für Großzügigkeit und Spannung innerhalb der Gestaltung und setzten gleichzeitig den Habitus der einzelnen Werkstoffe in Szene.

10. Die Ordnungsart unterstützt die gestalterische Aussage, sie bringt Strenge oder Spannung in das Werkstück. Auf jeden Fall sorgt sie für Harmonie und Ausgewogenheit.

11. Die konsequente Umsetzung der gewählten Anordnungsart, z. B. der parallelen oder radialen Anordnungsweise, vermittelt den Eindruck einer Einheit. Alle Werkstoffe sind nach einem klar strukturierten Gestaltungsprinzip angeordnet. Dadurch werden dem Betrachter Perfektion und Harmonie präsentiert.

Lösungen

3 Pflanzungen anfertigen

Pflanzungen werden für unterschiedlich Anlässe und Standorte angefertigt, z. B. für Terrassen, Freiland oder Haus, für kurzfristige Dekorationen oder langfristige Innenraumbegrünungen. Bevor also ein gepflanztes Werkstück geplant, angeboten oder angefertigt werden kann, müssen konkrete Informationen eingeholt werden.

1. Folgende Informationen benötigen Floristen, um Pflanzungen zielorientiert anfertigen zu können.

    Beispiele:
    — Für welchen Anlass soll die Pflanzung angefertigt werden?
    — Ist die Pflanzung für den Innen- oder Außenbereich gedacht?
    — Wie sind die Licht- bzw. Sonnenverhältnisse des geplanten Standortes?
    — Wie pflegeaufwendig darf die Pflanzenkombination sein?
    — Wird eine möglichst langlebige Innenraumbegrünung gewünscht, oder eine saisonale Pflanzung?

2. Die wesentlichen Unterschiede von Indoor- und Outdoor-Gefäßen sind:

    Gefäße für den Innenbereich (Indoor)
    — müssen wasserdicht sein,
    — Weichkeramikgefäße sind innen glasiert,
    — dürfen den Boden/die Stellfläche nicht beschädigen, deshalb sind sie sie oft handelsüblich mit Filzplättchen ausgestattet,
    — werden im Optimalfall mit exklusivem Zubehör, z. B. Rollen angeboten.

    Gefäße für den Außenbereich (Outdoor)
    — müssen ein Abflussloch haben,
    — werden im Optimalfall mit passenden Untersetzern angeboten,
    — sind je nach Material bis zu bestimmten Minusgraden frostfest.

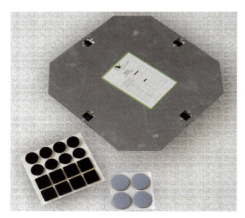

Bild 1 Abstandhalter zum Schutz für Stellflächen: Filz- und Kunststoffplättchen, Pflanzenroller

3. Neben den standortbedingten Kriterien, ist bei der Gefäßauswahl auf Folgendes zu achten:
    — Das Gefäß muss vom Stil her in den vorgesehenen Raum passen (z. B. Material, Form, Farbe, Textur und Größe).
    — Es muss groß genug sein, um Pflanzen, Substrat, Gießrand und evtl. eine Dränage aufzunehmen, um die gewünschte Haltbarkeit der Pflanzung gewährleisten zu können.

3 Pflanzungen anfertigen

4. Pflanzen benötigen bestimmte Substrate und Nährstoffe. Guten Pflanzsubstraten sind Nährstoffe für ca. 20 Wochen beigefügt, die genaue Dosierung ist auf der Verpackung vermerkt. Beispiele für verschiedene Pflanzengruppen:

   Orchideenerden, Kakteen- und Sukkulentenerde, Erde für Zitruspflanzen/mediterrane Pflanzen, Einheitserde T (Topferde) für verkaufsfertige Pflanzen mit neutralem pH-Wert.

Bild 1 Wurzelballen mit Einheitserde

5. Bei der Bepflanzung sind folgende Kriterien zu erfüllen:
   - Die Pflanzenkombination soll ähnliche Pflegeansprüche haben. Wasser, Licht, Temperatur und Nährstoffansprüche müssen harmonieren, um eine einheitliche Lebensdauer der Pflanzen innerhalb des Werkstücks zu erzielen.
   - Die Pflanzen müssen sauber und gesund sein, frei von Erd- und Kalkrückständen auf den Blättern und frei von Schädlingen.
   - Bei tiefen Gefäßen wird eine Dränage eingebracht, um bei Überwässerung vor Wurzelfäule zu schützen.
   - Es muss ein Gießrand vorhanden sein, damit das Pflanzsubstrat beim Gießen nicht über den Gefäßrand spült.
   - Die Wurzelballen müssen angedrückt und gut mit Erde bedeckt sein, damit die Pflanzen fest im Gefäß stehen und die Wurzelballen nicht austrocknen. Bei der Bodenmodellierung lassen sich Steine, Knorren oder Äste einbeziehen, die neben dem optischen Effekt technisch für Festigkeit sorgen.
   - Nach dem Pflanzvorgang müssen die Pflanzen leicht angegossen werden. Gefäß und Pflanzen werden noch einmal auf Sauberkeit hin überprüft.

Bild 2 Mit einem Pinsel oder kleinem Handbesen lassen sich Pflanzen und Gefäß gut reinigen.

Lösungen

6. Gepflanzte Werkstücke können kleine Naturausschnitte darstellen. Die vegetative Gestaltungsart wird einem natürlichen Werkstück am gerechtesten.

7. Pflanzungen lassen auch andere Gestaltungsarten zu, z. B. die dekorative Gestaltungsart oder die grafische Gestaltungsart.

8. Folgende Kriterien müssen bei der Gestaltung von gepflanzten Werkstücken beachtet werden:
   — Pflanzen und Gefäß müssen vom Stil her zusammen, zum Raum und zum Anlass passen.
   — Die Proportionen der Pflanzen untereinander und zum Gefäß müssen harmonieren.
   — Die Farbharmonie muss auf das Umfeld abgestimmt sein.
   — Texturen werden ebenso wie alle anderen Gestaltungselemente gezielt ausgewählt. Sie können sich im Raum wiederholen oder/und Kontraste bilden.
   — Gewählte Gestaltungs-, Ordnungs- und Anordnungsart müssen eindeutig erkennbar umgesetzt sein.
   — Bei der vegetativen Gestaltungsart hat die Beachtung der Pflanzensoziologie einen hohen Stellenwert, bei anderen Gestaltungsarten tritt diese zurück. Milieu und Geltungsansprüche sind trotzdem zu berücksichtigen, um der Persönlichkeit der Pflanze gerecht zu werden.

Bild 1 Beispiel einer vegetativen Pflanzung

9. Als Alternative zu Erdkulturen gibt es z. B. die Hydrokultur (Wasserkultur). Der Wachstumsfaktor Boden wird durch Hilfsmittel ersetzt. Pflanzen wurzeln in Blähton, die Nährstoffaufnahme erfolgt über das Wasser. Ein Wasserstandsanzeiger erleichtert die Wasserversorgung für den Endverbraucher. Die Nährstoffberechnung ist ebenfalls verbraucherfreundlich und der Pflegeaufwand ist eher gering.

4 Tischschmuck gestalten

Tischdekorationen sind ein wichtiger Umsatzträger in der Floristik. Sie gehören für einige Kunden zum Alltag, bei besonderen Veranstaltungen sind sie eine Selbstverständlichkeit.Familienfeiern und geschäftliche Events werden mit mehr oder weniger Aufwand floral geschmückt. Um die Vorstellungen der Kunden zu erfassen, wird ein Beratungsgespräch geführt. Mit Kompetenz und Einfühlungsvermögen erfragt der Florist wichtige Details.

1. Um einen individuellen Tischschmuck anfertigen zu können, benötigt der Florist folgende Informationen:
   — Zu welchem Anlass wird ein Tischschmuck benötigt?
   — Wie viele Personen werden zu der Veranstaltung erwartet?
   — Welche Form haben die Tische und wie werden sie aufgebaut?
   — Wie breit und lang sind die Tische, welcher Platz steht für die floralen Werkstücke zur Verfügung?
   — Wie viele Tische sind es insgesamt?
   — Wie ist der Raum ausgestattet (Stil, Farben, Tischdecken, Servietten, Licht)?
   — Sollen Kerzen in die Gestecke integriert werden oder werden vorhandene Leuchter kombiniert?
   — In welcher Form wird das Essen gereicht: als Buffet, auf Tellern, auf Platten oder Schalen?
   — Was wird an Essen gereicht und wie viele Gänge hat das Menü?

Technische Kriterien

1. Antechnischen Anforderungen bei der Anfertigung von Tischschmuck istinsbesondere zu beachten:
   — Der Blumenschmuck wird so ausgewählt, dass er mindestens für die Dauer der Veranstaltung gut haltbar ist. Die Blüten dürfen allerdings nicht zu knospig sein, damit sie ihre volle Wirkung zeigen.
   — Er darf nicht stören, weder in der Breite noch in der Höhe. Blickkontakt mit gegenübersitzenden Personen muss möglich sein und es dürfen keine Pflanzenteile auf das Essgeschirr ragen.
   — Gepflanzte Tischdekorationen sind nur in Ausnahmefällen passend; die Gefahr von versteckten Schädlingen in der Erde, die dann als Überraschungsgast auftauchen, ist groß.
   — Ein intensiver Eigenduft der Werkstoffe ist störend. In Kombination mit Raumtemperatur, Essensgerüchen und Parfüms der Gäste kann ein negatives Raumklima entstehen.
   — Die verwendeten Gefäße oder Aufbauten dürfen nicht instabil sein, sondern standfest und sicher in der Handhabung.
   — Sauberkeit und Ästhetik der verwendeten Gestaltungsmittel sind von großer Wichtigkeit. Ein ungepflegtes Erscheinungsbild der Dekoration kann vom Gast gefühlsmäßig auf die Küche übertragen werden.

2. Im Optimalfall hat der Gast folgenden Raum am Tisch:

   35 bis 40 cm in der Tiefe und 70 bis 80 cm in der Breite. Die Maße ergeben sich durch die Art und Größe des Gedeckes und einem angenehmen Bewegungsfreiraum für die Arme, Abstand zu den Tischnachbarn, während des Essens.

3. In der Gastronomie steht nicht immer so viel Platz zur Verfügung, deshalb sind folgende Informationen im Vorfeld wichtig:

   Gängige Tischformen und -maße sind (s. Bild 1 auf der folgenden Seite):
   — Tischbreiten von 90 cm als Tafel, E-Form oder U-Form gestellt.
   — Runde Tische mit einem Durchmesser von 160 cm (6 Personen) oder 180 cm (8 Personen).

Lösungen

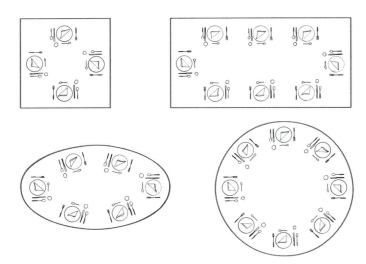

Bild 1 Beispiele für Tischformen

4. Floristen müssen die genauen Maße kennen und berücksichtigen, damit sie bei der Anlieferung keine unangenehme Überraschung erleben.
Bei einer Tischbreite von 90 cm und einer Gedeck-Tiefe von 40 cm auf jeder Seite, bleiben für den Blumenschmuck noch 10 cm Platz; das ist nicht viel. Darüber hinaus stehen evtl. noch Flaschenkühler, Salz- und Pfefferstreuer und Menükarten auf dem Tisch. Wenn das Essen dann noch in Schalen serviert wird, bleibt für die Dekoration nicht mehr viel Platz.

Bild 2 Gedeck für ein Drei-Gänge-Menü

5. Falls auf dem Tisch nicht genügend Platz für Blumenschmuck zur Verfügung steht, hat der Florist Alternativen: Die Tischdekorationen kann über dem Sichtfeld der Gäste angebracht werden, ungefähr ab einer Höhe von 90 cm. Filigrane, einzelne Partien dürfen dieses Maß leicht unterschreiten.

6. Tischdekoration, die oberhalb des Sichtfelds arrangiert wird, hat gleichzeitig einen Raumschmuckeffekt.

Gestalterische Gesichtspunkte

1. Bei der Gestaltung eines Tischschmucks muss u. A. auf die für den Anlass angemessene Gestaltungart geachtet werden.

   Kombinationsbeispiele mit einer kurzen Begründung:
   — Goldene Hochzeit – dekorative Gestaltungsart: Das goldene Hochzeitspaar liebt Blumenfülle, beide genießen und pflegen ihren üppigen Garten.
   — Gartenparty – vegetative Gestaltungsart: Die Gastgeber sind naturverbunden und mögen natürlichen unkomplizierten floralen Schmuck
   — Jubiläum einer Zeitschrift für extravagantes Wohnen – Lifestyle- Magazin – grafische Gestaltungsart: Reduzierter Einsatz von Gestaltungsmitteln als Gestaltungselement, Geradlinigkeit und überdehnte Proportionen als Spannungsbringer.

4 Tischschmuck gestalten

2. Floristen benötigen Informationen über das Menü, damit sie den Gestaltungsvorschlag planen können. Gestaltungsart und Blumenauswahl werden vom Stil her auf das Essen abgestimmt. Exotische Gerichte verlangen eine andere Werkstoffauswahl als heimische Gerichte.

3. Beispiele für auf das Essen abgestimmten Blumenschmuck:
   — Mediterranes Büfett: Dekorativer Schmuck aus Rosmarin, Bougainvillea und Olivenzweigen
   — Sushi-Abend: Flamingoblume, Früchte der *Rosa multiflora*, Typha *Aristea eklonii*
   — Schlachtplatte: Dahlien, Kugeldisteln, Garten-Margerite, Getreide
   — Dorschessen: Deutsche Schwertlilie *Iris germanica*, Gartendill, breitblättriger Rohrkolben *Typha latifolia*

4. Neben Informationen über Anlass, Menü und Größe der Feier spielt die Art eine wichtige Rolle. So kann z. B. eine Silberhochzeitsfeier im edlen Ambiente eines Nobelrestaurants stattfinden, oder auch als rustikales Fest in der Diele eines Bauernhauses. Beides kann sehr stilvoll und stimmungsvoll sein, muss nur auf völlig unterschiedliche Arten dekoriert werden.

   Dekorationsvorschläge für verschiedene Möglichkeiten, eine Silberhochzeit zu feiern:

   Vorschlag 1:
   — Die Tische sind zu einer Tafel gestellt, Tischdecken und Servietten aus edlem Damast sind weiß, ein 4-Gang-Menü wird auf Tellern gereicht, silberne Platzteller und Kerzenleuchter, entsprechendes Besteck, 2 Weingläser, ein Wasserglas und eine Menükarte sind eingedeckt.
   — Dresscode: Festliche Abendgarderobe
   — Menü: Kombination aus der Sterne-Küche, bestehend aus exotischen Früchten, Fisch, Fleisch, Desserts

   Florale Gestaltung
   — Aufbau: Stabile, aber filigrane Edelstahlständer stehen auf dem Tisch. In einer Höhe von 90 cm sind schlichte runde Glasgefäße eingebaut.
   — Gestaltungsart: Dekorativ
   — Ordnungsart: Asymmetrisch
   — Blumenauswahl: Weiße Phalaenopsis, Kammmaranthe, Schneeball *Viburnum opulus* `Roseum`, weiße Rosen, Stechwinden-Spargel *Asparagus asparagoides*, Bronzeblatt *Galax urceolata*

   Vorschlag 2:
   — Rustikale Holztische bilden eine lange Tafel, die Gäste werden auf bequemen Holzbänken sitzen. Über die gesamte Länge der Tafel liegt ein dunkelgrüner, 30 cm breiter Tischläufer aus rustikalem Leinen. Über den Tischen hängen große schmiedeeiserne Leuchter mit weißen Kerzen.
   — Dresscode: Landesübliche Tracht, Alternative: Casual
   — Büfett: Hochzeitssuppe, Spanferkel mit Salaten, Desserts

   Florale Gestaltung
   — Gefäße: 15 cm hohe braune Krüge aus Steinzeug und passende Steinzeug-Schälchen für Teelichte als Streuung für die Tafel
   — Gestaltungsart: Dekorativ
   — Ordnungsart: Symmetrie

   In die Krüge werden vielfarbige dekorative Sträuße aus filigranen Blüten, Gräsern und weiteren Werkstoffen gestellt, z. B. Stauden-Phlox, Island Mohn, Meerlavendel, Jungfer im Grünen, Gartenakelei, Knorpelmöhre, weißes Federborstengras

> Lösungen

5 Hochzeitsschmuck anfertigen

Hochzeitsschmuck wird individuell für das Brautpaar entworfen und angefertigt. Deshalb müssen die wesentlichen Details im Vorfeld erfragt werden.

1. Der Florist benötigt folgende Informationen, um einen individuellen Schmuck anfertigen zu können:
   - Wird die Hochzeit standesamtlich oder auch kirchlich stattfinden?
   - In welchem Rahmen ist die Feier geplant?
   - Was trägt die Braut (Kleid, Anzug, Kostüm, Stoffart)?
   - Was trägt der Bräutigam?
   - Was für ein Typ ist die Braut: Größe, Figur, Haarfarbe, Augenfarbe, Frisur, Makeup?
   - Ist es möglich, ein Foto oder eine Stoffprobe der Kleidung zu bekommen?
   - Wird neben dem Blumenschmuck für das Brautpaar weiterer Körperschmuck für Hochzeitsgäste, z. B. Brautführer, Trauzeugen, Streukinder oder Eltern benötigt?
   - Werden mit Blüten gefüllte Streukörbchen gewünscht?
   - Soll eine passende Raum- oder Tischdekoration angefertigt werden?
   - Wie soll die Fahrt zum Standesamt/zur Kirche ablaufen? Wird ein Auto- oder evtl. ein Kutschenschmuck benötigt?
   - Wo findet die Hochzeitsfeier statt? Ist eine lange Anreise notwendig?
   - Wird der Schmuck abgeholt oder soll er geliefert werden?

5.1 Brautsträuße

Die Anfertigung von Brautsträußen ist sehr unterschiedlich vom Aufwand her. Je ausgefallener die Form sein soll, desto intensiver ist der Zeitaufwand.

1. Technik-Beispiele für die Anfertigung von Brautschmuck:

   Binden mit natürlichem Stiel: Die verwendeten Werkstoffe behalten ihre natürlichen Stiele und können auch weiterhin gut mit Wasser versorgt werden.

   Komplett gedrahtet und abgewickelt, auch englische Technik genannt: Pflanzenteile werden auf Länge geschnitten, angedrahtet und mit Tape (auf Papier- oder Kautschukbasis) abgewickelt. Unterhalb der Bindestelle beginnt der Griff, hier dürfen sich keine natürlichen Stiele mehr befinden.

   Stecken in einen Brautstraußhalter die Halter sind in unterschiedlichen Ausführungen im Handel erhältlich: Sie bestehen aus einer Kunststoffvorrichtung mit einem Griff und einer Feucht-Steckmassefüllung. Schwere Werkstoffe oder lange Partien müssen unbedingt zusätzlich gedrahtet und verankert werden. Durch die natürliche Bewegung des Straußes beim Tragen könnten sich sonst Pflanzenteile lösen.

Bild 1 Feuchte Watte um die Schnittstellen gelegt verhindert schnelles Austrocknen und empfiehlt sich insbesondere bei zarten Stielen, z. B. bei Wicken oder Cosmeen auch zum Schutz vor Druck- oder Bruchstellen.

2. Bevor ein Brautschmuck gearbeitet werden kann, müssen vorbereitende Maßnahmen erfolgen:
   - Die floralen Werkstoffe müssen vor der Verarbeitung gut gewässert sein. Das setzt den rechtzeitigen Einkauf voraus.
   - Alle Pflanzenteile müssen gereinigt und gesäubert sein.
   - Damit weder Verletzungsgefahr für die Braut, noch für die Kleidung besteht, müssen Dornen, Stacheln o. Ä. entfernt werden.
   - Blüten, Stoffe, Bänder oder reife Früchte, die Verfärbungen herbeiführen können, dürfen nicht eingeplant bzw. verarbeitet werden.

3. Klassische und trendorientierte Brautschmuckbeispiele:
   - Abfließender Brautstrauß (Wasserfall),
   - aufgelockerte Tropfen oder Bogenform,
   - kompakte Tropfen- oder Bogenform.
   - Die Glamelie, ein Blütentuff aus zusammengesetzten Blütenblättern, wurde ursprünglich aus Gladiolenblütenblättern gefertigt. Das Ergebnis sah aus wie eine Kamelienblüte. Heute wird nach gleichem Prinzip auch mal eine „Rosalie" geformt.
   - Darüber hinaus wird gefädelt, geklebt, geflochten und genäht.
   - Weitere Trendformen sind das Zepter, der Armreif, der Muff, die Kugel und jede Menge freie Interpretationen, dem Einfallsreichtum sind kaum Grenzen gesetzt. Wichtige Voraussetzung ist die technisch perfekte Verarbeitung und eine gute Tragbarkeit ohne Einschränkungen.

5.2 Floraler Körperschmuck

1. Brautschmuck beschränkt sich nicht nur auf den Strauß in der Hand. Blumenschmuck kann sehr vielfältig getragen werden:
   - Blüten, Blätter und nonflorale Werkstoffe im Haar,
   - Corsage am Hut, auf den Schuhen, am Gürtel, florale Armreifen, Colliers, Ohrschmuck oder eine florale Stola oder Cape,
   - floraler Schmuck für den Bräutigam, der Anstecker, die florale Krawatte, Corsage.
   - Erlaubt ist, was ästhetisch, stilvoll und tragbar ist und dem Brautpaar gefällt.

2. Körperschmuck muss leicht und angenehm zu tragen sein.
   - Er darf keine färbenden Werkstoffe beinhalten, z. B. Bänder oder reife Früchte.
   - Er darf nicht verletzen, z. B. durch Draht, Stecknadeln oder Dornen.
   - Der Schmuck muss technisch sauber verarbeitet sein, die Werkstoffe müssen vor der Verarbeitung gereinigt werden.
   - Die floralen Werkstoffe müssen vor der Verarbeitung gut gewässert sein, damit sie vom Zeitpunkt der Anfertigung bis über die Dauer der Veranstaltung haltbar bleiben, mindestens 24 Stunden.
   - Es dürfen keine empfindlichen Werkstoffe verarbeitet werden, die durch Körperwärme, Raumtemperatur und Bewegung, z. B. beim Tanz, zerstört würden.

3. Körperschmuck muss folgende Gestaltungskriterien erfüllen:
   - Körperschmuck muss zum Anlass passen.
   - Körperschmuck muss zum Stil der Kleidung passen.
   - Körperschmuck soll die Person schmücken.
   - Die Größe des Schmucks muss im richtigen Größenverhältnis z. B. zur Person, zum Revers, zum Hut stehen.
   - Die Gestaltungselemente, wie z. B. Farbe, Textur, Form und Proportion, müssen berücksichtigt werden. Sie dürfen Kontraste bilden oder Verbindungen herbeiführen.

Bild 1 Beispiel für Körperschmuck

5.3 Floraler Autoschmuck

1. Bevor ein Autoschmuck angefertigt werden kann, benötigt der Florist wichtige technische Informationen. Diese sind im Vorfeld beim Kunden zu erfragen:
   - Wohin geht die Fahrt mit dem geschmückten Fahrzeug? Kenntnisse über die Fahrdauer sind vor allem bei extremen Wetterverhältnissen, z. B. Sonne, Sturm oder Regen wichtig, um die passende Werkstoffauswahl zu treffen.
   - Aus welchem Material besteht das Fahrzeug? Bei Kunststoffmotorhauben lässt sich mit einer Magnetplatte nichts ausrichten.
   - Kann der Schmuck vom Floristen angebracht werden oder ist das z. B. aus Entfernungsgründen nicht möglich? Garantie für sachgerechte Anbringung und Festigkeit können Floristen nur übernehmen, wenn sie den Schmuck selbst angebracht haben.

2. Beim Autoschmuck sind insbesondere folgende Kriterien hinsichtlich der Technik zu beachten:
   - Der Schmuck darf die Fahrsicherheit nicht gefährden, z. B. durch Sichtbehinderung oder Einschränkung der technischen Funktionen des Fahrzeugs (Scheibenwischer, Türen).
   - Der Autoschmuck muss technisch sauber angefertigt sein, das Auto darf nicht beschädigt werden. Technische Hilfsmittel, wie z. B. Drähte, dürfen keinen Kontakt zum Fahrzeug haben.
   - Auf Werkstoffe mit harten Pflanzenteilen, z. B. Dornen oder Stacheln, ist zu verzichten. Durch den Fahrtwind können sie über die Motorhaube kratzen und einen Schaden herbeiführen.
   - Der Schmuck muss sicher am Fahrzeug befestigt sein, damit er sich während der Fahrt nicht lösen kann.

3. Auf besondere Merkmale von Fahrzeugen kann der Gestalter sehr gut eingehen. Markante Eigenschaften des Fahrzeugs können durch den Schmuck unterstrichen werden, z. B. die besonders fließende Form eines Sportwagens oder ein außen angebrachtes Reserverad.

Ein Autoschmuck muss zum Stil des Fahrzeugs passen. Dementsprechend wird die passende Gestaltungsart ausgewählt.

Der Schmuck muss farblich, formal und proportional auf das Fahrzeug abgestimmt sein.

Bild 1 Gestalterische Besonderheiten der Fahrzeuge werden durch den floralen Schmuck hervorgehoben.

4. Bei der Gestaltung eines Autoschmucks spielt die Fernwirkung eine wichtige Rolle. Dunkle Werkstoffe auf dunklen Fahrzeugen müssen vermieden werden. Sie würden kaum auffallen, schlimmstenfalls sogar wie Löcher wirken.

Lösungen

6 Trauerschmuck anfertigen

Die Bestellung von Trauerschmuck ist für nahe Angehörige oft sehr schwierig und mit vielen Gefühlen verbunden.

1. Beratungsgespräche zum Thema Trauerfloristik müssen ungestört und mit Feingefühl geführt werden.
   - In einem abgeschirmten Bereich im Geschäft oder in einem separaten Besprechungsraum.
   - Falls Anschauungsmaterial eingesetzt werden soll, muss dieses zeitgemäß und gepflegt sein.
   - Zum Wohlbefinden der Gäste kann ein Getränk angeboten werden (Kaffee, Tee, Wasser).
   - Bei einer vermutlich umfangreichen Bestellung, z. B. bei Stammkunden, kann der Florist anbieten, das Beratungsgespräch bei den Angehörigen zuhause zu führen.

2. Friedhofsverordnungen und aktuelle Informationen sind auf den Friedhöfen gut sichtbar ausgehängt. Darüber hinaus sind sie bei den zuständigen Kommunen oder Kirchen zu erhalten.

3. Die Symbolik spielt in der Trauerfloristik eine wichtige Rolle.

   Im Trauerkranz wird die Symbolik besonders deutlich. Durch seine Ringform vermittelt er das Unendliche, den Kreislauf des Lebens. Immergrüne Laub- und Nadelgehölze stehen symbolisch für das ewige Leben.

4. Um einen Kranzkörper anfertigen und beschreiben zu können, sind folgende Begriffe von Relevants.

   Kranzkörper, Kranzdurchmesser, Kranzproportion (Kranzkörperbreite zur Kranzkörperhöhe zur Kranzöffnung), Kranzprofil, Kranzwulst oder -Römer

5. Das Reifenprofil ist nach oben abgerundet, ähnlich einem Ring. Der Kranzkörper kann im Profil ganz rund sein, meistens wird er an der Unterseite flach gearbeitet Das Ergebnis ist dann z. B. ein dreiviertel (¾) oder fünfachtel (⅝) rundes Profil. Er wirkt je nach Proportion etwas massiver als mit einem Deichprofil.

   Das Deichprofil ähnelt einem Deich, die höchste Stelle des Kranzkörpers liegt im inneren Drittel, in Richtung Kranzöffnung. Die Wirkung ist ausgefallen und bei entsprechender Werkstoffauswahl sehr filigran und elegant.

   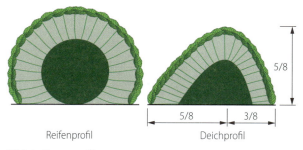

   Bild 1 Kranzprofile

6. Die richtige Proportion eines Kranzkörpers ist von verschiedenen Faktoren abhängig.

   Die Proportion bei einem Kranzkörper wird z. B. von der Farbe des Werkstoffs beeinflusst. Helle Werkstoffe strahlen nach außen und wirken vergrößernd, dunkle ziehen optisch zusammen und lassen den Kranz kleiner erscheinen.

7. Bei hellen Werkstoffen muss die Kranzöffnung kleiner sein, bei dunklen Werkstoffen wird sie größer gearbeitet, wenn die Größe des Kranzkörpers optisch gleich erscheinen soll.

8. Die Umrissgestaltung: Sie ist geschlossen oder aufgelockert. Im ersten Fall wirkt der Kranz etwas kleiner als im zweiten.

   Die Textur/Oberflächenbeschaffenheit der Werkstoffe: Je glatter, desto strahlender, je stumpfer, desto zurückhaltender.

9. Berechnung für einen Kranzkörper: Die Werkstoffe haben eine mittlere Helligkeit, der Außendurchmesser beträgt 80 cm und soll in einem ¾ Reifenprofil gearbeitet werden.

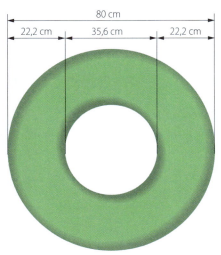

Bild 1 Berechnung eines Kranzkörpers im Proportionsverhältnis 1.1,6:1

10. Die Größe und Stärke einer Kranzwulst hängt vom Profil und vom Werkstoff ab. Beim Reifenprofil liegt die Wulst in der Mitte des Kranzkörpers, beim Deichprofil im inneren Drittel. Die Werkstoffdicke muss erfasst und vom fertigen Kranzdurchmesser abgezogen werden, damit der Kranzkörper in der geplanten Größe angefertigt werden kann.

11. Technische Kriterien eines Trauerkranzes:
    — Er muss transportabel sein und seine Form wahren.
    — Die verwendeten Werkstoffe müssen erblüht sein und ihre volle Wirkung zum Zeitpunkt der Trauerfeier zeigen.
    — Vom Trauerkranz darf keine Verletzungsgefahr ausgehen, z. B. durch Drähte oder andere technische Hilfsmittel.
    — Sauberkeit und Festigkeit in der Verarbeitung sind wichtige Faktoren für die Kundenzufriedenheit.

12. Geeignete Techniken für die Anfertigung von Trauerkränzen:

    Kranzkörper können gesteckt, gebunden, gehaftet, gewunden, gepflanzt oder geklebt werden.

13. Häufig gestaltete Kranzschmuckarten sind:
    — dekorativ-asymmetrischer Kranzschmuck,
    — dekorativ-symmetrischer Kranzschmuck,
    — Akzentschmuck,
    — Gruppenschmuck,
    — Bandschmuck,
    — Streuung mit Schwerpunkten,
    — Straußschmuck.

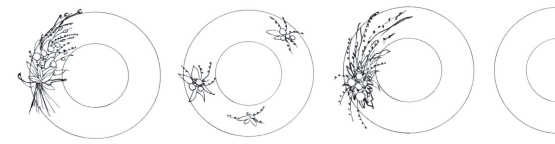

Bild 2 Kranzschmuck-Beispiele

14. Die Höhe des Kranzschmucks richtet sich nach der Kranzkörperbreite. Der Kranzschmuck darf ungefähr die Höhe der Kranzkörperbreite haben, damit die Symbolik der Kranzform erhalten bleibt.

15. Beispiele für alternative Trauerspenden:
    — Trauersträuße: bei Frosttemperaturen zum Hinlegen ohne Wasserversorgung oder aus Schnittblumen für die Grabvase,
    — Trauergestecke: aus Schnittblumen und immergrünen Laub- und Nadelgehölzen, im Winter alternativ aus frostfesten Werkstoffen,
    — Kondolenzsträuße, die auf Wunsch in das Trauerhaus geschickt werden können,
    — Pflanzungen aus saisonalen oder dauerhaften Pflanzen, die später direkt auf das Grab gepflanzt werden können.

Bild 1 Beispiel für ein Trauergesteck

16. Beispiele für Sargschmuckarten:
    — Ein dekorativer Sargschmuck, symmetrisch oder asymmetrisch gestaltet.
    — Der Sarg wird mit einer Girlande geschmückt.
    — Ein aus Zweigen, Blüten und schlanken Blättern gefertigtes Kreuz, das auf dem Sarg angebracht wird.
    — Eine Sargdecke: Eine Stoffbasis wird komplett mit Blüten beklebt oder benäht.

17. Skizzieren Sie einen dekorativ-symmetrischen Sargschmuck.

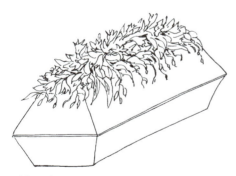

Bild 2 Skizze eines dekorativ-symmetrischen Sargschmucks

18. Zur Trauerfeier einer Urnenbeisetzung wird ein Urnenschmuck gewünscht. Beispiel für einen Gestaltungsvorschlag:
    — Die Urne steht auf einem quadratischen Sockel von 60 · 60 · 60 cm und wird am Fuß mit einem Blütenkranz geschmückt. Als Steckbasis wird eine kompostierbare Kranzunterlage aus Frischblumensteckmasse verwendet. Der Kranzkörper wird mit verspielten, filigranen Werkstoffen gestaltet. Die Gestaltungsart ist dekorativ, die Anordnungsart ergibt eine Streuung mit Schwerpunkten und als Ordnungsart wird die Symmetrie gewählt. Durch unterschiedliche Bewegungsformen und Texturen entsteht ein stimmungsvolles, fröhliches Werkstück, gut geeignet für einen Blumenliebhaber.

Bild 1 Beispiel eines Urnenschmucks

19. Beispiele für weiteren Blumenschmuck (Zusatzverkäufe):
   — Handsträuße oder dekorierte Einzelblumen als Grabbeigabe,
   — Vasenfüllungen für die Aufbahrung des Sarges,
   — ein Gefäß mit Blütenblättern gefüllt, auf einem Tisch oder Ständer am Grab aufgestellt, zum Nachwerfen für die Trauergäste.

> Lösungen

7 Raumschmuck gestalten

Um einen Raumschmuck anfertigen zu können, gilt es im Vorfeld einige Informationen einzuholen. Falls die Räume nicht bekannt sind, ist eine Ortsbegehung dringend erforderlich.

1. Folgende Informationen benötigen Floristen, um individuellen und repräsentativen Raumschmuck anfertigen zu können:
   - Wie sind die Räume beschaffen, Größe, Höhe, Lichtverhältnisse, Kunst- und Tageslicht, Einrichtung?
   - Zu welcher Tageszeit wird die Veranstaltung stattfinden? Kunstlicht schluckt Farbintensität?
   - Wie ist die Stromversorgung? Können zusätzliche Strahler angebracht werden?
   - Zu welchem Anlass soll der Raumschmuck angefertigt werden? Ist es eine geschäftliche oder private Feier?
   - Wie werden die Räume für die Veranstaltung möbliert? Handelt es sich um einen Stehparty oder werden die Gäste an Tischen sitzen?
   - Welche Stimmung soll durch den Raumschmuck erzielt werden?
   - Wieviele Gäste werden an der Veranstaltung teilnehmen?
   - In welchen Farben ist der Raum gestaltet? Welche Farben hat die Tischwäsche?
   - Gibt es Befestigungsmöglichkeiten, z. B. um Raumschmuck aufhängen zu können, oder müssen die Objekte freistehend sein?

2. Sind diese Informationen eingeholt, können weitere Details besprochen werden:
   - Wie lange wird die Veranstaltung dauern, einige Stunden oder mehrere Tage?
   - Bei einer Veranstaltung über mehrere Tage müssen die Werkstücke mit Wasser versorgt und kontrolliert werden. Soll der Pflegeaufwand vom Floristik-Fachgeschäft durchgeführt werden?
   - Favorisieren die Auftraggeber einen bestimmten Gestaltungsstil oder besondere Blumenarten?
   - Wann kann die Dekoration auf- bzw. abgebaut werden?

3. Wichtige Inhalte eines Angebotes:
   - Lieferdatum
   - Empfänger und Lieferort
   - Art der Dekoration
   - Umfang der Dekoration
   - Sonderleistungen für Leihgefäße, Aufbauten, Lichttechnik
   - Abbau der Dekoration
   - Brutto- Gesamtpreis des Raumschmucks
   - Befristung des Angebotes oder „Freistellungs-Klausel"

4. Wichtige technische Eigenschaften eines Raumschmucks:
   - Ein Raumschmuck muss standfest und technisch stabil angefertigt sein.
   - Der Schmuck darf den Raum nicht beschädigen, z. B. durch Kratzspuren oder Wasserschäden.
   - Er darf keine Verletzungsgefahr für die Gäste darstellen.
   - Er darf nicht stören, z. B. durch zu ausladende Werkstoffe oder Geruchsentwicklung.

5. Wichtige gestalterische Kriterien für die Anfertigung von Raumschmuck:
   - Der Raumschmuck muss in der Größe und Menge proportional auf den Raum abgestimmt sein.
   - Die gewählte Gestaltungs-, Ordnungs- und Anordnungsart, muss zum Raum und zum Anlass passen.
   - Je mehr Vorgaben durch räumliche Gegebenheiten, Farben, Tapeten, Gardinen und anderes berücksichtigt werden müssen, desto stärker muss der Raumschmuck sich einfügen.
   - Je schlichter der Raum beschaffen ist, desto mehr gestalterische Freiheiten bleiben für die Wünsche des Kunden und die Kreativität des Floristen.

6. Erklären Sie die Begriffe „schmücken" und „dekorieren".

— Schmücken bedeutet Vorhandenes hervorzuheben und zu unterstreichen.
— Dekorieren heißt, dem Raum durch die floralen Werkstücke Ausstrahlung zu verleihen.

Beispiel: Eine gotische Kirche wird geschmückt, vorhandene Stilelemente werden aufgegriffen. Eine Turnhalle wird dekoriert, die eher funktionellen Räume erhalten die gewünschte Ausstrahlung durch den Blumenschmuck. Nicht zum Anlass passende Details dürfen durch Werkstücke, z. B. florale Raumteiler, verdeckt werden.

Bild 1 Beispiel für einen transparenten Raumschmuck. Eine aufgehängte Acrylplatte trägt Exoten in Reagenzröhrchen.

Anhang

— Fachrechnen

— Komplexe Prüfungsaufgaben

Fachrechnen

1 Zur Benutzung eines Taschenrechners

Ein Taschenrechner gehört zu den selbstverständlichen Hilfsmitteln für alle möglichen Berechnungen. Für Ihre Berechnungen benötigen Sie einen einfachen Taschenrechner, der neben den Tasten für die Grundrechenarten, [+] [−] [x] [÷], auch die Prozenttaste [%] und die Klammertasten, [(] [)], zur Verfügung stellt.
Hier kann nur auf einige grundlegende Prinzipien der Arbeit mit einem Taschenrechner eingegangen werden. Weitergehende und vertiefende Erläuterungen finden Sie in der Bedienungsanleitung Ihres Taschenrechners.
Trainieren Sie nun ein wenig den Umgang mit Ihrem Taschenrechner.
Prüfen Sie zunächst, ob Ihr Taschenrechner die Regel „Punkt vor Strich" beherrscht.

Probe „Punkt vor Strich"	
Die Regel wird beachtet: 3 [x] 4 [+] 7 [x] 8 [=] 12 [+] 56 [=] 68	Die Regel wird nicht beachtet: 3 [x] 4 [+] 7 [x] 8 [=] 152 (Hier wurde die folgende Rechnung durchgeführt.) [(] 12 [+] 7 [)] [x] 8 [=] 19 [x] 8 [=] 152

Beispiele

Addition

347,28 + 86,23
347 [.] 28 [+] 86 [.] 23 [=] 433.51

Subtraktion

347,28 − 86,23
347 [.] 28 [−] 86 [.] 23 [=] 261.05

Multiplikation

347,28 · 86,23
347 [.] 28 [x] 86 [.] 23 [=] 29 945.9544

Division

347,28 : 86,23
347 [.] 28 [÷] 86 [.] 23 [=] 4.0274

Rechnen mit der Prozenttaste

1) 19 % von 225
   225 [x] 19 [%] [=] 42.75

2) 225 + 19 % von 225
   225 [+] 225 [x] 19 [%] [=] 267.75
   (Beachten Sie: Punkt vor Strich)

3) 225 − 19 % von 225
   225 [−] 225 [x] 19 [%] [=] 182.25
   (Beachten Sie: Punkt vor Strich)

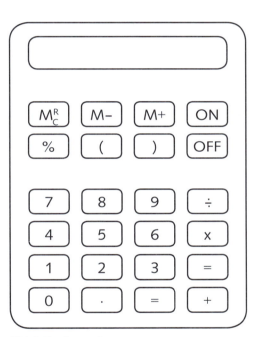

Bild 1 Taschenrechner

Anhang – Fachrechnen

Rechnen mit Klammern und den Speichertasten

Klammern ändern die Rechenreihenfolge; die Rechnung in Klammern geht vor.
Aus
$$7 + 5 \cdot 9 - 4 = 7 + 45 - 4 = 48$$
wird beispielsweise
$$(7 + 5) \cdot (9 - 4) = 12 \cdot 5 = 60.$$

Die obigen Rechnungen können Sie auch mit den Speichertasten [MR] und [M+] durchführen:
$$7 + 5 \cdot 9 - 4 = 7 + 45 - 4 = 48$$

7 [M+]	7 wird gespeichert.
5 [x] 9 [=]	Es wird multipliziert.
[+] [MR]	Der Speicherinhalt 7 wird addiert.
[-] 4	4 wird subtrahiert,
[=] 48	Ergebnisanzeige

bzw.: $(7 + 5) \cdot (9 - 4) = 12 \cdot 5 = 60$

7 [+] 5 [=] [M+]	Addition und Speicherung
9 [-] 4 [=]	Subtraktion
[x] [MR]	Multiplikation mit dem Speicherinhalt
[=] 60	Ergebnisanzeige

Wenn Sie mit dem Speicher arbeiten, denken Sie daran, vor einer neuen Rechnung den Speicher mit der Taste [MC] zu löschen.

Übungen

Rechnen Sie folgende Aufgaben und notieren Sie das Ergebnis auf einem separaten Zettel.

1) 124,27 − 35.78 = _____

2) 25 · 12.27 = _____

3) 145,28 + 2 · 0,25 − 17 = _____

4) (145,28 + 2) · (0,25 − 17) = _____

5) (145,28 + 2) · 0,25 − 17 = _____

6) 124,17 : 0,03 = _____

7) (457,2 − 55,2) : 6 = _____

8) 457,2 − 55,2 : 6 = _____

9) 15,75 · 4,25 : 7,4 375 = _____

10) 15,75 : 7,4 375 · 4,25 = _____

11) 7 % von 234,50 = _____

12) 345 + 16 % von 345 = _____

13) 478 − 19 % von 478 = _____

14) 387,18 + 23,5 % von 387,1 = _____

15) 3 % von 2 345 = _____

16) 278 − 14 % von 278 = _____

17) (15,75 + 4,25) · 4,4 − (23,46 − 41,46) : 0,625 = _____

18) (15,75 + 4,25 · 4,4) − (23,46 − 41,46 : 0,625) = _____

19) (15,75 + 4,25 · 4,4 − 23,46) − 41,46 : 0,625 = _____

2 Dreisatz

Der Dreisatz ist ein wichtiges Verfahren, um viele Berechnungen des täglichen Lebens durchzuführen; aus dem Zusammenhang zweier Größen soll eine gesuchte Größe berechnet werden. Dabei geht es um Situationen, die sich durch eines der vier Begriffspaare charakterisieren lassen:

Proportionaler Dreisatz
(Dreisatz mit direktem (geradem) Verhältnis)
(1) je mehr   <—> desto mehr
     verdoppeln   <—> verdoppeln
     verdreifachen   <—> verdreifachen
     ...   <—> ....
(2) je weniger   <—> desto weniger
     verdoppeln   <—> halbieren
     verdreifachen   <—> dritteln
     ...   <—> ....

Antiproportionaler Dreisatz
(Dreisatz mit indirektem (ungeradem) Verhältnis
(3) je mehr   <—> desto weniger
     verdoppeln   <—> halbieren
     verdreifachen   <—> dritteln
     ...   <—> ....
(4) je weniger   <—> desto mehr
     halbieren   <—> verdoppeln
     dritteln   <—> verdreifachen
     ...   <—> ...

Beispiele

(1) 10 Tulpen kosten 12,50 €.
    Wie viel kosten 25 Tulpen?

(2) 50 Bogen Seidenpapier kosten 8,95 €.
    Wie viel kosten 12 Bogen?

(3) 3 Floristen schmücken einen Festsaal und benötigen dafür 2 Arbeitstage.
    Wie viele Arbeitstage benötigen 4 Floristen?

(4) Ein Floristik-Fachgeschäft organisiert einen Ausflug. Fahren die 8 Mitarbeiter mit, dann soll der Ausflug für jeden 30 € kosten. Wie viele Mitarbeiter können mitfahren, wenn jeder 40 € zahlen soll?

Bild 1 Firmenfest

Bild 2 Tulpen

Anhang – Fachrechnen

2.1 Einfacher Dreisatz

Lösungsverfahren in drei Sätzen/Schritten:

Prüfen Sie zunächst, ob sich die in der Aufgabe beschriebene Situation durch eines der obigen vier Begriffspaare beschreiben lässt.

1. Satz/Schritt
   Schreiben Sie auf, was Sie wissen. Beginnen Sie mit der Größe, von der Sie zwei Werte kennen.

2. Satz/Schritt
   Schließen Sie auf die Einheit der Größe, von der Sie zwei Werte kennen.

3. Satz/Schritt
   Schließen Sie auf das Vielfache.

Beispiel (1)

10 Tulpen kosten 12,50 €.
Wie viel kosten 25 Tulpen?

Begriffspaar (1)

	je mehr	<—>	desto mehr
1.	10 Tulpen	<—>	12,50 €
2.	1 Tulpe	<—>	10. Teil von 12,50 € 12,50 € : 10 = 1,25 €
3.	25 Tulpen	<—>	25 mal soviel 1,25 € · 25 = 31,25 € 25 Tulpen kosten 31,25 €.

Beispiel (4)

Ein Floristik-Fachgeschäft organisiert einen Ausflug. Fahren die 8 Mitarbeiter mit, dann soll für jeden der Ausflug 30 € kosten.
Wie viele Mitarbeiter können mitfahren, wenn jeder 40 € zahlen soll?

Begriffspaar (4)

	je weniger	<—>	desto mehr
1.	30 €	<—>	8 Mitfahrer
2.	1 €	<—>	30 mal soviel 30 · 8 = 240
3.	40 €	<—>	40. Teil davon 240 : 40 = 6

Wenn jeder 40 € zahlt, dann können 6 Mitarbeiter mitfahren.

Die Auszubildenden Christine Stein und Oliver Jansen überprüfen die Lösung des Beispiels (4):

> Je weniger Mitarbeiter mitfahren, desto mehr muss jeder zahlen.

> Also eine ungerader Dreisatz.

> Der Lösungsweg ist aber umständlich. Ich überlege so:
> Die Fahrt kostet 2040 € (30 · 8).
> Wenn Jeder 40 € bezahlt, dann fahren 6 Mitarbeiter (240 : 6) mit.

> Du fasst Schritt 1 und 2 zusammen. Kann ich diesen Lösungsweg immer anwenden?
> Ich denke schon!

Bild 1 Dialog

2 Dreisatz
2.1 Einfacher Dreisatz

Lösungsverfahren mit einer Tabelle:

Proportionaler Dreisatz   Beispiel (1)

Tulpen	Preis in €
10	4,50 €
: 10 ↓	↓ : 10
1	0,45 €
· 25 ↓	↓ · 25
25	11,25 €

Antiproportionaler Dreisatz   Beispiel (4)

Preis in €	Mitfahrer
30 €	8
: 30 ↓	↓ · 30
1 €	240
· 40 ↓	↓ : 40
40 €	6

Aufgabe

Bearbeiten Sie nun die Beispiele (2) und (3) S. 331. Probieren Sie beide Lösungsmethoden und entscheiden Sie sich für eine der beiden.

Ergebnisse

(2)   2,15 €
(3)   1,5 Tage

Übungsaufgaben

1) Ein Kunde bestellt als Tischschmuck bei der Linnea GmbH 18 Blumensträuße. Die Auszubildende Christine Stein erhält den Auftrag, diese Sträuße herzustellen.
   Aus Erfahrung weiß sie, dass sie ungefähr 36 Minuten für die Herstellung von 4 Sträußen benötigt.
   Mit welcher Arbeitszeit muss sie rechnen? Geben Sie die Zeit in Stunden an.

2) Ein Floristik-Fachgeschäft bietet 50 Rosen für 75 € an.
   Ein Kunde benötigt aber nur 36 Stück. Wie viel muss er bezahlen?

3) Die Schaufenster der Linnea GmbH sollen neu dekoriert werden. Die Geschäftsführerin Frau Schmidt plant, die drei Auszubildenden mit jeweils 6 Stunden einzusetzen. Nun ergibt sich die Möglichkeit, auch noch die Floristin Dorothea Pohl einzusetzen.
   Wie lange muss nun jeder Mitarbeiter an der Schaufensterdekoration arbeiten?

4) Die Linnea GmbH verbraucht im Durchschnitt 30 l Heizöl pro Tag. Der Heizölvorrat reicht dann für 275 Tage.
   Wie lange reicht der Vorrat, wenn der durchschnittliche Verbrauch auf 25 l pro Tag gesenkt wird?

2.2 Zusammengesetzter Dreisatz

Ein zusammengesetzter Dreisatz besteht aus einer Kombination von mehreren Dreisätzen. Damit erhalten Sie die Lösung, wenn Sie nacheinander jeden (einfachen) Dreisatz lösen.

Beispiel

4 Floristen schmücken einen Festsaal und benötigen dafür 3 Arbeitstage, an denen sie jeweils 6 Stunden arbeiten. Die Dekoration soll von 6 Floristen in 5 Tagen erstellt werden. Wie viele Stunden arbeiten sie täglich daran?

1. Teillösung

Floristen	Std. (3 Tage)
4	6
: 4 ↓	↓ · 4
1	24
· 6 ↓	↓ : 6
1	6

2. Teillösung

Tage	Std.
3	4
: 3 ↓	↓ · 3
1	12
· 5 ↓	↓ : 5
5	2,4

(In der 1. Teillösung wird die tägliche Arbeitszeit, 4 Stunden, berechnet, wenn 6 Floristen den Festsaal in 3 Tagen schmücken.)
6 Floristen müssen an 5 Tagen täglich 2,4 Stunden an der Ausschmückung arbeiten.

Übungsaufgaben

1) Bei der Linnea GmbH sollen der Verkaufsraum und die drei Schaufenster neu dekoriert werden. Es ist geplant, dass die 3 Auszubildenden und der Florist Petersen 3 Tage zu je 7 Stunden daran arbeiten. Nun wird ein Auszubildender krank.
Wie viele Tage müssen die 3 Mitarbeiter bei einer 8-stündigen Arbeitszeit nun arbeiten?

2) Ein Floristik-Fachgeschäft erhält einen Auftrag über 40 Tischdekorationen. Das Unternehmen kalkuliert, dass die Dekorationen von 5 Mitarbeitern bei einer täglichen Arbeitszeit von 6 Stunden in 4 Tagen hergestellt werden können. Der Auftrag wird kurzfristig auf 80 Tischdekorationen erhöht.
Für diesen Auftrag werden 3 Floristen zusätzlich eingesetzt. Wie viel Stunden muss jeder Mitarbeiter täglich mehr arbeiten?

3) Ein Floristik-Fachgeschäft will Anzahl der Inventurtage verringern.
Bisher wurde diese von 3 Floristen an 4 Tagen bei einer Arbeitszeit von je 5 Stunden durchgeführt. Nun soll diese an 2 Tagen bei einer Arbeitszeit von je 6 Stunden geleistet werden. Wie viele Floristen werden benötigt?

4) Ein Floristik-Fachgeschäft plant eine Werbeaktion. Eine Werbeagentur unterbreitet das folgende Angebot: Der Druck der 5 000 Flyer kostet 150 €. Für die Verteilung werden 2 Aushilfen je 2 Stunden zu 8.50 € je Stunde benötigt.
Das Geschäft will 8 000 Flyer verteilen. Wie hoch sind die Kosten für diese Werbeaktion?

3 Prozent- und Zinsrechnung

3.1 Prozentrechnung

Um Größenangaben bzw. Anteile zu vergleichen, werden diese auf die Vergleichszahl 100 bezogen. Man kann also sagen, dass es bei der Prozentrechnung um Rechnung mit Brüchen mit dem Nenner 100 geht.

Beispiele

$1\% = \dfrac{1}{100} = 0{,}01$ $\qquad$ $4{,}5\% = 4{,}5 \cdot \dfrac{1}{100} = 0{,}045$ $\qquad$ $19\% = 19 \cdot \dfrac{1}{100} = 0{,}19$

$50\% = 50 \cdot \dfrac{1}{100} = \dfrac{50}{100} = \dfrac{1}{2} = 0{,}5$ $\qquad$ $75\% = 75 \cdot \dfrac{1}{100} = \dfrac{75}{100} = \dfrac{3}{4} = 0{,}75$ $\qquad$ $100\% = 100 \cdot \dfrac{1}{100} = 1$

allgemein $\quad p\% = p \cdot \dfrac{1}{100}$

Begriffe

$\underbrace{25\%}_{\text{Prozentsatz } p\%} \text{ von } \underbrace{60 \text{ Rosen}}_{\text{Grundwert G}} \triangleq \underbrace{15 \text{ Rosen}}_{\text{Prozentwert W}}$

Formeln und Leitfragen

Taschenrechner

(1) Wie viele Rosen sind 25 % von 60 Rosen?

$\text{Prozentwert W} = \dfrac{(\text{Grundwert G}) \cdot (\text{Prozentzahl p})}{100}$

$W = \dfrac{G \cdot p}{100}$

60 [x] 25 [%] [=] 15

(2) Wie viel Prozent sind 15 von 60 Rosen?

$\text{Prozentzahl p} = 100 \cdot \dfrac{\text{Prozentwert W}}{\text{Grundwert G}}$

$p = 100 \cdot \dfrac{W}{G}$

100 [x] 15 [÷] 60 [=] 25

(3) 25 % sind 15 Rosen.
Wie viele Rosen sind 100 %?

$\text{Grundwert G} = 100 \cdot \dfrac{\text{Prozentwert W}}{\text{Prozentzahl p}}$

$G = 100 \cdot \dfrac{W}{p}$

100 [x] 15 [÷] 25 [=] 60

Anhang – Fachrechnen

Übungsaufgaben

1) Auf einen Rechnungsbetrag von 63,59 € gewährt ein Geschäft bei sofortiger Zahlung 2,5% Skonto. Wie hoch ist Skontoabzug und wie viel Euro sind dann noch zu bezahlen?

2) Nach einer Preiserhöhung um 3,5% kostet eine Vase 44,99 €. Wie viel Euro kostete die Vase vor der Preiserhöhung?

3) Bei einer Preiserhöhung um 3,75% beträgt der Aufschlag bei einer Vase 13,50 €. Wie viel Euro kostet die Vase nach der Preiserhöhung?

4) In einem Floristik-Fachgeschäft wird für eine Dekoration einschließlich 19% Mehrwertsteuer 825,00 € berechnet. Der Kunde darf 2% Skonto vom Rechnungsbetrag abziehen, wenn er sofort bezahlt. Wie viel Euro beträgt die Mehrwertsteuer? Wie viel Euro darf der Kunde abziehen?

3.2 Zinsrechnung

Ein Anwendungsgebiet der Prozentrechnung ist die Zinsrechnung. Dabei geht es darum, die Zinsen, die Gebühr für geliehenes Geld, zu berechnen. Da die Zinsen auch von der Zeit abhängig sind, kommt zu den drei Größen Prozentsatz, Grundwert und Prozentwert noch die Zeit hinzu.

Begriffsvergleich

Prozentrechnung	Prozentwert W	Prozentsatz p %	Grundwert G
Zinsrechnung	Zinsen Z	Zinssatz p %	Kapital K

$\underbrace{2{,}55\%}_{\text{Zinssatz } p\%}$ von $\underbrace{2500\,\text{€}}_{\text{Kapital K}} \;\hat{=}\; \underbrace{63{,}75\,\text{€}}_{\text{Jahreszinssatz Z}}$

Formelvergleich

Prozentrechnung	$W = \dfrac{G \cdot p}{100}$	
Zinsrechnung	$Z = \dfrac{K \cdot p \cdot t}{100 \cdot 360}$ t gibt die Zeit in Tagen an.	Ein Jahr hat 360 Tage; ein Monat hat 30 Tage.

Daraus ergeben sich nun mit der Grundformel vier **Leitfragen** und **Lösungsformeln**:

(1) Wie viel Euro Zinsen erhalten Sie in einem Jahr bei einem Zinssatz von 2,55 % für 2 500 €? $Z = \dfrac{K \cdot p \cdot t}{100 \cdot 360}$	Einsetzen $Z = \dfrac{2500 \cdot 360 \cdot 2{,}55}{360 \cdot 100}$ Taschenrechner 2 500 [x] 2,55 [%] [=] 63,75 Sie erhalten 63,75 € Zinsen.
(2) Auf einem Tagesgeldkonto werden 4 000 € angelegt. Nach 3 Monaten werden 15,94 € Zinsen gutgeschrieben. Mit welchem Zinssatz wurde die Einlage verzinst? $p = \dfrac{Z \cdot 100 \cdot 360}{K \cdot t}$	Einsetzen $p = \dfrac{15{,}94 \cdot 100 \cdot 360}{2500 \cdot 90}$ Taschenrechner 15,94 [x] 4 [÷] 25 [=] 2,55 Der Zinssatz betrug 2,55 %.

3 Prozent- und Zinsrechnung

3.2 Zinsrechnung

(3) Für ein Darlehen wurden nach 4 Monaten bei einem Zinssatz von 2,55 % als Zinsen 21,55 € gezahlt. Wie hoch war das Darlehen? $$K = \frac{Z \cdot 100 \cdot 360}{p \cdot t}$$	Einsetzen $$K = \frac{21,25 \cdot 100 \cdot 360}{2,55 \cdot 120}$$ Taschenrechner 2 125 [×] 3 [÷] 2,55 [=] 2 500 Das Darlehen betrug 2 500 €.
(4) 2 500 € wurden kurzfristig zu 2,55 % bei einer Bank angelegt. Beim Abheben wurden 20,01 € Zinsen gezahlt. Wie lange war das Geld angelegt? $$t = \frac{Z \cdot 100 \cdot 360}{K \cdot p}$$	Einsetzen $$t = \frac{20,01 \cdot 100 \cdot 360}{2500 \cdot 2,55} = 113$$ Taschenrechner 20,01 [×] 360 [÷] 25 [÷] 2,55 [=] 113 Das Geld war 113 Tage angelegt.

Übungsaufgaben

1) Die Linnea GmbH lässt die Geschäftsräume und drei Schaufenster renovieren und erhält eine Rechnung über 5 335,25 €.

   a) Wie viel Euro Zinsen erhält die Bank für einen Kredit der Rechnungssumme zu 4.99 %, der nach einem Jahr getilgt wird?

   b) Wie viel Euro Zinsen erhält die Bank für einen kurzfristigen Kredit der Rechnungssumme zu 6,25 % für 5 Monate?

   c) Wie viel Euro Zinsen erhält die Bank bei einem Zinsfuß von 11,65 %, wenn die Linnea GmbH für die Rechnungssumme einen Kontokorrentkredit für 28 Tage in Anspruch nimmt?

2) Die Linnea GmbH lässt die Heizungsanlage sanieren.

   a) Um die Rechnung zu bezahlen, wird für in Höhe der Rechnungssumme ein Kontokorrentkredit zu einem Zinsfuß von 12 % in Anspruch genommen.
   Wie hoch war der Kontokorrentkredit, wenn die Bank nach 18 Tagen 60,00 € Zinsen erhält?

   b) Für die Sanierungskosten gewährt die Bank einen Kredit über ein Jahr zu 5,49 %. Wie hoch war die Kreditsumme, wenn die Bank nach einem Jahr 614,88 € Zinsen erhält?

   c) Die Sanierungskosten sollen mit einem Kredit mit kurzer Laufzeit bezahlt werden. Die Bank bietet einen Kredit mit einer Laufzeit von 5 Monaten und einem Zinsfuß von 6,75 % an.
   Wie hoch war die Kreditsumme, wenn die Bank nach 5 Monaten 295,31 € Zinsen erhält?
   (Runden Sie auf ganze Euro.)

3) Der bei der Linnea GmbH beschäftigte Florist Petersen

   a) kauft einen neuen Fernseher zu 499,99 €.
   Er überzieht sein Girokonto und gleicht es nach 13 Tagen durch eine Einzahlung von 502,59 € wieder aus. Wie hoch war der Zinsfuß? (Runden Sie auf eine Stelle.)

   b) hat auf einem Tagesgeldkonto 1 500 € angelegt. Nach 9 Monaten werden 16,31 € gutgeschrieben.
   Wie hoch war der Zinsfuß? (Runden Sie auf zwei Stellen.)

   c) hat noch einen Kleinkredit über 800,00 €.
   Dieser soll nach einem Jahr getilgt werden. Die Bank berechnet 39,92 € Zinsen. Wie hoch war der Zinsfuß?

4) Die Auszubildende Christine Stein der Linnea GmbH

   a) ist mit der Zahlung ihrer Telefonrechnung über 35,95 € in Verzug geraten.
   Der Telefonanbieter berechnet neben den Verwaltungskosten auch noch Verzugszinsen mit einem Zinsfuß von 9,1 % in Höhe von 1,00 €.
   Wie viele Tage war sie mit ihrer Zahlung in Verzug?

   b) hat auf einem Tagesgeldkonto 1 250 €.
   Die Bank verzinst das Guthaben mit 1,41 % und schreibt 12,97 € gut.
   Wie viele Tage hat sie das Geld angelegt?

Anhang – Fachrechnen

4 Durchschnitt

Bei der Durchschnittsrechnung geht es darum, den (arithmetischen) Mittelwert aus mehreren Größen zu berechnen, z. B. den durchschnittlichen Tagesumsatz in einer Woche oder den durchschnittlichen Monatsumsatz in einem Jahr oder der durchschnittlichen Verkaufspreis von Blumensträußen o. Ä..

Dabei ist zwischen dem **einfachen** und dem **gewogenen** Durchschnitt zu unterscheiden.

Beim einfachen Durchschnitt sind die Größen gleichwertig, beispielsweise ist beim durchschnittlichen Tagesumsatz die Ladenöffnungszeit gleich lang; beim gewogenen Durchschnitt sind die einzelnen Größen ungleichgewichtig, beispielsweise sind die Preise der unterschiedlich.

> Um den einfachen Durchschnitt zu berechnen müssen Sie alle Werte addieren und durch die Anzahl der Werte dividieren.

Beispiel

Die Linnea GmbH hat folgende Tagesumsätze:

Montag	1 425,70 €
Dienstag	1 537,20 €
Mittwoch	1 475,50 €
Donnerstag	1 505,80 €
Freitag	1 875,60 €
Samstag	2 510,60 €.

Wie hoch ist im Durchschnitt der tägliche Umsatz?

Rechnung

(1 425.7 + 1 537.2 + 1 475.5 + 1 505.8 + 1 875.6 + 2 510.6) ÷ 6 = 10 330.4 ÷ 6 = 1 721.733333

Der tägliche Durchschnittsumsatz beträgt ungefähr 1 721,73 €.

> Um den gewogenen Durchschnitt zu berechnen müssen Sie zunächst jeden Einzelwert gewichten, z. B. mit den unterschiedlichen Mengen multiplizieren, dann diese Werte addieren und durch die Gesamtanzahl dividieren.

Beispiel

Die Linnea GmbH verkauft an einem Tag 13 Rosensträuße zu je 15,50 €, 18 Rosensträuße zu je 14,00 € und 9 Rosensträuße zu je 12,50 €.
Zu welchem Durchschnittspreis wird ein Rosenstrauß verkauft?

Rechnung

Schriftliche Rechnung

$$\frac{13 \times 15{,}5 + 18 \times 14 + 9 \times 12{,}5}{13 + 18 + 9} = \frac{247}{40} = 14{,}15$$

Rechnung mit dem Taschenrechner

(13 × 15,5 + 18 × 14 + 9 × 12,5) ÷ (13 + 18 + 9) = 14,15

Ein Rosenstrauß kostet durchschnittlich etwa 14,15 €.

Übungsaufgaben

1) Der Linnea GmbH wird ein Posten Vasen angeboten. Frau Schmidt bestellt 8 Glasvasen zu 19,45 €/Stück, 12 Porzellanvasen zu 33,20 €/Stück und 15 Keramikvasen zu 37,00 €/Stück.
   Wie viel Euro kostet eine Vase im Durchschnitt?

2) Die Auszubildende Anna Köhler der Linnea GmbH gibt am Montag 7,75 €, am Dienstag 6,50 €, am Mittwoch 8,50 €, am Donnerstag 9,75 € und am Samstag/Sonntag 18,50 € für Lebensmittel aus. Wie viel Euro gibt sie im Durchschnitt pro Tag für Lebensmittel aus?

5 Mischung

Beim Mischungsrechnen geht es häufig darum, aus zwei Produkten eine Mischung herzustellen, die zu einem bestimmten Preis verkauft werden soll oder, aus zwei Lösungen eine Mischung mit einer bestimmten Konzentration herzustellen, u. ä..

Diese Art von Aufgaben lassen sich mit dem Mischungskreuz („Andreaskreuz") lösen

Mit dem Mischungskreuz berechnen Sie also die Anteile der Ausgangsprodukte am gemischten Produkt. Diese sind dann noch auf die Zielmenge zu übertragen.

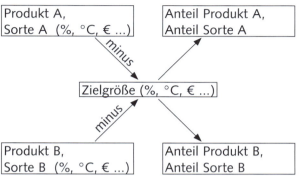

Bild 1 Mischungskreuz

Beispiel

Aus zwei Sorten Blumenzwiebeln sollen 25 kg einer Mischung zusammengestellt werden. Sorte A kostet 7,50 € je kg, Sorte B 9,50 € je kg. Die Sorte C ist eine Mischung der beiden Sorten und wird zum Preis von 9 € je kg angeboten. Wie viel Kilogramm der Sorte A sind in 30 kg der Sorte C enthalten?

Rechnung

1. Berechnung des Mischungsverhältnisses

Stellen Sie zunächst das Mischungskreuz auf:

Mischungskreuz Beispiel S. 12.jpg

Höhe 4,55 cm

Breite 5,44 cm

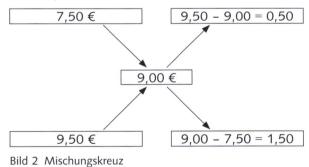

Bild 2 Mischungskreuz

Sie müssen immer von der größeren Zahl die kleinere Zahl subtrahieren und können danach das Mischungsverhältnis aufstellen:

$$\frac{\text{Produkt A}}{\text{Produkt B}} \triangleq \frac{0{,}50}{1{,}50} = \frac{5}{15} = \frac{1}{3}$$

Damit wissen Sie, dass in der Sorte C auf drei Teile von Produkt B ein Teil von Produkt A kommt, oder in Tabellenform

kg Sorte C	kg Sorte A	kg Sorte B
4	1	3
6	1,5	4,5
8	2	6
10	2,5	7,5

2. Nun können Sie obige Fragestellung bearbeiten:
   30 ÷ 4 = 7.5
   (1 Teil von 30 kg sind 7,5 kg und 3 Teile sind 22,5 kg.)
   In 30 kg der Sorte C sind 7,5 kg der Sorte A und 22,5 kg der Sorte B enthalten.

Übungsaufgaben

1) Die Auszubildenden Anna Köhler und Oliver Jansen sollen aus Torf und Kompost Blumenerde herstellen. 1 m³ Torf kostet 64,00 €, 1 m³ Kompost kostet 134,00 € und 1 m³ Blumenerde soll zu 104,00 € verkauft werden. In welchem Verhältnis müssen die Auszubildenden den Torf und den Kompost mischen?

2) Aus Blaukorn, in der Zusammensetzung NPK 15-5-20, und aus Thomaskali, in der Zusammensetzung NPK 0-15-20, wird Dünger gemischt, der doppelt soviel Phosphor wie Stickstoff enthält. („N" steht für Stickstoff, „P" für Phosphor und „K" für Kalium.)
Wie viel Gramm Blaukorn sind in einem Kilogramm des Düngers?

3) Die Linnea GmbH hat am Ende des Sommers noch Blumentöpfe aus Ton auf Lager. 10 Töpfe aus dem Sortiment I kosten 5,10 €, 10 Töpfe aus dem Sortiment II kosten 6,10 €. Das neue Sortiment III soll 5,40 € kosten.
Wie viele Teile aus Sortiment II sind in 10 Töpfen des Sortiments III enthalten?

6 Verteilung

Mit der Verteilungsrechnung wird eine Gesamtgröße, wie beispielsweise Kosten, Gewinne, Gewichte, in verschieden große Teile, nach einem Verteilungsschlüssel, aufgeteilt.

Lösungsverfahren

1. Berechnen Sie, falls notwendig, das Verteilungsverhältnis. Streben Sie möglichst kleine ganze Zahlen an.
2. Addieren Sie alle Verhältnisgrößen.
3. Dividieren Sie die Gesamtgröße durch das Resultat von 2.. Damit kennen Sie nun die Größe eines Anteils.
4. Multiplizieren Sie das Resultat von 3. mit den Verhältnisgrößen.

Beispiel

Drei Floristen A, B, und C betreiben ein Blumenfachgeschäft. Der Florist A ist mit € 25.000, die Floristin B mit € 40.000 und die Floristin C mit € 15.000 an dem Geschäft beteiligt. Der Gewinn im abgelaufenen Geschäftsjahr betrug € 165.000, der entsprechend den Kapitalanteilen verteilt werden soll.

Lösung

1. Berechnen Sie das Verteilungsverhältnis
   25 000 : 40 000 : 15 000 = 25 : 40 : 15 = 5 : 8 : 3 (Kürzen Sie erst durch 1 000 und dann durch 5.)
   (Florist A wird 5 Anteile, Floristin B 8 und Floristin C 3 Anteile des Gewinns erhalten.)

2. Berechnen Sie die Summe der Verhältnisgrößen
   5 + 8 + 3 = 16
   (Der Gewinn muss also in 16 Teile aufgeteilt werden.)

3. Dividieren Sie den Gewinn durch die Summe der Verhältnisgrößen
   165 000 : 16 = 10 312,50
   Ein Anteil entspricht also € 10 312,50.

4. Multiplizieren Sie einen Anteil mit den Verhältnisgrößen
   10 312,5 · 5 = 51 562,5
   10 312,5 · 8 = 82 500
   10 312,5 · 3 = 30 937,5

Florist A erhält also € 51 562,50, Floristin B € 82 500,00 und Floristin C € 30.937,50.

Übungsaufgaben

1) Die drei Auszubildenden der Linnea GmbH erhalten für eine aufwendige Dekoration eine Sonderzahlung von 132,00 €. Anna arbeitet an der Dekoration 3 Stunden, Christine 5 Stunden und Oliver 4 Stunden. Die Sonderzahlung wollen sie anteilmäßig nach den Arbeitsstunden aufteilen. Wie viel Euro erhält jeder Auszubildende?

2) Frau Schmidt ist mit 65.000 € an der Linnea GmbH beteiligt und Herr Schmidt 85.000 €. Sie haben vereinbart, dass 8,5 % vom jährlichen Gewinn nicht ausgezahlt werden und der Rest anteilmäßig aufgeteilt wird. Im letzten Jahr erzielte die GmbH einen Gewinn von 59.000 €.
   Wie hoch war das Einkommen von Frau Schmidt und von Herrn Schmidt?

3) Die drei Auszubildenden der Linnea GmbH nehmen an einem Wettbewerb teil und gewinnen 6.500 €. Für ihre Beratung erhalten die beiden Floristen 12 % der Gewinnsumme. Vom Rest erhält Anna $\frac{1}{3}$, Christine $\frac{2}{5}$ und Oliver den Rest. Wie viel Euro erhält jeder Auszubildende?

7 Betriebliches Rechnen, Kalkulation

Schemata

Das Kalkulationsschema der IHK

    Listenpreis
    ./. Rabatt
    ―――――――――――――
    Zieleinkaufspreis
    ./. Skonto
    ―――――――――――――
    Bareinkaufspreis
    + Bezugskosten
    ―――――――――――――
    Bezugspreis
    + Handlungskosten
    ―――――――――――――
    Selbstkostenpreis
    + Gewinn
    ―――――――――――――
    Nettoverkaufspreis
    + Umsatzsteuer
    ―――――――――――――
    Bruttoverkaufspreis

lässt sich in zwei Teilschemata aufteilen:

a) in die **Bezugskalkulation**

    Listenpreis
    ./. Rabatt
    ―――――――――――――
    Zieleinkaufspreis
    ./. Skonto
    ―――――――――――――
    Bareinkaufspreis
    + Bezugskosten
    ―――――――――――――
    Bezugspreis

Beispielaufgaben

Die Linnea GmbH bezieht 50 Terracottatöpfe zum Listenpreis von 1 250,- € und erhält bei ihrem Lieferanten 19 % Rabatt. Da die Linnea GmbH sofort überweist, erhält sie 2 % Skonto. Die Bezugkosten werden mit 450,- € veranschlagt. Die Linnea GmbH schlägt 15 % Handlungskosten, einen Gewinn von 20 % und 19 % Umsatzsteuer hinzu.
Wie hoch ist der Bruttoverkaufspreis für **einen** Terracottatopf?

Listenpreis	1 250,00 €
./. Rabatt 19 %	− 237,50 €
Zieleinkaufspreis	1 012,50 €
./. Skonto 2 %	− 20,25 €
Bareinkaufspreis	992,25 €
+ Bezugskosten 450 €	+ 450,00 €
Bezugspreis	1 442,25 €
+ Handlungskosten 15 %	+ 216,34 €
Selbstkostenpreis	1 658,59 €
+ Gewinn 20 %	+ 331,72 €
Nettoverkaufspreis	1 990,31 €
+ Umsatzsteuer 19 %	378,16 €
Bruttoverkaufspreis	2 368,47 €
Einzelpreis	47,37 €

Leitfrage:

Wie viel kosten die Terracottatöpfe bis sie im Laden der Linnea GmbH sind?

Listenpreis	1 250,00 €
./. Rabatt 19 %	− 237,50 €
Zieleinkaufspreis	1 012,50 €
./. Skonto 2 %	− 20,25 €
Bareinkaufspreis	992,25 €
+ Bezugskosten 450 €	+ 450,00 €
Bezugspreis	1 442,25 €

7 Betriebliches Rechnen, Kalkulation

und b) in die **Verkaufskalkulation**

Bezugspreis
+ Handlungskosten
_____

Selbstkostenpreis
+ Gewinn
_____

Nettoverkaufspreis
+ Umsatzsteuer
_____

Bruttoverkaufspreis

Leitfrage:

Wie viel kostet ein Terracottatopf im Floristik-Fachgeschäft der Linnea GmbH?

Bezugspreis	1 442,25 €
+ Handlungskosten 15 %	+ 216,34 €
Selbstkostenpreis	1 658,59 €
+ Gewinn 20 %	+ 331,72 €
Nettoverkaufspreis	1 691,76 €
+ Umsatzsteuer 19 %	+ 378,16 €
Bruttoverkaufspreis	2 368,47 €
Einzelpreis	47,37 €

Übungsaufgaben

1) a) Auf dem Großmarkt werden Rosen zu 14,71 € pro Bund angeboten. Der Händler gewährt 15 % Rabatt und 2 % Skonto. Es werden 2 % für die Bezugskosten berechnet. Wie viel Euro beträgt der Bezugspreis für ein Bund Rosen?

   b) Der Einkäufer kalkuliert mit 45 % Handlungskosten und einem Gewinn von 17 %. Wie hoch ist der Bruttoverkaufspreis für ein Bund Rosen, wenn 19 % Umsatzsteuer berechnet werden?

2) a) Die Linnea GmbH verkauft einen Terracottatopf zu 130,79 €. Der Verkaufspreis wurde mit 40 % Handlungskosten, 24 % Gewinn und der Umsatzsteuer von 19 % kalkuliert. Berechnen Sie den Bezugspreis.

   b) Ermitteln Sie nun den Listenpreis, wenn der Händler einen Rabatt von 18 % und Skonto von 2 % auf den Listenpreis gewährt und mit Bezugskosten von 5,00 € kalkuliert wird.

3) Das Vasensortiment der Linnea GmbH soll ergänzt werden. Herr und Frau Schmidt erhalten folgendes Angebot: Beim Kauf von 10 Vasen beträgt der Stückpreis 45,40 €; es werden 12 % Rabatt und 2 % Skonto gewährt; die Bezugskosten werden mit 0,55 € pro Stück berechnet. Herr und Frau Schmidt kalkulieren mit 25 % Handlungskosten. Einschließlich 19 % Umsatzsteuer soll eine Vase für 75,00 € angeboten werden. Mit wie viel Prozent wird der Gewinn kalkuliert? (Runden Sie auf ganze Prozent.)

8 Geometrie

8.1 Messen und Wiegen

In der floristischen Werkstatt oder im Verkauf werden Materialien gemessen und gewogen. Dafür ist es notwendig, Maß und Gewicht für die Berechnung des Produktes zu ermitteln. Vor diesem Hintergrund ist es wichtig, die gesetzlichen Maß- und Gewichtseinheiten, ein metrisches System (das ist ein dezimales System, das auf den Meter bezogen ist) zu beherrschen.

Für die Maße ist die Basiseinheit Meter und für die Gewichte gibt es die Basiseinheit Kilogramm.

Mess- und Gewichtsgrößen:
Längenmaße

Einheit: Meter (m)

1 m	=	10 dm	Dezimeter
	=	100 cm	Zentimeter
	=	1 000 mm	Millimeter
1 000 m	=	1 km	Kilometer

Flächenmaße

Einheit: Quadratmeter (m²)

1 m²	=	100 dm²	Quadratdezimeter
	=	10 000 cm²	Quadratzentimeter
	=	1 000 000 mm²	Quadratmillimeter
100 m²	=	1 a	Ar
100 a	=	1 ha	Hektar
	=	10 000 m²	

Volumen

Einheit: Kubikmeter (m³)

1 m³	=	1 000 dm³	Kubikdezimeter
	=	1 000 000 cm³	Kubikzentimeter
	=	1 000 000 000 mm³	Kubikmillimeter
1 l	=	1 dm³	Kubikdezimete
	=	10 dl	Deziliter
	=	100 cl	Zentiliter
	=	1 000 ml	Milliliter
100 l	=	1 hl	Hektolieter

Masse

Einheit: Kilogramm (kg)

1 kg	=	1 000 g	Gramm
1 g	=	1 000 mg	Milligramm
	=	1 000 mm	Millimeter
100 kg	=	1 dt	Dezitonne
10 dt	=	1 t	Tonne

8.2 Flächenberechnung

Für die Flächenberechnung müssen bestimmte Bemaßungen eingehalten werden. Die wichtigsten Flächen sind:

- Quadrat
- Rechteck
- Parallelogramm
- Trapez
- Dreieck
- Kreis
- Kreisring
- Kreisausschnitt
- Ellipse
- Sechseck

Zeichen	Bedeutung
A	Fläche
U	Umfang
h	Höhe
L	Länge
m	Mittellinie
a, b, c, d	Seitenlänge (d bezeichnet auch den Kreisdurchmesser.)
r, r_1, r_2	Radius

Quadrat

Flächeninhalt: $A = a \cdot a$ (Länge · Breite)
$= a^2$

Umfang: $U = a + a + a + a$ (Summe aller Seiten)
$= 4a$

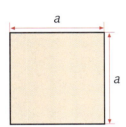

Beispiel:
quadratischer Raum 5,5 m

Berechnung:
Fläche: 5,5 m · 5,5 m = 30,35 m²
Umfang: 4 · 5,5 m = 22 m

Rechteck

Flächeninhalt: $A = a \cdot b$ (Länge · Breite)
$= a^2$

Umfang: $U = a + a + b + b$ (Summe aller Seiten)
$= 2a + 2b$
$= 2(a + b)$

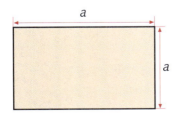

Beispiel:
rechteckiger Tisch 175 cm Länge und 65 cm Breite

Berechnung:
Fläche: 175 cm · 65 cm
= 11 375 cm²
= 1,14 m²
Umfang: 2 · 175 cm + 2 · 65 cm
= 480 cm
= 4,80 m

Anhang – Fachrechnen

Parallelogramm (Rhomboid und Raute)

Flächeninhalt: $A = a \cdot h$ (Länge · Höhe)

Umfang: $U = a + a + b + b$ (Summe aller Seiten)
$= 2a + 2b$
$= 2(a + b)$

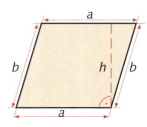

Beispiel:
Eine Holzplatte in Form eines Parallelogramms hat die Maße
$a = 2{,}10$ m, $h = 80$ cm.

Berechnung:
Fläche: 210 cm · 80 cm
$= 16\,800$ cm²
$= 1{,}68$ m²
Umfang: 2 (210 cm + 80 cm)
$= 580$ cm

Trapez

Flächeninhalt: $A = \dfrac{a + c}{2} \cdot h$ (Grund- plus Decklinie geteilt durch 2 mal Höhe)

Umfang: $U = a + b + c + d$ (Summe aller Seiten)

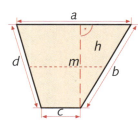

Beispiel:
Ein trapezförmiges Beet hat die Maße
$a = 4{,}10$ m, $b = 2{,}70$ m, $c = 1{,}50$ m,
$d = 2{,}80$ m, $h = 2{,}20$ m.

Berechnung:
Fläche: $\dfrac{4{,}10\,\text{m} + 2{,}70\,\text{m}}{2} \cdot 2{,}20$
$= 7{,}48$ m²
Umfang: 4,10 m + 2,70 m + 1,50 m
+ 2,80 m = 11,10 m

Dreieck

Flächeninhalt: $A = \dfrac{1}{2} \cdot g \cdot h$ (Grundseite mal Höhe geteilt durch 2)

Umfang: $U = a + b + c$ (Summe aller Seiten)

Beispiel:
Eine Metallplatte hat die Maße
$c = 2{,}60$ m, $h = 90$ cm,
$a = 2{,}20$ m, $b = 170$ m.

Berechnung:
Fläche: $\dfrac{2{,}80\,\text{m} \cdot 0{,}90\,\text{m}}{2}$
$= 1{,}26$ m²
Umfang: 2,20 m + 1,70 m + 2,60 m
$= 6{,}50$ m

8 Geometrie — 8.2 Flächenberechnung

Kreis

Flächeninhalt: $A = \frac{1}{4} \cdot \pi \cdot d^2$ (π mal Durchmesser zum Quadrat geteilt durch 4)

$\quad\quad\quad\quad\quad = \pi \cdot r^2$ (π mal Radius zum Quadrat)

Umfang: $U = \pi \cdot d$ (π mal Durchmesser)

$\quad\quad\quad\quad = 2\pi \cdot r$ (2π mal Radius)

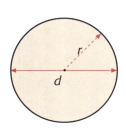

Beispiel:
Eine runde Spanplatte hat den Durchmesser von 1,70 m.

Berechnung:

Fläche: $\dfrac{1{,}70\,m \cdot 1{,}70\,m \cdot \pi}{4} = 2{,}27\ m^2$

Umfang: $1{,}70\ m \cdot \pi = 5{,}34\ m^2$

Kreisring

Flächeninhalt: $A = A_1 - A_2$ (große Fläche minus kleine Fläche)

$A = \frac{1}{4} \cdot \pi \cdot (d_1^2 - d_2^2)$ (π geteilt durch 4 mal (großer Durchmesser zum Quadrat minus kleiner Durchmesser zum Quadrat))

$A = \pi \cdot (r_1^2 - r_2^2)$ (π mal (großer Radius zum Quadrat minus kleiner Radius zum Quadrat))

Umfang: *siehe Umfang Kreis*

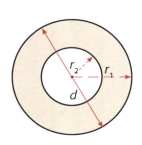

Beispiel:
Ein Kranz hat einen äußeren Radius (r_1) von 70 cm und einen inneren Radius (r_2) von 25 cm.

Berechnung:

Fläche: $(70^2 - 25^2) \cdot \pi = 13.430{,}3\ cm^2$

Ellipse

Flächeninhalt: $A = \frac{1}{4}\pi \cdot d_1 \cdot d_2$ (π mal große Achse mal kleine Achse geteilt durch 4)

Umfang: $U \approx \frac{1}{2}\pi \cdot (d_1 + d_2)$ (π geteilt durch 2 mal (große Achse plus kleine Achse))

Zeichen	Bedeutung
d_1	große Achse
d_2	kleine Achse

Anmerkung:
Die Umfangsformel ist eine Näherungsformel. Sie liefert zu kleine Werte. Für die Praxis ist es günstiger, den Umfang des umfassenden Rechtecks $U = 2(d_1 + d_2)$ zu berechnen.

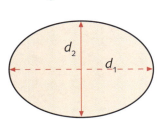

Beispiel:
Ein Teich hat die Maße $d_1 = 0{,}9\ m$ und $d_2 = 2{,}25\ m$.

Berechnung:

Fläche: $\dfrac{2{,}25\,m \cdot 0{,}9\,m \cdot \pi}{4} = 1{,}59\ m^2$

Umfang: $\dfrac{\pi \cdot (2{,}25\,m + 0{,}9\,m)}{2} = 4{,}95\ m$

Anhang – Fachrechnen

Sechseck

Flächeninhalt: $A = \frac{6}{2} \cdot g \cdot h$

$ = 3 \cdot g \cdot h$ (3 mal Grundlinie mal Höhe)

Umfang: $U = 6g$ (Summe aller Grundlinien)

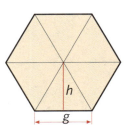

Beispiel:
Ein großer Dekospiegel hat die Maße
$g = 32$ cm, $h = 28$ cm.

Berechnung:
Fläche: $ 3 \cdot 32$ cm $\cdot 28$ cm
$ = 2688$ cm² $= 0{,}27$ m²
Umfang: $ 6 \cdot 32$ cm $= 192$ cm

8.3 Körperberechnung

- Säulen
- Spitze Körper
- Stumpfe Körper
- Kugel

Bei der Körperberechnung geht es um die Feststellung des Volumens eines Körpers.

Säulen

Es gibt unterschiedliche Säulenarten, die sich nach den unterschiedlichen Körpern richten. Danach gibt es Rechteck- und Dreiecksäulen, quadratische Säulen, Würfel und Zylinder.

Das Volumen aller Säulen wird gleichermaßen berechnet.

$V = h_K \cdot A$ (Körperhöhe mal Grundfläche)

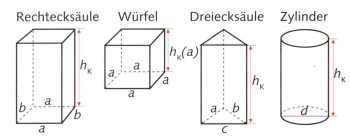

Bild 1 Säulen

Spitze Körper

Spitze Körper haben keine Deckfläche. Es gibt die Pyramide mit einer eckigen Grundfläche und den Kegel mit einer runden Grundfläche.

Das Volumen aller spitzen Körper wird auf die gleiche Weise berechnet.

$V = \frac{1}{3} h_k \cdot A$ (Körperhöhe mal Grundfläche geteilt durch 3)

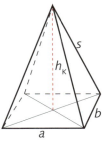 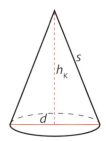

Bild 2 Spitze Körper

Stumpfe Körper

Trennt man von der Pyramide und dem Kegel die Spitze ab, bekommen sie eine stumpfe Deckfläche. Die Deckfläche ist kleiner als ihre Grundfläche.

Das Volumen aller stumpfen Körper wird auf die gleiche Weise berechnet.

$V = \frac{1}{2} h_k \cdot (A_1 + A_2)$ (Körperhöhe geteilt durch 2 mal (Grundfläche plus Deckfläche))

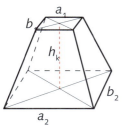
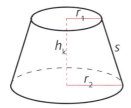

Bild 1 Stumpfe Körper

Kugel

Volumen der Kugel

$V = \frac{4}{3} \cdot \pi \cdot r^3$ ($\frac{4}{3}$ mal π mal Radius hoch 3)

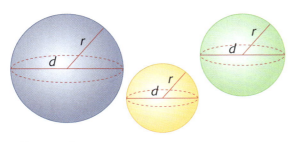

Bild 2 Kugeln

8.4 Mantel- und Oberflächenberechnung

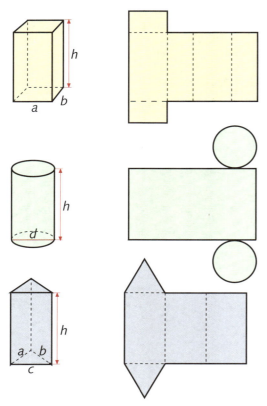

Bild 1 Mantel- und Oberflächen bei Säulen

Durch die Oberflächenberechnung wird die Oberfläche eines geometrischen Körpers ermittelt. Sie berechnet sich aus dem Mantel-, der Deck- und der Grundfläche eines Körpers. Der Mantel ist die Fläche, die einen Körper umgibt. Dazu kommen die Unter- und die Oberseite.

Säulen

Die Mantelfläche einer Säule wird immer von einem Rechteck abgeleitet, weil aus der abgewickelten Säule immer ein Rechteck entsteht. Somit ist die Flächenformel des Rechtecks Grundlage der Mantelberechnung.

Formeln:

Mantel: $M = h_k \cdot U$ (Körperhöhe mal Umfang)

Oberfläche: $O = M + 2A$ (Mantel plus Grund- plus Deckfläche)

Pyramide (spitzer Körper)

Grundlage für die Berechnung ist die Dreiecksfläche.

Formeln:

Mantel: Summe aller Dreiecksflächen
Beispielsweise gilt für nebenstehende Pyramide:

$M = 4 \cdot \dfrac{1}{2} \cdot g \cdot h$

$O = 2 \cdot g \cdot h$
(2 mal Dreiecksgrundseite mal Dreieckshöhe)

Oberfläche: $O = M + A$ (Mantel plus Grundfläche)

8 Geometrie   8.4 Mantel- und Oberflächenberechnung

Kugel

Für die Kugel kann die Oberfläche berechnet werden, indem ihr größter Querschnittskreis mal vier genommen wird.

Formel:

$O = 4 \cdot \pi \cdot r^2$ (4 mal π mal Kugelradius zum Quadrat)

Lösungen zum Fachrechnen

1 Zur Benutzung eines Taschenrechners

Ergebnisse der Aufgaben von S. 330

1) 88,49
2) 306,75
3) 138,78
4) −2 466,94
5) 19,82
6) 4 139
7) 6
8) 448
9) 9
10) 9
11) 16,415
12) 400,2
13) 387,18
14) 478,1673
15) 70,35
16) 239,08
17) 116,8
18) 77,326
19) −55,346

2 Dreisatz

2.1 Einfacher Dreisatz

Ergebnisse der Aufgaben von S. 333

1) 2 Std. 42 Min.
2) 54 €
3) 4,5 Std. $\left(\frac{3 \cdot 6}{4} = \frac{9}{2}\right)$
4) 330 Tage

2.2 Zusammengesetzter Dreisatz

Ergebnisse der Aufgaben von S. 334

1) 3,5 Tage (1. Teillösung: Die tägliche Arbeitszeit beträgt $\frac{28}{3}$ Std., wenn 3 Mitarbeiter 3 Tage daran arbeiten.)

2) 1,5 Stunden (3 Std. pro Dekoration; 240 Std. für 80 Dekorationen)

3) 5 Floristen (1. Teillösung: Die tägliche Arbeitszeit beträgt 10 Stunden, wenn 3 Floristen 2 Tage an der Inventur arbeiten.)

4) 294,40 € (Druckkosten 240 €; Verteilungszeit 6,4 Stunden)

3 Prozent- und Zinsrechnung

3.1 Prozentrechnung

Ergebnisse der Aufgaben von S. 336

1) 1,59 €; 62,00 €
2) 43,47 € $\big((44,99 \div 103,5)3,5\big)$
3) 360 € $\big((13,5 \div 3,75)100\big)$

4) 693,28 € $\big((825 \div 119)100\big)$; 16.50 € $\big((825 \div 100)2\big)$

3.2 Zinsrechnung

Ergebnisse der Aufgaben von S. 337

1) a) 266,23 €   b) 138,94 €   c) 48,34 €

2) a) 10 000,00 €   b) 11 200,00 €   c) 10 500 €

4 Durchschnitt   3.2 Zinsrechnung

3) a) 14,4 % b) 1,045 % c) 4,99 %

4) a) 99 Tage b) 265 Tage

4 Durchschnitt

Ergebnisse der Aufgaben von S. 338

1) 31,69 €   2) 9 €

5 Mischung

Ergebnisse der Aufgaben von S. 340

1) 3 Teile Torf, 4 Teile Kompost

2) 375g Blaukorn (3 Teile Blaukorn; 5 Teile Thomaskali)

3) 3 Töpfe aus dem Sortiment II

6 Verteilung

Ergebnisse der Aufgaben von S. 341

1) Anna erhält 33,00 €, Christine 55,00 € und Oliver 44,00 €.

2) Frau Schmidt erhält 23 393,50 €, Herr Schmidt 3 0591,50 €. (53 985,00 € wurden anteilmäßig verteilt.)

3) Anna erhält 1 906,67 €, Christine 2 288,00 € und Oliver 1 525,33 €. (5 720,00 € werden anteilmäßig verteilt; $1 - \frac{1}{3} - \frac{2}{5} = \frac{14}{15}$; Hauptnenner 15; Anna erhält 5 Anteile, Christine 6 und Oliver 4.)

7 Betriebliches Rechnen, Kalkulation

Ergebnisse der Aufgaben von S. 343

1) a) 12,50 € $\left(14,71 \cdot \frac{85}{100} \cdot \frac{98}{100} \cdot \frac{102}{100}\right)$ b) 25,24 € $\left(12,50 \cdot \frac{145}{100} \cdot \frac{117}{100} \cdot \frac{119}{100}\right)$

2) a) 63,31 € $\left(130,79 \cdot \frac{100}{140} \cdot \frac{100}{124} \cdot \frac{100}{119}\right)$ b) 85,00 € $\left((63,31+5) \frac{100}{98} \cdot \frac{100}{82}\right)$

3) 27%;
   1) Nettoverkaufspreis $\quad 75 \cdot \frac{100}{119} = 63,03 \,(\text{gerundet})$
   2) Selbstkostenpreis $\quad \left(45,40 \cdot \frac{88}{100} \cdot \frac{98}{100} + 0,55\right) \frac{125}{100} = 49,63 \,(\text{gerundet})$
   3) 1) − 2) $\quad 13,40$
   4) Prozent vom Selbstkostenpreis $\frac{13,40}{49,63} \cdot 100 = 27 \,(\text{gerundet})$

> Anhang – Komplexe Aufgaben

1 Kundenorientiertes Fachgespräch

Strukturierter Ablauf: (Zeit ca. 15 bis 20 Minuten)

- Sie stellen sich vor und bedanken sich für die Einladung. Die Personen, die Ihnen gegenüber sitzen, sollen Sie jetzt nicht als Prüfer, sondern als Kunden wahrnehmen und entsprechend auf sie eingehen.
- Erläutern Sie zunächst Ihren Gestaltungsvorschlag und überzeugen Sie Ihre Gesprächspartner, dass Ihre Wahl besonders gut zu dem Anlass (Person, Trauerfeier, Festlichkeit, Raum, Braut) passt.
- Begründen Sie Ihre Werkstoff- und Farbwahl:

  Beispiele:
  - Die Braut liebt Maiglöckchen, deshalb werden sie im Brautstrauß verwendet.
  - Die Sitzpolster der Stühle sind blau, deshalb habe ich mich für hellblaue *Iris* und gelbe *Trollius* im Tischschmuck entschieden.
  - Die verstorbene Person mochte sehr gern Sommerblumen, deshalb empfehle ich unter anderem Dahlien, Freilandrosen und Frauenmantel für den Kranz.
  - Der Raum ist relativ dunkel, durch leuchtende Farben können wir in strahlender gestalten, z. B. durch die Farben Gelb, Orange und Maigrün.
  - Gehen Sie auf technische Bedingungen ein, die für den **Kunden** relevant sind.

  Beispiele:

  Der Autoschmuck wird die Karosserie nicht beschädigen.

  Der Brautstrauß wird leicht zu tragen sein.

  Der Raumschmuck wird die Gäste nicht behindern.

  Der Kranz wird auf dem Grab noch ein bis zwei Wochen halten.

- Machen Sie deutlich, dass Sie von Ihrem Gestaltungsvorschlag überzeugt sind, aber lehnen Sie Änderungswünsche des Kunden nicht prinzipiell ab.
- Bieten Sie mögliche Serviceleistungen an (Kontrolle, Pflege, Lieferung, Abholung).
- Erläutern sie die Zahlungsbedingungen und –möglichkeiten.
- Sollte der Kunde den Preis verhandeln wollen, begründen Sie Ihr korrektes Preis-Leistungsverhältnis. Bieten Sie anstelle von Preisnachlässen Alternativen an (Serviceleistung, Naturalrabatt, Rabatt bei Daueraufträgen).
- Treten Sie selbstbewusst und höflich auf und lassen Sie sich nicht aus der Ruhe bringen.
- Bedanken Sie sich für den Auftrag und sichern Sie eine fachgerechte und überzeugende Ausführung zu.

2 Hochzeitsschmuck

Aufgabe:

Ein Paar möchte heiraten. Beide sind ca. 30 Jahre alt und betreiben gemeinsam eine Werbeagentur. Sie vereinbaren einen Termin bei Ihnen, um sich ausführlich zum Thema Hochzeitsschmuck beraten zu lassen. Die Braut wird ein elegantes, champagnerfarbenes langes Seidenkleid tragen und der Bräutigam einen anthrazitfarbenen Anzug.

a) Entwickeln Sie einen Gestaltungsvorschlag für einen Brautschmuck und einen Anstecker für den Bräutigam.

b) Fertigen Sie zu Ihrem Entwurf eine kolorierte Skizze an.

c) Erstellen Sie eine Werkstoffliste und eine Kalkulation.

d) Präsentieren Sie Ihren Gestaltungsvorschlag in einem kundenorientierten Fachgespräch.

e) Fertigen Sie Ihren Gestaltungsvorschlag im Rahmen der Fertigkeitsprüfung an. (100 Minuten)

Lösungsbeispiel (Die Erläuterung ist Bestandteil des kundenorientierten Fachgesprächs.):

Das Brautpaar liebt natürliche Blütenformen und hat sich für einen abfließenden Brautstrauß entschieden. Rosen der Sorte ‚Biedermeier' bilden einen zarten Kontrast durch die altrosa Anteile in den Blütenblättern, der enthaltene Champagnerton nimmt Verbindung zum Stoff des Kleides auf. Wickenranken, Asparagus, rosa Meerlavendel, weiße Iberis-Blüten, Maiglöckchen, zarte Gräser und altrosa Blüten und Blätter der Heuchera vervollständigen die duftige Form des dekorativen Brautstraußes. Pachysandra und Efeufruchtstände werden leicht verdichtend zur Straußbasis hin eingesetzt.

Alle Werkstoffe werden mit natürlichen Stielen verarbeitet, einige werden im unteren Bereich geschient, damit sie die Form gut aufnehmen. Die Rosen wurden bewusst mit einem dünnen Stiel ausgewählt, sodass sie sich ganz natürlich schwingend in das Gesamtbild einfügen.

Der Straußgriff wird zum Schluss mit Kautschukband abgewickelt und anschließend passend zum Kleid mit Naturseide verziert.

Anstecker: Eine Rose bildet den Mittelpunkt, sie wird begleitet von einer Rosenknospe und zarten Blüten und Ranken, die auch im Brautstrauß vorkommen. Alle Werkstoffe werden auf Länge geschnitten, gedrahtet und abgewickelt, damit der Anstecker ganz leicht ist und sich gut tragen lässt. Er wird schlank und filigran, ca. 8cm lang gearbeitet, dadurch passt er sich dem Revers des Anzugs an. Befestigt wird der Anstecke mit zwei Anstecknadeln (Galaklipps).

Anhang – Komplexe Aufgaben

Abschlussprüfung Florist/in **Handelskammer**

Bitte tragen Sie in das Kästchen Ihre Prüfungsnummer ein:

Wahlbereich: **Hochzeitsfloristik** Aufgabe Nr.: **123**

Liste pflanzlicher und nichtpflanzlicher Werkstoffe nach Menge, Art und Qualität mit Kalkulation.

Bitte kennzeichnen Sie auf der Liste, ob es sich jeweils um **pflanzliche Werkstoffe, nichtpflanzliche Werkstoffe, Hilfsmittel** oder **weitere Kosten** handelt.

Menge	Gattung, Art, Sortenbezeichnung	Farbe	Qualität	Einzelpreis / Verkauf EURO	Gesamtpreis EURO
	Pflanzliche Werkstoffe für den Brautschmuck und den Anstecker:				
16	Rosa Cultivar ‚Biedermeier'	Creme-Rosa	3. Wahl	2,30	36,80
3	Wickenranken ‚Latyrus latifolius'	Grün	1 A	1,80	5,40
6	Asparagus densiflorus ‚Meyerii'	Grün	2. Wahl	1,50	9,00
5	Iberis amara	Weiß	1 A	0,80	4,00
7	Convallaria majalis	Weiß	1 A	2,80	19,60
2	Limonium ferulaceum	Rosa	1 A	1,50	3,00
7	Blüten der Heuchera x brizoides	pink		0,60	4,20
5	Blätter der Heuchera x brizoides	bordeaux		0,80	4,00
1	kleines Bund Pachysandra terminalis	grün			4,50
10	Hedera helix, Fruchtstände			0,60	6,00
1	Mix-Bund zarte Gräser				4,50
	Ergänzende Werkstoffe nach „Marktangebot"				5,00
	Technische Hilfsmittel:				
	Draht				2,00
	Abwickelband				1,00
2	Galaclips				2,00
	Arbeitszeit 100 Minuten a 0,60 €				60,00
	Zwischensumme:				171,00
	19 % MwSt.:				32,49

GESAMTERGEBNIS Euro **203,49**

2 Hochzeitsschmuck

Skizze mit Farbangabe | Prüfungsnummer:

Brautstrauß und Anstecker

Anhang – Komplexe Aufgaben

Anhang – Komplexe Aufgaben

3 Raumschmuck

Aufgabe:

Auf der Bühne des Theatersaales wird für eine Preisverleihung das Rednerpult (80 cm breit, 120 cm hoch) aus heller Eiche geschmückt. Der Auftraggeber favorisiert ein dekoratives Werkstück in der Farbrichtung Weiß / Gelb / Grün.

a) Entwickeln Sie einen Gestaltungsvorschlag.

b) Fertigen Sie zu Ihrem Entwurf eine kolorierte Skizze an.

c) Erstellen Sie eine Werkstoffliste und eine Kalkulation.

d) Präsentieren Sie Ihren Gestaltungsvorschlag in einem kundenorientierten Fachgespräch.

e) Fertigen Sie Ihren Gestaltungsvorschlag im Rahmen der Fertigkeitsprüfung an (90 Minuten).

Lösungsbeispiel (Die Erläuterung ist Bestandteil des kundenorientierten Fachgesprächs.):

Aus Anlass einer Preisverleihung erhält das Rednerpult einen Blumenschmuck. Der Florist achtet bei der Idee und der Gestaltung dieses Blumenschmuckes besonders darauf, dass die Redner von allen Seiten des Theaters zu sehen sind.

Der Auftrag enthält schon richtigerweise helle Farbtöne, da durch eine künstliche Beleuchtung (Bühnenbeleuchtung) andere Farben, wie z. B. Blau oder Violett, ihre intensive, klare Farbwirkung verlieren.

Die floralen Werkstoffe werden in Glasgefäße (40 x 25 x 18 cm) gesteckt. Als Steckbasis wird Renoutria verwendet, eine alternative Steckhilfe, die gleichzeitig gestalterisch mitwirkt und die parallele Anordnung harmonisch unterstützt.

Die Form der Gefäße und die Fläche des Rednerpultes lassen eine parallele Anordnung aller floralen Werkstoffe zu. Dafür bieten sich aufstrebende Bewegungen und Bewegungen mit rundem oder flachem Endpunkt an.

Vor der hellen Eiche spielen die Texturen eine untergeordnete Rolle, denn vor allem die farbliche Vorgabe von Weiß, Gelb und Grün steht im Vordergrund. Die Renoutria in der Steckbasis und auch als aufstrebende Bewegung in der Gestaltung schafft hierbei farblich eine Verbindung.

Als Alternative kann sicherlich auch das klassische dekorative, gesteckte Werkstück gelten, das seitlich verschoben neben dem Rednerpult steht oder auch eine Girlande (Feston), ein hängender Fries oder ein Blütenkranz.

3 Raumschmuck

Abschlussprüfung Florist/in   Handelskammer

Bitte tragen Sie in das Kästchen Ihre Prüfungsnummer ein:

Wahlbereich: <u>Raumschmuck</u>   Aufgabe Nr.: <u>231</u>

Liste pflanzlicher und nichtpflanzlicher Werkstoffe nach Menge, Art und Qualität mit Kalkulation.

Bitte kennzeichnen Sie auf der Liste, ob es sich jeweils um **pflanzliche Werkstoffe**, **nichtpflanzliche Werkstoffe**, **Hilfsmittel** oder **weitere Kosten** handelt.

Menge	Gattung, Art, Sortenbezeichnung	Farbe	Qualität	Einzelpreis Verkauf EURO	Gesamtpreis EURO
	Pflanzliche Werkstoffe:				
10	Rosa „White Naomi"	weiß	1 A	1,80	18,00
10	Eremurus bungei	gelb	1 A	2,50	25,00
15	Matricaria recutita	weiß	1 A	0,90	13,50
10	Anethum graveolens	grün	1 A	0,80	8,00
20	Fallopia japonica, pauschal				10,00
	Zwischensumme:				91,50
	7 % MwSt:				6,41
	Nonflorale Werkstoffe:				
3	Glasgefäße, 40 x 25 x 18 cm			7,50	22,50
	Arbeitszeit:				
	90 Minuten á 0,60 €				54,00
	Zwischensumme:				76,50
	19 % MwSt.:				14,54

G E S A M T E R G E B N I S   Euro <u>171,95</u>

| Raumschmuck | Prüfungsnummer: |

- = Fallopia
- = Eremurus
- = Rosa
- = Anethum
- = Matricaria

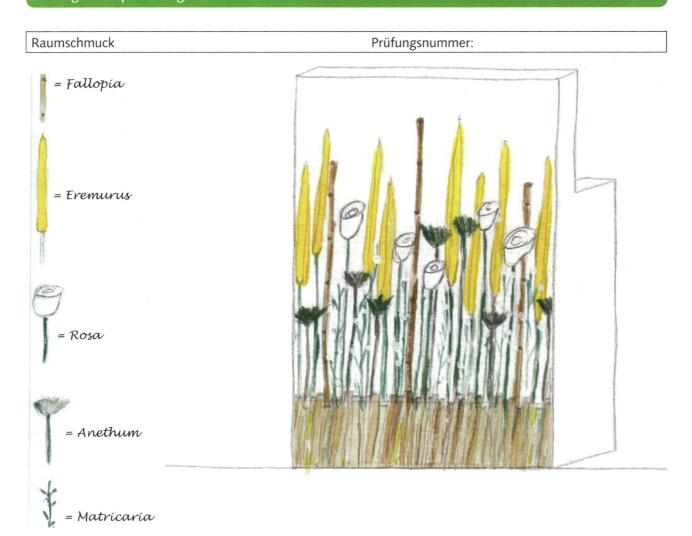

4 Tischschmuck

Zwei Geschäftspartner wollen den Abschluss eines Vertrages feiern und haben dazu ein Menu in einem Fischrestaurant bestellt. Die vorherrschende Farbe in dem Restaurant (Wände, Polster) ist pastellblau, das Licht gedämpft. Der Tisch hat die Größe von 90 x 120 cm. Entwerfen Sie einen Tischschmuck für die beiden Herren. Fertigen Sie eine Werkstoffliste mit Kalkulation und eine kolorierte Skizze im Format A4 an. Setzen Sie den Entwurf im praktischen Prüfungsteil um.

Anhang – Komplexe Aufgaben

Abschlussprüfung Florist/in   Handelskammer

Bitte tragen Sie in das Kästchen Ihre Prüfungsnummer ein:

Wahlbereich: <u>Tischschmuck</u>   Aufgabe Nr.: ____

Liste pflanzlicher und nichtpflanzlicher Werkstoffe nach Menge, Art und Qualität mit Kalkulation.

Bitte kennzeichnen Sie auf der Liste, ob es sich jeweils um **pflanzliche Werkstoffe, nichtpflanzliche Werkstoffe, Hilfsmittel** oder **weitere Kosten** handelt.

Menge	Gattung, Art, Sortenbezeichnung	Farbe	Qualität	Einzelpreis / Verkauf EURO	Gesamtpreis EURO
15	Iris atropurpurea	Lavendelblau	I.	1,10	16,50
20	Rosa Cultivars ‚Milva'	Lachs	I.	1,40	28,-
30	Craspedia globosa	Gelb	I	-,80	24,-
15	Lysimachia clethroides	Rosa	I	-,90	13,50
7	Galax urceolata	Grün	I	-,30	2,10
10	Aristea africana	Grün	I	-,50	5,-
7	Philodendron bipinnatifidum ‚Xanadu'	Grün	I	-,90	3,60
2	Segel aus Transparent-papier, mit Lunaria beklebt	Creme		12,-	24,-
2	Florale Serviettenringe			9,50	19,-
	Nichtpflanzliche Werkstoffe:				
1	Rechteckige Glasschale				12,-
	Steckmasse				3,-
	Arbeitszeit 90 min.			-,50	45,-
	Anlieferung				10,-
	Zwischensumme				205,70
	19 % Mehrwertsteuer				39,08

G E S A M T E R G E B N I S   Euro <u>244,78</u>

4 Tischschmuck

| Skizze | Prüfungsnummer: |

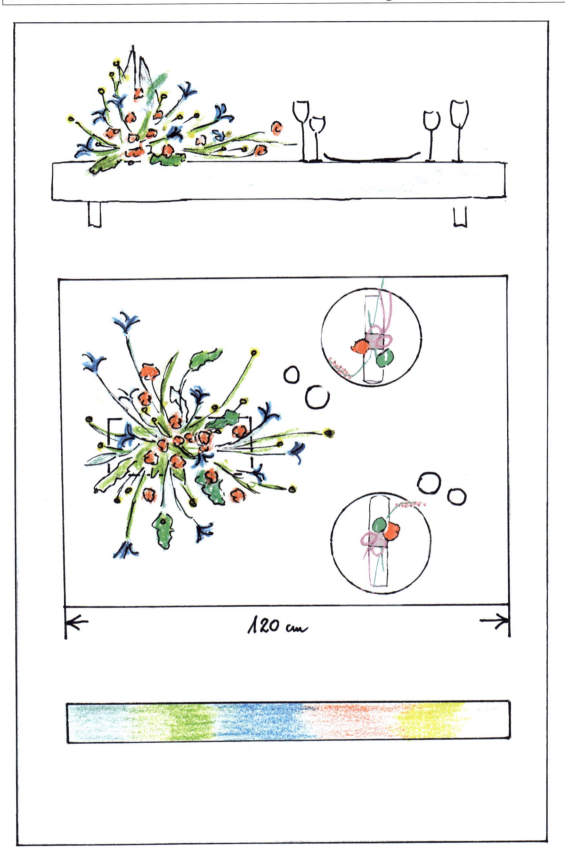

Anhang – Komplexe Aufgaben

5 Trauerschmuck

Aufgabe:

Enkelkinder möchten zur Trauerfeier ihrer Großmutter einen Kranz bestellen. Die Dame ist 85 Jahre alt geworden, war eine fröhliche und lebensbejahende Person und liebte Blumen. Sie hatte einen üppigen Blumengarten, aus dem sie ihrer Familie immer gern farbenprächtige Sträuße geschenkt hat.

a) Entwickeln Sie einen Gestaltungsvorschlag für einen passenden Trauerkranz.

b) Fertigen Sie zu Ihrem Entwurf eine kolorierte Skizze an.

c) Erstellen Sie eine Werkstoffliste und eine Kalkulation.

d) Präsentieren Sie Ihren Gestaltungsvorschlag in einem kundenorientierten Fachgespräch.

e) Fertigen Sie Ihren Gestaltungsvorschlag im Rahmen der Fertigkeitsprüfung an. (100 Minuten)

Lösungsbeispiel (Die Erläuterung ist Bestandteil des kundenorientierten Fachgesprächs.):

So wie die Enkelkinder ihre Großmutter beschrieben haben, empfiehlt sich ein sehr blumiger und farbintensiver Trauerkranz. Z. B. duftende Rosen, Lavendel, Gypsophylla, Scabiosen, Alchemillablüten und -blätter, Freesien, Campanula und Bartnelken spiegeln die Liebe zu Blumen und die Lebensfreude der Dame wider.

Die Auswahl von starken Kontrasten bei der Werkstoffauswahl, bezogen auf Formen Bewegungen, Texturen und Farben, bringt eine ganz besondere Spannung in dieses Werkstück.

Die floralen Werkstoffe werden in einen Steckring aus Frischblumensteckmasse gesteckt, besonders schwere Blüten werden angedrahtet und im Kranzring befestigt.

Der fertige Kranz hat einen Durchmesser von 80 cm. Seitlich, rechts im Uhrzeigersinn mitlaufend, wird eine farblich passende Schleife mit einem Gruß der Enkelkinder angebracht.

Der Kranz wird zur Trauerfeier geliefert, durch die Frischblumensteckmasse kann er auf dem Grab weiterhin mit Wasser versorgt werden und ist je nach Witterungsverhältnissen noch lange haltbar.

Zusätzlich empfehle ich den Enkelkindern einen Korb mit Blütenblättern am Grab aufzustellen, damit die Trauergäste sich mit einer Handvoll „Blumen" verabschieden können.

5 Trauerschmuck

Abschlussprüfung Florist/in   Handelskammer

Bitte tragen Sie in das Kästchen Ihre Prüfungsnummer ein:

Wahlbereich: **Trauerfloristik**   Aufgabe Nr.: **456**

Liste pflanzlicher und nichtpflanzlicher Werkstoffe nach Menge, Art und Qualität mit Kalkulation.

Bitte kennzeichnen Sie auf der Liste, ob es sich jeweils um **pflanzliche Werkstoffe**, **nichtpflanzliche Werkstoffe**, **Hilfsmittel** oder **weitere Kosten** handelt.

Menge	Gattung, Art, Sortenbezeichnung	Farbe	Qualität	Einzelpreis / Verkauf EURO	Gesamtpreis EURO
	Pflanzliche Werkstoffe:				
30	Rosa ‚David Austin' ‚Charles Darwin'	Gelb	1 B	2,20	66,00
20	Scabiosa caucasica	Violett	1 A	1,50	30,00
10	Gypsophila paniculata	weiß	1 A	2,50	25,00
20	Alchemilla mollis	Grün	1 A	1,20	24,00
30	Freesia Cultivars	Gelb	1 A	1,00	30,00
25	Campanula glomerata	Violett	1 A	1,20	30,00
30	Dianthus barbatus	gemischt	1 B	0,80	24,00
3	Bund Pachysandra terminalis	Grün		4,50	13,50
1	Bund Chamaecyparis obtusa ‚Nana Gracilis'	Grün		12,00	12,00
1	Bund Cotinus coggygria Blüten und Blätter	Pink-Bordeaux		12,50	12,50
	Zwischensumme 1				
	7 % MwSt.:				
	Technische Hilfsmittel:				
1	Steckmassering Durchmesser 65 cm				24,50
	Div. Drähte				3,00
	Schleife mit Druck				22,00
	Arbeitszeit 100 Minuten a.0,60 €				60,00
	Kosten für die Zustellung:				6,00
	Zwischensumme 2:				
	19 % MwSt.:				61,07

G E S A M T E R G E B N I S   Euro **443,57**

Anhang – Komplexe Aufgaben

Skizze	Prüfungsnummer:

Bildquellenverzeichnis

Beuth Verlag GmbH, Berlin: 48/1

Brandenburg, Christa, Fischerhude: 80, 81, 83, 152/1, 175/1, 176/1+3, 232, 234/1-3, 236/1, 256/1, 278/1, 279/1, 281/1-2, 282/2, 283/1-3, 284/1-2, 285/1, 286/1, 295/1-3, 296/1, 297/1-3, 298/1+3, 301/1, 302/1, 303/1, 304/1-2, 305/1, 309/1, 316/1, 321/2, 322/2, 323/1, 366/1

Bundesministerium der Finanzen, Berlin: 69/1

Bundesamt für Verbraucherschutz und Lebensmittelsicherheit (BVL), Braunschweig: 251/1

Damke-Holtz, Heike, Bremen: 311/2, 357/1

Deutscher Sparkassenverlag GmbH, Stuttgart: 40/2

Digital Grafik, Wolfgang Müller, Bad Homburg: 160/1, 162/1, 288/1-2, 289/1-2, 291/1

DIHK - Deutscher Industrie- und Handelskammertag e. V., Berlin: 13/1

EURO Kartensysteme GmbH, Frankfurt a. M.: 40/1

Faber, Andreas, Bremen: 144/1+3, 151/2, 164/1, 166/1, 167/1-2, 168/1-4, 171/2, 276/1, 277/2, 282/1, 292/1-2, 293/1-4, 294/1, 307/1, 309/2, 312/1, 318/1, 322/1, 363/1

Fachbuchverlag Pfanneberg, Haan-Gruiten: 314/2 Das Couvert

Faust, Steffen, Berlin: 4/3, 151/1, 281/2

FDF Fachverband Deutscher Floristen e.V., Gelsenkirchen: 12/1

Fotolia.com, Berlin: 1/1 © Andrea Danti, 6/1 © racamani, 60/1 © THesIMPLIFY, 331/1 © DOC RABE Media, 331/2 © eyetronic

Heidemann, Johannes, Meppen: 126/1-3, 127/1-3, 130/1-4, 132/1-4, 139/1-4, 141/1-4, 178/1-3, 264/1-3, 265/1-3, 267/1-4, 268/1-4, 269/1-2, 273/1-4, 275/1-4, 299/1-3, 360/1

Herzig, Wolfgang, Essen: 2/2, 320/1, 321/1

NCS Colour AB, Stockholm: 170/1+2, 171/1

OKAPIA KG Michael Grzimek & Co., Frankfurt: 311/1

Reinhardt, Christine, Tarmstedt: 319/1-2

Reemers Publishing Services GmbH, Krefeld: 5/4, 31/1, 39/1, 329/1

Schmidt, Axel, Flintbeck: 144/2, 150/1, 277/1, 308/1, 310/1, 325/1

Tiff.any GmbH, Berlin: 314/1

UNECE, Schweiz: 49/1, 251/2

Verlag Europa-Lehrmittel, Haan-Gruiten: 176/2, 298/2 Europäische Baustile Schenck, Manfred (Autor)

Verlag Europa-Lehrmittel, Haan-Gruiten: 29/1 Prüfungsvorbereitung aktuell - Wirtschafts- u. Sozialkunde